百年追夢

二之一

新聞教育大師鄭貞銘傳

丁士軒 著

我從小喜讀傳記文學，蓋傳記能給人許多鼓舞的力量，
讓我們體會到：沒有一個人的成功，是不需付出代價的；
沒有努力的成功，也必如浮萍，
如沒有根的草，隨風飄晃，終又腐蝕。

　　　──鄭貞銘，〈大師走在校園裡　最美風景線〉

百年追夢・二之一：新聞教育大師鄭貞銘傳

【目錄】本書總頁數 576 頁

人生的六面金牌

◎許水德（前考試院長）

鄭貞銘教授新近策劃與編輯的「百年系列」之《百年追夢》一書囑我寫序，以我與鄭教授數十年的交誼，乃是一件不可推辭的事，也是一件我非常光榮的事。

基於「博古通今，以史為鑑」，有「新聞教父」美譽之鄭貞銘教授，在五十五年的大學教育生涯退休之後，勇敢負起策劃與主編這一系列「百年之作」，絕對是「百年難能一見」。

鄭教授從小艱苦向學，也從小立志。我知道他在考大學時曾填了三個志願：一是政大新聞系，二是師大教育系，三是台大歷史系。

他以第一志願第一名成績畢業於政大新聞系所，從此展開他二十一年的新聞生涯，從記者、主編、主筆、董事、監事、總編輯、副社長、常務監事乃至董事長。從基層到管理階層，歷時二十一年，無不成功；他在新聞界獲得「新聞教父」的榮銜，這是他人生的第一面金牌。

從政廿三年，鄭教授在國民黨中央青工會，以主辦中山獎學金、《黃河雜誌》、《自由青年》，興辦出版社而獲得最優人員保薦，獲蔣經國主席親頒證書與勳章；在中央文工會，又以主持文宣與擔任《中央月刊》社長成績卓越，而調任《香港時報》董事長；在行政院經合會擔任發言人，被兼主任委員的蔣經國推薦，應美國開發總署邀請，巡迴訪問美

國三個月，又被蔣經國核定擔任國劇團團長，率團至北歐、中歐、中南美洲近廿國演出四個月，從事國民外交，成績輝煌，獲得人生第二面金牌。

他在文大等校從事大學教育歷時五十五年，被譽為華岡教育的奠基者，先後創辦文化大學新聞系、廣告系、新聞研究所與新聞暨傳播學院，在國內除文大專任外，另在輔大、淡大、世新、銘傳、政戰、玄奘等十餘所大學兼任教職，門生滿天下，皆卓然有成。與成舍我、曾虛白、馬星野、徐佳士同台受獎，成為承先啟後的指標人物，著作等身，並被文大頒予名譽文學博士學位，被譽為「杏壇長青樹」、「永遠的鄭老師」，從而獲致人生的第三面金牌。

他足跡遍及全球七十餘國，在全球各地發揮春風化雨的精神，於香港珠海大學擔任講座教授暨新聞研究所長；歐美執牛耳的華文媒體工作者皆多受教於鄭教授，美國聖若望大學頒他「新聞教育傑出貢獻獎」，他被譽為世界華人傳播的啟蒙者，他被國際認證，得到人生的第四面金牌。

從事兩岸交流三十年，鄭教授被譽為「兩岸交流先行者」。他遍訪大陸名校逾百所，舉辦大師講座、學術研討會不計其數，並被十所以上名校聘為講座教授；在大陸出版著作近十種。江西九江藝術學院以萬畝湖泊命名為「貞銘湖」，浙大並舉辦「鄭貞銘教授新聞教育理念與實踐」學術研討會。香港傳播聯合會頒予他「兩岸交流」特殊貢獻獎。這是他人生的第五面金牌

七十五歲退休之後的鄭教授，受到恩師李煥「夕陽無限好，彩霞尚滿天」的啟發，又以三年的時間與丁士軒、汪雨（士倫）共同完成轟動兩岸的《百年大師》，並在兩岸巡迴

辦「大師講座」已近百場，聽眾數萬人。

此後鄭教授又計畫以五年時間建構「百年系列」大師工程，為兩岸一百年來各個領域傑出貢獻或成就非凡的風雲人物、風骨人物、風華人物寫傳記，以期使兩岸青年受啟發，他並發動兩岸優秀作家、記者二十多人共襄盛舉；他的宏遠構想與勤奮精神感動了許多青年。他的偉大構思是希望藉這套書以「彰往而察來」，謝孟雄教授譽他為「現代司馬遷」，他實在是老當益壯，受之無愧。因此，鄭教授又獲得了人生的第六面金牌。

在今天這樣一個資訊發達、知識貧乏的社會，鄭教授的新書出版，必可成為社會的最佳典範，使家長有以教子女、師長有以教學生，使代代青年都可以有正確的人生座標，這是國家社會的大事。

祝賀士軒所著鄭教授傳記《百年追夢》問世，誠如翟宗泉先生所說，這套以《百年風雲》為起點的鉅著必將「風雲百年」。

向永遠追夢的鄭教授致敬

◎戴瑞明（總統府前副秘書長，駐梵帝岡大使）

　　和鄭貞銘教授相識相交，要追溯到上個世紀 1980 年代，那時，我擔任行政院新聞局主管國際宣傳的副局長，而他則是中國文化大學新聞系所主任，他邀請我擔任該系「國際傳播」課程的兼任教授。起初我有些猶豫，因為我不是新聞科班出身的人，缺乏理論基礎，唯恐誤人子弟。後來，轉念一想，當時政府部門的有關官員們常常抱怨新聞記者誤解國際宣傳的真義，如果我從培養新聞從業人員的新聞科系教育著手，或可有助誤解的消除。

　　記得有一次，蔣緯國將軍說了一句很有啟示性的話。他說：「很多新聞記者常把『外國人不知道台灣在哪裡？』歸咎於政府國際宣傳做得不好，這是一種錯誤的看法，因為外國人不知道台灣，是屬於『常識』的範圍，不是『宣傳』的範圍。」為此，我接受了鄭教授的邀約，因為文大新聞系是培育我國新聞從業人員的重要基地，這是他送上門來的機會，讓我可以向他們解釋國際宣傳的實況。

　　近三十年來，我所認識的鄭老師，是一位永遠在追求夢想，追求理想的教育家。他是孔子的忠實信徒——誨人不倦，視學生如手足，始終以「無愛不成師」自勉勉人；他也是王陽明的忠實信徒——即知即行，要寫《百年大師》，要辦「大師講座」，剛剛聽他說不久，就一一顯現成果，令人欽佩！

最難得的是，鄭老師更是張季鸞「報恩主義」的忠實僕從——飲水思源，不忘親恩，不忘師恩，不忘國恩，身體力行，「報恩」成了他的座右銘。感謝他為我兩位「貴人」的名言做義務宣傳。業師趙麗蓮教授勉勵學生要「感恩與博愛」；作家鄭希儒少校名言「工作往上看，生活向下比」。鄭老師不只一次用來勉勵他的學生、親友；還在報上不斷撰文宣揚，令人感動！

如今，鄭老師的傳記《百年追夢》問世，由他在大陸的高足丁士軒撰寫，並配以珍貴的照片，極為難得。將近七十年的兩岸對立至今僵持不下，但由於鄭老師對這位來文大新聞系做短期交流的大陸學生的付出，建立起親如父子般的關係，為兩岸「一家親」做最好的寫照。鄭老師成了兩岸「和平的使者」，我們要向他致敬！

英國著名的歷史學家湯恩比在上個世紀預測二十一世紀是「中國的世紀」。北京的領導人很清醒，也很謙虛地稱二十一世紀為「亞洲的世紀」，呼籲亞洲國家應該團結起來，共生共榮，為世界人類的進步、繁榮、和平貢獻一份力量。鄭老師仿效文大創辦人張曉峯先生的興學精神，以一人之力，不屈不撓，先後完成《百年報人》及《百年大師》，並繼續推動《百年風雲》、《百年風華》、《百年風骨》等一系列專書計畫，為二十世紀多難的中國留下歷史紀錄，為二十一世紀中華民族偉大復興提供典範。永遠追夢的鄭貞銘教授真是功德無量！

寫於丁酉年六月十四日

我與鄭老師的甜蜜往事

◎李大維（前新聞局長，現任國家安全會議秘書長）

我與鄭教授的結識要從 1977 年的那個冬天說起！

那年秋天我在參加完中山獎學金的筆試後，便負笈美國維吉尼亞大學攻讀外交事務碩士，期間，獲知筆試通過，又匆匆趕回國參加第二階段口試，並順利獲得錄取。在隨後為期一個月的研習課程中，我遇到了鄭老師，也開啟了我們的師生情緣，這段短暫相處的時光至今仍然歷歷在目，彷如昨日！

當年受訓的學員們白天在國民黨青年工作會及南海路上的教師會館上課，晚上則集宿於教師會館。參訓學員中，除包宗和教授與我同是研讀國際關係外，其他學員背景則橫跨音樂、社會學及商學等多元領域。受訓期間，舉凡政治、外交、軍事、經濟、社會、教育及文化等課目，都是我們研習的重點。

鄭老師時任青工會總幹事，負責獲獎學生的培訓工作，除了白天陪著我們上課外，更利用課餘時間，與我們分享學習及人生經驗。當時大家都是二十來歲的年輕學子，鄭老師則是任教多年，在傳播學界極負盛譽的名師。響亮的名氣和年齡的差距不曾造成疏離與隔閡，反倒是鄭老師新聞人獨具求真求實的治學風範深深打動我們，親切而貼近彼此理念的言談讓人如沐春風。

鄭老師是一位溫文儒雅謙沖自抑的學者，於我而言，與

其說鄭老師僅是一位傳道授業的師長，毋寧說是一位「良師益友」。厚厚的鏡片下難掩自信的神情，卻又是那麼一派謙謙，毫無架子。他與大家天南地北地暢談，有著對國家的熱愛，也談及個人的抱負與理想。研習便在充實緊湊的課程與意興昂揚的「清談」中飛逝。由於隔年一月分碩士班新學期開學在即，透過鄭老師的協助，我順利獲得時任青工會主任連戰的同意，提早結訓，趕回維吉尼亞大學繼續課業。

然而，我與鄭老師的緣分並未就此結束。1988 年我自駐美國代表處奉調返國，承蒙當時在文化大學新聞系擔任系主任的鄭老師邀請，開始在新聞系兼任教授國際關係課程，也開啟在國內大學任教的大門。記得當時在講台上初試啼聲，難免戒慎恐懼，每次課前總是認真地備課，那時在課堂上使用麥克風講課並不普遍，我總是站在偌大的教室，對著七、八十名年輕學子拉開嗓門「原音」授課，兩個小時下來真是一大考驗。而這短短一年在文化大學的教學經驗，讓我有機會成為許多新聞人的老師，儘管我無法完全記得課堂上學生的面孔，卻在日後不同的工作崗位上，常有新聞界的朋友以「老師」稱呼我，讓我備感親切與溫馨，看到他們在新聞界發光發熱，深感與有榮焉。

短暫的教書生涯是人生中偶然的插曲，卻是鄭老師在我職業生涯裡播下的美好種子，一方面它讓我結識新聞人、走進新聞領域，日後歷經不同的工作崗位，更清楚地知道為民喉舌、為正義真相、為國家尊嚴地位發聲是多麼至關重要，也慶幸自己並非局外人；另一方面，卸下教職之後，更深刻體會鄭老師長年任教新聞系所的使命與擔當，數十年來春風化雨遍植桃李，培育新聞專業人才無數，為台灣政治民主化

及新聞自由化進程，做出了巨大的貢獻。

　　「經師易得，人師難求。」鄭老師不僅在課堂上傳道、授業、解惑，更以身教、言教，為年輕人點燈引路，並時常勉勵後進晚輩不忘初心。「杏壇長青樹」及「新聞教父」的美譽鄭老師當之無愧，「大師」的成就只能仰望，而與鄭老師的相識機緣，卻是我至感珍惜與感念的人生印記！

　　欣聞鄭老師傳記《百年追夢》付梓在即，將其畢生獻身新聞界的一手觀察與深刻感懷，以及對社會的衷忱關懷轉化為最溫暖真摯的文字，不僅使鄭老師執守追求的「新聞專業精神」及奉獻教育的志業獲得延續與傳承，更將成為指引未來世代的一盞明燈。謹以此序表達我對「永遠的鄭老師」最誠摯的感謝與敬意。

尋回失散四十年的師生情誼

◎李金振（國立金門大學創校校長）

　　日前接奉恩師鄭貞銘老師的簡訊，得知鄭老師繼三年前出版《百年大師》鉅著之後，又著手策劃「百年系列」之大師工程，其中《百年追夢》一書將述及華岡往事，吩咐我參與回憶昔日師生情誼之行列。頓時，我於欣然遵命之餘，確有受寵若驚之感，覺得以忝為文大新聞系的一分子為榮。

　　1970 年，我自金門高中應屆畢業，隨即搭軍艦赴台參加大專聯考，當獲知錄取文大新聞系時，只知興高采烈地歡呼金榜題名的榮耀，卻不知大學教育為何物。

　　入學的第一天，前來迎接我們的就是英氣煥發的系主任鄭貞銘老師。鄭老師在新生訓練的第一堂課就開宗明義地指出：「大學教育旨在變化學生的氣質。」這句話引導了我走進大學之領域。

　　開學後，每週排一門不計學分的必修課程，就是系主任時間。系主任鄭貞銘老師利用課餘的片刻，進行精神講話。從系務報告到課業之督導、從人生哲學到待人處世的準則，鄭主任恨鐵不成鋼地關愛著每一位學生的學習進度。每次聆聽鄭老師的話語，總會把我的心靈帶進一個嶄新的境界，逐漸建立我的新人生觀。

　　此外，鄭老師特別重視大學四年的階段性發展，並依各年級之特殊需求安排不同專長的助教進行適性輔導。像這樣

精心設計的助教制度，誠是大學教育的創舉。

鄭老師深怕我們知識貧血，要求「每週一書」的零學分必修課程，甚至還親自推薦時下的暢銷書，例如《勵志文粹》、《又來的時候》、《改變歷史的書》等。此外，又請大師蒞臨演講，鄭老師還特別提示我們聽演講的秘訣，不僅要聽還要看大師的風采、風範、風度及其幽默。許多名人如呂秀蓮、錢復、沈君山、余紀忠、成舍我、王惕吾、吳俊才、林懷民等，都出現在我們眼前。帶領我們跳脫過去中小學教育局限於課本上及教科書的框架。

當前各大學正積極推動的實習課程，其實，早在四十年前鄭老師就已經在文大新聞系做到了。其具體的措施，我所知道的，在校內實習有《文化一周》、《中國一周》、《華岡青年》等期刊之發行。在校外實習，我們一年級曾安排夜間赴聯合報社通宵觀摩報紙之作業流程，為將來之實習先行熱身。

以上充滿創新的非典型大學教育學程，讓我每天都有新的發現，充分享受成長的樂趣，也領悟到什麼才叫作大學教育。

可惜好景不常，1971 年，我因繳不起私立大學昂貴的學費而被迫重考。考取公費的台師大後，帶著不捨的心情離開那令人難以忘懷的華岡生活。

離開華岡之後，陸續從台師大、台大取得學士、碩士、博士學位。出社會後，任教於成大期間，曾創下十年內從助教、講師升等為副教授、教授的紀錄。回到故鄉金門辦學，也創下在十三年內由專科升格為學院、再由學院轉型為大學的紀錄。我事後自省，四十年來之所以能夠幸運地在學業上

或工作上關關難過關關過，其奮鬥不懈的礎石，當追溯到四十年前在文大新聞系一年級鄭老師給我的啟迪。

回顧離開文大新聞系之後的心情，一直對當年「捨文大選師大」的決定耿耿於懷，內心總是存有一種背叛文大新聞系的罪惡感，尤其，更是愧對當初每天諄諄教誨的鄭老師。四十年來，雖然時刻懷著知恩、感恩之情懷，卻又始終沒有採取報答恩師的行動。

直到 2011 年的某一天，曾任教於文大中山所、後轉任金大的前監察委員周陽山教授在中國大陸巧遇鄭老師，他向鄭老師報告：「您有一位學生李金振，在國立金門大學擔任校長，他常常懷念您。」鄭老師聽了這席話十分訝異，因為在鄭老師的記憶中，不可能忘記有這麼一位學生，於是就寫了一封信向我道賀，我更是喜出望外地立即寫信向鄭老師報告，失散四十餘年的師生情誼，於焉恢復聯繫。

事隔四十年，首次取得聯繫後，鄭老師不但不追究我當年的「跳槽」，反而給我諸多的安慰與鼓勵。同時，欣然接受我的邀請，受聘為金門大學講座教授。並於金門大學改制後第一屆開學典禮中，鄭老師以「尋求大學之夢」為題，發表演講。彼時金大尚未興建禮堂及體育館，全體師生三千多人在綜合大樓中庭廣場席地而坐，聚精會神地聆聽鄭老師精闢的演講；此刻，我也把握此千載難逢的機會，搖身一變由典禮主持人轉為台下的聽眾，重溫四十年前如沐春風的師生情誼，情節讓人永難忘懷。

相信鄭老師的「百年系列」，必將成為百年經典。

執著無悔的築夢大師

◎李天任（前中國文化大學校長、現任華梵大學校長）

　　曾被選為三十位最有影響力的美國女性，獲獎無數的當代女詩人瑪雅‧安潔蘿（Maya Angelou）寫出眾多名句，其中有：「人們將忘記你說什麼，人們將忘記你做什麼，但人們永遠不會忘記你使他們如何感受。」（people will never forget how you made them feel.）

　　鄭貞銘教授傾一生之心力投入新聞傳播教育追夢、圓夢，他的智慧、勇氣與胸懷，給我們的感受，就是永念難忘的感動！因為他不僅是追夢者，更是為人們築夢的大師。

　　鄭教授是華岡新聞教育的奠基者、兩岸新聞交流與世界華人傳播的先行者。他在兩岸三地新聞教育校園中播撒了無數善因種子，無疑也正是他追夢的動力，築夢的基石。

　　大家應該都能熟悉鄭老師常說的：「小小的教室是大大的世界，大大的世界是小小的教室。」他以行萬里路的足跡走遍海峽兩岸新聞學府，台灣的文化、輔仁、師大、淡江、世新、銘傳、政戰等大學及學院，大陸的中國人民大學、復旦、武漢、中國傳媒、南京、浙江、北京、交通、暨南、福建師範等大學以及香港珠海書院的新聞、傳播院系，美加社團都留有他諄諄教誨的身影。事實上，在老師追夢的旅程中，早已印證了「有鄭老師的地方就是豐盛的教室」。這豐盛的教室持續累積著無限的能量，陸續建構著鄭老師「大師工程」的雛形，在數十年的熊熊熱情烈火焠煉中，閃爍著源

自於信仰才能產生力量的濃濃宗教般情懷——具有中華人文特質的心靈與信仰。

鄭老師打造「大師工程」，不捨晝夜、不避艱困，就是要在這蟬翼為重、千鈞為輕、黃鐘毀棄、瓦釜雷鳴的時代立言，期能為生民立命、為亂世開太平！他始終堅持像傳道的苦行僧一樣，摩頂放踵實踐信仰、力行理想。這是一種廣闊的胸襟，融匯了「悲天憫人」的精神，可使生命更內在、更智慧、更崇高、更具深度，乃至更加壯烈。

西藏聖哲密勒日巴尊者曾說：「我的宗教是生死無悔。」這句銘言說得透澈，尤其「無悔」二字妙義深奧。凡舉措、事業、愛情乃至立德、立功、立言，若都能「生死無悔」，焉有不成就之理？

今日鄭老師《百年追夢》，所秉持的無疑就是這份無悔的宗教家情懷，不但有為天地立心、為往聖繼絕學的「無悔」願行，還有「地獄不空誓不成佛」的執著莊嚴！

微軟創始人比爾·蓋茲（Bill Gates）始終抱持前瞻與膽識的特質，曾說：「樂觀不是被動期待事情好轉，而是堅信有力量讓事情好轉。」

准此，在《百年追夢》的莊嚴願行光采中，我們看到鄭老師帶給莘莘學子及社會大眾的樂觀信念，堅信必有力量讓我們四周的一切都會好轉，也藉著大師的指引，讓我們汲取更多成功者應有的膽識和無悔的執著！

永不懈怠的鄭老師

◎翁重鈞（七屆連任立法委員，被譽為「最認真的立委」）

　　那一年，我們從極其激烈的聯考上了華岡，有一份初為新鮮人的喜悅；有一點對大學生活的憧憬，和對海市蜃樓般的美景的嚮往。當然，也有一份重考的意念，那是源自於許多師長和親友的期許……

　　青澀的年齡，卡其褲、小平頭，我拎著一個簡單的行李來到華岡，是在一個煙霧迷濛的清晨，隻身前往文化大學報到。我想起二年後的一堂詩詞賞析的課，張夢機老師經常要我們看看遠處雲霧飄渺的紗帽山，呼吸一下清涼無比的新鮮空氣，然後又感嘆地說，這樣的環境不出幾個大詩人是多麼可惜的事情！

　　我竟然愛上華岡了。在滿天星斗的夜晚，三幾好友，鋪著草蓆，把酒聊天，在青青草地上高談闊論已是我們生活的一部分。

　　我們從重考轉換成轉系考。同學間談到的竟是轉什麼系、怎麼準備轉系考，如何才能在激烈的競逐中，獲得系主任的青睞，順利達成轉系的願望……我一直在外文系和新聞系中猶豫，既捨不得自己自初中以來鍾愛的英文，也期盼能成為新聞系的一員。

　　當年新聞系是文化大學的招牌科系之一，主要是正在蓬勃發展的新聞事業，正影響著當時政經人文的走勢，媒體的報導不只提供知識分子洞悉時勢的走向，也正影響了為政者

決策的判斷。而華岡新聞系在鄭貞銘主任以系為家的帶領下，全系充滿活力，學長和學弟妹的關係更像是一家人般，儼然成為新聞界的尖兵和完整的團隊。

我終於選擇轉到新聞系，十年來，中文系的同學印象中好像沒有人可以轉到新聞系。不只是中文系，很多其他科系也都一樣，視新聞系為夢幻科系，套一句通俗的說法是「又愛又怕受傷害」，深恐轉系不成只能留在原來科系浸四年。我也是忐忑不安地準備應試，兼又每天聽到的都是轉新聞系的學生一定要家世好、背景好、書又念得好的同學才有機會。出身寒微，來自農村的鄉下小孩，有可能被錄取嗎？

我依稀記得鄭老師對我面試，看了我的英文中譯，對我鼓勵地說：「你的翻譯像是篇文章，根本就看不出是一篇翻譯，歡迎你來新聞系。」我幾乎不敢置信，幾天後的放榜名單中，我竟然以第一名的成績真的被錄取了！

十幾年後，我被提名參選立委，在競選總部成立的時候，我特別提到這段往事，告訴我的鄉親，我的一生充滿感恩，因為像我這樣毫無家世背景、毫無豐富亮麗的學經歷，我碰到改變我一生的幾個人物。一個是當年錄取我到新聞系的鄭貞銘老師；一個是承受多重壓力，卻力排眾多阻力，堅持提名我參選立委的葉肇祥主委。前者豐沛了我求學生涯的知識基礎，和接受挑戰的勇氣，後者讓我深刻體認拔擢人才、用人唯才的重要，更一改對黨工的錯誤印象。

三年的新聞系時光，我正像一個初進知識瀚海的新鮮人一般，我們天天沐浴在鄭老師延聘的名師的教誨裡。有關新聞課程，除鄭老師的「大眾傳播理論」、歐陽醇老師的「採訪理論」、顏伯勤老師的「廣告學」……等等，可說是名師

如雲。最精采的應該是高信疆學長的「人文科學概論」和顏海秋老師的專題講座。高學長從文史哲談到宗教藝術，論辯唯美主義和文以載道的分野，從而在破壞與建設中點滴地堆砌我們一直以來極為保守和傳統的思維；顏老師則邀請了很多的各界菁英分享成功的奧秘和人生觀，讓同學們自我省思，見賢思齊！

鄭老師的以系為家，讓新聞系這個家庭緊密地團結在一起。每一次的薪傳之夜、每月的包餃子活動、每學期的獎學金頒獎……都顯示著他維繫新聞系這個大家庭的心血，都傳承著亙古以來，一個教育家的偉大襟懷，那就是：除了傳道、授業、解惑外，還有很多的為人處世、人情世故。

從政以後，我經常會想起鄭老師訓勉我們的話：新聞系培養的也許不是某方面的專家，但它卻能開啟大家的知識之門，所以很多同學在新聞系畢業後，可以考上律師，可以去當老師，可以去當高級公務員，可以成為立委、議員，可以在報社當記者，更可以創業成為企業家。正因如此，面對龐雜的問政領域，我可以從過往的新聞訓練，尋找資料，重新到學校修會計、學預算、念企管……也透過當年新聞系的訓練，慢慢鑽研而能成為國會記者評鑑，及郝柏村院長賞封的國會預算專家，進而成為國會十大傑出立委。

今年（2017）是重鈞畢業後四十年，也是我從政壇退休的第二年。午夜夢廻，撫今追昔，總會想起鄭老師的大師風範，想起那些如沐春風的歲月，想起新聞系這個大家庭孕育出來的各行各業的菁英……值此時刻，我寫了這些感言，一方面懷念那少不更事卻洋溢熱情理想的時光，一方面也要藉此向我們的恩師鄭老師致敬，為了華岡新聞系，為了新聞教

育，您鞠躬盡瘁、永不懈怠的精神，永遠銘記在我們內心深處，鄭老師：我愛您……

雲淡風輕，鐘聲響徹晴空

◎宋晶宜（名作家，前舊金山《世界日報》社長）

　　2017 年 12 月 5 日，我趕去台北中心診所，探望住進加護病房的鄭貞銘教授。像近年來每次見到他時一樣，他有些清癯，但不用再勸他保重身體，帶去的健康食品他看也沒看，急著要跟我們講故事，誰也別想打斷他，終至護理師板著臉把我們趕出了病房。

　　從鄭老師的病房走出來之後，我特別到後面的巷弄走了好幾圈。少年時，我家便在當年挺風光的光武新邨，我仍清楚地記得這裡曾有的稻田、鐵道和彎彎的復旦橋。

　　這冬日的午後，微微的風帶著幾絲寒意，這裡一切都變了，變得比往日喧鬧多了，但不知道為什麼，我的心底湧上濃濃的傷感，甚至有些孤涼的感覺，是因為今年的寒冬來得特別早嗎？還是我已找不到當年青梅竹馬的芳鄰，就連每天等公車的那個橋頭，都已變成捷運出口，車往人來之間，既熟悉又全然陌生的這片土地，似水青春杳然無蹤，揮不去的是永遠不忘的記憶。

　　十八歲那年，我從北一女畢業，進了文化大學新聞系，年未三十的鄭貞銘，便是我的系主任班導師。華岡求學的那四年，是我人生最美好快樂的求學生涯，至今已半世紀，我仍印象深刻那白濛濛、如詩似畫的霧，總是從窗外翩然飄進講堂。鄭老師每週邀請一位新聞界名師來做專題演講，每月要求我們讀一本傳記名著、寫月記。課堂上生動豐富，而雲

霧也自在亂入，我就在飄渺中，開啟了我的浪漫新聞夢。

鄭貞銘老師出身清寒，一生同情弱者，為弱勢抱不平。他作為系主任的第一件事，就是遍訪台北新聞界，為新聞系募大筆獎學金，資助清寒學生。

在當時，物質生活匱乏，鄭老師常憑著三顧茅廬的方式，把各方專家帶到我們面前，他總說：「教育是百年樹人的事業。」

年輕時不明瞭，如今經歷萬般世事，我知道在這世間，真的有人是不停歇地種樹，生怕樹不能成林；也有人不間斷地搬磚造橋，久之，自己的背也成了一座無形的橋，讓知識踏著他的背脊，引渡更多的知音。

的確，鄭貞銘老師是許多人的新聞啟蒙恩師，這位老師即使學生畢業多年，他從不和你說再見，他常常追趕著、關懷著每個他教過的學生。

近年有些機緣巧合，鄭老師和我在不同的城市見過面，我發現他真的是一個「過動兒」。

「講學」和「著作」是兩大按鈕，只要對他按下這兩大按鈕，他便會自動發電永不停歇。

如果我沒記錯的話，應該是 2005 年吧，我還在舊金山《世界日報》做社長，在我的推薦下，北加州華文傳媒協會邀請這位新聞界的教父專程赴美，要頒贈終身成就獎給鄭貞銘教授，並請他做一次專題講座。那場演講十分成功，掌聲不斷。即使時隔多年，一位華籍電視台的主持人還對我說，鄭教授那時的一席話，令他深感做一個有良知的新聞人是多麼尊重。

在屬於我們的年代，新聞教育教導我們的就是良知、良

心、責任、真相……風吹草偃，而非譁眾取寵。

在華岡時，新聞系有一份實習校刊《文化一周》，有位同學寫了一篇對訓導處有所針砭的報導，指導教授鄭老師立刻被找去「商量」，訓導主任並表示可以考慮給《文化一周》經費補助，但以後學生文章要送審。結果鄭老師斷然拒絕，並表示，即使系主任不做，也不能違反新聞自由，否則他在課堂上講的都白講了。

《文化一周》的經費，以及寫稿、採訪、發行、廣告，都是由學生一手包辦，在苦哈哈的環境中，磨練了學生的所有基本功。

有一回負責廣告的同學好不容易拉到了三萬元鉅額的廣告，當大夥兒天真地跳起來的時候，鄭老師卻決定打回票，因為那是一個大酒家的廣告，校刊怎麼可以不維護善良風俗、不盡社會責任呢？因此白花花的銀子就被擋在門外了。

2011 年，鄭老師動了一次心臟大手術，大病初癒，他便在永福樓開了一場新書發表會，會中他提到自己看病的經歷，習慣凡事要求學生做筆記的他，似乎不知道自己病得嚴重，當醫生告誡注意事項時，他邊聽邊叫身旁的學生幫著記下來，醫生當場就糾正他：要自身切記，不可寄望別人幫他記著，因為命是你自己的。

他說時萬般輕鬆，如雲淡風輕，可是我們聽著真是著急生氣。的確，他是很特別的人，做老師和做病人，都異於常人。

做一個病人，他不只一次住加護病房了，每次都嚇壞別人，而他則認定死裡復活，是那麼地理所當然。

那次心臟手術之後，他不但持續授課，四處講學，大江

南北，東西兩岸，老學生們都已卸甲歸田，雲遊四海，而他仍依著那兩大按鈕主軸，忙得歡。

2013 年，他要我一起去金門大學演講，當時他捐了近萬冊書給金大圖書館，在金大校園裡，他興致甚佳，滔滔不絕地講他的「百年系列」寫作計畫，以及許多新聞史，提及新聞先進前輩，為新聞自由寫下的光榮歷程值得名留千古，應該作新聞博物館，讓這些「百年報人」能成為後代學習的榜樣。

我當時覺得，這樣的理想不是微薄的幾個人可以做到，應該是國家政府的事，我只想膽怯地逃跑度假去。

我升任《民生報》總編輯時，他是第一個寫親筆信向我道賀的人；我到美國作《世界日報》社長時，他也曾到過我家。並不是只有對我如此，幾乎許多學生都有相同的經驗，他常常以學生為榮，哪怕我們只有一點點成績，他也給你加一百分的油。他對自己的老師山高水長，永遠感恩，而對學生總是提攜栽培。

一生之中，他也被學生騙過，當他輕描淡寫地，就像說他生病一樣不經意，說到他曾被一個孫姓和杜姓學生騙了一千萬，也曾被一位李姓學生借了一千萬一去不回，我忍不住說：「老師你不是沒有錢嗎？怎麼那麼好騙？」他竟然說：「那是我後來花三十年還掉的貸款呀！」

他那雲淡風輕的表情又出現，彷彿一切船過水無痕。我問他怎能做到？他回答我：「我選擇了原諒，正如劉真教授所教給我的『有愛無恨』。」

我不再作聲，他已八十，從世俗的眼光看他，很多地方我看不懂，但是若從心靈的眼睛看他，或許能悟得幾分。世

間誰是愚，誰是智，終難說，有人便愛大智若愚吧！

2014 年的寒冷冬季，我到北京開會，鄭老師帶著他的義子丁士軒、汪士倫（雨）、孟士仲（濤）來見。我們享茶秉燭暢談到不知夜深打烊，甚至忘了寒冷，一群人在北京的長安大街上欲罷不能，依依不捨，那時他們父子談的正是《百年大師》的寫作大計。

我又一次想說，這是多麼大的工程呀！應該是國家級的事兒。

然而 2015 年，這包含了一百位大師、一百個典範、一百個故事、一百個感動的巨作已然誕生！在盛大的發表會上，鄭老師命我作了一段導言，我記得我當時說：「我的老師很清貧，但是很富有；我的老師終身未婚，但有滿天桃李；我的老師教會我『名節』和『名利』不同，『價值』和『價格』不一樣；他告訴我們人會老，但人生很遠；書本很小，但世界無限大……」

他的《百年大師》鉅作盛大發表會後，我們以為他可以好好休息一陣子，然而，一切方興未艾。每一個完成之後，都是另一個開始，《百年大師》之後，《百年風雲》又喧天價響，老師住在加護病房裡，我為他默默禱告，彷彿聽到了雲淡風輕之後，鐘聲響起，一聲接一聲，響徹晴空。

寫於鄭貞銘教授《百年風雲》發表會前夕

鄭貞銘肖像。汪士倫（雨）繪製。

人是自己生命的建築師

◎鄭貞銘

1996 年 9 月 10 日，我在健行文化出版事業公司出版過一本書，名為《人是自己生命的建築師》。我說，一個人正如一座建築物，只要有自己的意念與理想，勇往直前，永不懈怠，自然能堆砌出一幢有風格的建築。

我出身貧困，但一生為愛所豐美。

有一次，聽聞琉璃工房創始人楊惠姍女士演講，她幼時家貧，小學時每天要走兩個小時的路程上學，曾經因為家裡沒有食物，跑到包子店乞求店家施捨一個包子；救國團主任葛永光年幼時，每天凌晨兩三點就要起床磨豆漿，清晨陪父母賣完才去上學。

原來，曾獲金馬獎最佳女主角的影后與品學兼優的青年教育領袖，都是這樣將幼時的辛勞，當成人生最美的回憶。

步入學堂後，我在充滿愛心的校園中，感受到「有愛無恨」的力量。心靈的開拓與感動，啟發我生命的新篇章，每一位師長的教誨鼓勵與提攜，使我自勵，思想絕不可蒼白，行為更不可平庸。回顧一生，我十分感恩在政大受教育的時代，兩位恩師給予的人生啟蒙。

系主任王洪鈞勉勵我，「君子立恆志，小人恆立志」。他認為，一個人應該從年輕時代立志，並訓示說：「若為了個人榮辱，則順逆之境皆無意義，應該以『為天下師』為

志，則胸襟自然開闊，氣度自然不凡，力量自然產生。」

我在曹又方女士所主編的《改變一生的一句話》一書，就寫入了這句話；五十餘年來，在大學課堂及無數場合勉勵青年學子。

在政大新聞研究所時代，所長曾虛白更指示我兩大人生指標。

其一為「追求價值，不要追求價格」。人生匆匆數十年，我們要為值得堅持的價值去奮鬥，不要為一時的價格隨波逐流。

其二為「規劃人生」的概念。他認為，人生歲月有限，應該縝密規劃、逐步推動。如此一來，當我們邁向人生大限之日，必可達成人生規劃的豐收目標。

曾虛白老師說：「雖然我們每個人在人生中都會遇到挫折，但只要『一步一腳印』，堅持價值，邁開步伐，就能不為外力『所誘』、『所惑』。人生理想，也必將在這種堅忍毅力中成就。」

兩位老師所給予我這種「人生規劃」的教誨，使我今天能不辱師教，也為自己的人生理想負責。

詳讀抗戰時的名報人、《大公報》的張季鸞回憶錄，他不僅提倡新聞學聞名的「四不」主義——不黨、不賣、不盲、不私，更提倡飲水思源的「報恩主義」。

民國二十三年十二月廿五日，季鸞先生在《國聞週報》發表他的《歸鄉記》。他說：「我的人生觀很迂腐。簡言之，可稱為報恩主義，就是報親恩、報國恩、報一切恩。我為此立志，只有責任問題，無權利問題。心安理得，省多少煩惱。」

及至讀更多的書，走更多的地方，我的人生體會就更豐富了。一次最為深刻的記憶，就是訪問芝加哥大學時，首次接觸「利他主義」思想的精義。競爭固有刺激進步的功效，但唯有利他主義的精神，才能發揮一個人生命價值的巔峰。

　　在不斷強調創新的新世紀，我們因此要掌握資訊，做科技的主人，但新世紀更要以人文為本，才能使自己的生命找尋無限的可能。參觀美國麻省理工大學時，瞭解到這所馳名國際的理工學府，卻開創了一百多門人文社會的課程讓學生選修，這項措施使我大開眼界，使我更深刻體認到什麼是人生的最高智慧。

　　資訊是普遍化的，知識是個人化的。在今天資訊爆炸的時代，資訊所提供的畢竟只是初步的資料，我們需要思考，如何根據這些資料，透過自我經驗的累積，並加以觀察、分析、辨別，繼而形成知識；在思考中，更進一步，力加反芻，使自己的人格日趨成熟與圓滿，乃成為有益人類文化與社會的智慧。

　　我的人生歷經波折起伏，幸總能以寧靜之心，不馳騁於外物，堅定邁向心中目標，遂行自己所認定理想。我相信，唯有寧靜，能常保內心澄清，意志便能如日光之斂，擺脫雲霧，抵抗世俗的騷擾。我深刻體會「寧靜致遠」的真諦，所以日子總是過得平實、平淡、平凡。

　　這樣低調的人生態度，沒有烈火噴焰，沒有激情演出。但我的好友丁士軒君，他有耐心地聽我的生命故事，並勸服說我的一生有書寫的價值，可供青年參酌。而我也受到胡適之博士「每個人的生命都有價值」理念的影響，遂接受這本《百年追夢》的記述與出版。

傳記所記述的人或為個人瑣事，但因有真性情在，或可使讀者深印腦中，較之空中樓閣的小說，自有許多相異之處。我回憶自己的生命，許多雖已陳年往事，一幕幕都藏之於腦海，更因自己有寫日記習慣，若干或已記憶不清之瑣事、細節，乃有可追蹤尋覓處，所以呼應士軒的真誠，做了這項嘗試。

　　傳記之真價值，首在真實，所以口述之往事，亦不敢有違逆此一原則。我從記憶中，挖掘出生命歷程的每一章節，優質而又有才華的士軒更從我的日記中，翻出我的人生故事，甚至從許多文獻中找到我的相關資料，從我的學生、朋友口中探聽我的往事。士軒總是考證再三，摻以時代背景與環境因素，其認真之態度，令我驚歎佩服。

　　他的愛、關懷與認真，讓我獲得真正的感動。

　　好的傳記是為青年人的教師、壯年人的嚮導、老年人的慰藉者，實非虛言。喜讀傳記，當可使我們獲得人生的啟迪，希望的鼓舞。富蘭克林、拿破崙、羅蘭等均對傳記文學愛不釋手。

　　在我所讀的傳記中，深切體認傳記所給予我們的教益，是在示以為人之道，使之感奮而有所作為。這股命運與信心，還能獲得變革心情、改良氣質的效果。

　　我深信哈巴德所說，「善良的生涯，是不會被時間湮沒的」。我追慕善良，深信懇摯的力量，希望透過士軒真誠的記載，能夠對青年有所助益。

　　我深刻知道，人生這盤棋，總有一個終局；生命這盤棋，固難以預見勝負，但在走到盡頭以前，亦可不失快樂之情。

富蘭克林說：「愛生命者，絕不可浪費時間。」生命總帳的結算，不在身後，而在生前；不在他人，而在自身。

　　亞歷山大征服波斯、印度，建立帝國後，其野心無以為繼，隨後鬱鬱不能自解，幾年後歿於巴比倫，時年僅三十二歲。

　　康德病劇時，坦然對其家人說：「你們不必為我悲泣，倘若今天是我最後的日子，我將格外感謝神靈，讓我能到最安全的地方去。幸而一生所為，未有辜負同胞之處，否則我身心將不能如此安泰。」

　　古諺云，人生真正的財富，不是有限的財產，而是對於同胞所盡的職分。如果死後存在最終審判，必然只關乎其留存人間的善。

　　我一生追求「真實」、「懇摯」、「單純」與「不說」之美，我也希望每一位朋友都能從本書中找到平凡與希望的化身。

　　　　　　　　2018 年元旦，寫於銘軒雅舍

序　章

感念與典範

與大師的邂逅，是一場偉大靈魂的精采碰撞。
大師讓我們瞻仰偉大，汲取智慧，渴望超越。

——鄭貞銘

在人一生服務社會的歷程中，能遇貴人，自是一生的幸運。我自覺就是這樣幸運的人，所以我一生感恩、一生感動。

一個時代的歷史，是由一些英雄及無數的無名英雄，以血、淚、汗所共同塑造的。其中有國家命運的顛簸起伏，有社會結構的解體與重建，有經濟的停滯與飛騰，更有人間的悲歡離合。近百年來，中國人的歷史，正是徘徊在絕望與希望之中，毀滅與重生之中，失敗與成功之中。

而一名典範人物，在這個紛擾的世界之中，佔有舉足輕重的地位，無論在哪一方面的成就，都是令人敬佩。我願以親炙的體驗，細述幾位終生難忘的貴人典範。這些長輩或朋友，我視之為亦師亦友的「畏友」，他們對我的提攜、教誨與情誼，讓我常

記在心，不敢或忘。

——鄭貞銘①

1996 年夏，基隆市區，賀伯風災過後的街道一片狼藉。悶熱的氣浪再次襲來，裹挾著麗景天下的一座小別墅。屋子裡是另一番凌亂的景象，剛過完六十歲生日的鄭貞銘來不及給自己放個假，好好體驗一下片刻閒適的生活，便馬不停蹄地展開了另一項新的宏偉計畫。

此時的他，正將報刊、書籍、信件、筆記等各種資料一一攤開，鋪滿了整個大廳，然後弓著身子趴在上面，瞇著眼睛，仔細地搜尋、摘錄。

空調已經開足了馬力，汗珠依然順著臉頰淌下來。鄭貞銘不時小心地擦拭，生怕汗水滾落在眼前這些珍貴的資料上面——自從三十五年前擔任外勤記者和初登新聞講台，他便留心收集整理新聞先進、前輩們的各種資訊，時至今日，很多材料已年代久遠，再難尋覓，彌足珍貴。

> 我從小喜讀傳記文學，蓋傳記能給人許多鼓舞的力量，讓我們體會到：沒有一個人的成功，是不需付出代價的；沒有努力的成功，也必如浮萍，如沒有根的草，隨風飄晃，終又腐蝕。
>
> ——鄭貞銘②

「歷史的舞台是人，回顧這些新聞事業的典範，每個人都有很多精采的故事。」③已然耳順之年的鄭貞銘，隨著年歲的增加，對此體會愈加深刻。目光掃過初步擬寫的百位報

人名單，普立茲、李普曼、華萊士、蔡元培、梁啟超、林白水、于右任、張季鸞、蕭同茲……一個個世界新聞傳播史上閃光的名字，自然是他十分敬佩並熟稔的代表性人物，而馬星野、曾虛白、成舍我、謝然之、王洪鈞、阮毅成、錢震、徐佳士、曹聖芬、馬樹禮、余夢燕、歐陽醇……這些堪稱華人新聞傳播領域的一代新聞宗師，對於曾親炙他們提攜、教誨與情誼的鄭貞銘而言，更是有著非同尋常的敬仰、追憶與親切。

「回顧」是為了「前瞻」，「繼往」是為了「開來」。記述報人的故事，彰顯他們的精神，樹立傳世的典範，是鄭貞銘的夙願，「其目的在從前人的經驗中，使我們更有知識面對明天，更有智慧面對未來」④。特別是身處資訊氾濫、報業競爭激烈的時代環境中，他愈加推崇過去報人的那種「國士」的風格，以及知識分子與生俱來的強烈的使命感，希望藉由這些報人的傳記，提示全體傳媒朋友不要喪失「理想性」，繼而構建起「百年傳播史」的精神譜系與價值座標。

> 數十年來，個人一直認同這種「承先啟後」、「繼往開來」的境界。筆者認為，人類社會最寶貴的就是彙集生活的智慧與結晶加以傳承，最終成為人之所以異於禽獸的「傳統」。
>
> 我追求這樣的境界，也探索這種根源，所以對百年來中外報人所表現的「以天下為己任」的襟懷與抱負，總有欽慕與景從的嚮往，所謂「雖不能至，心嚮往之」。我希望透過對這些新聞人的平生瞭解與

研究，找出他們生命中的本質與動力。

——鄭貞銘⑤

然而，單憑一人之力編纂百餘位報人的生平故事，無疑是一個艱巨的工程，不僅涉及的資料卷繁帙重，而且如何從中採擷、剪裁、拼接、綴聯，無不考驗著者的眼力、筆力、腦力與心力。不僅如此，因書中很多人物已經作古，還需要花費許多精力進一步去探訪、求證。鄭貞銘沒有給自己多少遲疑的時間，既然是一件應該要做的對的事情，全身心投入進去做就好了。

身為中國文化大學新聞研究所教授及師大、北京廣播學院（中國傳媒大學前身）、杭州大學（浙江大學前身之一）客座教授，並擔任中華民國傳播發展協會理事長、中央通訊社常務監事等職的鄭貞銘，幾乎沒有完整的寫作時間，特別是自從兩年前開啟兩岸新聞與文化交流新征程以來，每天都是忙忙碌碌，因而寫作的時間只能排在零星的節假日和夜深人靜的時刻。

多少個日子的廢寢忘食，多少個夜晚的挑燈奮戰，鄭貞銘完全沉浸在這些報人典範的人生故事中，搜尋、揣摩歷史走過的痕跡，捕捉、追憶那些動人心弦的場景、情節、細節，他竟渾然感覺不到苦與累，反倒是身心得到極大的滿足。

這一寫，便是五年時光荏苒。

2001 年 9 月 1 日，新世紀的第一個記者節，《百年報人》六冊套書由遠流正式出版發行，時任中國國民黨主席、中華民國前副總統連戰，前行政院長李煥，中國國民黨元

老、總統府資政馬樹禮和世新大學董事長葉明勳作序推薦。新書發表會當天,李煥、葉明勳、教育部長曾志朗,以及鄭貞銘多年作育的學生、民視總經理陳剛信等人,均到場祝賀。⑥

一時間,這套跨世紀的新聞傳播史著作惹人矚目,引發熱議,各大中英文媒體紛紛報導,稱讚實為「近代中外新聞人物春秋史」,有的甚至譽其為「傳世之作」。與鄭貞銘相識三十多年的李煥深以為然,稱讚此叢書「把二十世紀新聞先驅者的作為與精神風範,在此新世紀來臨之時,貢獻於世人之前,作為二十一世紀傳播人的省思、借鏡,實為極有意義的傳世著作」⑦。此後,鄭貞銘還因此書,獲得紐約「第十屆萬人傑新聞文化獎」。

隨著兩岸交往的不斷深入,此套書在大陸也引起關注,特別是書中講述的李玉階、黃少谷、李萬居、余紀忠、王惕吾等一批港台新聞界名流,他們傳奇般的新聞生涯絕對可以給同文同種的大陸新聞人不一樣的啟示⑧。鄭貞銘贈送了二十套給大陸主要大學新聞系,希望藉此影響大陸新一代新聞從業員,使大陸早日實現新聞自由。

浙江大學城市學院錢誠一教授認為,《百年報人》內容詳實,視野開闊,跳出了階級鬥爭視野;對其人其事的評價也是有理有據,中肯有加,突破了動機效果統一論。顧楊麗博士認為,《百年報人》不僅發揚傳媒人精神,而且樹立了新聞人榜樣,鄭貞銘教授對新聞專業精神的重視和對傳播事業、教育事業的情深義重等,都與書中所記的傳媒榜樣一脈相承。⑨

五年後,2006 年 6 月,復旦大學出版社特意選取了其

中二十餘位世界新聞傳播史上的代表性人物，推出《世界百年報人》[10]一書，稱譽其「對大陸新聞傳播學界及業界頗具啟發意義與借鑑意義」。據說，這是台灣新聞學者在大陸出版的首部學術專著，很快銷售一空。

同年 11 月，中國文化大學新聞暨傳播學院成立報人研究中心，其以新聞史、傳播人生涯事蹟研究為宗旨，計畫以演講、座談、出版等方式，傳揚中外傳媒人的生平事蹟，以彰顯新聞人的價值與精神[11]。鄭貞銘出任首任主任，而這，無疑是他念茲在茲的人生志業。

此時的他已年屆七秩，耕耘新聞傳播教育講台四十五年，著作等身，桃李遍天下，可謂是功成名就了，他卻始終對「榜樣教育」情有獨鍾。在即將開啟的下一個十年歷程中，他甚至耗費了更多的心血，創辦「銘軒工作室」，構建「大師工程」，策劃「百年系列」叢書，為樹立起大師們的典範殫精竭慮、不遺餘力。

> 數十年的教育生涯，確實讓我覺得：「與大師的邂逅，確是一場偉大靈魂的精采碰撞。大師讓我們瞻仰偉大，汲取智慧，渴望超越。」
> 有一回筆者訪問昔日學子，談到當年在華岡接受「大師如雲」的教育啟發時，有一位校友說：「大師在校園中，是對學生的一種安定心靈作用。這些大師即使不做什麼事，就是在校園中走來走去，本身就是一道最美的風景線。」
>
> ——鄭貞銘[12]

已是八十二歲的他仍舊跟以往一樣，總是穿得很正式，西服、襯衫、領帶，搭配一副金屬邊框眼鏡，整整齊齊，一絲不苟；一頭銀髮，氣色紅潤，面帶微笑，眼睛深邃，鼻樑堅挺；舉止投足間，溫文儒雅，令人如沐春風。

　　不說話時，他總是很專注地聆聽；一旦開口，生動鮮活的詞句便接連湧出，名言錦句、逸事掌故魔術般地連綴成篇，絕不咄咄逼人，卻很能勾人心神。聞者莫不為之傾倒，心曠神怡之餘暗自嘆服，真不愧是說話高手也。

　　有著台灣「新聞教父」、「新聞界永遠的老師」、「記者的老師」、「杏壇的常青樹」、「現代司馬遷」等一連串閃耀頭銜的鄭貞銘，在大家的印象中，始終是一位學者與老師的形象。他喜歡跟學生們在一起，大家也喜歡聽鄭老師侃侃而談，偶爾也會忍不住「揶揄」一下一本正經的老師。

　　有一次，師生聚會，談笑風生間，突然有一位學生以幽默的口吻對鄭老師說：「老師在校期間，您只教我們新聞專業，教我們報恩主義，教導我們報人所提倡的『四不主義』：不黨、不賣、不盲、不私，但是老師，您當時忘了教我們如何賺錢，像歷史系尹衍樑一樣，所以我們都成清寒之士。」

　　不等他答覆，另一位學生附和道：「您當年只知道教我們專業主義，如何堅守新聞記者的獨立人格，您沒教我們如何以新聞牟利，以記者賺錢，所以我們今天仍然不富有。」

　　接下來，第三位學生繼續風趣地說：「您當年更忘了教我們如何鬥爭，所以不能像法律系洪秀柱一樣，能夠縱橫議壇，高升到立法副院長與國民黨副主席。」

　　鄭貞銘聽了，哈哈一笑，正欲辯駁，卻不想另一位學生

突然插嘴說：「老師不但沒會賺錢、沒會鬥爭，還只強調愛、強調造橋，自己雖曾在官場服務過，卻不但不會鬥爭，更被別人鬥下來了。」

這時，有一位學生站起來，為鄭老師緩頰說：「不要怪鄭老師沒教你們如何賺大錢、如何做大官，因為，他的老師也沒教他這些！」[13]

現場一陣狂笑，鄭貞銘笑出了眼淚。他已無需多言，而腦海再次浮現起那些熟悉的典範與恩師們——邵飄萍、林白水、王雲五、張季鸞、胡適之、張其昀、馬星野、曾虛白、成舍我、謝然之、王洪鈞、楚崧秋、葉明勳、錢震、徐佳士、余夢燕、歐陽醇、樂恕人……

無限感慨充盈著內心，那些過往的如歌歲月，如日夜喧囂的潮汐，奔騰不歇，紛至遝來……

註釋

① 鄭貞銘著，《無愛不成師》，台北：三民書局，2010 年初版，第 200 頁。

② 鄭貞銘著，〈大師走在校園裡　最美風景線〉，載於台北：《中國時報》，2013 年 12 月 30 日，「時論廣場」第 A14 版。

③ 李令儀著，〈廿世紀新聞傳播史完整回顧——鄭貞銘耗時五年巨著「百年報人」問世〉，載於台北：《聯合報》，2001 年 9 月 1 日，「文化」第 14 版；鄭貞銘著，《愛是緣續的憑

據》，基隆：莘莘出版事業有限公司，2004 年 5 月初版，第 275 頁。

④ 鄭貞銘著，〈新聞傳播的世紀見證——《百年報人》寫作的心路歷程〉，台北：《中華日報》，2001 年 9 月 19 日第十九版；鄭貞銘著，《愛是緣續的憑據》，基隆：莘莘出版事業有限公司，2004 年 5 月初版，第 279 頁。

⑤ 鄭貞銘著，〈對傳播情深·對教育義重〉，載於鄭貞銘著《百年報人 1：報業開路先鋒》，台北：遠流，2001 年 9 月初版，自序。

⑥ 載於台北：《聯合報》，2001 年 9 月 2 日，「文化」第 14 版。

⑦ 李煥著，〈新聞傳播的跨時代見證〉，載於鄭貞銘著《百年報人 1：報業開路先鋒》，台北：遠流，2001 年 9 月初版，推薦序二。

⑧ 劉兢編著，《台灣新聞教育家鄭貞銘》，杭州：浙江大學出版社，2012 年 9 月第一版，第 112 頁。

⑨ 鄭貞銘著，《無愛不成師》，台北：三民書局，2010 年初版，第 508、509 頁。

⑩ 鄭貞銘著，《世界百年報人》，上海：復旦大學出版社，2006 年 6 月第一版。

⑪ 載於台北：《民生報》，2006 年 11 月 5 日，「藝文新舞台」第 A6 版。

⑫ 鄭貞銘著，〈大師走在校園裡　最美風景線〉，載於台北：《中國時報》，2013 年 12 月 30 日，「時論廣場」第 A14 版。

⑬ 鄭貞銘著，〈新聞系老師沒教的事〉，載於台北：《中國時報》，2014 年 8 月 6 日，「時論廣場」第 A16 版。

第一章

伊銘，伊銘……

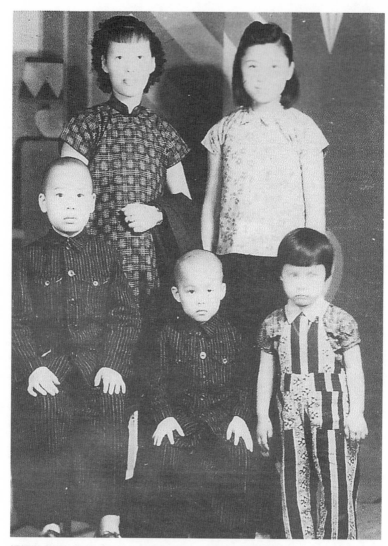

媽媽與我們的童年。當年，照張照片是一件大事。這是民國三十六年全家抵台的
第一張照片。後排左起：親愛的媽媽、大姊鄭燕萍；前排左起鄭貞銘、小弟鄭貞
浚、二妹鄭小雲。

我自幼喪父，從有生之日就幾乎沒有父親的愛與教育，全靠媽媽含辛茹苦地拉拔六個孩子長大。父親對我而言，是既熟悉又陌生的名詞，「父愛如山」，是多麼地讓人渴慕與遙不可及。①

媽媽是福州的大家閨秀，嫁到我們鄭家卻是吃盡苦頭，因為父親經商失敗，抑鬱而去，留下兩個兒子、四個女兒，完全由一個女人家拉拔長大。媽媽是典型的中國傳統婦女，她刻苦、耐勞，「嚴以律己，寬以待人」。在她身上有著數不盡的淑女德賢，兒女們依偎她成長，依賴她生活。②

我受媽媽的養育、照顧、愛護，是我一生最大的幸運，也是一生最大的思念。③

—— 鄭貞銘

閩越有奇才

1936 年 7 月 3 日（民國 25 年陰曆 5 月 15 日），福建省福州市閩侯縣大義鄉（今青口鎮）一個普通的農家小院，雖還未入伏，氣候卻已漸漸燥熱起來了。傍晚時分，二十三歲的陳瑛吃過晚飯，開始感覺下腹陣陣脹痛，連忙招呼家裡人到鎮上去請接生婆。

經過一番手忙腳亂的張羅，臨近午夜，一名小男嬰姍姍來遲，呱呱墜地。屋外圓月正明，皎潔的月光如水一般漫進昏暗的窗台，溫潤地撫過小傢伙粉嫩的面龐。

疲倦不堪的陳瑛望著剛出生的兒子，臉上露出欣然的微笑。這是她的第三個孩子，第一個是女兒，如今已滿四歲，乖巧懂事，第二是兒子，三歲時在村外的溪邊玩耍，不幸失

足溺斃，給她造成了沉痛的打擊。如今，又有一個兒子出生，某種失而復得的安慰與幸福充盈心間，她決心要給予他更多的愛與呵護，並期許他將來能光耀門楣。

按照鄭氏族譜的順序，這位被寄予厚望的小男孩取名「貞銘」，其中「貞」跟輩分有關，而「銘」則是因其八字命理缺金。

據考古發掘，福建的新石器文化可追溯到西元前五千年的平潭殼丘文化，以及西元前三千年的閩侯雲石山文化。而關於閩越地區最早的文獻記錄，則出自《史記》，「漢五年，復立無諸④為閩越王，王閩中故地，都冶」⑤，福建開國建城，迄今已逾二千二百年。在漫漫歷史長河中，不管是生生不息的閩越先祖，還是不遠千里跋涉而至的中原人，一代又一代，不屈不撓，繁衍生息，創造了輝煌燦爛的歷史文化，使福州以文化名城享譽神州大地。

福州歷來有「海濱鄒魯」的美譽，文風鼎盛，人才輩出，尤其是文才。開元年間，就有了麗正書院設立，貞觀、元和更是學者鼎盛時期。當時的大文學家韓愈曾讚譽「閩越有奇才，季民通文書，與上國齒」，表示福州的文化水準已有與京城相提並論的地位了。到了宋代，據志書記載，「僅宋朝福州府中進士者高達二二四七人，其中中狀元者九人」。明清之後，福州更是人才輩出，林紓、嚴復、鄧芝園、林則徐、沈葆楨、陳寶琛、林森、林覺民、林白水、林語堂、林長民、林徽因、冰心等，都各有成就，卓著聲隆。

上圖：鄭貞銘訪福州老家，於林則徐祠堂留影。
下圖：福州歷來有「海濱鄒魯」的美譽，文風鼎盛，人才輩出，尤其是文才。嚴
復（左）、林語堂（右）、林徽因、冰心等文壇大家均出身福州。

1842 年（清道光 22 年），清政府被迫與英國簽訂《南京條約》，福州被闢為五口通商口岸之一，1844 年（清道光 24 年）起正式開埠，成為福建對外貿易和華工輸出的重要口岸。1886 年（清同治 5 年），洋務派領袖之一左宗棠在福州馬尾建立福建船政局（後改稱福州船政局）及造船廠，同時興辦了全國第一所海軍學校——福建船政學堂。由此，福州成為中國近代海軍及造船事業的搖籃，也造就了許多人才，如虎門銷菸的欽差大臣林則徐，曾任清朝海軍統制、民國海軍總長、代理北洋政府國務總理、中共全國政協委員薩鎮冰，曾任海軍總司令、駐韓大使梁序昭，曾任國民大會秘書長何宜武等。

鄉晚所欽佩

鄭貞銘出生地閩侯縣位於福建省東部，福州城西北側，閩江下游。最早的縣置可追溯至 196 年（漢建安元年）所設之侯官縣，1913 年侯官縣與閩縣並為閩侯，1944 年為紀念抗戰時期逝世的前國民政府主席林森而更名為林森縣，1950 年復稱閩侯，1973 年劃歸福州市並延續至今。作為第一批沿海開放縣，閩侯經濟發達，素稱「八閩首邑」，是著名的僑鄉和「果茶之鄉」。

林森（1868-1943），原名林天波，字子超，號長仁，自號青芝老人，別署百洞山人、嘯余廬主人、鳳港漁翁、虎洞老樵等，福建閩侯縣尚干鎮（今祥謙鎮）鳳港村人，近代著名政治家。[⑥]他幼居福州，後考入台灣中西學堂電科，曾在台北電信局工作。此後，他在台灣加入興中會，積極開展反清抗日活動，成為中華民國的締造者之一。

同鄉前輩「布衣元首」林森，為官處世低
調簡約，鄭貞銘曾言其風範實為「鄉晚所
欽佩」。

　　1913 年 4 月，林森出席北京第一屆國會，被選為中華
民國首任參議院議長。袁世凱至參議院時全身武裝佩劍，林
森趨前對其說：「這裡代表人民之最高機關，不能攜帶武
器，請解除佩劍，以崇法治。」袁世凱聞言變色，乃覥然遵
行。1931 年 12 月 23 日，林森接替因「九一八」事變而下
野的蔣介石，擔任國民政府主席。抗戰爆發後，林森宣布遷
都重慶，並於 1941 年 12 月 9 日代表國民政府對日宣戰。
1943 年 8 月 1 日，林森因車禍在重慶逝世，葬於重慶歌樂
山林園。

　　林森為官處世，十分低調，簡約至極，奉行「不爭權攬
利、不作威作福、不結黨營私」的「三不」原則，因而有
「布衣元首」的美稱，卻也被不少國民黨人看作是「國府看
印的」。胡適曾有深意地評價道：「林子超先生把國府主席
做到了『虛位』，以至於虛到有的人居然已經『目中無主
席』了。」

鄭貞銘曾言，「其（林森）風範為國人所傳頌、所敬重，更為『鄉晚所欽佩』」[⑦]，回顧他一生在人事極為複雜的新聞媒體、大學校園、政府部門和黨政機關等眾多機構團隊中，大體能夠順風順水、平穩暢達，依稀可以看到這種「低調」哲學的影子。誠如是，「欽佩」林森這位同鄉前輩的「鄉晚」中，鄭貞銘可以算是其中一個了。

大義鄉今稱青口鎮，東西南三面群山環抱，北臨烏龍江，中間地帶一馬平川，山川俊秀，人傑地靈。其中，「義」大體來自當地義溪，據民國《義溪鄉土志》記載：「唐開元間，衛元帥過此，見賓主相與有序，故名。」足見當地民風淳樸，鄰里和睦。大義鄉仁人志士層出不窮，如明朝名相葉向高、前國民政府海軍上將劉冠雄、報界先驅林白水等。

林白水（1874-1926），原名獬，又名萬里，字少泉，福建閩侯縣青口鎮圍村人，著名社會活動家、啟蒙教育家和新聞界傑出人物之一。他幼承家學，早年三次留學，是中國出國攻讀新聞學第一人，先後自辦或與他人合辦了十餘家報紙，才思敏捷，筆鋒犀利，文采飛揚，「但能為社會留一公言，代表民意，雖冒風險，在所不辭」[⑧]。孫中山曾寫「博愛」二字相贈。1926 年 8 月 6 日，林白水因新聞報導觸怒軍閥張宗昌，被殺害於北京天橋，年僅五十二歲。北伐成功後，由林森等資助扶柩回鄉安葬。

關於這位同鄉的事蹟，鄭貞銘童年時偶有耳聞，讀書後漸漸有了更多瞭解，後來進入大學新聞系學習，林白水鐵肩辣筆、為民請命的高大形象深深地刻在他的腦海，對其嚮往新聞記者職業、堅守新聞倫理道德起了一定的催化與強化作

用。世紀之交,當已是耳順之年的鄭貞銘開始動筆寫《百年報人》時,他將這位同鄉排在蔡元培和梁啟超兩位巨擘之後,列為一百零七位報人第三位,稱譽其為「大時代的報人烈士」,並深情地寫道:「林白水成長於福州這座歷史文化古城,身上散發濃厚的『閩味』,文學素養良好,文筆犀利,論點精闢,敢說真話,敢作諍言,為時人所稱道!」[9]2016 年 8 月,林白水遇害九十週年之際,他更是以八秩之軀出席了福建新聞界召開的相關紀念會與學術研討會,以表達對這位新聞界先輩的敬仰之情。

寧願自己吃虧

按鄭樵《通志·氏族略》的分類,鄭氏是以國為氏的姓氏[10],系出姬周,黃帝嫡傳,周室嫡支。鄭姓源流出自榮陽,歷次都有鄭姓先祖隨同來閩,其中影響較大者,307 年(晉永嘉元年)榮陽三十九代孫鄭癢及其二子鄭平、鄭昭渡江。鄭昭為福州刺史,定居福州,為福建鄭祖,燈號榮陽[11]。鄭貞銘記得,當時鄉裡有一座十八姓氏祠堂[12],供奉著唐末五代時期跟隨王潮、王審知[13]入閩的十八姓氏,鄭氏便佔榮陽、東潘、順昌三支。其中,榮陽五十九代孫鄭威等人,子孫繁衍大田、仙游、南安各地,鄭紀、鄭成功為其裔孫。到了近代,福州當地流行一句民諺,「陳林一大半,黃鄭滿街排」,鄭氏更是成為四大姓氏之一。

鄭貞銘的曾祖父鄭戲潮在當地務農,早年雙目失明,曾祖母體弱多病,養育四個兒子,家景十分困難。曾祖母病故時,家中無分文,長子(伯祖父)年僅十四歲,深夜用稻草床捆包起母親的屍體,草草地埋在了自家園地裡。此後,伯

祖父帶領弟弟們養家餬口，維持家計。有一天，他們租來別人家的耕牛犁田，犁碰到了一口棺材，眾兄弟隨即用鋤頭挖出，打開後竟是滿棺材的銀元。兄弟商量後，在深夜將錢財悄悄搬回家中藏好，幾年後茅草屋倒塌，才將其拿出來蓋新房。

後來，二伯祖父鄭惟銓到福州下杭街糧行當長工，踏實肯幹，忠厚老實，老闆十分器重他。剛好那年糧行一批黃豆發黴腐爛，老闆想到二伯祖父兄弟在鄉下種田，便將這批黃豆送給他當農家肥料。二伯祖父運回到老家，發現黃豆裡只有少數是腐爛的，大多數還算是好的，從此開始經營黃豆生意，家境開始好轉並殷實起來。隨著經商擴大，鄭家竟在當地成為了大戶人家，也拿得出錢供子女後代們念書了。

祖父鄭惟儉在四兄弟裡排行老三，養育了五個兒子，其中二兒子鄭兆森早年去南洋經商，年紀輕輕就去世了。父親鄭兆水排行老么，備受寵溺，乖張任性，乃至成年後遊手好閒，呼朋喚友，「一副紈袴子弟的模樣」[14]。此後，父親仿其二哥，也出門到南洋經商，每隔幾年才回家一趟，帶些禮物回來，然後又匆匆離去，與孩子們相聚甚少。因而父親的形象，在鄭貞銘的記憶裡，始終是模糊的，只是大概記得他「瘦瘦高高的，相貌應該還算英俊」。直到多年以後，母親從櫃底翻出來父親僅存的一張照片，他才對父親的相貌有了較為清晰的印象。

外祖父家在福州城南台區，是當地的書香門第，住的是有中堂的大宅院，還雇有傭人照顧起居。外祖父在當地中學教書，是受人尊敬的讀書人，鄭貞銘的名字就是外祖父起的。外祖母是荷蘭人，所以鄭貞銘還有了八分之一的荷蘭血

統。後來，重返故鄉的鄭貞銘聽聞了外祖父後來的遭遇，不禁唏噓。「文革」期間，被劃分為地主成分的外祖父備受欺凌，生活困窘。當時，大陸實行計畫經濟體制，一切生活消費如買米、買麵、買布等，均需憑票券有限購置。原本受到歧視的外祖父一家分配的票券就不多，外祖父還需拿出自己的配額照顧一家老小，所吃的東西越來越少，最後竟然被活活餓死。

母親有三個兄弟。大舅陳鑣早年到台灣投效海軍，表現突出，很快升任少校，後海軍內部福建派與山東派爭權，1952 年，畢業於青島海軍學校的馬紀壯擔任海軍總司令後，開始整肅福建派，陳鑣急流勇退，見勢轉業到基隆做生意去了。二舅陳超性格內向，一直留在大陸，後來遭遇並不算好，十多年前病逝。三舅陳烈曾隨姊姊到了台灣，結果思鄉心切，一直吵著要回家，無奈之下，僅僅三個月後，他便被送回了老家，再也沒去台灣。如今，三舅仍然健在，居住在福州寧化縣，生活算不上富裕，好在身體比較硬朗，偶爾還會寫信給鄭貞銘報平安。

外祖父家教很嚴，母親堅持讀完了初中，在那個年代是很「時髦」的。後經別人介紹，剛滿十九歲的陳瑛來到閩侯鄉下，嫁入鄭家。鄉下妯娌眾多，人多嘴雜，加上丈夫長年在外，難免有些家長裡短的閒事，加之一些長輩與鄰家認定「好人家的女兒不能吃苦」，常常刁難這位來自福州城的「大小姐」。

陳瑛忍著淚，咬著牙，在四周冷嘲熱諷的眼光中，很快學會了放下身段，粗活累活毫不含糊，縫縫補補十分順手。據大姊燕萍回憶，母親為家中生計，「每日晚上在煤油燈下

與母親陳瑛女士於家中合影，鄭貞銘事母至孝，母子情深。

替人縫製衣裳，賺取小利，維持家用，一針一線每至深夜，方才休息」[15]。就這樣，孤兒寡母堅韌地生活下去，他們遭到的排擠和欺負慢慢減少，也逐漸得到了大家的尊重和照料。

陳瑛奉行「寧願自己吃虧」的生活哲學，事事想著他人，處處與人為善，並常常教育貞銘：「只要力所能及，總要盡心盡意，幫助別人，別等到心有餘而力不足，想幫別人也無能為力了。」[16]年幼的貞銘聽得懵懵懂懂，但這些話語耳濡目染，猶如埋在心田的一粒種子，成為他日後為人處世的指引與遵循。

伊銘，伊銘……

在當地，親人之間喜歡用「伊」來稱呼彼此，母親常常喚貞銘作「伊銘」。「伊銘，伊銘……」每當母親用福州話親切地呼喚他，聽起來就像「依命，依命……」——母子情深，相依為命。鄭貞銘曾說：「母親的召喚是全世界最悅耳的聲音。」貞銘從小缺少父愛，全由母親一手拉拔帶大，因而他對母親十分依戀，片刻分離都會讓他心神不寧，哭哭啼啼。

當年有一個伊珠姊，與母親是姊妹淘，有時母親出遠門探親，就把孩子們託付給伊珠姊家照料。伊珠姊夫婦開設酒窖，家境不錯，因一直未有子嗣，因而對孩子們特別喜愛，尤其是對鄭貞銘寵愛有加。然而，鄭貞銘時刻吵著要見媽媽，每當母親來接孩子們回家時，他的臉上都還掛著淚珠兒，滿副哀怨的神情。

出身書香門第的陳瑛，深知讀書的重要，因而對孩子們的教育極為重視，尤其是對「長子」鄭貞銘寄予厚望，悉心教導。貞銘三歲時，母親開始教他識字，讀一些《三字經》、《百家姓》、《千字文》、《幼學瓊林》等之類的開蒙書籍。他從小也懷有一種使命感，自覺對照顧媽媽以及振興家庭負有一種責任，因而很聽媽媽的話，勤奮好學，刻苦上進。

依稀記得，就在那間小屋，擺了一張破舊的桌子，我與媽媽對坐。桌上點了一盞油燈，媽媽坐著縫衣服，我則在媽媽的督責下做功課。為了節省油費，

燈芯都不敢點太亮，這一幕母子對坐圖，縈繞我的
腦海數十年。

—— 鄭貞銘[17]

　　低矮的房屋，破舊的桌子，昏黃的油燈，以及不時溜出
覓食的老鼠……童年艱苦生活的點滴經歷，八十多歲的鄭貞
銘回憶起來，言語間將其塗上了一抹柔和溫暖的光采，因為
記憶裡有摯愛母親的身影，有母子相依為命的款款深情……

　　貞銘六歲時，為了讓其接受更好的教育，母親將他送回
福州城外祖父家，讓其到附近的開智小學念書。清末民初，
「教育救國」思潮在全國風起雲湧，開風氣之先的福州新式
學堂遍地開花，加之僑鄉、榕商們的熱心參與，當地的教育
蔚為大觀。1904 年（光緒 30 年）10 月，福州開智學會在南
禪寺創辦私立開智兩等小學堂。1918 年（民國 7 年），改
為開智小學，在福州商務總會協理陳大澍「墊出數千金，以
闢講堂校舍」後，「開智因以大振，為省城兩等小學之
冠」。[18]

　　從清貧的鄉下來到熱鬧的城區，貞銘感到異常的興奮與
快樂。傭人每天領著貞銘到學校門口，放學時又準時出現在
那裡接他回家；人力車夫用力搖著手鈴，大聲吆喝著從街道
上跑過；嚴厲而慈愛的外祖父在中堂前的天井，仔細地清理
雨後積水，不時喊一聲：「小孩子，滾開！滾開啦！」小夥
伴們嬉笑著一哄而散，在不遠處繼續玩耍……一個個留在記
憶裡的畫面，色彩明亮，聲音清脆，散落著童年時期難得的
美好時光。

舉家遷往台灣

　　一個小家庭的悲歡離合，編織在那個註定風雨飄搖的時代巨幕裡。鄭貞銘出生時，整個中國正身處四分五裂的境地，日本佔領東北三省後對華北平原覬覦已久，一年後，抗日戰爭即全面爆發。其間，日本曾於 1941 年 4 月 21 日至 9 月 3 日及 1944 年 10 月 4 日至 1945 年 5 月 18 日兩度佔領福州，戰爭的砲火近在咫尺，隆聲不絕。戰亂年代，鄭家經常三餐不繼，米缸經常是空空如也，「如果夠吃三天，就已經謝天謝地」[19]。在那段日子裡，如果家裡偶爾有一次番薯葉炒菜，或者是豬油拌飯，就可以讓孩子們喜出望外了。

　　1945 年 8 月 15 日，日本天皇宣布投降，日本戰敗，全中國陷入勝利的狂歡之中。此時，與福建隔海相望的台灣同樣被欣喜的情緒激盪著，被日本殖民統治半個世紀之久的台灣及其附屬島嶼和澎湖列島，即將回歸祖國的懷抱。於是，國民政府開始忙不迭地在福建乃至全國各地，抽調大批幹部赴台接管行政事務，陳瑛的舅舅張復奇即是其中一位，處事積極而負責的他被派任台灣鐵路局課長。

　　此時，在大時代中跌宕起伏的鄭家，並未因鄭兆水賺賺賠賠的生意脫離窘境，相反是愈加凋敝了。張復奇疼愛他這唯一的外甥女，來信建議他們母子前往台灣，他將給予必要的照顧，或可脫離眼下困頓的生活。陳瑛心中升騰起一股希望，適逢遠渡南洋的丈夫沮喪歸來，兩人一經商量，很快決定帶著四個子女，東渡台灣投奔舅舅。就這樣，鄭兆水和陳瑛作別年邁的父母和故鄉的親人，舉家踏上了前途未卜的漫漫征程。

大姊鄭燕萍（左）與二妹鄭小雲。二妹長得像影星崔冰。

1946 年秋，福州馬尾港，鄭兆水和陳瑛帶著四個子女登上了一艘小輪船，啟程前往台灣。此時，貞銘已滿十歲，姊姊燕萍十四歲，弟弟貞浚六歲，二妹小雲兩歲。「六死三留一回頭」，民謠《渡台悲歌》唱出了先民們強渡台灣海峽九死一生的悲情。台灣海峽歷來黑潮洶湧，海難頻生，極為艱險，有「黑水溝」之稱。此時，顛簸在台灣海峽上的人們，雖然沒有兩年後大陸情勢逆轉，國民黨敗退台灣時的倉皇與悲壯，但依舊要面對著黑潮與海難的威脅，飽受著眩暈與嘔吐之苦。

破舊的輪船裡塞進了一兩百人，滿滿當當，擁擠不堪。客艙內到處都是人，幾乎沒有可以下腳的地方，昏暗潮濕，濁氣撲鼻。受舅舅張復奇特意安排，鄭兆水一家得以住進了靠近甲板的客艙，情況稍好一些，但依舊難以正常休息。陳瑛一邊摟抱著嚎啕大哭的小女兒，一邊吩咐大女兒時刻盯住調皮搗亂的小兒子，貞銘則怔怔地坐在一邊，情緒低落，不

耐煩了還會向手忙腳亂的母親哭鬧撒嬌一番。弟弟貞浚後來曾憶述，當時任性的他口渴，哭鬧著要去拎盛滿熱水的暖瓶，結果船體一晃，暖瓶摔碎在地上，媽媽的臉部被燙傷，引來心情本就煩悶的父親一頓臭罵。[20]

經過三天兩夜的艱苦航行，輪船終於駛入基隆港。舅公張復奇派兒子前來接站，將鄭兆水、陳瑛一家安置在台北市和平西路一座植物園附近的破舊寓所。他們住在二樓，是一套面積僅有二十幾平方米的小房子，但陳瑛很滿意，到底算是在台灣有了落腳地。當時，台灣被國民政府接管不久，大批的物資正被運往大陸支援前線，大家普遍貧窮，鄭兆水、陳瑛一家雖然得到了舅舅的關照，但畢竟有限，「能救急已經不錯，要救窮，當然不是一般人做得到」[21]。然而不久，心有不甘的鄭兆水再度遠赴重洋，去追逐發財夢去了，陳瑛再次陷入了獨自承擔全家生計的局面。

> 記得當時我們住在水源路的斜坡下，克難式的建
> 築，一到下雨，就淋濕遍地；颱風雨來，水深及
> 腰，我們事先就得逃命，電影《我這樣過了一生》
> 中有一段颱風淹沒屋頂的鏡頭，對我而言，是身歷
> 其境的事實。
>
> ——鄭貞銘[22]

家裡做飯時需要先到很遠的地方砍柴、擔水，而米缸則常常見底，生活的窘迫偶爾會讓陳瑛焦急地哭出來。哭過後，她對子女們說：「我們鄭家，除了自立自強，別無資產。」母親別無長技，沒辦法出門打工，只有透過夜以繼日

地縫縫補補，賺些微薄的錢來維持生計。大女兒燕萍主動提出不再繼續學業，早早打工以減輕負擔並補貼家用，母親也只好同意。就這樣，勤勞的母親與懂事的大姊身體力行，堅強地與命運搏鬥，努力撐起全家人的生活，漸漸在台灣扎下根來。

「愛」的教育

此時，貞銘無疑更加成為母親生活的希望，無論再怎麼艱難，她都要讓兒子接受良好的教育。不久，貞銘轉入了著名的台北國語實驗小學，插班就讀五年級。當時，國語實驗小學、女子師範學院附小和台北師範學院附小被稱為台北最好的三所小學，原來只會說福州家鄉話的貞銘每天讀《國語日報》，很快學會了國語。不同於現在有如此大的競爭和升學壓力，當時的台灣教育環境十分寬鬆，加之有一批如祁志賢、張希文等滿懷理想的名教育家，幾乎每一個小朋友都很健康活潑，愛好知識與對世界萬物的好奇和愛心均能得到悉心呵護。

貞銘遇到了自己的啟蒙老師張書玲，一位剛從師專畢業的北方姑娘，長得圓圓胖胖的，頭髮紮一個小辮子，講一口標準的京片子。[23]每週，張書玲老師都會拿著義大利名著《愛的教育》，聲情並茂地講給學生們聽，表情生動，口齒清晰。每一次上課，貞銘都陶醉在「愛」的情懷裡，捨不得下課，更盼望第二天張老師的課快快地來。[24]動人的內容，配上老師清脆悅耳的聲調、標準的國語、豐富生動的表情，在貞銘小小的心靈中，深埋下「愛」的種子。「她的耐心和愛心，使我小小的心靈備感踏實和安全」，鄭貞銘感恩道，

能碰到這樣的好老師，真是感到無比幸運。

　　國語實小的隔壁是知名的建國中學，對面則是美麗的植物園。下了課，貞銘常與同學們結伴去遊玩，聽蟬鳴，「在我的記憶中，植物園就是我們互吐情愫、談論抱負的人間天堂」。當年的同窗玩伴，貞銘有印象的，有後來成為台大工學院的名教授洪鐵生──國語日報社長、前立委洪炎秋的兒子，兩人常常「膩在一起」，形影不離。

　　除此之外，鄭貞銘還對兩位女同學記憶深刻。一位名叫瞿樹時，當時台灣銀行總經理瞿荊洲的女兒，長得雖不算漂亮，但頗有大家風範；另一位名叫林佩娟，是全班最漂亮的女生，小鳥依人，嬌嫩可愛，鄭貞銘對她暗戀不已，還幾次偷偷到她家門下，透過窗子看她的身影，有時守一兩個小時都不肯離去，「我也不知道這是不是初戀」㉕。

親歷「二二八」事件

　　正當貞銘每天興奮地期待著小學生活，漸漸融入台灣的生活時，社會不安的情緒正逐漸蔓延，直至尋找到一個爆發的時刻。1947 年 2 月 27 日，台北市延平北路，台灣省公賣局緝私員劉裘與警察沒收了賣菸婦女林江邁的香菸，並用槍托將其擊昏倒地，市民陳文溪亦遭流彈波及致死。事件在引起圍觀市民公憤後進一步升級，燒毀緝私車輛、包圍警察局、包圍官方的新生報社等後續事件相繼發生，終於在次日演變成大規模的台北市民遊行，長官公署槍擊市民、工人罷工、學生罷課、商人罷市。這就是著名的「二二八」事件。

　　消息傳開，迅速釀成全台風暴，許多地方組織開始攻打軍營、倉庫、機場，局面一發不可收拾。3 月 8 日，國民政

府軍第二十一師在基隆、高雄登陸，配合原有駐台部隊鎮壓民眾。在衝突過程中，部分民眾更是將議題擴大到省籍情結，數以千計的外省同胞被無辜殺害，而本省同胞被殺害的更無法計數。生活的平靜被瞬間打破，作為一個身處在風暴中心的普通外省家庭，鄭家再一次被捲入時代的大浪潮中，隨時都有被吞噬的危險。

事件發生時，外面槍聲連連。後來，台北就像一座死城，除了聽到幾聲槍聲，一片沉靜。沒有一個人敢出門活動，就這樣過了恐怖的九天。媽媽與姊妹的精神快要崩潰了，我們不僅米缸缺米，而且連雜糧也將近缸底。

誰知道明天？

突然有一天晚上，門聲大作，聽到外面至少有七、八人的吵鬧聲，全家驚恐極了，但也不可能不應門。因為那時的大門都是日本式，可是一踢就破的。在無奈兼恐懼聲中，柔弱的母親竟然勇敢地去開門。

但見一位被打得血淋淋的中年人站立門口，無助地以血絲眼光充滿恐懼地望著我們，他背後有七、八個彪形大漢。這時其中一個，在這位被打的中年人背後一推，推向我們家，並且說：「這家是外省人啦！」然後揚長而去。於是，這位服務於郵局的「外省人」就進了我們家……

——鄭貞銘[26]

恐懼之中的陳瑛，最終還是收留了這位「有難人」，悉心照料，直至兩個禮拜後，將其安全送離。期間，鄭家不曾受到任何騷擾，甚至還得到附近台籍鄉親們的保護。這場沉痛的歷史悲劇，許多後來的文獻將其解讀為「外省人」與「本省人」之爭，而鄭貞銘以親身經歷，更認同「施暴者往往只是一些暴徒，乘機掀風作浪而已」的說法。

鄭貞銘深有感觸地說道：「悲劇是一場歷史大痛，我們記取教訓，卻不容挑撥。為了千千萬萬代子孫，我們必須將眼光向前看，以更大的智慧，看待歷史的創傷。否則大家糾纏在歷史的死結裡，只有永無止境的悲劇。」[27]

結緣名作家聶華苓

1947 年和 1948 年是國民黨在大陸失敗的關鍵兩年，台灣海峽兩岸冰火兩重天，一邊是歷經傷痛、漸趨平靜，另一邊則烽火蔽日、廝殺不已。1949 年元旦，焦頭爛額的蔣介石宣布「引退」，同時任命陳誠[28]為台灣省主席，此時，他已準備將台灣作為國民黨最後的據守地。5 月 19 日，台灣省政府及警備總司令部宣布，自次日零時起在台灣全省實施「戒嚴」，嚴禁結社與遊行，取締言論[29]，開啟了長達三十八年的戒嚴統治時期。12 月 7 日，國民政府行政中心由四川成都市遷往台灣台北市，正式宣告了國民黨政權全面潰退台灣。

隨國民政府遷台的，有一批知識菁英，初到台灣，驚魂未定，生活也沒有著落，相當一部分便進入到小學、中學教書，因而當時學校的教師隊伍裡，常常有教授、學者等名家，大家隱沒其中。這一年，鄭貞銘從國語實小畢業，進入

專門收容大陸赴台失學兒童的台北商業職業學校（台北商業科技大學前身）夜間部（北商附中），每晚六點至十點上課，開始了初中生活。

在北商附中的三年讀書生活期間，貞銘有幸遇到了諸多學識深厚的老師，如教國文的文經華老師、教地理的陳伯中老師，以及教英文的聶華苓老師等，對其產生了重大而深遠的影響。文經華老師具有深厚的國學基礎，與世新創辦人成舍我為世交，後來曾一度被網羅去擔任世新的教務主任，他對聰明上進的貞銘十分喜愛，甚至還曾表示將來欲將愛女許配給他。

文經華老師的國文課奠定了鄭貞銘日後寫作的基礎，而名作家聶華苓老師則是培養了他對文學的濃厚興趣。聶華苓，1925 年出生在湖北省武漢市一個軍官家庭，1948 年畢業於南京中央大學外文系，彼時已是小有名氣的作家。1949年，二十四歲的聶華苓，拖著母親、弟弟和妹妹一家五口到了台灣。為了一家人的生計，她「開始寫作，身兼兩份工作，也做點翻譯賺稿費養家」[30]。不久，她來到北商附中開始了一段短暫的執教經歷。

與此同時，經編輯李中直介紹，聶華苓加入剛創辦的《自由中國》半月刊，成為該刊的文藝編輯。《自由中國》的發行人是在美國的胡適，實際主持人是雷震，編委有十人，其中有國民黨員、官僚，也有學者名流如毛子水，也有理想的鬥士如殷海光。該刊逐漸走上了自由主義式的政治反對路線，屢以言論挑戰當局的禁忌，直至 1960 年，隨著雷震等人入獄被查封，轟動中外，影響深遠。在《自由中國》的十一年裡，聶華苓可謂名滿天下，並後因與詩人丈夫保

鄭貞銘（右）就讀北商附中時，與初中好友沙志強（右二）、房達武（左一）、許世傑（左二）等合影。

羅・安格爾（Paul Engle）合力推動美國愛荷華大學國際寫作計畫而廣為文學界推崇。

　　貞銘就讀北商附中的班上，共有二十八名同學，都是從大陸來到台灣，大家都很窮，但讀書都非常認真。貞銘與同學沙志強、房達武關係最好，成為親密無間的好友。當時，條件稍好的房達武擁有一輛三槍牌腳踏車，十分稀有，三人常常共騎這輛車上學，「我坐在前段，而志強坐在後端，這一幕景象，成了我們終生最美的記憶之一」[31]。這批同學裡，後來有好幾位被保送台大物理系，再後來還出了好幾位博士。

　　在名師與益友的教導與鼓勵下，貞銘開始對文字發生強烈的興趣，並熱中於給報社投稿。當時，陳布雷胞弟陳訓慈

之女、著名史學家宋晞太太陳約文女士主編《中央日報》的「兒童週刊」，《新生報》的「小朋友園地」也很有名，貞銘常向這兩家刊物投稿，且多能被刊登。每當看到自己的讀書心得或週記，最終變身為正式刊物上鉛印的文字，貞銘總是歡欣鼓舞，自覺受到了莫大的鼓勵，愈加對寫作和報紙情有獨鍾。此後，他也更加喜愛上國文課，作文也越來越常被拿來在課堂上宣讀，貞銘還參與了協助老師組織大家讀書寫作的過程，從小便有的「小老師欲」也得到了極大的滿足。

領到第一筆稿費時，貞銘興奮地跑回家，悉數交給母親，結果得到了母親欣慰的微笑和熱情的鼓勵。據大姊燕萍回憶，母親仔細地將報刊刊載的兒子的文章剪下，全部製作成冊。一次大颱風屋內進水，冊子皆被浸濕，母親則將其一張一張小心撕開，曬乾後重新裝好，「可見媽媽對他愛心與期望有多麼大」[32]。

貞銘沒有辜負母親的期盼，此後愈加努力地投稿，兩三年內竟有多達十數次文章刊登，他賺的稿費也無疑成為家中的重要經濟來源。他省吃儉用，用攢下的稿費買了家中的第一台收音機，雖然那是一部舊的二手收音機，但足以讓大家開心不已，多年以後，二妹小雲依然能夠清晰地回憶起當時的那種興奮與幸福：

> 「水源街的房子常常漏水，家徒四壁的情況總是辛苦」，這就是小時候最深刻的印象。直到哥哥買了第一台收音機後，回家才成了樂趣。這台收音機舊舊的，是他用省吃儉用存下的稿費買來的二手收音機。從此我們不再往外跑，喜歡回家；更喜歡全家

人一起聽收音機，現在想起來，真是件幸福事！

——鄭小雲[33]

懶得見到父親

父親依舊是長年在南洋做生意，兩三年才到台北來看望一下他們母子，待不到兩週又匆匆離開了。此時的貞銘對父親的感情愈加淡漠了，對他的到來沒有任何期盼或激動，甚至已「懶得見到父親」。其間，三妹鄭慧芳、小妹鄭琴相繼出生。由於無力負擔，母親不得已，只好痛心地將年幼的三女兒慧芳送給別人家作養女。母親常常為此自責，待生活好轉後便想盡辦法找尋，多年後，皇天不負苦心人，母女兄弟姊妹終得重聚。

1952 年，初中畢業後，十六歲的貞銘考上了台灣師範大學附屬中學，當時，師大附中與建國中學、成功中學被稱為台北最好的三所中學。此時，大姊燕萍已經出嫁，丈夫李繼成在中央銀行中央造幣廠工作，忠厚老實，與妻子一同承擔起了支援鄭家的重任。

鄭家在台北的生活漸漸穩定下來，有一天，疲憊不堪的陳瑛收到了來自南洋的噩耗：丈夫鄭兆水做生意失敗了，而他本人也突發腦溢血死了！從小便對父親「無感」的鄭貞銘聽到這個消息，懵懵懂懂，不知所以，但看到母親悲痛難抑的表情，自然悲從心起，淚湧而出。淚眼模糊中，他漸漸懂得了：原本就缺少父愛的他，將永久地失去父愛了！從小就相依為命的母子，如今真的變成孤兒寡母了！

克難的年代，家裡的頂樑柱轟然倒塌，鄭家失去了重要

的經濟來源，隨著子女們陸續上學，含辛茹苦的陳瑛愈加感到吃力。不得已，她拖家帶口離開了台北，輾轉到基隆投靠大弟陳鑲。早些年，陳鑲從海軍轉業後，與基隆一戶富家女子結婚，隨後便在當地做起生意，生活頗為殷實。於是，他成為鄭家新的接濟人，將他們在附近的信二路一處小宅子安頓下來。

就這樣，貞銘從師大附中轉入了台灣省立基隆中學讀書就讀。基隆中學是基隆市最好的中學，成立於 1927 年，是日據時期與建國中學齊名的名校，當年僅供日本子弟就讀，校舍、設施均是一流的。

在那裡，貞銘遇到了典型的嚴師陳介石，他不容許學生們一絲一毫的馬虎，要求每一個學生每週都要背誦一篇國文、寫一篇作文，稍有怠惰，即被責罵或罰站，有時甚至還會被打手心。許多學生看到他都會不寒而慄，私底下埋怨其太不近情理，要求實在過分。好在來自外省的貞銘，相比於本省的同學而言，國文功課一向不錯，加之其刻苦認真，所以不曾有過被陳老師責罰的「待遇」。

有一天，有位學生被陳老師責罵，罵到一半，這位學生們心目中的「鐵人」竟情緒失控，淚流滿面。全班同學都嚇呆了，一時慌了手腳，方才意識到陳老師「恨鐵不成鋼」的良苦用心。從此，大家開始力爭上游，生怕辜負了陳老師的期望。那幾年，基隆中學人才濟濟，比如，邱進益曾任總統府副秘書長、台灣海峽交流基金會秘書長，羅平章曾任世界銀行拉丁美洲業務局局長、台灣國際合作發展基金會秘書長，林基正曾任外交部大使、民主太平洋聯盟（DPU）執行長，洪健雄曾任駐南非大使，等等。一個老師影響學風之

深，難以想像，無法估量。

2009 年 8 月，基隆中學八十二週年校慶之際，鄭貞銘被遴選為該年度的傑出校友，接受隆重頒獎。在代表校友致辭時，他感懷母校的教育，深情地對全體在場師生說：「我們到學校主要的目的是：學生為尋夢而來，尋人生的夢；老師為開礦而來，開人才的礦。這是人生最美的日子。我們應該懷著感恩的心，飲水思源。感謝這美好的一切。」

「白髮在堂，無以為養。其乘風破浪，孤劍長征，將以博菽水資，而為二老歡也。」[34]下南洋，一曲近代閩粵民眾抗爭命運、艱難創業的悲歌，一段苦難與艱辛、血汗與淚水交織的記憶。鄭氏二兄弟，這個龐大遷徙群體中的渺小微塵，相繼遠走他鄉，相繼客死異國，消失在蒼茫的歷史洪流中，湮沒無聞。

鄭兆水去世後，親人根本無從找起，只得將其生前的衣物草草入殮，鄭貞銘至今也不清楚父親去世的確切地點，「也許在泰國，也許在菲律賓，誰知道呢」。

當八十歲的鄭貞銘回憶起父親時，一向思維敏捷、記憶超強的他，常常會記憶模糊且時間錯亂——他曾一度認為，父親是在自己八九歲、尚在福州老家時去世的，而關於父親跟他們一起來到台灣的情景則完全沒有印象；他甚至還忘記了父親是因腦溢血去世的，偶爾還覺得，父親或許只是在南洋失蹤了吧。

父親角色的缺失與淡漠，凸顯的是母子相依為命的濃烈與溫情，特別是走過時代洗禮與歲月變遷，無疑對鄭貞銘的性格特質有著深刻且深遠的塑造功能。2016 年 7 月的一

鄭貞銘與母親、姊妹感情深厚。圖為大姊鄭燕萍（左）、二妹鄭小雲（右）陪母親至機場為鄭貞銘送行時留影。

天，上海梅雨時節，當我們面對面坐在他家的客廳，鄭貞銘開始試著自我剖析：

> 我想，父愛的缺失，對我的性格肯定是有影響的吧。首先，應該是「戀母情結」。我對母親的感情非常深，而且對家中姊妹的感情也很深，相比較而言，反而對兄弟間的感情就淡了許多。
>
> 其次，可能還造成了我的「雙面性格」。有時候很堅強，沒有任何一個人可以打擊我想要做的事情，無論再怎麼困難，我一定要去達成自己的志願，免得人家看不起。這也讓我做決定時，會顯得有些固執或者叛逆，甚至自己有一種錯覺，我的想法就是對的，就好像自己掌握了唯一真理。
>
> 但有時候又很脆弱，我很容易感動，別人如果對我好，我就很容易產生感情上的依賴。其實，人生中

值得感動的事情哪有那麼多啊，可是我一下子就可以想到至少十件讓我非常感動的事情。所以，我不太會在意別人的職業、地位、年齡，甚至性別，只要對方跟我很知心、貼心，我就會對他有感情依賴，直到今天都還如此……

註釋

① 鄭貞銘著，《鄭貞銘學思錄 II：橋》，台北：三民書局，2010年7月初版，第193頁。

② 鄭貞銘著，《難忘浩蕩的親恩》，台北：《中央日報》副刊，1993年10月12日。

③ 鄭貞銘著，《鄭貞銘學思錄 I：無愛不成師》，台北：三民書局，2010年4月初版，第48頁。

④ 無諸，據傳為越王勾踐的後裔。

⑤ 越人南來建國之都是東冶，相傳為歐冶子鑄劍之處，725年（唐開元十三年），以城之西北有福山，定名為「福州」。

⑥ 林友華編撰，《林森年譜》，北京：中國文史出版社，2011年9月第一版，第1頁。

⑦ 鄭貞銘著，《鄭貞銘學思錄 I：無愛不成師》，台北：三民書局，2010年4月初版，第31頁。

⑧ 福建省新聞協會、福建省林白水研究會編著，《林白水文選》，福州：福建人民出版社，2016年6月第一版，第1頁。

⑨ 鄭貞銘著，《百年報人1：報業開路先鋒》，台北：遠流出版公司，2001年初版，第42頁。

⑩ 徐伯勇著，〈滎陽鄭氏家族散論〉，鄭州：《中原文物》，1994 年第 2 期，第 106 頁。

⑪ 鄭金洪著，〈福建鄭氏入台錄〉，鄭州：《尋根》，2002 年第 1 期，第 54、57 頁。

⑫ 十八姓氏祠堂設在福建閩侯縣大義鄉（今青口鎮）長樓村，義溪西岸，雙音橋西側，坐西朝東，倚山面溪，佔地面積約七百多平方米。「文革」期間被毀，2004 年，十八姓氏後人將其復原重建。

⑬ 王審知（862-925），字信通，又字詳卿，唐淮南道光州固始（今河南固始）人，五代十國時期閩國建立者，後人譽為「開閩王」。909 年（開平三年），後梁太祖朱溫加封王審知為中書令，封閩王，升福州為大都督府。

⑭ 2016 年 9 月 17 日，鄭貞銘於上海家中接受筆者訪談時自陳。

⑮ 鄭燕萍著，〈懷念媽媽〉，載《永恆的愛——鄭太夫人陳瑛女士逝世週年紀念集》，1994 年 4 月，第 29 頁。

⑯ 鄭貞銘著，〈媽媽的終生教誨〉，台北：《中華日報》，副刊，2003 年 5 月 10 日；鄭貞銘著，《愛是緣續的憑據》，基隆：莘莘出版事業有限公司，2004 年 5 月初版，第 288 頁。

⑰ 鄭貞銘著，〈媽媽的終身教誨：記與媽媽相處的最後一段日子〉，台北：《中華日報》副刊，1992 年 5 月 10 日。

⑱ 《商會協理破產》，福州：《左海公道報》第十五期「時聞」，1911 年。

⑲ 鄭貞銘著，〈母愛最偉大〉，載《永恆的愛——鄭太夫人陳瑛女士逝世週年紀念集》，1994 年 4 月，第 19 頁。

⑳ 鄭貞浚著，〈思念母親〉，載《永恆的愛——鄭太夫人陳瑛女士逝世週年紀念集》，1994 年 4 月，第 31 頁。

㉑ 鄭貞銘著，《鄭貞銘先生學思錄：無愛不成師》，台北：遠流出版事業股份有限公司，2005 年，第 34 頁。

㉒ 鄭貞銘著，〈愛是無價寶——追憶媽媽〉，載《永恆的愛——

鄭太夫人陳瑛女士逝世週年紀念集》，1994 年 4 月，第 23
頁。

㉓ 鄭貞銘著，〈那一年難忘的歲月〉，載於台北：《聯合報》，
2010 年 2 月 28 日，「聯合副刊」第 D3 版。

㉔ 鄭貞銘著，〈愛的力量〉，載於高希均、黃昆輝等著《博士說
故事 II：一生受用不盡》，台北縣：漢光文化事業股份有限公
司，1995 年 4 月初版，第 129-142 頁。

㉕ 鄭貞銘著，《鄭貞銘先生學思錄：無愛不成師》，台北：遠流
出版事業股份有限公司，2005 年，第 71 頁。

㉖ 鄭貞銘著，〈那一年難忘的歲月〉，載於台北：《聯合報》，
2010 年 2 月 28 日，「聯合副刊」第 D3 版；鄭貞銘著，《鄭
貞銘先生學思錄：無愛不成師》，台北：遠流出版事業股份有
限公司，2005 年，第 81 頁。

㉗ 鄭貞銘著，〈那一年難忘的歲月〉，載於台北：《聯合報》，
2010 年 2 月 28 日，「聯合副刊」第 D3 版；鄭貞銘著，《鄭
貞銘先生學思錄：無愛不成師》，台北：遠流出版事業股份有
限公司，2005 年，第 82 頁。

㉘ 陳誠（1898-1965），字辭修，號石叟，浙江省麗水市青田縣
人，中華民國陸軍一級上將。歷任台灣省政府主席、中華民國
行政院長、副總統等職。蔣介石執政的心腹之一，有「小委員
長」之稱，其領導的軍隊內部派系亦有「土木系」之稱。

㉙ 中央社訊：〈總統播告全國同胞〉，《中央日報》，1949 年 5
月 17 日第 1 版；中央社訊：〈當局今日宣佈全省明起實施戒
嚴〉，《中央日報》，1949 年 5 月 19 日第 4 版。

㉚ 聶華苓著，《三生影像（增訂本）》，北京：生活・讀書・新
知三聯書店，2012 年 9 月第一版，第 162 頁。

㉛ 鄭貞銘著，《鄭貞銘先生學思錄：無愛不成師》，台北：遠流
出版事業股份有限公司，2005 年，第 76 頁。

㉜ 鄭燕萍著，〈懷念媽媽〉，載《永恆的愛——鄭太夫人陳瑛女

士逝世週年紀念集》，1994 年 4 月，第 29 頁。

㉝ 鄭貞銘著，《人生舞台》，台北：三民書局，2010 年，第 63 頁。

㉞ 林咸著，《西海紀遊草》，長沙：嶽麓書社，1985 年，第 32
頁。

第二章

指南山下，名師如雲

政大「四巨頭」（左起）鄭貞銘、潘乃江、唐啟明、馬兆昌。

描述校園文化，最讓我感動的一段話是：「老師傾囊相授，學生主動求知，師生間相激相蕩，既增長知識，也凝聚感情。」七年政大生涯，給我的感受就是這樣的。

民國四十三年，政大在台復校。開學典禮上，新任教育部長、著名人文地理學者張其昀[1]強調：「希望革命火炬，在台北縣木柵新址熊熊地升起，多少年代以後，歷史家寫道：這是中國學術發展史上重要的一日。」

政大復校之初，師生就是秉持這一份信念與抱負，而辦學、而求學。追憶這一段日子，深深感受到：「人窮而志不窮。人雖貧困，因擁有師恩、友誼而富有。」我們青澀的大學生活，因望重一時的優良師資與情誼濃烈的友誼，而變得多彩多姿。[2]

當我在政大念書時，幸運遇到一批中國近代偉大的思想家、教育家與報人，他們不僅教我以知識技能，更在他們身上尋找到一種知識分子所特有的風範與精神。

所以，我承受恩師們「君子立恆志」的教育，以及讀古聖先賢所提倡的飲水思源、報恩主義、吃果子拜樹頭的思想。有人說，那一種圓融與成熟，像是照亮而不刺眼的色彩，一種能寬容哄鬧的微笑，一種沉澱偏激的淡泊，以及一種不需要對別人察言觀色的從容。這些境界，都成為我心中嚮往的氣度。

——鄭貞銘[3]

潛移默化，一道同風

　　1955 年夏，十九歲的鄭貞銘參加了國立台灣大學、國立政治大學、台灣師範學院（國立台灣師範大學前身）、台南工學院（成功大學前身）和台中農學院（中興大學前身）的五校聯合招生考試。台灣大學素有「台灣第一學府」之稱，前身為日本統治時期所建立的「台北帝國大學」，1945年台灣光復後，改名為「國立台灣大學」，1949 年蔣介石政府遷往台灣後，台大更是取代了當時尚未在台復校的中央大學，成為了台灣地區教育主管部門資助經費最多的一所大學。再加上已故校長傅斯年為台大注入的自由主義學風，台大自然是青年學子們最魂牽夢繞的嚮往之地，以至當年流行一句話，「來來來，來台大；去去去，去美國」。

　　有著叛逆性格因子的鄭貞銘，偏偏不隨主流大眾，執意自己做決定。因當時台大並未開設新聞與教育科系，經過一番考慮，他最終將第一志願鎖定在政大新聞系，第二志願則是台灣師範學院教育系。「新聞」與「教育」兩大志願，鄭貞銘自稱是「叛逆的選擇」，卻與自己的志趣完全相符，這也似乎預示著他這一生，注定要與它們結下不解之緣。

　　政大的前身，為 1927 年中國國民黨在南京成立的「中央黨務學校」，是培養政府行政機關及司法機關公務員的搖籃，它與中央陸軍軍官學校（簡稱黃埔軍校）統稱為中國的「文武兩校」。蔣介石任首任校長，但無暇管理學校校務，實際負責學校運作者乃副教務主任羅家倫④、副訓育主任谷正綱及副總務主任吳挹峰等人。1929 年，中央黨務學校改組為「中央政治學校」，初設政治、財政、地方自治、社會經濟四系，後來又增設教育和外交等系。

「政治是管理眾人之事，我們就是管理眾人之事的人⋯⋯」⑤，鏗鏘豪邁的政大校歌，承載著政大的使命與擔當，希冀著由一校之學風，改變一國之政風。1937 年抗戰爆發後，中央政治學校遷至重慶小溫泉，並將科系調整為法政、經濟、外交、新聞、地政五系，隨後又成立新聞事業專修班、新聞專修科、地政專修科、會計專修科、統計專修科、語文專修科。據當時的新聞系學生徐佳士⑥回憶，抗戰時期，物資匱乏，師生住的是竹編的房舍，吃的是稀飯配蟲咬過的蠶豆，「同學們晚上在教室自修，卻常常連點燈的煤油都沒有」。

1944 年，為擴大訓練青年幹部，三民主義青年團創立「中央幹部學校」，以重慶復興關為校址，由蔣介石擔任校長，蔣經國出任中央幹部學校教育長一職。抗戰勝利後，1946 年，遷回南京的中央政治學校與中央幹部學校合併，定名為「國立政治大學」，隸屬教育部主管。1949 年，政大南京校址為中共所接收，學校被迫再度流離，歷經了杭州、廣州、重慶等地遷徙。一部分遷到四川的政大師生，以少量劣質兵器，投筆從戎，參與國共內戰，經過數場遭遇戰和大邑包圍戰，百餘名師生以身殉國，僅有少數人虎口生還，隨後以軍籍身分轉由香港進入台灣。

國民黨來台後，起初並無在台灣恢復大陸地區國立大學的構想，但隨著局勢的發展，黨政高層逐漸意識到培養本地高等教育人才之急迫，開始考慮增設高等院校的計畫。1954 年秋，政大成為遷台高校中首家復校的大學，地址為台北木柵（今台北市文山區），初設政治、外交、新聞及教育等四個研究所，第二年恢復成立大學部。當時，政大可謂是一鳴

驚人，立即成為許多青年讀大學的首選，聲譽之隆，大有超過台大之勢。

大學在大師，不在大廈

鄭貞銘以第二名成績被政大新聞系錄取，成為政大在台恢復大學部招生的第一屆（總第十九屆）一百零二名學生中的一員。他的成績，高出包括台大在內的所有科系的錄取分數線，而當年高分考入政大的學生，也不在少數。大學聯考「狀元」陳品全，原本因家境困難，想選師大以享受公費待遇，但是因追求外交理想仍以政大外文系為第一志願；其他系的魏鏞、徐興林、唐啟明、華文衡，新聞系潘乃江、石永貴等，都是以政大為首選，並紛紛高居榜單。

聯考放榜時，政大新舍尚未完工，鄭貞銘接到開學通知

政大復校首任校長陳大齊（前中）與第一屆學生合影。鄭貞銘位於第二排右五。

時，已是 11 月分。到政大報到，沒有公共汽車可以到達，只有公路局定時班車可搭，下車後還需步行約二十分鐘。新生們懷著「如入寶山」的興奮心情，趕到木柵一看，兩幢空心磚砌起的灰色小樓房突兀地站立在稻田裡，每幢有四間教室，樓上樓下各兩間。另有一排小房間，原擬作單身教授的宿舍，其中幾間則權充作學校辦公室。因為學生宿舍尚未建造，學生們則被安排到了指南山麓的幾幢大房子裡，每間房住約三十多人，滿滿當當，倒也熱鬧。

從宿舍去教室上課，還要走相當一段路，其間會經過研究生宿舍，也無非是幾排像臨時儲藏室的木板房子。指南宮兩旁的小溪，在研究生宿舍背後匯流，然後經校區流入景美。沿溪有幾處小橋，通入山的小路，給光禿禿的校園增色不少。只是一入夏季，山洪爆發，或颱風來臨，引起氾濫，災情慘重。當然，校園裡是既沒操場，也沒體育館，一到下雨天，更是滿地泥濘，步履維艱。於是，上體育課變得很簡單，就是大家爬山到指南宮，點名再下山。

簡陋的校舍、艱苦的環境，難免讓這些被高分錄取的有夢青年內心感到委屈和不平衡，只能用「滿腹心酸」來形容。然而，他們又很快驚訝於「名師雲集」的師資隊伍。政大首任校長陳大齊⑦曾任北京大學代理校長，是望重一時的大師，年屆七秩，頭髮斑白，常穿一襲灰色長衫，儒雅和藹，有一種自然的感人力量，令人如沐春風。他曾在某次週會上對學生們提倡：「情緒要熱烈化，因為不熱烈不足以鼓勵行的邁進；理智要清明化，如此配合，個人修養才能達到巔峰。」陳校長的這一席話，令鄭貞銘不由慨歎：「陳校長不愧為一代理則學⑧大師！」

陳大齊校長憑他的聲望和號召力，網羅了第一流的名師，可謂是集一時俊彥，光采奪目。從法國巴黎大學畢業的阮毅成老師，二十七歲即擔任南京中央政治學校法律系主任，後來在台灣還身兼中央日報社社長。他在政大講授「法學概論」，口若懸河，談笑風生，將極其枯燥的法學條文講得津津有味。鄭貞銘評價阮老師的課，「減一分則太少，增一分而太多，筆記就有如一部著作」，拿他的筆記就可以編成一本體系完整的教科書。

王雲五⑨老師自學有成，曾被孫中山聘任為大總統府秘書，並受蔡元培之邀在教育部兼職，並曾擔任商務印書館總經理，被胡適稱讚為「有腳的百科全書」。他日常飲食不喜鋪張奢靡，只粗茶淡飯而已，衣著以棉布為主，一件長袍、一雙布履，已成了他的標記。當時，他擔任行政院副院長，主持行政改革工作，同時受聘政大政治研究所講授「當前政治問題研究」、「行政改革」等專題談論課程，涵養功深、有教無類的風儀，極得同學們的景仰⑩。他還率先提出在台灣設置博士學位並躬身力行，因而享有台灣「博士之父」的稱號。

鄒文海老師畢業於清華大學政治學系，後被保送留學英國，入倫敦政治經濟學院，師從政治學大師拉斯基（Harald Laski）和懷納（Herman Finer）等。他講授「西洋政治思想史」，每次上課總是「手執粉筆兩三支，此外什麼都沒有」⑪，每次上課講一個專題，旁徵博引，條理清晰，思維縝密，無懈可擊。當年，鄒老師從英國留學歸來，在漫長的郵輪途中嘴巴被海風吹歪，以致留下了口吃的問題。上課時，同學們紛紛搶坐在教室的前左側，因為在那一側，聽鄒老師

的聲音比較清晰，教室右側則空空如也。

訓導長吳兆棠是畢業於德國的教育學博士，當時身兼救國團副主任，協助蔣經國，工作非常忙碌，但他對待同學們始終保持一種寬容和親切，同時也極有原則，更像同學們的大家長。他曾說：「我們平日待人，固應謙遜、包容，但凡大是大非所在，亦絕無瞻顧含糊餘地，必須是明辨是非，分清敵我。」

教務長浦薛鳳則是政治學大師，十四歲即考入北京清華學校，後獲官費赴美留學，攻讀政治哲學，獲哈佛大學碩士、翰墨林大學法學博士。回國後，浦薛鳳歷任清華大學政治系教授兼系主任、《清華學報》編輯、北京大學教授等，是研究西方近現代政治思想史的權威，而他的博學也是國際聞名的。

其他如張金鑑老師的「政治學」、李其泰老師的「國際組織」、賈宗馥老師的「理則學」、馬國驥老師的「英文」、熊公哲老師的「國文」等，都豐富了學生們的社會科學背景。

當時，全校學生只有兩百多名，台生與僑生各佔一半，大學部也只有五個系，分別是教育、政治、新聞、外交與邊政。當時政大因人力、財力不夠，大一大二不分系，每個科目常是兩三個系的學生一起上課，所以大家彼此都認識，直到大三才開始分專業科目學習。因為大家無論生活或是念書都在一起，與其說是學校，其實就是一個大家庭。鄭貞銘認為，「一種令人追懷的教育，是一種日常生活中無所不在的教育」。如今想來，那時可以算得上是真正的通識教育，其樂融融的情景也更令人懷念。

胡適之博士（左）受邀至政大演講「傳記文學」，影響鄭貞銘養成讀傳記文學的喜好。時任教育部長的張其昀博士（右）為推動政大在台灣復校的最大功臣。

在接受「名師如雲」的教育之外，每週，政大的學生還有機會聆聽名人名家的專題演講。來自著名人士或權威專家的精采演講，不僅使學生們眼界開闊，更能在旁徵博引中，使其養成獨立判斷的精神，令鄭貞銘永難忘懷。

第一場週會，胡適之博士受邀演講「傳記文學」，他再次提及「二千五百年來，中國文學最缺乏、最不發達的，是傳記文學」，而真情實感的傳記，實在有使人激勵、嚮往仿效的力量。「每個人的生命都有價值」，胡適之希望在座的每一位同學都能「就個人範圍之內來寫傳記，養成搜集傳記材料和愛讀傳記材料的習慣」，繼而達成「給史家做材料，給文學開生路」的蔚然成就。

傳記文學是中國最缺乏的一類文學。……我們的傳

記文學為什麼不發達？第一，傳記文學寫得好，必
須能夠沒有忌諱：忌諱太多，顧慮太多，就沒有法
子寫可靠生動的傳記了。帝王的忌諱固然多，有的
材料不敢用，而一些名臣如曾國藩等，為了避禍，
自己毀掉許多材料。第二，我們缺乏保存史料的公
共機關。遇到變亂，許多材料不免毀去。第三，用
文言文來記錄活的白話語言，確有困難。

—— 胡適之[12]

這對鄭貞銘造成了終生的影響，他不僅養成了讀傳記文
學的喜好，而且形成了寫日記的習慣，堅持每天都寫，六十
餘年來幾乎從未間斷。此間心境，除了鄭貞銘樂於養成一種
時時記錄、事事計畫的習慣外，自然也有一份善盡當下、傳
之後世的期許與準備。

我們要能察求實，明辨是非，知懷疑之要而不流虛
無，知信仰之要而不流於獨斷，知批評之要而不流
於憤世嫉俗之犬儒主義。有如是的風格，方能成為
捍衛國家的鬥士。言論家必須有廓然大公之心，不
拘於故常，不囿於私見，不立異以高鳴，不嘩眾以
取寵，發言務求正確，不作荒誕之辭。此種自由之
心，乃為實現民主政治的基本條件。

—— 張其昀[13]

推動政大在台灣復校的教育部長張其昀博士，曾鼓勵新
聞研究所的學生，研究新聞學「不僅在技術方面、業務方

面，尤其要者為培養言論家的風格」。張博士的這段演講，放在今日新聞界依舊如晨鐘暮鼓，特別是近年來新聞事業與新聞傳播教育漸趨功利化、技術化，乃至於新聞和輿論最重要的中心思想逐漸淪喪，不免令人憂心。

此外，曾任大使的沈覲鼎和繆培基的演講也給鄭貞銘留下深刻印象，他們在演講中不僅分析國際情勢，更對外交官的使命有所闡述。鄭貞銘在日記中寫道：「聽了兩位大使演說，讓我們對外交系同學的似錦前途充滿羨慕，但這許多嚴格的條件，也是對外交系同學極深的警惕，極嚴格的挑戰。」

> 政大的前身是黨校，但在台復校後，我們沒有聞到絲毫黨味，只有這些名師們發出來的濃濃學術味。看到陳老校長天天一身長袍，我們還以為身在北大。我們領悟到，大學的偉大，不在於巍峨的校舍，而在於有沒有名師。……老師們教學認真，考試從嚴。當時宿舍晚上十點熄燈，有人會到廁所繼續用功，政大的讀書風氣可以想見。
>
> ——陳漢強[14]

處荒僻鄉野的木柵，一時因這些如雲大師與優質青年，充滿書香與文化氣息，良好的學風，無出其右。1931 年 12 月 3 日，風雨飄搖、學潮起蕩之際，梅貽琦出任清華大學校長，並發表了著名的就職演說，其中引經據典道：「一個大學之所以為大學，全在於有沒有好教授。孟子說所謂故國者，非謂有喬木之謂也，有世臣之謂也。我現在可以仿照

說，所謂大學者，非謂有大樓之謂也，有大師之謂也。」「大學在大師，不在大廈」，鄭貞銘深然其說，而這種體悟，正是從政大求學歲月開啟的。

燃起人心正義火，高鳴世界自由鐘

政大新聞系的歷史，可以追溯至 1935 年在南京成立的中央政治學校新聞系，迄今已有八十多年的歷史。大陸時期，它就與燕京大學新聞系、復旦大學新聞系並稱當時中國新聞教育的三大學府。此後，政大始終是台灣新聞教育的中流砥柱，也是東亞地區新聞教育的重鎮。

最初，時任中央政治學校教務主任程天放兼任系主任，後由劉振東繼任，實際是由從密蘇里大學新聞學院學成歸國的馬星野[15]掌管系務。1934 年 7 月，二十六歲的馬星野躊躇滿志，一度想要辦報，蔣介石對他說：「辦報很重要，但是辦報沒有人幫忙是不行的，現在中國好的記者太少，應先訓練一批新聞記者，以後幫你辦報。」[16]從此，馬星野與新聞教育結下終生的不解之緣。

> 「馬星野」三個字，在中國新聞界，曾長期受推崇為「宗師」。對於熱中新聞教育的青年而言，「馬星野」三個字，曾發生過極大的感召力。他熱愛新聞事業的真誠，宣導新聞學術的用心，堅持專業的辦報信念，實踐新聞道德的勇氣，都曾是新聞從業人員與青年學生心中的榜樣與典範。
>
> ——鄭貞銘[17]

馬星野主持中央政治學校新聞系，並講授「新聞學概論」、「新聞事業經營及管理」，又先後設立新聞科、新聞班等，長達十四年，培育新聞人才無數。同時，他還曾先後出任中央日報社社長、中央通訊社社長等重要媒體職務，秉承「先日報，後中央」的辦報理念，影響深遠。1980 年代初，馬星野擔任台灣首個大眾傳播教育聯合組織——「中華民國大眾傳播教育協會」理事長，曾指定要鄭貞銘擔任副理事長兼秘書長，鄭貞銘得以親炙其教誨，尊稱其為「一代新聞宗師」。

　　當年，雖身處黨校，馬星野卻深受英美自由主義思想的影響，並有意將此學術氛圍帶入新聞系。他將密大新聞學院對新聞自由的重視與紮實的實務訓練全套都搬到中央政治學校來，從而形成新的新聞教育目標，即「提倡新聞自由、言論公正、有創意」。與此同時，新聞系還強調中國傳統的人文思想，以及社會科學的基礎課程。這種中西結合的教育方式，啟蒙了無數新聞學子，他們畢業後進入媒體領域，不僅愛國熱情高漲，而且一直懷抱新聞自由和專業性理念，追尋新聞真相。而這種新聞教育的理念，也深刻影響了復校後的政大新聞系，成為一代代政大新聞學子的精神底色與價值座標。

　　1942 年，馬星野主任仿照密蘇里大學新聞學院創辦人、有「新聞學之父」之稱的威廉斯博士（Dr. Walter Williams）制定的「報人守則」（The Journalism Creed），同時參酌中國社會實際狀況，手擬「中國報人信條」（後改稱為「中國記者信條」）十二則，成為當時中國新聞業的倫理道德規範。他還親撰政大新聞系系歌——「新聞記者責任重，

立德立言更立功；燃起人心正義火，高鳴世界自由鐘」，傳頌一時，影響至今。

> 馬老師有無比的影響力。他似一顆明星，受人敬仰，又似一盞明燈，引導我們的新聞工作。他有他「得意」的學生，但不囿於小範圍；他沒有「不得意」的學生，困守而無發展。或大或小的都有成就。
>
> ——徐詠平[18]

鄭貞銘的恩師王洪鈞[19]將馬星野視作自己的首位啟蒙老師，始終記得上第一堂新聞學的情景，那時的馬星野「一襲陰丹士林大褂，鬆落到鼻樑上的黑邊眼鏡，清癯、嚴肅，而帶著慈祥的面貌」。徐佳士則回憶說：「我們學校是實務強，馬老師對我們的要求就是，寫作、寫作、寫作，採訪、採訪、採訪。」鄭貞銘的同事、名記者樂恕人，千里迢迢遠離自己的家鄉，進入政大新聞專修班求學，他這樣回答人們的疑問：「『馬星野』三個字，就是我選念政大新聞系的原因！」

馬星野曾自陳，自己在 1936 年結婚後，「家庭一直和學校在一起」，學生常到他家，感情融洽，無所不談。其間，很多同事、教授離開了學校，或經商，或從政，唯有他仍留在學校，「整天與學生在一起播種、灌溉」[20]。在他的率領下，政大新聞系畢業生人才濟濟，曹聖芬、錢震、毛樹清、黎世芬、陳裕清、潘煥昆、歐陽醇、陸鏗、徐鍾佩、王洪鈞、徐佳士、沈錡、龔弘、彭歌、林家琦、周天固、趙廷

俊……這些優秀的學長們，無不成為新聞學子們的偶像和榜樣。

把新聞職業教育變成學術

早在 1949 年「九一」記者節，時任台灣省主席陳誠在台北市中山堂宴請新聞界，報界同仁向在場的台大校長傅斯年建議，由台大增設新聞系，卻遭傅斯年斷然拒絕——自己不認為新聞教育有獨立的學術價值。[21]到了 1952 年 10 月，台北市編輯人協會[22]第四次全體會員大會通過決議倡設新聞教育，後經該會理監事會通過，時任台北市編輯人協會秘書長、中央通訊社總編輯沈宗琳以「台灣大學創立新聞系建議書」方式，再次向台大提出建議，結果時任台大校長錢思亮對於經費、設備與教授等問題頗多疑慮，未致成功[23]。其實坊間多認為，這是因為台大受到哈佛、耶魯等名校菁英辦學理念影響，認為「新聞無學」而婉拒。[24]

於是，1954 年政大復校之初，新任教育部長張其昀改邀曾虛白[25]擔任政大新聞研究所主任，請其籌辦新聞學研究所。第一屆碩士班學生李瞻曾回憶這段往事，說：「錢校長不承認新聞是學術，我們政大成立新聞研究所後，我們有責任應把新聞職業教育變成學術，讓別人承認這是一個學門。」

當時，曾虛白身兼國民黨改造委員會委員、中國國民黨中央委員會第四組（文化宣傳組，文工會前身）主任、中央通訊社社長等職，公務繁忙，但感於新聞教育的重要，還是接下重任。其實早在 1943 年，曾虛白就曾擔任中央政治學校新聞學院的副院長，協助董顯光培養國際宣傳人才。該學

1954 年政大復校之初，曾虛白受教育部長張其昀之邀擔任政大新聞研究所主任，籌辦新聞學研究所。

院先後辦理兩期，因抗戰勝利而停辦，1945 年正式恢復為新聞系。

1950 年代，新聞研究所在中國是史無前例的。擔任政大新聞研究所首任所長後，曾虛白在課程設計上大費周章，最終參考美國若干大學新聞研究所的前例，以「理論」與「實務」並重為原則，以本國新聞沿革和文化背景為研究對象，設計課程內容。他體會到新聞學乃是一門新興學科，理論與實務發展日新月異，「新聞學不獨是一種現代文明必不可少的人文科學，並且是融合其他學科促成社會進步的一種應用科學。整個社會是我們學生的實驗室，各種傳播機構是我們學者的實驗標本」，於是又加入各種人文學科，且必須與國際新聞發展配合。

於是，在曾虛白的主持下，政大新聞研究所的專業課程逐漸形成三類：理論課程，如「輿論學」、「大眾傳播

政大復校第一屆學生與劉季洪校長、曾虛白師等合影。鄭貞銘位於後排右九。

學」、「公共關係」等，主要研究傳播事業與政治、社會、經濟各方面的關係和影響；史法課程，如「新聞法」、「中國新聞史」、「美國報業研究」等，強調對中國與國際新聞史、中國與國際新聞法規的研究；專題課程，如「編採研究」、「社論研究」等，則側重探討傳播事業所面臨的問題。研究所學生還可自由選修政大的教育、政治和外交等其他研究所的專業課程。

在徵聘師資標準上，曾虛白則以「中外兼收，學術並重」原則，把當時國內外著名的重量級學者，全部雲集到政大新聞所開課，盛況一時。凡涉及國情及歷史背景者，即請國內專家任教。世新大學創辦人成舍我講授「新聞創業與發展」，中央政治學校新聞系創辦人馬星野講授「新聞學研究」，《中央日報》總主筆陶希聖講授「社評寫作研究」，以及《中央日報》首任社長、前復旦大學教授兼新聞系主任

程滄波講授「新聞與政治」等課程，都是當時新聞界著名的資深報人。

有關專業新知的課程，曾虛白則向美國駐華大使懇商，動用美國政府專設援外文化的傅爾布萊特基金會（Fulbright Foundation）資金，以每隔一年選聘的方式，敦聘當時國際新聞學術界著名的新聞學專家來台教授一年。美國方面有以強調培育本土新聞人才為教育目標的密蘇里大學新聞系教授繆里爾博士（Dr. John C. Merrill）、培養國際傳播人才的哥倫比亞大學新聞研究院院長瑞查德·貝克博士（Dr. Richard T. Baker）與約翰·福斯德教授（John Foster）、南伊利諾大學新聞學院主任郎豪華博士（Dr. Howard R. Long）與葛洒敦教授（Charles C. Clayton）、猶他州立大學孔慕思教授（Calton Culmsee）等，日本方面更請到日本新聞學泰斗、東京大學新聞研究所首任所長小野秀雄（Hideo Ono）來台講授「日本新聞史」、「新聞學研究」等課程。[26]

他們帶來了新聞教育的新思潮，使學生們的眼界大為開闊，並努力促進台灣與美國、日本的文化交流，符合了當時國民黨政府拓展外交空間的國策。[27]曾虛白先生曾在傳記裡提到：「最使我意外的是老友哥倫比亞大學新聞研究院院長貝克開的課竟不講新聞理論，也不講新聞技術，只講美國記者面對的問題……學生們趨聽者盈室。」除了捐贈圖書外，郎豪華博士還協助新聞研究所的姚朋、黃肯、李瞻與張宗棟等學生，先後至南伊大深造。

多年後，政大新聞所建立的學術地位，讓拒絕新聞科系長達五十年的台大，也終於承認了新聞傳播專業的學術內涵。1991 年，時任台大校長孫震成立台大新聞研究所時，

特別請時任政大新聞研究所所長李瞻推薦所長人選。最終，李瞻推薦曾經擔任政大新聞研究所華裔客座教授的美國哥倫比亞大學新聞研究院副院長喻德基教授（Frederick T. C. Yu）主持創設台大新聞研究所，並推薦政大新聞所畢業生、廣電系副教授張錦華博士為第二任所長。

曾虛白認為，無論從事新聞事業，還是創辦新聞教育，都應該「基於三民主義精神為出發點」[28]。他認為，人類社會是由先知先覺者（即發明家）、後知後覺（即鼓吹家）、不知不覺者（即實行家）三種智慧不同的人構成，這三種人如同一個金字塔式分布，根據人類智慧的高低，創造出「先知覺後知，後知導不知」的政策。其中，所謂鼓吹家，實際上就是從事大眾傳播的工作者，地位居中，他的責任就是把先知先覺者的「知」，傳播到不知不覺者的身上去，使不知不覺者的「知」與先知先覺者的「知」得以融會貫通，而後付諸「實行」。[29]

因而，曾虛白對新聞系學生的挑選和培養都非常嚴格，「我從事新聞教育的目的，就是培養傳播者，最後也是達到實行民主政治之目的」[30]。當時，他給同學們講授「民意與民意測驗」課程，同時要求他們背誦南宋哲學家呂祖謙的論說文集《東萊博議》，以提高議論水準。同學們時常以記誦這些生澀的古文為苦，多有怨言，甚至有人稱其為「暴政」，日後卻紛紛感念不已，受益頗深。

> 好記者要「文武一腳踢，高低四路通」。……光是技術高超還不能算是一個標準好記者，好記者還要有約束自己的能力。他有了獲得最好新聞的能力之

外，還要有這頭條新聞發布後在社會上發生如何影響的責任感。

好記者不需要傳播機構的主持者或政府來規定他發播新聞的尺度，他自己對社會負責的這一顆心就隨時給他定下了尺度。這一顆明燭真理的心是記者的寶藏，是他成功的保證。可是這一顆心的鍛鍊卻需要長時期的修養。

——曾虛白[31]

鄭貞銘尊稱曾虛白老師為「全方位的新聞人」，因為「他從事報業、通訊事業、廣播事業、新聞行政、國際宣傳、新聞教育，可說是無役不從，也無不成功，這是極少的範例，更是可貴的典型」[32]。曾虛白終生新聞記者的風範，讓學生們感受深切。當年，他住在台北市仁愛路，經常邀請學生們到家中小敘，進行個別指導。他常勉勵青年「為人要追求價值，不要只追求價格」[33]，在決定人生總目標後，「可以把達成這個總目標分成幾個階段，一個階段目標的達成，是朝向另一個目標奮鬥的動力；每個階段目標的達成，就是你人生總目標的達成」[34]。

「計畫人生」，是曾虛白給鄭貞銘的最大啟發。有一天，曾虛白單獨叫鄭貞銘到家中聊天，對他鄭重地說道：「你的人生要想有所成，必須要有目標、有計畫，不能作無謂的浪費。」他提出，人生普遍追求的，無外乎地位（權）、影響力（名）、金錢（利）與愛情（色），透過努力，一般都能實現其中一項；如果想要實現其中兩項，則需付出加倍的心血；而要追求其中三項，則不僅需要付出超乎

尋常的努力,還要看命運的安排;但一個人千萬不要妄想,把這四項都攬在自己手中,這必然會招致種種的嫉妒、構陷,直至死無葬身之地。他建議鄭貞銘審視自己的特質與理想,不妨先從中選取其一,作為人生追求的大方向。

經過一番思索,鄭貞銘最終選擇了「影響力」,作為人生追求的方向與計畫的目標。「影響力」,即社會名望,可以說是青年鄭貞銘心底的一種隱約嚮往,經過這一番「計畫人生」的啟迪與嘗試之後,愈加成為他人生十字路口選擇時的指向牌,困厄徬徨時的指明燈。此後,他桃李芬芳,名滿天下,晚年更是以「銘軒工作室」踐行自己構建「大師工程」的使命,策劃出版「百年系列」叢書,並以八秩之軀奔走於海峽兩岸,活躍於社會文化事務之中,甚至有日漸聲隆之勢。

「影響力」的追求,某種程度上塑造了他,也成就了他。

把愛與關懷,去照顧更年輕的一代

復校後的政大新聞系,延續了「既推崇密蘇里式新聞實務訓練,又重視中國傳統人文社科思想薰陶」的中西合璧式新聞教育傳統,以培養健全之新聞記者為目標。首任主任最初由曾虛白兼任,來年由謝然之[35]擔任。謝然之畢業於美國密蘇里新聞學院與明尼蘇達大學,對新聞學的造詣很深,曾任南京政治學校新聞系教授、《新湖北日報》社長等。

1949 年 4 月,謝然之受時任台灣省政府主席陳誠之邀,赴台灣接辦《台灣新生報》,隨後在高雄創辦新生報南版——《台灣新聞報》,兼任兩報董事長,貢獻卓著,世人

共睹。陳大齊校長曾親赴《台灣新生報》報社相邀，以高齡之軀爬上新聞大樓頂層，臨走時指著樓梯石級，笑著說：「我的年紀大了，本來沒有上高樓的力氣。為了學校與學生，我是勉為其難。請您看在我爬樓梯的誠意，也勉為其難吧！」[36]求賢之心，令人感動，曾再三懇辭的謝然之最終接下了這項艱巨的責任。

謝然之對於台灣新聞教育的貢獻，可謂有開拓之功。1951年7月1日，政工幹部學校（後改名為政治作戰學校，國防大學政治作戰學院前身）在北投復興崗成立，由於國民黨「痛感過去新聞宣傳的失敗，必須從頭訓練青年新聞人才」[37]，時任總政治部主任蔣經國決定首先創設新聞組，並指派謝然之主持，後者聘請黃天鵬、朱虛白、徐詠平、林大椿、潘邵昂、唐際清和陳恩成等人為教授，復興崗的政工幹校因而成為台灣本土新聞教育的發祥地。

政工幹校所有學生都是部隊中嚴格考選錄取的，新聞組原定只錄取八十人，但其他業科學員均願選修新聞，人數竟超過兩百餘名，結果只好重新舉行口試、筆試，最後甄選了一百名為新聞組的正式生，這是台灣最先接受新聞專業教育的青年學生。這些畢業學員成績優異，先後在新聞行政、電視廣播和報刊中負責實際責任，及主持全盤業務者，不在少數。如葉建麗、吳東權、蔣金龍、張慧元、吳奇為、黃新生、劉建鷗、樓榕嬌、林亦堂、劉偉勳等，都是傑出的學生。第一期畢業生、時任《台灣新生報》記者徐搏九在「八二三金門砲戰」中不幸遇難，謝然之大為痛惜，後為他在政戰新聞系大樓口塑建了雕像，並設立專項獎學金。

在政大復校，相繼成立新聞研究所、新聞系的同時，

鄭貞銘與政戰新聞所所長林大椿（左）於徐搏九雕像前合影。

1955 年秋，成舍我於木柵溝子口發起籌建「世界新聞高級職業學校」（世新大學前身），以「訓練反共新聞幹部，宣導新聞自由」[38]，翌年 5 月籌備完成。世新與政大僅距數里之遙，台北木柵儼然成為「自由中國新聞教育的新興中心」[39]。在成舍我的敦促下，謝然之也加入了籌備工作，經常出席校董會議，與會者有于右任、王雲五、蕭同茲、程滄波、陳訓悆、郭驥、阮毅成和端木愷等。與此同時，謝然之還參與創建國立台灣師範大學社會教育系新聞組，以及嗣後中國文化學院在華岡創設新聞系。這是一段艱辛的歷程，謝然之篳路藍縷、以啟山林，鄭貞銘首度尊其為「台灣新聞教育之父」，廣受認同，實至名歸。

> 政大新聞系在中國新聞教育史上，曾經有著優良的傳統。我們的教育目標是，培養真誠純潔的青年，成為大公無私，盡忠職守的新聞記者。我們以追求真理與事實來建立公正的輿論，為服務社會而不斷努力。我們信仰三民主義，忠愛國家民族，並以促進自由世界人士之團結與瞭解為我們奮鬥的目標。我們深信，新聞道德重於新聞的編採技術。因此，新聞系之教育使命就是要敦品勵學，發揚以往的光輝傳統，開拓璀璨的未來，建設現代的新聞事業。
>
> ——謝然之[40]

政大新聞系恢復之初，謝然之將新聞系課程區分為專業必修課和一般必修課，這一區分法如今被認為是現代專業教育中最合理的基本方針。他還邀請美國南伊利諾大學郎豪華

恩師謝然之經常以親筆信鼓勵、教誨。鄭貞銘首度尊其為「台灣新聞教育之父」，廣受認同，實至名歸。

教授來校擔任客座教授，講授「公共關係」、「大眾傳播」、「民意學」，同時還有講授「新聞寫作」、「美國新聞學」等課程的美國南伊利諾大學葛乃敦教授等外籍客座教授。隨後，王洪鈞、徐佳士、李瞻和漆敬堯等，相繼自美學成歸國，應聘任教，師資陣營日漸充實。

謝然之服膺同鄉王陽明「知行合一」的哲學，常以「敬業樂群」勉勵學生，並題寫「忠於事，誠於人，克於己」送給鄭貞銘，給他立身處世以最大的教誨。有一次，謝然之老師生病了，鄭貞銘和幾位同學前去探望，希望能表達對老師的感恩之情，老師卻說：「為師教導學生，不求任何報償，只希望你們薪火相傳，把愛與關懷，去照顧更年輕的一代。」這段話，鄭貞銘永生難忘。

> 我自幼喪父，從有生之日就幾乎沒有父親的愛與教育。……等到考上政大新聞系，遇到系主任謝然之老師，就像是遇到父親。對我而言，謝師或許不是推動搖籃的手，卻是嘉許的手、指導的手，不僅有愛，且有著力點，我在此找出生命的動力。
>
> ——鄭貞銘[41]

君子立恆志，小人恆立志

1959 年秋，謝然之應伊利諾大學之聘，擔任客座教授，系務請王洪鈞代理，翌年即由其擔任。王洪鈞於 1950 年代初期從台灣前往密蘇里新聞學院深造，師從寫出《美國新聞史》（*American Journalism*）的著名學者莫特教授（F. L. Mott），獲得碩士學位返台後旋即赴政大新聞系任教。他對

（手書きの縦書き書簡）

貞銘學棣：

王洪鈞 啓

恩師王洪鈞經常寫信給鄭貞銘予以嘉勉，並勉以「君子立恆志，小人恆立志」。

新聞教育滿腔熱忱，擔任「大眾傳播」與「新聞採訪」兩門課程，為當時的政大新聞學子帶來了最新的美國新聞理念。

王洪鈞教學新穎，使原本長期處於傳統教育方式下的鄭貞銘備感震撼，啟發良多。據潘家慶回憶，上王洪鈞老師的採訪課，學生的稿子他都是逐字修改，「一篇稿子改下來就是滿堂紅，可見他的用心，而且他的寫作一流，學生跟他的感情都很好」。1963 年，王洪鈞主持完成了政大新聞教育的第一次課程修改，提出新聞教育應加強人文社會科學基礎，應包括知識、技能、道德與方法四大方面內容，將人文社會通識課程調整至總學分的 64%，專業學科減為 33%[42]，這也成為了 1965 年教育部訂修全國大學新聞系課程的藍本。[43]

王洪鈞個性內斂，甚至略帶羞赧，除了不得已的應酬外，最喜歡和學生在一起，「然之先生十分關心學生，希望我多和同學們在一起」。於是，王洪鈞居處台北市同安街的小房子，成為了鄭貞銘和同學們經常聚會的地方。大家接受老師教誨，也偶有辯論，師生情誼更因而滋長，乃至王洪鈞曾說，「政大早幾期畢業的學生，與我情同兄弟」。鄭貞銘說，自己的許多立志與思想，正是奠基於與王洪鈞師生情誼互動之中。

作為一個生於憂患的知識分子，王洪鈞一生經歷艱辛，卻有著不凡的人生抱負，他常說：「知識分子，自然有自我強烈的使命感，為人類的未來思索前途。他們的思想有的實現了，有的沒有實現，但即使沒有實現，也成為一種精神的財富。」[44]他曾以「樂觀、忍耐、奮鬥」闡釋自己的生活態度，並常以抗戰時《大公報》張季鸞宣導之「報恩主義」來

戒勉學生，對鄭貞銘「飲水思源」報恩思想的形成具有關鍵性的影響。

他還大力提倡「榜樣教育」，對青年學生有「接棒」[45]的期許，在一封寫給鄭貞銘的信中寫道：「君子立恆志，小人恆立志。一個人最根本的，當從抱負著手。若為了個人的榮辱，順逆之境皆無意義。應該以『為天下師』為志，則胸襟自然開闊，氣度自然不凡，力量自然產生。」[46]他曾勉勵鄭貞銘：「隨時隨地讀書，而不為書卷所困；隨時隨地報國，而不為峨冠所炫。」就這樣，「君子立恆志，小人恆立志」成為鄭貞銘的人生座右銘。此後，他投身新聞事業，服務黨政公職，但從未放下新聞教育的擔子，很大程度上是受了王洪鈞老師的啟迪與鼓勵。

王洪鈞曾一再描述「理想中的中國新聞記者」，應當以「國士」自居，勇於超越，敢言擅言，不囿於死心，不屈於權力，「奉行這種事業精神，個人或遭困厄，國家必登富強之境」[47]。同時，他還強調記者要有悲天憫人精神、順天應人精神、頂天立地精神和上天入地精神，因為「能悲天憫人，方知仁之真諦；能順天應人，方能義無反顧；能頂天立地，方能不懼；能上天入地，方能不疑」。這種記者風範，成為鄭貞銘年輕時憧憬的典範。

終身的記者

在大陸時即以經營世界報系聞名的傳奇報人成舍我[48]，當時也在政大新聞系所講授「中國新聞史」、「新聞文學」等課程。成舍我人高馬大，威武異於常人，一下子就震懾了全班學生，而老報人出身、古文功底深厚的他，教學也是極

1955 年成舍我創辦「世界新聞高級
職業學校」（世新大學前身），與鄰
近的政大新聞系所共同致力於台灣新
聞教育。

嚴格的，除要求大家勤於寫作以外，同曾虛白老師一樣，也
要求學生們要對《東萊博議》爛熟於心。

　　鄭貞銘從成舍我老師那裡體會最深的，是其作為一代報
人的風範與擔當，尊其為「不世出的報人」。成舍我一生辦
報，秉持的是一貫的獨立風格，不畏權勢，言所當言，義之
所在，雖千萬人吾往矣！他一生為「人權保障」與「新聞自
由」而奮鬥不已。

　　1934 年，成舍我在南京創辦的《民生報》因為揭發國
民黨行政院政務處長彭學沛經手建築行政院官署貪污案，行
政院長汪精衛一怒之下，封閉了《民生報》，並將他拘押四
十天。反覆較量中，汪精衛叫人示意，如果成舍我向他低
頭，則一切不難和解。來人勸說，「新聞記者和行政院長
碰，結果總要頭破血流的」，固執的成舍我則給中國新聞史

留下了一句風骨長存的名言：「我的看法，與你恰恰相反，我相信我和汪碰，最後勝利，必屬於我。因為我可以做一輩子新聞記者，汪不能做一輩子行政院長。」

當時，成舍我兼有立委身分，他曾為了前南京《救國日報》社長龔德柏失蹤案、立法委員馬乘風被捕案，以及不許若干在港立委來台等，向政府發出嚴厲的質詢，直指違反人權。1955 年 3 月 4 日，為了龔德柏蒙冤失蹤五年，他在立法院提出質詢：「龔德柏沒有人緣，龔德柏卻有人權，龔德柏縱無朋友支持，像這樣不審、不判、不殺、不放，卻可以激起天下公憤！」義正辭嚴，擲地有聲，在當時台灣，猶有空谷足音之感。

成舍我與馬星野、曾虛白並稱台灣「新聞界三老兵」，而他以「終身的記者」自許，諄諄教誨學生們：「報人，原就是一項燃燒自己、照耀他人的工作，任何名利都不應該是真正新聞人所追求的。新聞人所要追求的，應該是無私、無我、無畏，更重要的，則應該是一顆奉獻的心與不怕困苦、不畏強權的精神。」有人把成舍我的辦報活動概括為一句話，「世界、民生、立報，成舍我」，更有人稱其為「小型報業家」、「新聞界怪傑」、「民營報業的巨擘」、「中國的報王」等，不管哪個稱呼，都充滿敬意與推崇。

講授有關廣播電視課程的邱楠老師，也曾給過鄭貞銘極其深遠的指導。邱楠曾擔任中廣節目部主任、新聞局副局長等職，以「言曦」筆名，在《中央日報》副刊寫方塊字，極獲各界推崇。在一次有關新聞系功能的討論中，他語出驚人：「天下第一流記者，未必出身於新聞系！」一時間，不少新聞學子深感自尊受損，甚而心生反感。後來，鄭貞銘有

機會多次與邱楠老師接觸，漸漸理解並認同了他的觀點與用意。

邱楠認為，在新聞記者這一類職業中，其成功的因素有一半尚且可以依賴氣質與才華，但人生與社會現象的體驗、表現能力的琢磨，則只能課堂之外完成。所以他強調，從事新聞事業要先有決心做一個默默無聞的「庸人」，在新聞工業的生產程序中盡一己之力，即是新聞事業繁榮進步的「功臣」，永遠不要由於貪慕物質的報酬而放棄原本愉快勝任的工作，更不要以攀附任何形式的巨人，作為自己存在的基礎。

有錢固然好，沒錢就克儉些過

在困厄的家境中，勤勞的媽媽依舊主張鄭貞銘住校，以便安心讀書。懂事的他，更是倍加珍惜這段住校時光，勤學苦讀，不敢有絲毫懈怠。每晚晚餐後，他常和好友抱著一堆書邁向圖書館，不到熄燈絕不離去。有時，他們會在去圖書館的路上買一根甘蔗，在校園往指南宮的小道上漫步。大家邊走邊聊，抒發自己的理想與抱負。那一份少年癡狂，晚年想來，鄭貞銘仍覺充滿豪氣。

> 今晚提前從圖書館回來，看到許多同學還在館內加油，陳品全、蕭萬長、吳子丹、魏鏞、鍾榮銓、馬兆昌，他們的苦學精神很令我佩服。我走出圖書館抬頭望月，一陣陣輕鬆感覺襲上心頭，這世界太美了，也太令人留戀了。艱苦的日子裡仍有機會念書，真是人生莫大的福分。只是大多數人都在這良

辰美景進入夢鄉了，十分可惜。

——鄭貞銘[49]

　　與鄭貞銘一起苦學的青年，後來都成為台灣各界的棟樑。「聯考狀元」陳品全在美國獲得了圖書館學博士學位，經年後返台擔任高雄樹德科技大學校長；蕭萬長是在政大一邊上學一邊照顧幼弟的外交系傳奇人物，此後更以財經專家的身分出任馬英九倚仗的副總統；吳子丹一直在外交界服務，從基層爬升到台灣外交部政務次長、駐哥斯大黎加大使等職；魏鏞於 1975 年獲選為著名的美國史丹福大學胡佛研究所國家研究員，也是第一位非美國籍及亞裔學者，甚受曾任行政院長孫運璿器重，可惜天不假年，2004 年就因病離世了；鍾榮銓曾任政大外交系教授、海工會總幹事、駐香港中華旅行社總經理等職。

與魏家三兄弟魏鏞、魏柄、魏瀚結成好友，圖為鄭貞銘（左）與魏柄（名科學家）合影於永和。

被譽為「政大四巨頭」（右起）按順
時針方向為唐啟明、鄭貞銘、馬兆
昌、潘乃江於六十年前合影。

　　大學生活是艱苦的，新聞系學生林秋山曾這樣描述那時
的生活，「學校每週只提供兩天熱水，同學們冬天只好到操
場跑幾圈熱身」。而正是在這樣的環境裡，反而更容易讓人
感受到溫馨的同窗情誼。鄭貞銘曾在日記裡寫著：「今天我
沒有錢，再借乃江的車票去學校。」某個聖誕節，同班的陳
啟家送了他兩罐在當時來說非常珍貴的魚肝油，所附的賀卡
上留下了這樣的句子：「貞銘，假如你把它當禮物，那就太
見外。因此，我也只偷偷地放在你桌子裡，千萬別再提，你
不怕臉紅，我還怕呢！一笑！耶誕快樂！」

　　當時，政大新聞系的學費不過每學期三百元，可鄭家有
時連這點錢也拿不出來。有一天鄭貞銘回到家，見到媽媽流
淚，姊姊偷偷告訴他，「媽媽因為愁你過幾天的學費交不出
來」。還有一個學期，家裡實在拿不出錢給他交學費，多虧
從新聞系轉讀外交系的好友黃紹雄仗義相助，才解了燃眉之

急。鄭貞銘不忍心媽媽受太多苦，有幾次想要放棄學業幫助家計，都被媽媽堅毅的眼神與語氣所否決。媽媽還曾安慰鄭貞銘：「這次獎學金如果得不到，就算了，急什麼？有錢固然好，沒錢就克儉些過。留得青山在，哪怕沒柴燒，往後的機會還多著呢！」

有一段時間，鄭貞銘沒有住校，當時通學的還有外交系的唐啟明、馬兆昌，以及新聞系的潘乃江，大家志趣相投，經常同進同出，結果被稱為「四巨頭」。四人都是窮小子，經常有一餐沒一餐，但是大家都很快樂，似乎展現在面前的都是希望。有一次，大家想去看電影，數過四個人的口袋，發現湊起來只夠買四張電影票，卻沒有車資。於是，他們決定步行到台北，看完後再步行回木柵。這種少年情懷，都已成為鄭貞銘一生美麗的回憶。

那段苦哈哈的日子，太令大家刻骨銘心了，友誼因而更加堅固，終生不變。唐啟明個性倔強，曾任省政府社會處長、國民黨文工會副主任，是宋楚瑜倚仗的幹部；馬兆昌後來去美國念書，畢業後即在那裡的中學任教；潘乃江曾任公職，在美獲博士學位後赴北達科塔州立大學任教。馬兆昌和潘乃江兩人退休後，都在西雅圖享寓公生活，也成了鄭貞銘每到美國幾乎必然聯絡或會晤的老友。

「作始也簡，將畢也鉅。」如今，政大復校已經六十多年了，當年在台北木柵支起的簡陋教室，早已換成了高樓廣廈，而那一片荒涼泥濘的稻田也已不見蹤影，取而代之的是現代大都市的通衢大道。政大燃起的「革命火炬」，在一代代政大師生的接力傳承中，以一種更為輝煌璀璨的方式，照

政大昔日同窗每年必有多次聚會。圖為政大復校第一屆同學會，鄭貞銘（前排左三斜倚沙發者）與陳品全等同學合影。

耀出奪目的光芒。

幾乎每個重大的校慶節點，鄭貞銘或前往參加慶祝活動，會晤昔日同窗老友，或撰寫回憶文章，感念當年「名師如雲」的政大教育。八十多歲的他講起那段青春歲月，依舊豪情萬千，感慨不已。指南山上的指南宮，懸掛著一副對聯，「乍回頭已隔紅塵，且拾級直參紫府」，回首再望，時光荏苒，弦歌依舊。

註釋

① 張其昀（1901-1985），字曉峰，浙江鄞縣（今寧波市鄞州區）人，著名歷史地理學者、教育家。早年畢業於南京高等師範學

校，歷任浙江大學史地系主任、浙江大學文學院院長等職。1949 年赴台後，相繼出任國民黨改造委員會秘書長、教育部長、革命實踐研究院主任、國防研究院主任等職。

② 鄭貞銘著，《愛是緣續的憑據》，基隆：莘莘出版事業有限公司，2004 年 5 月初版，第 177 頁；鄭貞銘著，《無愛不成師》，台北：三民書局，2010 年初版，第 133 頁。

③ 鄭貞銘著，《無愛不成師》，台北：三民書局，2010 年初版，第 580、581 頁。

④ 羅家倫（1897-1969），字志希，筆名毅，紹興柯橋鎮江頭人。著名教育家、思想家、社會活動家，五四運動中，親筆起草了唯一的印刷傳單《北京學界全體宣言》，提出了「外爭國權，內除國賊」的口號。曾擔任國立中央大學校長、國立清華大學校長、中華民國總統府國策顧問、國民黨中央評議委員、國民黨史會主任委員、中國筆會會長、考試院副院長、國史館館長等職。代表作有《新人生觀》、《逝者如斯集》、《新民族觀》等。

⑤ 國立政治大學校歌，詞由陳果夫所作，曲由李抱枕所作。

⑥ 徐佳士（1921-2015），江西省奉新縣人。1947 年畢業於中央政治大學新聞系，曾擔任《中央日報》副總編輯，後獲美國明尼蘇達大學、史丹福大學碩士學位。曾任政治大學教授、新聞系主任、文理學院院長等職務。

⑦ 陳大齊（1886-1983），字百年，浙江海鹽人。畢業於日本東京帝國大學，是中國現代心理學研究先驅，曾創建了中國第一個心理學實驗室，著有《心理學綱》、《現代心理學》等。曾任浙江高等學校校長，北京大學教授、系主任、代理校長。來台後，任國立政治大學首任校長、國民黨中央評議委員等。

⑧ 理則學又名論理學，今通稱邏輯（Logic），主要目的是學到如何正確地運用思想來思考問題。就歷史的發展看，可分為古典邏輯或傳統邏輯，以及現代邏輯或符號邏輯兩段，孫中山曾於

其文《治國方略‧以作文為證》意譯為「理則」。

⑨ 王雲五（1888-1979），名鴻楨、字日祥、號岫廬，筆名出岫、之瑞、龍倦飛、龍一江等，廣東香山（今中山）人，祖籍南朗王屋村。自學長才，現代出版家，曾任商務印書館總經理。代表作有《中國政治思想史》、《中國教育思想史》、《岫廬八十自述》、《王雲五全集》等。

⑩ 石永貴著，〈師長的教誨與社團的實習〉，載《新聞教育與我》，台北：中華民國大眾傳播教育協會，1982 年 9 月，第143 頁。

⑪ 張亞沄著，〈為鄒老師祈福〉，載《鄒文海先生逝世三十年紀念文集》，台北：國立政治大學政治學系，2000 年，第 99頁。

⑫ 胡適著，《容忍與自由——胡適演講錄》，北京：京華出版社，2006 年。

⑬ 鄭貞銘著，《無愛不成師》，台北：三民書局，2010 年初版，第 106 頁。

⑭ 鄭貞銘著，《無愛不成師》，台北：三民書局，2010 年初版，第 105 頁。

⑮ 馬星野（1909-1991），原名允偉，後改名偉，筆名星野，浙江省平陽縣人。中國傑出的新聞教育家、數學家，被譽為「新聞鉅子」、「新聞王」，與「棋王」謝俠遜、「數學王」蘇步青並稱「平陽三王」。

⑯ 馬星野著，〈我從事新聞教育經過〉，載《新聞教育與我》，台北：中華民國大眾傳播教育協會，1982 年 9 月，第 4 頁。

⑰ 鄭貞銘著，〈馬星野：一代新聞宗師〉，載於《百年報人 2：跨世紀的報人》，台北，遠流出版事業股份有限公司，2001 年9 月初版，第 119 頁。

⑱ 徐詠平，南京中央政治學校第四期行政系畢業生，曾任高雄《中國晚報》社長。

⑲ 王洪鈞（1922-2004），天津人。新聞學專家，中央政治學校新聞學院畢業，美國密蘇里大學新聞學院碩士。曾在中央通訊社、《中央日報》社工作，曾任政治大學新聞系主任、教育部高等教育司長、文化局長。代表作有《新聞採訪學》、《我篤信新聞教育》、《大眾傳播與現代社會》等。

⑳ 馬星野著，〈我從事新聞教育經過〉，載《新聞教育與我》，台北：中華民國大眾傳播教育協會，1982 年 9 月，第 8 頁。

㉑ 王洪鈞著，〈我篤信新聞教育〉，台北：《新聞鏡周刊》，1993 年 3 月，第 228 期，第 49 頁。

㉒ 1952 年，台北市編輯人協會成立，主要工作為提倡新聞道德，推行新聞自由運動以及協助推動新聞教育。

㉓ 李瞻著，〈新聞教育〉，載於《中華民國新聞年鑑》（1991 年版），台北：中國新聞學會，1991 年，第 303 頁。

㉔ 黃東英著，《台灣新聞傳播教育初探》，北京：社會科學文獻出版社，2014 年 8 月第 1 版，第 125 頁。

㉕ 曾虛白（1895-1994），原名曾燾，字煦伯，江蘇常熟人。中國著名報人、新聞教育家，與成舍我、馬星野並稱台灣「新聞界三老兵」。曾創辦《真善美》雜誌、《大晚報》等，曾任國民黨中央黨部國際宣傳處處長、中央通訊社社長、中國廣播公司副總經理等職，著有《中國新聞史》、《民意原理》、《曾虛白自傳》（其中《曾虛白自傳》獲國家文藝獎）等。台北設有曾虛白新聞獎。

㉖ 王石番著，〈三十年來的政大新聞研究所〉，載《新聞學研究》第三十三集，台北：國立政治大學新聞研究所，1984 年 4 月 25 日，第 53 頁；鄭貞銘編著，《中外新聞傳播教育》，台北：遠流出版事業股份有限公司，1999 年 7 月初版，第 271 頁。

㉗ 黃東英著，《台灣新聞傳播教育初探》，北京：社會科學文獻出版社，2014 年 8 月第 1 版，第 66 頁。

㉘ 馬之驌著，《新聞界三老兵：曾虛白、成舍我、馬星野奮鬥歷程》，台北：經世書局，1986 年，第 99 頁。

㉙ 黃東英著，《台灣新聞傳播教育初探》，北京：社會科學文獻出版社，2014 年 8 月第 1 版，第 86 頁；曾虛白所言並非其創見，早在 1924 年 11 月 19 日孫中山在上海招待新聞記者的演說中就已有此說，胡適之也曾對此說撰文表示過質疑和擔憂。

㉚ 馬之驌著，《新聞界三老兵：曾虛白、成舍我、馬星野奮鬥歷程》，台北：經世書局，1986 年，第 111 頁。

㉛ 鄭貞銘著，《新聞採訪的理論與實際》，台北：台灣商務印書館，1966 年 10 月初版，第 1、2 頁。

㉜ 鄭貞銘著，《無愛不成師》，台北：三民書局，2010 年初版，第 153、154 頁。

㉝ 鄭貞銘著，〈孔子也歎氣〉，載於台北：《中國時報》，2017 年 9 月 28 日，「時論廣場」第 A14 版。

㉞ 鄭貞銘著，《新聞集叢》，台北：中央日報社，1964 年，第 212 頁。

㉟ 謝然之（1913-2009），號炳文，浙江餘姚人。著名報業家、新聞學者、教育家、外交家，有「台灣新聞教育之父」之稱。曾任中華蘇維埃共和國臨時中央政府秘書長、國民黨中央委員會副秘書長、國民黨中央四組（文化宣傳組）主任、新生報業公司社長及董事長等職。

㊱ 鄭貞銘著，〈一甲子的回憶〉，載於台北：《聯合報》，2014 年 6 月 12 日，「聯合副刊」第 D3 版。

㊲ 謝然之著，〈台灣新聞教育之開始〉，載《新聞教育與我》，台北：中華民國大眾傳播教育協會，1982 年，第 17 頁。

㊳ 成舍我著，〈我如何創辦世新〉（世新 20 週年校慶演講），台北：《聯合報》，1976 年 10 月 15 日。

㊴ 謝然之著，〈台灣新聞教育之開始〉，載《新聞教育與我》，台北：中華民國大眾傳播教育協會，1982 年 9 月，第 31 頁。

㊵ 1955 年，謝然之擬訂政大新聞系復系教育宗旨。謝然之著，
〈台灣新聞教育之開始〉，載《新聞教育與我》，台北：中華
民國大眾傳播教育協會，1982 年 9 月，第 27、28 頁。

㊶ 鄭貞銘著，《鄭貞銘學思錄 II：橋》，台北：三民書局，2010
年 7 月初版，第 193 頁。

㊷ 陳飛寶著，《當代台灣傳媒》，北京：九州出版社，2007 年 1
月第 1 版，第 421 頁。

㊸ 潘家慶著，〈我在新聞系的五十年〉，載馮建三主編《自反縮
不縮？新聞系七十年》，台北：台灣政治大學新聞系，2005
年，第 26 頁。

㊹ 鄭貞銘著，《無愛不成師》，台北：三民書局，2010 年初版，
第 149 頁。

㊺ 王洪鈞曾在《自由青年》第 25 卷第 7 期撰寫〈如何使青年接
上這一棒〉；1961 年 11 月 1 日，李敖在《文星》第 49 號發表
文章〈老年人與棒子〉對其進行回應，由此拉開了「中西文化
論戰」的序幕。

㊻ 鄭貞銘著，《無愛不成師》，台北：三民書局，2010 年初版，
第 151 頁。

㊼ 鄭貞銘著，《無愛不成師》，台北：三民書局，2010 年初版，
第 149 頁。

㊽ 成舍我（1898-1991），原名希箕，又名成勳，後名成平，筆名
舍我，湖南湘鄉人，出生於南京。中國著名報人，新聞教育
家，與曾虛白、馬星野並稱台灣「新聞界三老兵」。曾創辦
《世界晚報》、《世界日報》、《世界畫報》、《立報》和世
界新聞職業學校（世新大學前身）等。

㊾ 鄭貞銘日記，1957 年 3 月 20 日。

第三章

時代與青年

鄭貞銘就讀政大時期，放假在家勤奮寫作。

從歷史的軌跡觀察，在每一個轉捩點上，知識青年扮演舉足輕重的角色，而以三民主義理想整合全民力量的中國國民黨，則發揮了主導的力量。在台灣四十多年的經營，中國國民黨也傳承這一光榮傳統，吸引無數青年加入，在所有政黨中，過去也只有中國國民黨成立青年事務專責部門。

青年是國家未來希望所寄，身為執政黨，重視青年工作並非僅著眼於一黨之利，而是基於國家整體利益考量，也為青年的出路與前景設想。因此我們從教育者的立場出發，希望培養更有遠見、有使命感、有世界觀，能與國脈民命相繫的新生代，使他們能在自我實現的過程中，回饋社會，豐富國家生命力，實踐黨的政治理想。

在國家發展過程中，知識分子是最具動力的一群，在「台灣經驗」中，更充分驗證了人才是「台灣奇蹟」最重要的創造力量。中國國民黨的青年工作是依據「中國國民黨現階段青年政策綱領」，以積極主動的精神吸納更多人才，整合知識界的力量，共同開展國家發展的新境界。

—— 鄭貞銘①

時代考驗青年，青年創造時代

1957 年夏，二年級末，經過總務長孫殿柏老師和外交系同鄉吳子丹同學介紹，鄭貞銘加入中國國民黨，成為預備黨員。這年暑假，鄭貞銘即報名參加了救國團新聞報導隊，由幼獅通訊社主辦。「幼獅」，救國團的代稱，音譯於英文 YOUTH。

1950 年 3 月 1 日，蔣介石在台北復行視事，任命蔣經國為國防部總政治部②主任。此時的蔣經國剛四十出頭，精力充沛，積累了些工作經驗，也有了政治抱負，正式在「投之亡地然後存，陷之死地然後生」的台灣，展露其才能，邁開「繼承大業」的艱難步履。1952 年 10 月 31 日，在蔣介石提議下，「中國青年反共救國團」成立，標榜教育性（給予青年正確的革命教育）、群眾性（團結青年參加反共抗俄的戰鬥）和戰鬥性（提高青年戰鬥精神，提倡戰鬥生活）三大特質，主任由蔣經國兼任。這是繼大陸時期在中央幹部學校、三民主義青年團以及青年軍的歷練，蔣經國在台灣再度擔起了安定青年族群的責任，救國團也成為他培植青年最主要的根據地。

救國團甫一成立，即招致「自由派」人士批評，尤以曾任台灣省主席的吳國楨與《自由中國》半月刊社長雷震抨擊最力，矛頭直指救國團仿效共產黨的青年團及希特勒的統治模式，淪為國民黨控制青年的組織。但不可否認的是，蔣經國確實瞭解青年，關懷青年，重視青年，從一些小故事中可窺一斑。救國團主管學校軍訓期間，軍官體罰學生的情況時有發生，蔣經國對此極為重視，屢次告誡救國團軍訓組要採用誘導勸勉的方法，甚至語氣嚴厲地說道：「你們處理學生問題時，如有體罰的意念，就要想到，對面站的就是蔣經國。你要打，就是打蔣經國；要罵，就是罵蔣經國。」③誠如他所說，「只有青年問題，沒有問題青年，青年我們要愛護他、教導他」，以至於許多青年由衷地尊敬蔣經國為「青年導師」，追求上進的鄭貞銘當然也不例外。

1953 年，採取「以服務代替領導，以活動加強組織」柔性策略的救國團，首度舉辦青年活動，蔣經國盡可能地淡

鄭貞銘（後排右五）與政大同學高濤、紀讓等參加暑期戰鬥訓練，在中正堂前合影。

化政治色彩，並期勉幹部說：「今日我們為青年服務，明日青年為國家服務。」④後來，經過假期戰鬥訓練、育樂活動、自強活動三個階段，每年參加活動的青年超過百萬人次，累計達兩千萬人次以上。一時間，全國成立有近百個營隊，各有隊長，政大政治系的紀讓同學曾當選所有營隊的總隊長，政治系許鳴曦同學、西語系田玲玲同學還曾擔任青年節大會主席一職，均表現傑出，風雲一時。

鄭貞銘所參加的救國團新聞報導隊，不僅每天有名師授課，而且隨後隊員們還被派往各營隊擔任記者。第一次做記者，鄭貞銘備感新鮮與興奮，不僅在各營隊受到了尊重與禮遇，而且還有機會通過幼獅通訊社，在各大報紙的暑訓版發布新聞。年紀輕輕便當上了神氣十足的記者，使得那一份當記者的榮譽心得到極大滿足，更堅定了鄭貞銘以新聞事業為一生志業的理想。

此後每年寒暑假，鄭貞銘幾乎都選擇一個營隊參加，包括文藝隊、新聞報導隊、演講辯論隊和三民主義研究會，成為一名參與救國團假期訓練的積極分子。1958 年夏，三年級末，剛轉為正式黨員的鄭貞銘，意外地獲得了蔣經國主任召見的機會。整個談話大約一刻鐘，蔣經國詢問了他的讀書狀況和家庭情況，勉勵其要好好讀書，將來做記者。樸實的外表、謙遜的態度、誠懇的話語，蔣經國不僅讓年輕的鄭貞銘激動萬分、熱血沸騰，更讓其從此視蔣經國為「終身的導師」，尊崇、追懷不已。

這次意外的談話不久，鄭貞銘就被選入陽明山革命實踐研究院⑤，接受近一個月的培訓。受訓班學員由二十多個年輕人組成，都是各大學校推薦的菁英黨員，院長則是蔣介石

鄭貞銘就讀政大三年級時，出席全國青年會議，當選主席團成員之一，先總統蔣公蒞臨慰勉。

親自兼任。他不僅對學員們做了好幾次講話，並個別約見，談話約十分鐘。蔣介石威嚴的氣場、雙目炯炯的眼神，難免令這些年輕人緊張，鄭貞銘沉著應答，總算是順利過關。經過這兩次談話，「時代考驗青年，青年創造時代」等政治口號，在青年鄭貞銘心裡變得更加可感可親，成為他心懷壯志、報效國家的真切動力。

不久，救國團舉辦全國青年代表大會，共商全國青年政策，研討台灣未來發展，鄭貞銘被推為主席團成員之一，因而有了更多聆聽蔣經國主任講話的機會。他印象最深的一次談話，是蔣經國主任強調，政府做任何重大決策時，其最基本的原則是：「一切作為要對歷史負責，要有承先啟後、繼往開來的使命感，而且要堂堂正正、坦坦蕩蕩。」

應當說，鄭貞銘對三民主義的堅定信念與對國民黨的深切認同，是從參加救國團青年活動並親身感受蔣經國的人格魅力開始的。當然，這也基於他與周邊優質青年相激相盪、

力爭上游的人際環境，以及自身追求進步與感恩報恩的人生理念。鄭貞銘自陳，對國家與國民黨，始終有一份捨我其誰的豪氣與使命感，因為他始終相信並深知，「這一代的中國人與台灣人的苦難，應該由這一代來解除」⑥，雖然黨的方向一度搖擺、走歪，但是只要黨的宗旨向理想方向回頭，身為國民黨員就要給予支持。

為什麼要這樣呢?!

　　每個寒暑假，鄭貞銘因參加救國團青年活動，也結識了很多志同道合的好友。三年級暑假，他報名參加了文藝隊，地點設在和平東路師範學院（台北教育大學前身），有許多名師作家授課，如謝冰瑩、姚夢谷、穆中南、梁又銘、鄧禹平、趙友培等，隊員們練習的作品還可以得到老師們的指導，並被推薦到各大報副刊發表。一張書桌並在一起兩個人同座，與他同桌的是當時台大的風雲人物王尚義，兩個同齡人興趣相投，相談甚歡，成為莫逆之交。

　　修長的個子，瘦削的面龐，蓬鬆的亂髮，王尚義跟人打招呼極熱情，總是露出燦爛爽朗的笑容，毫無保留。然而相處久了，鄭貞銘就發現，王尚義的眼睛其實是充滿哀愁和迷惑的，他的文筆更有著異乎尋常的苦悶和蒼涼。後來，他漸漸瞭解到，王尚義當年曾親身經歷被稱為台灣白色恐怖時期第一大案的「澎湖案」，幾位同班同學曾在一夜之間失蹤了，一個四面是海的島嶼，能失蹤到哪裡去呢？整個學校風聲鶴唳，有人傳說，半夜裡，一個麻袋、一個麻袋，裝在大卡車內，往海裡丟。師生們不敢聲張，學校也保密到底，卻在王尚義心裡種下了無限恐懼。

流亡學生王尚義喜歡文學與哲學，但是為了滿足父母的期望，考取了台大醫學院，但對於醫學，特別是解剖，最是恐懼。於是，他白天應對繁重的課業，晚上則大量涉獵文學、哲學、存在主義，甚至繪畫，自學小提琴，也開始寫作投稿當時著名的《文星雜誌》，由此結交了幾位台大才子型的窮學生，包括陳鼓應、張尚德、楊耐冬、何偉康、包奕明、馬宏祥、李敖等。他們在台大校園內興風作浪，也都曾在 1960 年代的「文星論壇」上扮演不同的角色，開創了那個時代台大學生的典範，直到今天。

王尚義煎熬著上完了七年的醫學，身體卻日漸消瘦，參加完畢業典禮便倒下了，住進台大醫院。那段時間，鄭貞銘總是悄悄跑去看他，等他從昏迷醒來後聊天。生命是美好而殘酷的，時間一點一點將王尚義拖往虛無的死亡邊緣。最後的幾天，他已經相當消瘦，講話都沒有力氣。

> 我誕生在盧溝橋事變的前夕，這事對我有無比深刻的意義，我自覺我的生命和苦難是不可分的。因此，當我拿起筆來，要寫自己，要寫這個時代的時候，我不能無視於這一代青年的苦難。
> 這一代青年的苦難包括兩方面：肉體和心靈的。肉體上，顛沛流離，生活在砲火的煙漫裡。心靈上，掙扎幻滅，漂浮在無數思潮的衝擊中。對於前者，我並無絲毫怨艾和自憐，任何艱苦的環境，對受難者都是嚴酷的考驗；對於後者，我深深感到惆悵，有不知所以的責任感。
>
> —— 王尚義[7]

「斯人也，而有斯疾也！」多愁善感而又率真赤誠的王尚義，是將整個時代的痛苦都背在了自己身上，聲稱要做一個實踐者的信仰，迷惘痛苦卻又一路追尋，不斷地追求著心靈的解放與精神的出口。1963 年 8 月 26 日，二十七歲生日前的一個月，這位「窮、忙、病、孤獨、無助」的青年猝然離世，成為一顆永恆的「孤星」。朋友們在他的遺物中發現一張發黃的「自首證」，大家才恍然大悟：原來尚義生前受到的迫害，不只是肉體的，還有精神上的呀！據王正方說，當時情治單位一直認為王尚義「思想有問題」，定期盤問審查，交報告書從未間斷，精神上受折磨，也加速病情惡化。

　　六〇年代，文藝青年王尚義，對許多人來說，是共
　　同記憶。因為他那略顯憂鬱的氣質，蒼涼的文筆，
　　對時代的吶喊，觸動了許多人的心靈深處。

　　　　　　　　　　　　　　　　　　　　——鄭貞銘[8]

　　1966 年由水牛文庫出版的王尚義遺著《野鴿子的黃昏》，被著名作家張家瑜稱為台灣版的《麥田捕手》，曾熱賣數十萬本，風靡青年人，令許多少男少女癡狂。當時曾有一位女生自殺，手上還拿了這本書，造成社會的轟動。而他最經典的一本書《從異鄉人到失落的一代》，從 1964 年文星出版至今，至少已印行一百版。半個多世紀過去了，這位失落的異鄉人，曾顛沛流離，倏忽逝去，如今已然成為他所處時代的象徵之一。

　　我同（王）正方一樣，對權力者不惜下毒手殘害自

已最優秀的下一代，不能理解為什麼呢？為什麼要
這樣呢?!

——鄭貞銘[9]

　　摯友王尚義的死，給年輕的鄭貞銘帶來巨大的心靈衝
擊，留下終身的遺恨與永遠的懷念。他第一次對生命產生了
懷疑，也開始審視所處時代的那些不合理的制度，心中出現
了些許控訴與抵抗的情緒。然而，未真正經歷過流亡生活且
溫和謙遜的他，不會像王尚義那樣充滿悲情與愁苦，也做不
到犀利的批判與凌厲的反抗。

幸運進入中央日報社

　　在艱困條件下，新聞系學子創辦起《學生新聞》（後改
名為《柵美報導》、《大學新聞》），滿懷熱情奔走於學校
與大光華印刷廠之間，每每汗流浹背，始終情緒高漲。三年
級時，學校準備輔導學生出版《政大青年》雜誌，作為同學
們研究心得與發表心聲的園地。雜誌交由學生代聯會負責，
鄭貞銘因負責代聯會學術組，所以被推為第一任社長。他把
《政大青年》定位為綜合性的雜誌，舉凡學術性、思想性、
報導性乃至文學性的文字都可納入，可謂是包羅萬象，可讀
性也很強。

　　指導老師是訓導長吳兆棠博士，他瞭解學生，體恤青
年，給了編輯委員會充分的自主權。而擔任《政大青年》編
輯委員的，都是各系的菁英，如陳品全、蕭萬長、李鍾桂、
王飛、紀讓等。因政大老師多屬學術界大老，學生也非泛泛
之輩，因而刊登的每一篇文章，無不擲地有聲，引人矚目。

擔任《政大青年》編輯委員之一的政大外交系菁英「聯考狀元」陳品全（前排中）。圖為鄭貞銘（前排左）、外交系才子蕭萬長（後排左二）等同窗好友歡送陳品全赴任薩爾瓦多大使時合照留念。

此次辦刊，為鄭貞銘日後主持《中央月刊》、《黃河雜誌》、《自由青年》等刊物積累了寶貴的經驗。

　　也是在這一年，講授「新聞編輯學」課程、時任《中央日報》總編輯的錢震[10]老師，引薦鄭貞銘和同窗潘乃江進入中央日報社服務，令這兩位新聞學子既覺幸運，又感興奮。錢震老師是一位謙謙君子，阮毅成譽其「平居重然諾」，學生對他的印象則是「嚴肅的長者」，大作《新聞論》，可以說是台灣光復初期極為重要的新聞著作，也是台灣新聞學子必讀的啟蒙之作。他對於鄭貞銘尤其關照，並成為將其「拉拔進新聞界的第一人」[11]，鄭貞銘對此感恩與懷念不已。

錢震師是一位真正的專業新聞人，他盡忠職守、默默耕耘、無怨無悔，終生奉獻新聞事業，可以說是一位典型報人風範。[12]楚崧秋喻之為「木訥君子」，我則願稱之為「報人君子」。他一生堅持報人的辦報理念，堅信一份成功的報紙，必須在內容、發行與廣告方面都注重，並且要不斷地努力，不斷地日新又新。

—— 鄭貞銘[13]

作為黨營媒體，《中央日報》遷台後幾乎雲集了當時最優秀的新聞人才，社長為馬星野，總編輯錢震，副總編輯徐佳士，總主筆陶希聖，採訪主任王洪鈞，副主任龔選舞，採訪和編輯人員也多是原在上海《新聞報》等報紙從事多年的菁英。[14]徐佳士對《中央日報》用人唯才的做法十分讚賞，稱該報是「不頒文憑的學府」[15]。因而，《中央日報》成為當年無數有志新聞的青年夢寐以求的地方，但因台灣戒嚴時期實施報禁，它每天只出版報紙一大張半，所以人事安定，所用新人極少，因而能夠以在校生身分進入中央日報社，實屬難得。當時，中央日報社還給鄭貞銘提供每月六百五十元台幣的津貼，對家境艱難的他而言，無疑是雪中送炭。

幸運地進入中央日報社後，鄭貞銘協助國際航空版主編邢頌文，擔任助理編輯。邢頌文是位老報人，曾跟隨馬樹禮辦抗戰時的《前線日報》及印尼的《中華商報》，先後擔任報社總經理、總編輯等職。他待鄭貞銘如子姪，關懷備至，經常邀其到士林的華僑新村，引薦當時住隔壁的馬樹禮，從此結下良緣。馬樹禮是一名出色的報人和外交官，曾任立法

委員，中國國民黨第三組主任及秘書長、駐日代表、中廣及中視董事長，以及總統府資政等職，鄭貞銘奉其為「奇人」與「貴人」。

當時，《中央日報》國際航空版面向的是海外華人和留學生，每天空運到世界多個國家，特別是美國和加拿大，是維繫海外華人華僑與台灣資訊溝通與情感交融的重要載體。因國際航空版必須等國內版編輯完畢後才開始組編，工作時間是每天凌晨一時至六時。這意味著，每晚七八點時，鄭貞銘必須睡眠，次日凌晨十二點半吃過媽媽準備的點心，然後坐報館派來的車去報社編輯部「鋅廠」，下班後再搭公路局的車去木柵，趕在八點前到達政大上課。

半工半讀的同時，他還要準備大四下學期那場競爭異常激烈的政大新聞研究所入學考試。作為台灣唯一的新聞研究所，政大新聞研究所每年只招收十名學生，而全台灣來報考的青年學子多達三百多人，鄭貞銘不敢有絲毫鬆懈，下了很大的決心非要考取不可。若下午無課，他則直奔位於南海路的美國新聞處駐台辦事處讀書，那裡有許多在政大新聞系看不到的新聞傳播學英文新著，向公眾免費開放。到了傍晚，他再回家，匆匆吃過晚飯，趕緊去睡覺。

家─報社─學校─美國新聞處駐台辦事處─家，成了鄭貞銘每天的固定排程，如此過了一年日夜顛倒的日子。媽媽擔憂他的身體，反覆叮囑道：「錢震老師讓你到《中央日報》上班，應該好好做，並謝謝老師。但你的身體也要顧，不要累倒了。」鄭貞銘自身則並不覺得苦，不僅是因為做著自己喜愛的工作，而且還能領到頗為理想的薪水——每月六百五十元台幣，能夠幫媽媽緩解家庭經濟狀況，他無疑非常

樂意付出。

> 總覺得他很忙，後來才知道他父親已經過世，他是
> 家中長子，要擔負起家長的責任，又是一個大學
> 生，有多少課要上，身兼二職，難怪他要那麼忙。
> 當時社會保守、民智未開，對一個二十歲的青年而
> 言，當家長並非容易，何況他還要籌措一家人的生
> 活費，還要念書，因此他比其他同學更認真、更成
> 熟、更周到些，是每個同學都想去接近的好學生。
>
> ——林秋山[16]

1959 年夏，鄭貞銘結束了四年的大學本科學業，順利
通過結業考試，被授予法學學士學位。此時，政治大學首屆
模範生選拔結果揭曉，學業、操行、體育、軍訓等四項考核

鄭貞銘與時任教育部文化局處長的政
大同窗林秋山教授（左）合影。

均為甲等的學生才有資格入圍，發給獎學金一百五十元，新聞系四屆在校學生中僅有八人當選，鄭貞銘名列其中。除了爭取到的學校發給的獎學金外，台灣鄭氏宗親會和福建鄉親聯誼機構每年舉辦的獎學金也為其完成大學教育提供了重要支持，鄭貞銘也因此與時任鄭氏宗親會理事長的前總統府秘書長鄭彥棻和創辦世華銀行的福建鄉長何宜武結緣，並視他們為自己一生的貴人。

準新聞人的自我解剖

1959 年 7 月 25 日，《中央日報》和《台灣新生報》上刊出了政大各研究所當年錄取的研究生名單，鄭貞銘名列新聞研究所新生榜首，同榜的還有大學同窗石永貴和潘乃江。他們三人，也由此成為台灣本土第一批完整經歷從大學到研究所階段的正規新聞教育的學子。外交研究所第一名，仍被「聯考狀元」陳品全奪得，鄭貞銘的摯友唐啟明也順利上榜。

在那個年代，對於鄭貞銘這樣的苦孩子，能夠念到國立大學研究所，已是相當不容易了。雖然在他內心，曾十分嚮往留學生活，尤其以「漢語言學之父」、《教我如何不想她》作曲者趙元任為偶像，欽慕其曾留學哈佛大學，後又在康乃爾、哈佛、芝加哥與柏克萊任教的精采人生。但迫於家境的困窘，再加上就讀於台大經濟系的弟弟鄭貞浚表達出更強烈的留學志願，後來在大舅陳鑣援助其機票下終於成行，他也只好留下來幫助媽媽。「尤其我的家庭，今天不見明天米缸的米，哪有那種命去留學？」每當講起這種遺憾，鄭貞銘依然感歎，這也促成他以後雖無機會留學，但要遍遊各大

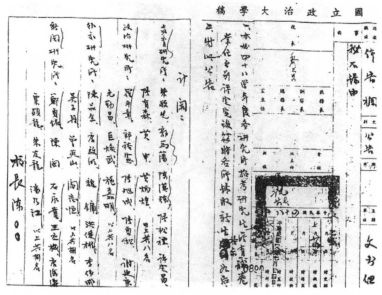

1959 年政大四個研究所放榜名單。鄭貞銘以第一名成績考入政大新聞研究所，同榜有石永貴、王應機、潘乃江、陳闓、朱友龍、粟顯龍等。

學的心願。

政大新聞研究所時期，鄭貞銘與余夢燕老師的接觸也更為頻繁。余夢燕畢業於燕京大學新聞系，後進入中央政校由董顯光、曾虛白主持的新聞學院進修，再到素以嚴格著稱的美國哥倫比亞大學新聞學院深造，回國後在政大新聞研究所講授「編輯採訪研究」、「廣告學」等課程。

第一，就對新聞事業的熱誠而言，你自信比一般人強嗎？……要知道，新聞工作不是出風頭的工作，而實在是一椿艱苦的工作——外勤得經常疲於奔命，內勤則備嘗熬夜之苦——這一切你都能無動於衷嗎？

第二，對中國新聞界現狀而言，新聞人的物質享受距離理想之境甚為遙遠。你並不斤斤計較於你的生活享受嗎？你只一心獻身於新聞事業，而對艱苦的物質生活能甘之如飴嗎？

第三，就辨識新聞的能力而言，一方面有賴於天賦稟性，另一方面亦有賴於後天教育修養。你自信你所稟賦的「新聞鼻」比別人敏銳嗎？你自信在學習過程中不致比別人怠惰嗎？你有沒有這種能力？辨識何種消息更能使讀者感到興趣。

第四，客觀為新聞記者必須遵守的職業道德。你自信在撰寫一條新聞時能筆下不帶感情嗎？在處理一條新聞時，能堅守公正與客觀嗎？

第五，判斷能力，對新聞記者工作的成敗影響至深且巨，因為人類欲望的技術日增，因此社會上的陷阱、偽裝……常常足以影響記者的良知和判斷。你自信在此複雜情況下，能不為騙局所蒙蔽，而有著正確的判斷能力嗎？

第六，堅忍不拔、百折不撓的精神，是從事新聞事業所必須的美德。你自信你有此種德性嗎？你能忍受周遭環境對你的奚落、冷漠、蔑視與誤解嗎？你能堅持你的理想，而不因他人的冷嘲熱諷而放棄理想嗎？

——余夢燕[17]

余夢燕老師曾在課堂上向同學們提出關於「準新聞人自我解剖」的六大問題，並幽默地說：「從上述可知，新聞記

者簡直不是人做的。」當時，耿直的鄭貞銘脫口回應道：「新聞記者果真不是人做的，那我寧可不做人！」此番「憨」語，令余夢燕大為欣賞，此後對其倍加關注。

此時的鄭貞銘，對於記者這一角色有了更深刻的思考，他曾在作業中寫道：「人類的活動，必須以一種科學的眼光，去分析他的各種目的、動機和策略；因為人類的欲望和達成這些欲望的技術，已在日漸增多。因此社會上有許多陷阱、偽裝和騙局，足以影響記者的良知和判斷。雖明知如此，但畢竟因為自己涉世不深、經驗不足，多以『善』之眼光看世界，因此，判斷力亦受到影響。」[18]余夢燕給他的批示是：「做記者，探真相；做人，『誠懇』！」

當時，她還與鄭南渭老師一道負責指導學生編輯由美國新聞處贊助政大出版的英文月報《政治前鋒》（*Cherghi Vanguard*）。上課之餘，鄭貞銘也參與了《政治前鋒》的許多工作。1952 年，在台灣當局特許下，余夢燕和丈夫黃遹霈創辦了英文日報——《中國郵報》（*The China Post*），她由此成為國內第一位女社長。

在學生心目中，余夢燕老師是位女強人，令人見了不寒而慄，自有一份威嚴，但在鄭貞銘看來，余夢燕老師卻是「晚娘面孔，菩薩心」。離開政大三十四年後，1996 年的一天，鄭貞銘竟收到一份特殊的禮物，感動至深。

　　偶從在《中國郵報》服務的許阿椽小姐手中，轉來三十年前余夢燕老師課堂上的一份作業，當時余老師教我們《編採研究》，經常要我們寫作，並給我的作業打了九十五分的高分，沒想到余老師保存這

鄭貞銘與就讀政大新聞研究所時期的恩師陸以正老師（左）合影。

些作業達三十年之久，雖然她已離去人間，但是她
對學生的愛護與啟發卻歷久彌新。

——鄭貞銘[19]

時任行政院新聞局第二處處長的陸以正老師講授「新聞
英語」，以嚴厲著稱，雖然工作極為忙碌，但對學生們的課
業要求卻極高。他以《紐約時報》（*New York Times*）為教
材，要求學生必須提前查好生詞，上課時隨意點名，叫起來
讓其念兩三段，再用中文解釋，以此作為平時成績。

這幾年裡，我頗有自知之明，曉得因為「當」
（down）人無數，以致「惡名遠播」；但多年後見
面，他們倒都還客氣。政大在台復校後第十九期到
二十四期新聞系的同學，遍布全球，後來有過接觸
和記得起姓名的，如鄭貞銘、張作錦、石永貴、朱

宗軻、潘月康……等，均很有成就。

——陸以正[20]

凡不符合水準的，一律死「當」，後來成為媒體一級主管的新聞界名人，大都有被他當過的經歷。鄭貞銘推崇陸以正為「人生鬥士」，其一生不懈地工作，不懈地奮鬥，對國家前途的關懷從未停止。

免費的學習

研究所讀書期間，鄭貞銘繼續在中央日報社實習，其嚴謹細緻與踏實吃苦的個性，得到大家的肯定和讚賞。不久，新任社長曹聖芬調他擔任外勤記者，先從報導文教新聞做起，此後鄭貞銘又接觸了醫藥、軍事與政治等不同領域的新聞報導，得到了充分的歷練。他給自己立下採訪報導的信條，「記者的筆，有如戰士的槍、武士的劍，它當然需要流暢與靈活自如，但更重要的，是用來指出社會正確的方向，維護社會的真理與正義；而非用作私意的攻擊與誹謗」。

文教新聞，是鄭貞銘頗為鍾情的一個領域，將其稱之為「免費的學習」。透過這個平台，他得到更多的機會接觸台灣學界名家，當面聆聽他們的人生故事與精采觀點，深受觸動，啟發良多。除了採訪平日熟知的政大首任校長陳大齊、新聞研究所首任所長曾虛白、新聞系首任主任謝然之、政治研究所所長張金鑑、政治研究所教授王雲五外，他還跑去採訪曾寶蓀、曾約農、傅秉常、謝冠生、薩孟武、唐縱、錢思亮、徐鍾珮等名家。

陳大齊校長提煉當年對學生們的演說，對鄭貞銘重提自

鄭貞銘鍾情於文教新聞的採訪，也因此接觸諸多台灣學界名家，認為採訪過程即是一種「免費的學習」。圖為他以記者身分訪中央研究院，院士（左）談雞蛋疊立理論。

已的觀點，「做人的成功是一切成功的根本」[21]，而理智清明、情緒穩當、利人利己是做人的三大要素。王雲五則分享了自己對資料分析方法的見解：「一為化學分析，由整體解剖成個體；二為邏輯分析，由結果追溯原因；三為數學分析，從簡單到複雜，從容易到困難；四為文學分析，由部分代替全體，找要點以窺全貌。」[22]

台大法學院教授薩孟武畢業於日本京都帝國大學法學部政治系，著有《中國政治思想史》，他對中國傳統政治思想、制度、理論的研究貫通中西，深入淺出，對中國政治學的形成影響很大。在接受採訪時，他呼籲青年人做事要持之以恆，同時善於以簡馭繁，「簡單是一種很重要的原則。法

令簡單，課程簡單，目的簡單，這是成功之道」。㉓

　　當時，《中央日報》文教版闢出「進德與修業」專欄，專門刊登鄭貞銘的這些訪談。後來，這些專訪還被收入《新聞集叢》一書，成為他第一本真正意義上的著作。基於這段經歷帶給自己的啟發，鄭貞銘常常鼓勵年輕記者從文教新聞開始採訪，「可以使自己不致馬上跌下社會深淵；相反地，可以培養自己的定力，積累自己的深度與蘊涵。因為，文化、教育與科學，畢竟都是人類的精髓；而學人也往往是有涵養、有貢獻的人，經常與他們接觸，自己的志向也自然因而提升」。

在世新初登新聞講台

　　有一天，給研究生們繼續講授「新聞文學」的成舍我找到鄭貞銘，竟提出要請他到世新兼任講師，講授「新聞學」課程。當時，世新已經由職業學校升格為專科學校，一般情況下，在讀研究生是沒有資格去專科學校擔任講師的，因而得到成舍我如此器重和信任，鄭貞銘大為意外，受寵若驚，既興奮又緊張。

　　第一堂課，面對滿屋子的學生，年輕的鄭貞銘站在講台上不知所措，緊張地幾乎說不出話來。尤其是見到那麼多女同學，羞澀內向的他，更是臉紅到了脖子根。經過這難熬的開局，鄭貞銘漸漸找到了感覺，並很快喜歡上了這份職業。就這樣，誠惶誠恐間，鄭貞銘被成舍我老師帶進了新聞教育園地，世新也成為他任教的第一個學府。時年二十五歲的他肯定無法預料，從此便與新聞講台結緣一生，並將延續半個多世紀，從未中斷，而這應該算得上是一項破紀錄的履歷

鄭貞銘就讀政大新聞研究所求學期間，鄭重地到照相館拍的
照片，自認「英俊瀟灑」。

了。

在世新講課期間，鄭貞銘對成舍我有了更多的接觸與更深的瞭解。成舍我以獨立報人揚名於世，而他的吝嗇和小氣也是名聲在外。當時，成舍我常在校園裡巡視，若見到有教室白天亮著燈，二話不說逕自上前按下走廊處的電源開關。教室內，燈光驟滅，正起勁講課的老師往往被驚得張大嘴巴，與同樣受到驚嚇的學生們面面相覷，錯愕不已。他還規定，老師去上課時，最多只能攜帶兩枝粉筆，若有超出部分請自付。當時，學校一般都會給教師們設置休息室，並有一位老榮民給大家沏茶倒水。世新也提供了教師休息室，不同的是，教師們需要完全自助——聘用一位服務人員，對於成舍我而言，未免有些奢侈且多餘了。

1991 年，世界新聞專科學校曾遭遇停辦風波，社會上有人質疑專科學校能否培養優秀記者。教育部門在多方呼籲下成立評鑑小組，就世新究竟是停辦還是升格作一決策。評鑑小組由王洪鈞任召集人，鄭貞銘與賴光臨、羅文輝、皇甫河旺等四人為組員。時隔三十年，鄭貞銘以這樣的身分步入世新校園，感慨萬千。

經過慎重考察，評鑑小組向世新校長張凱元和成舍我的女公子、世新夜間部主任成嘉玲女士建議，要想世新解除停辦危機，且還能大有發展，就需要將成舍我先生存在銀行的十幾億台幣拿出來，用於大力提升師資，充實圖書，改善校舍、設施，宣導學術研究。成嘉玲深表認同，大刀闊斧，勵精圖治，短期內便使世新形象大大改變。最後，評鑑小組正式向教育部門提出建議：世界新聞專科學校不僅不應關門，而且應當升格改制為學院。

同年 8 月，成舍我辭世四個月後，世界新聞專科學校停招專科學生，正式升格為世界新聞傳播學院，終於實現了這位老報人念茲在茲的未竟心願，這也算是鄭貞銘等人對他數十年來正派辦報、苦心辦學的一種肯定與報答。當時，成嘉玲還在各大報紙上投放了全版廣告，廣告詞頗具匠心：「『世界』變大了！」到了 1997 年，世新進一步改制，升格為世新大學，設新聞傳播學院、管理學院、人文社會學院及法學院等四個學院。如今，世新已是全台灣設置新聞學博士班的僅有的兩所大學之一，與政大新聞系並駕齊驅，地位不可同日而語。

列席台灣首次「全國新聞教育座談會」

政大新聞研究所研究生的研究時間定為兩年以上，學生須修完二十八個學分，經過碩士學位學科考試後結業。學科考試及格後，應再論文考試及格，由教育部核定，最終獲頒碩士學位。當時，研究生每月有四百元台幣的津貼，而社會普遍工資也才六百元台幣，可見在校研究生的津貼算是相當高的。因而，將讀完兩年研究生的鄭貞銘雖已修滿學分，可以早早畢業，但念及家庭經濟狀況並貪戀學校讀書生活，仍選擇再繼續讀一年。

1961 年春，鄭貞銘開始著手考慮碩士學位論文選題。經歷了台灣首批正規新聞教育的他，敏銳地意識到自己站到了歷史的轉折處，於是將研究方向鎖定為「新聞教育」。不久，一個搜集論文材料的絕佳機會出現了。

5 月 12 日，政大三十四週年校慶系列活動正開展地有聲有色，台灣首次大規模「全國新聞教育座談會」在政大圖

鄭貞銘自政大新聞所榮獲碩士學位留影。

書館舉行。許多當時台灣新聞業界和學界的名家應邀赴會，如董顯光、蕭同茲、程天放、成舍我、黃天鵬、王惕吾、余紀忠、謝然之、曹聖芬、葉明勳等，陣容強大，聲勢浩大。這場有關台灣新聞教育的盛大集會，為台灣初期的新聞傳播教育指出了方向，也奠定了政大在台灣新聞教育史上的領銜地位，影響深遠。當時，鄭貞銘以一名新聞研究所研究生的身分，幸運地獲得破例列席旁聽的機會。

下午三時，座談會正式開始，時任政大校長劉季洪致開會詞，新聞研究所所長曾虛白主持會議，新聞系主任王洪鈞做簡單報告。討論的主題共分為三項，即政大新聞所系課程及有關教學制度之檢討，政大新聞教育長期發展計畫，政大新聞所系與新聞事業單位合作進行學術研究計畫。此前，台北市編輯人協會已就此三項議題加以討論，並提出五點意見供與會嘉賓探究。最令鄭貞銘印象深刻的是，與會人士有時

因觀點不同，彼此會爭得面紅耳赤，但均能在會中做坦率的辯論，這無疑是一場難得的「真理越辯而越明」的學術盛會。

南京中央政治學校新聞系首任主任、時任考試院副院長程天放認為，新聞學的觀念已與二十年前迥異，所以新聞學系的課程「專業科目比例不宜太高，除語文工具及一般知識外，尤應重視人格及品德修養」[24]。前復旦大學新聞系教授黃天鵬有類似觀點，主張新聞教育應有中心體系，包括中國語文的訓練、歷史的知識和新聞倫理觀念等三方面內容[25]。時任「前驅計畫」執行人、後成為資深外交家的陸以正依舊是他那嚴厲的風格，慨歎學生的水準太低，「以致自己教出來的學生，自己不敢用」，建議新聞系學生來源除考試外，也應該有甄選制度。密蘇里新聞學院首位中國畢業生、前國民黨宣傳部副部長董顯光則擔心新聞系畢業生的出路問題，重提他在重慶中央政校新聞學院時期提出的建立政府新聞聯絡員（Press Officer）設想，以擴大政府公共關係的功能。

時任《徵信新聞報》發行人、後創辦《中國時報》的余紀忠關注新聞從業人員素質的提升，注重實習教育及在職訓練，建議新聞院所要對新聞人才的培養加大投資，「就像醫學院所培養醫學人才那樣」，並提出「新聞研究所和新聞系最好能設法使各報社各級工作人員到學校來施以再教育，以使理論與實踐配合」。他還特別主張培育新聞學子揭發社會黑暗面的勇氣及反抗傳統性的精神。時任台北記者公會理事長、台北報業公會理事長王惕吾強調要加強對新聞學子的倫理教育，與其「正派辦報」的理念一脈相承。

時任中央日報社社長曹聖芬與時任新生報業股份有限公

司董事長兼社長、中國國民黨中央四組（文化宣傳組，文工會前身）主任謝然之之間發生了爭辯。作為南京中央政校新聞系畢業生，曹聖芬認為當前的新聞專業課程設計得還不夠理想，特別主張加強新聞道德教育，以過去報人的奮鬥成功史實，來啟發學生的奮鬥決心，而關於新聞編輯方面的課程則建議精縮，以免浪費學生時間。而作為政大復校後的新聞系創系主任謝然之則認為，報人與報業奮鬥史的內涵已包含在新聞學與新聞史的課程中，這是教學內容與方法的問題，不是課程設計的問題，而關於新聞編輯方面的課程，他則認為需進一步加強質的改進並細化分工。㉖

這兩種觀點的交鋒，也可視作南京中央政校新聞系與台灣復校政大新聞系在教學理念上的不同側重，也可以看出當年台灣新聞領域馬星野一脈相承的《中央日報》系與陳誠鼎力支持的謝然之《台灣新生報》系這兩大派別的不同傾向。

會上最激烈的爭論，出現在台大法學院院長、時任教育部高教司司長姚淇清和時任中央通訊社管理委員會主任委員蕭同茲之間。姚淇清是法學教授，以旁觀者立場觀察，認為「新聞學本身只是一種技術性的。它須依附其他學科之上；如果脫離其他學科，便成為空白」。蕭同茲則明確反對「新聞學是技術」說，指出「新聞學不是技術，而是一門獨立的學問。新聞教育必須要有一套很完備的課程」，他甚至還主張新聞教育應延長為七年（前兩年學習人文社會科學及英文，第三四年學習新聞學相關專業課程，第五年實習一年，最後兩年撰寫學位論文），因為「新聞記者就像是治療社會疾病的醫生」。姚蕭之爭反映了當時的台灣學界關於「新聞無學論」的爭議，同樣的爭論也不時出現在中國大陸新聞傳

播學界，可見面對的問題是共通的。

這次理性而深入的辯論，最終產生了幾點極為重要的共識：一是「新聞教育是專業教育」，專業者必須接受嚴格的專業教育，不僅要具備熟練運用分析、比較、綜合、評價、想像與創造的能力，而且要有嚴格的專業道德；二是「新聞教育必須理論與實務並重」，以理論指導實務，以實務匡濟理論，兩者均需重視，不可有所偏；三是「新聞教育必須適應時代潮流，配合社會需要，將課程作適時調整」，對有關新媒體的觀察、媒體新行銷方式的研究以及傳播新法規的規則等，都應該是新聞傳播研究的新方向；四是「中國本位傳播理論的建立」，在傳播理論多引自西方的當下，如何建立一套適合中華文化歷史與國情的傳播理論，實為國內傳播教育界不可脫卸的責任。

會議結束，興奮的鄭貞銘已記錄了滿滿一本子的內容，研究論文的重點和結構一下子明朗起來。在隨同王洪鈞、沈宗琳、徐佳士老師及胡傳厚、侯斌彥等業界前輩乘車返回台北市區時，鄭貞銘聽著大家一路上以「承前啟後」自勉，內心澎湃不已。大家對中國新聞教育雖有多種不同看法，前景卻是令人鼓舞並充滿希望的。他在心中暗暗給自己一份期許，希冀在未來的歲月裡，能夠與新聞教育事業緊密相連，乃至開闢出一片屬於自己的嶄新天地。

註釋

① 鄭貞銘著，《無愛不成師》，台北：三民書局，2010 年初版，第 301、302 頁。

② 1940 年，國軍政工改制，在參謀本部設總政治部，主管軍隊政治工作。

③ 林蔭庭著，《追隨半世紀：李煥與經國先生》，台北：天下文化出版，1998 年第一版，第 74 頁。

④ 漆高儒著，《蔣經國的一生》，台北：傳記文學出版社，1991 年 3 月初版，第 101 頁。

⑤ 1949 年 9 月 16 日，革命實踐研究院正式成立，蔣介石兼任院長，教育宗旨是恢復革命精神、喚醒民族靈魂、提高政治警覺、加強戰鬥意志，自創辦以來舉辦各種不同期別訓練，以為國民黨培養各部門人才。

⑥ 鄭貞銘著，《無愛不成師》，台北：三民書局，2010 年初版，第 295 頁。

⑦ 王尚義著，《狂流》，台北：大西洋圖書公司，1968 年 5 月，第 1 頁。

⑧ 鄭貞銘著，《無愛不成師》，台北：三民書局，2010 年初版，第 111 頁。

⑨ 鄭貞銘著，《無愛不成師》，台北：三民書局，2010 年初版，第 112 頁。

⑩ 錢震（1912-1999），字伯起，號起文，江蘇省東海人。畢業於美國密蘇里大學新聞學院、國防研究院。曾任《杭州正報》總編輯、代理社長。1948 年，隨馬星野來台，加入《中華日報》。1950 年在台創辦《大華晚報》並任社長，後歷任《中央日報》總編輯、副社長，《大華晚報》董事長，《中華日報》社長、董事長等職，並在政治大學、中國文化學院、世界新聞專科學校執教。代表作有《我看西方》、《含英錄》、

《煉》、《新聞論》等。

⑪ 鄭貞銘著,《無愛不成師》,台北:三民書局,2010 年初版,第 163 頁。

⑫ 鄭貞銘著,《無愛不成師》,台北:三民書局,2010 年初版,第 161 頁。

⑬ 鄭貞銘著,〈錢震:令人稱頌的報人君子〉,載於《百年報人2:跨世紀的報人》,台北,遠流出版事業股份有限公司,2001 年 9 月初版,第 175 頁。

⑭ 陳致中著,《台灣報業:歷史、現狀和展望》,台北:風雲時代,2016 年 6 月初版,第 74-75 頁。

⑮ 徐佳士著,〈不頒文憑的學府〉,載於《六十年來的中央日報》,台北:《中央日報》出版,1988 年。

⑯ 林秋山著,〈友情五十年〉,載林秋山、王應機等著《無愛不成師:天涯存知己》,台北:遠流,2005 年 9 月,第 10 頁。

⑰ 鄭貞銘著,〈受了新聞教育以後〉,《報學》半年刊二卷九期,1961 年 12 月;鄭貞銘著,《新聞集叢》,台北:中央日報社,1964 年,第 155、156 頁。

⑱ 鄭貞銘著,《無愛不成師》,台北:三民書局,2010 年初版,第 169 頁。

⑲ 鄭貞銘著,〈溫故而知新〉,台北:《台灣日報》副刊,1996 年 5 月 9 日。

⑳ 陸以正著,《微臣無力可回天》,台北:天下遠見出版股份有限公司,2002 年 4 月第一版,第 84 頁。

㉑ 鄭貞銘著,《新聞集叢》,台北:中央日報社,1964 年,第 183 頁。

㉒ 鄭貞銘著,《新聞集叢》,台北:中央日報社,1964 年,第 189 頁。

㉓ 鄭貞銘著,《新聞集叢》,台北:中央日報社,1964 年,第 202 頁。

㉔ 王洪鈞著，《我篤信新聞教育》，台北：正中書局，1993 年，第 166 頁。

㉕ 鄭貞銘著，《愛是緣續的憑據》，基隆：莘莘出版事業有限公司，2004 年 5 月初版，第 226 頁；鄭貞銘編著，《中外新聞傳播教育》，台北：遠流出版事業股份有限公司，1999 年 7 月初版，第 290 頁。

㉖ 鄭貞銘編著，《中外新聞傳播教育》，台北：遠流出版事業股份有限公司，1999 年 7 月初版，第 290 頁。

第四章

「新聞」，還是「教育」

鄭貞銘（右一）首次出國，與《經濟日報》社長范鶴言（左二），搭機赴港出席報業會議。

我總覺得自己是世間幸運人之一。我是學新聞的，能夠在第一流報館當政治要聞的記者，真正是學以致用。套一句俗語說，既是待遇不錯，又可以成就「小名」，天下哪有這樣的好事？另一方面，我是有志新聞教育的，如今又有一個這樣好的機會，可以在新創辦的學校中施展抱負，沒有成規限制，這該也是件幸福的事吧！

有這樣好的機會，在今日的社會是不多見的，於是我想到，今後該如何做人做事才是！這我得到了結論：今後在做人方面只有更謙遜，在做事上只有更努力，這樣才算是不辜負這樣良好的機會。人就忌諱在稍稍有些成名時就驕傲，於是不再長進，何況

我並沒有成名呢。

更謙虛，更努力！是我今後做人做事的態度。

——鄭貞銘①

首期三民主義巡迴教官

1962 年初，鄭貞銘通過了政治大學新聞研究所學科考試，順利結業。此時，他接到了兵單——按照當時台灣施行的兵役法，結業後的鄭貞銘須入營服兵役一年。按照政大新聞研究所的規定，他可以在服完兵役後再進行論文考試，獲頒碩士學位並正式畢業。而此時，鄭貞銘也剛剛結束了在中央日報社四年的實習工作，正式從一名編外臨時人員成為了那裡的正式職員。

不久，時任中央日報社社長、從南京中央政校新聞系畢業的學長曹聖芬找他聊天。

「貞銘，聽說你馬上要去服兵役了呀？」

「是啊，社長！這是義務嘛，必須要去的。」

「家裡都有些什麼人啊？」

「現在跟媽媽一起生活，有個弟弟準備出國讀書，還有兩位妹妹，一個快畢業了，一個還在念書。」

「妹妹畢業了，可以讓她來咱們社裡工作嘛！」

於是，二妹鄭小雲從台北市私立育達高職商科畢業後，即被安排進中央日報社廣告部，接續起家庭的經濟來源。此後，二妹在《中央日報》服務三十八年，「對人事練達，對世事宏觀」，也更懂得了教育的重要性，所以她的孩子不是博士就是碩士，個個成功成材。曹社長的這一照顧之情，令鄭貞銘終生感念。

上圖：鄭貞銘自政大研究所結業，服兵役時留影。
下圖：鄭貞銘（前排中）服役期間與軍中同袍合影。

　　就這樣，在 1962 年的春天，乍暖還寒之時，七年的求
學生涯，倏忽間劃上了一個休止符。二十六歲的鄭貞銘躊躇
滿志，暫且離開校園，迎來嶄新的生活。很快，他穿上了軍
裝，在竹子坑入伍訓練，正式開始了軍旅生活。

　　他先是在政工幹部學校進行為期三個月的軍事分科學
習，隨即被派遣到軍隊心戰總隊。心戰，即資訊心理作戰，
肇始於二十世紀初第一次世界大戰期間，交戰雙方除了傳統
的武器對決之外，開始利用各種傳播媒介進行大規模的宣
傳，1940 年代第二次世界大戰時臻於成熟，心戰在戰爭進

程中發揮了前所未有的巨大影響②，繼而催生了傳播學學科。當時，兩岸分治，劍拔弩張，蔣介石在《貫徹本黨的時代使命和革命任務》中，特別訓誡黨政軍幹部，要講求政治作戰，三分軍事，七分政治，注重心戰，研究宣傳技術。畢業於新聞系所的鄭貞銘被分發到這裡，開始撰寫廣播心戰稿。

時任國防部總政治部副主任兼執行官王昇③總結國軍思想政治教育的不足，認為以前過於制式化，提出應培養一批優秀的青年幹部，組成「三民主義巡迴教育」梯隊，到軍中宣講三民主義、國際情勢及國家建設等，以「補助部隊中政治輔導長之不足」④。總政治作戰部⑤隨即執行落實此主張，開始從數千名預備役軍官中挑選二三十名青年開展相關訓練，鄭貞銘被選入其中。訓練基地設在北投青邨，鄭貞銘在此接受了為期一個月的系統培訓，順利成為第一期三民主義巡迴教官。

當時，除了一般國情課程之外，還有許多名師如陶希聖、魏紹徵等前來授課，講授演講的理論與實務技巧。其間，時任國民黨中央常務委員蔣經國也曾親自為大家講演說之道，歷來以「誠摯」打動人心的他，對演講有一番獨特的見解：「真正演講是總人格的表現。主講人所有的學識、人格、氣勢與氣質，可以在短短幾十分鐘完成。所以演講者不必過度重視技巧，而要重視內涵。」⑥這番話給了鄭貞銘極大的啟示。

聆聽完理論的傳授之後，學員們開始進行寫作及演講的實務演練。每一位學員們都被安排進一個個小房間，裡面裝有一面大鏡子，大家被要求對著鏡子演講，不斷練習、反覆

上：服預備軍官役時參加
三民主義巡迴教官集訓，
同袍專心聽講。
下：鄭貞銘（右一）服預
備軍官役期間與軍中戰友
合影。

打磨演講過程中的形體、手勢、表情等，有時還會有講師在
旁指導，演講務求慷慨激昂，振奮人心。

孤臣孽子之心

　　訓練結束後，學員們被分派到全省三軍部隊，代表國防
部開始巡迴演講實戰。鄭貞銘被分到了第一組，先是走遍了
六個空軍基地，面對年輕帥氣的空軍官兵和飛行員們做三民
主義主題演講。隨後，他又來到陸軍基地演講，聽講人數也
從一兩百人上升到七八百人，最多時有一千多人，場面越來

越大，鄭貞銘的膽子也越來越大，演講越來越激昂。

　　人數最多的一次是在成功嶺，他給受訓的大專生們做晨訓。清晨六點鐘，曙光初照，演兵場上上萬名年輕受訓士兵列隊聆聽，鄭貞銘英姿颯爽，挺立在主席台中央，激越的演講聲久久迴盪在成功嶺上空。

　　此後，鄭貞銘幾乎走遍了台灣所有的三軍基地，其間還曾登上了大小金門等戰地外島展開巡迴演講。金馬前線，砲擊時有發生，危險就在眼前，「我們更有一種孤臣孽子之心，那一份情懷，迄今深刻地留在腦海中」[7]。鄭貞銘謹記王昇主任的教誨：「要愛國，要上進，要互助。」在這三項標準評比中，他還曾多次獲頒獎牌。退役時，這批巡迴教官被授銜中尉，比一般服役士兵所授銜的少尉高一階，所以鄭貞銘笑稱，「我們服兵役可沒那麼辛苦，甚至還有點『當官』的感覺」。

鄭貞銘以三民主義巡迴教官身分，第一次到金門戰地演講。

鄭貞銘將這段特殊的人生經歷當作「旅行」，平生難得，意義非凡，這不僅讓其自身對三民主義、國際情勢及國家建設有了更多的認識和認同，而且密集的演講實戰也讓原本內向靦腆、膽小羞澀的他脫胎換骨，寫作水準和演講技能得到顯著提升，繼而深深喜愛上了演說，樂此不疲，頗有心得。

　　三民主義巡迴教官隊伍裡人才濟濟，名人輩出，曾擔任國民黨主席的吳伯雄是第二期學員，另外還有曾擔任行政院秘書長、國民黨中央組織發展委員會主委的趙守博，曾任政大外交系主任的李偉成，新竹市長、台灣省政府主席林政則，玄奘大學董事段勝華，民進黨台北市議會會長周博雅，立法委員趙天霂，玄奘大學教務長吳煙村，金門大學教授劉佩怡，國立中央圖書館館長曾吉群，律師陳正權等等。

　　共同的青春記憶，也讓他們建立了深厚的革命感情，中華民國人文科學研究會和人文科學基金會相繼成立，會員均是當年的三民主義巡迴教官。鄭貞銘曾擔任人文科學基金會副董事長、董事，去世前仍還擔任中華民國人文科學研究會常務監事。每年春節期間，他們都會舉行盛大的聚會，暢談崢嶸歲月，重溫革命感情。

壯士一去不復返

　　1963 年初，鄭貞銘服兵役歸來，曹聖芬社長即升任他為採訪組副主任，接替代理主任汪有序跑政治要聞。此時的鄭貞銘年僅二十七歲，如此年輕的副主任在《中央日報》乃至整個新聞行業都是不多見的。

　　與此同時，新任副總編輯劉毅夫指定鄭貞銘，協助自己

鄭貞銘與台灣軍事新聞報導龍頭劉毅夫（左）合影。

採訪軍事新聞。劉毅夫曾任職於軍中新聞部門，擔任軍事新聞研究會會長、《青年戰士報》及《大華晚報》主筆，撰寫的《阿兵哥》更是風靡一時，是台灣軍事新聞報導當之無愧的頭號人物，被業界人士稱為「龍頭老大」。作為「菜鳥」，鄭貞銘開始一邊跑政治要聞，一邊在劉毅夫的指導下參與軍事新聞採訪工作。

　　當時，對軍事新聞唯一有課程與訓練的是政戰新聞系，政大新聞系雖無正式課程，但也經由老師的講授與自我閱讀，鄭貞銘獲得了許多知名軍事記者的故事。同時期的台灣軍事新聞記者，除了劉毅夫，還有張家驤、謝天衢、姚琢奇、劉廣基等，均出生入死，毫無懼色，令鄭貞銘欽佩不已，而美國軍事記者典範恩尼·派爾（Ernest Taylor Pyle）的故事，更是讓他深受觸動，心嚮往之。

我在戰地混得相當久，深知能打勝仗的部隊，必是
有士氣的部隊。而所謂士氣者，是每個士兵都能以
自己的部隊為榮，同時對於並肩作戰的戰友有信
心。

—— 恩尼‧派爾

　　恩尼‧派爾，美國籍著名戰地記者，被譽為「第二次世
界大戰最偉大的戰地記者」，1944 年普立茲新聞獎得主，
次年不幸遇難，年僅四十五歲。他的軍事報導真摯感人，且
在任何危險地區，恩尼‧派爾都身先士卒，深入基層與士兵
為伍，當時有多達二百家報紙採用他的報導。恩尼‧派爾為
年輕的鄭貞銘樹立起軍事新聞記者的最佳典範，甚至激發起
他「戰死沙場」的光榮意識。

　　1958 年 8 月 23 日，「八二三砲戰」[8]爆發。從當天下
午六時三十分，中共軍隊開始猛烈砲擊金門，兩小時內落彈
達四萬餘發之多，當日落彈數更達五萬七千餘發，重點集中
在指揮所、觀測所、交通中心、要點工事及砲兵陣地。由於
當時正值晚餐時間，突發砲火造成死傷四百四十餘人，金門
防衛司令部三位副司令趙家驤、章傑當場死亡，吉星文重
傷，於稍後因傷重不治。金防部司令胡璉、參謀長劉明奎與
在金門視察的國防部部長俞大維均負傷。

　　金門，這個僅有一五三平方公里的小島，一時成為世界
關注的焦點。中外記者紛紛湧向那裡，最高紀錄曾達一百多
位，來自十多個國家。當年，《紐約時報》著名記者沃爾
特‧李普曼（Walter Lippmann）也前來報導，在普通的運輸
機上打鋪，且登機後就呼呼大睡，疲憊至極。因補給困難，

鄭貞銘（左二）在《中央日報》任前線採訪戰地記者，左為名攝影記者姚琢奇、右為軍聞社社長謝天衝。圖為自金門採訪「八二三」砲戰後返台北松山機場。

國防部不希望記者冒險前往，發出「萬一出事，國防部不負責」的聲明。經過四十四天的砲擊，中共仍未能打下金門，乃以「單日打，雙日不打」收場⑨。直至 1979 年 1 月 1 日，大陸與美國正式建立外交關係，大陸國防部部長徐向前發表了「停止砲擊大、小金門等島嶼」的聲明，歷時二十一年的金門砲擊，才正式劃上了句號。

　　當年，鄭貞銘曾與同窗——台視的李聖文、《台灣新聞報》的石永貴，一起採訪美國第七艦隊演習的新聞，更多次南下屏東採訪空軍演習的新聞，而金門自然是必往之地。每次前往金門採訪，鄭貞銘等一行記者都是乘坐國防部準備的專機，飛機大多是破舊的「老爺機」。每次出發前，在松山機場，大家都被要求簽同意書，保證若飛機發生意外，與國防部無關。因而，每次前往金門採訪，鄭貞銘都不敢事先報

鄭貞銘（上圖左、下圖右）出任戰地記者時，經常冒險犯難，圖為採訪美軍第七艦隊時留影。

告母親，一副「壯士一去不復返」的情懷，既感傷又悲壯。

在採訪軍事新聞的過程，曾有一個人物讓鄭貞銘印象深刻。他就是駕駛 U-2 偵察機深入大陸刺探情報的陳懷生[10]，1962 年，在一次任務中，他駕駛飛機被中共軍隊擊落，不幸犧牲[11]，在台灣造成很大的轟動。當時，鄭貞銘對這位同鄉崇拜不已，簡直把他與林覺民並列，自感「青年人當如

是」。加上蔣經國主任對陳懷生大力推崇：「懷生是一位了不起的人，就是因為他是一個平凡的人。……人都是平凡的，但總要處處時時往好處想，能想到大處，看到遠處，想到高人一等處。這就是偉人與凡人的界線。」[12]鄭貞銘也專門為他寫過一篇文章，刊登在《中央日報》軍人節特刊上，「這一位福州同鄉，為國家爭得榮譽，也為自己爭得光榮」。[13]

當時，軍中還曾發起克難運動，這種精神也延續了台灣社會刻苦的風氣。以 119 機為例，在世界各國早已進入博物館，但國軍還在保養下繼續使用。民間勞軍風氣也極普遍，尤其是華僑，如菲律賓、香港等地明星，經常組隊回國慰勞三軍。作為一個軍事新聞記者，鄭貞銘不時被這種「四海歸心，軍民一心」的情景觸動，更以見證了「此一全國相互砥礪的動人難忘歷史」而感到榮幸。

有點陰森的小房間

戒嚴統治時期，為有效地控制，當時社會進行嚴密管制，國民黨政府不僅施行「限張、限紙、限證、限價、限印」一報五禁的報禁，進行「文化清潔運動」對新聞進行嚴密管制，還實施了《戰時出版品禁止或限制登載事項》（通稱「九項禁令」）、《台灣地區戒嚴時期出版物管制辦法》、《出版法》等一系列嚴苛的法令[14]，新聞自由受到箝制，媒體只有「邊緣性自由」[15]。

在這樣的大時代背景下，作為黨報的《中央日報》自然代表黨的立場，政治新聞更是至關重要，卻也禁忌叢生，許多現在看起來稀鬆平常的新聞常遭撤稿。採訪組代理主任汪

有序謹慎穩重，對於政治新聞尤甚，總是千叮嚀、萬囑咐。鄭貞銘跑政治新聞，寫得最多的，是只供上層參考而不見報的「參考消息」。即便如此，他還是將記者責任牢記在心，「作為一個政治記者，跑新聞是職責，至於宜否發表，則由上面長官決定，絕不可因發表困難而怠惰職責」。

　　新聞管制還讓《中央日報》在面對激烈的報業競爭時，進退維谷，受到諸多掣肘，「受黨紀約束，無法報導權威的政府政策，又不能像民營報紙訴諸煽情的犯罪新聞招攬讀者，以致銷路慘跌，卒為《聯合報》和《中國時報》拋在後面」。當時《聯合報》的記者于衡，政治人脈廣、經驗豐富，常有一些「驚人」的消息報導出來，對《中央日報》構成極大的挑戰，年輕的鄭貞銘深感壓力巨大，惟恐落後。

　　當時，政治新聞最重要的來源，是國民黨每週三上午的中常會，以及每週四的行政院會，而行政院會常常只是形式通過而已。曹聖芬社長當時身兼國民黨中央常務委員，常在週三晚上找鄭貞銘談話，問他今天在中常會上採訪到了什麼消息。其實，曹社長早已對所有重要消息了然在胸，但卻不能做中常會的洩密者，把鄭貞銘找去，只是為了考驗他對重要消息的把握能力罷了。

　　有一次，國民黨高層原定在週三上午的中常會上，通過外交部政務次長沈錡出任外交部長的決議。然而，《中央日報》在當天早上出刊時就報導了此事，高層看到消息提早了半天曝光，十分震怒。最終，議程臨時撤下，沈錡出任外交部長一事不了了之。而另外一次從十分可靠的消息來源那裡，鄭貞銘獲知了國民黨中央黨部秘書長張寶樹即將出任行政院長，但報社為某種考慮，遲遲不肯將消息發布，加上當

事人一直謙辭，竟最終使此事胎死腹中。

當時在國民黨中央委員會秘書長辦公室任主任的表舅張豫生[16]，給了鄭貞銘很多幫助，還有不少黨政大老，如連震東、田炯錦、王雲五、張寶樹、馬星野、成舍我等，也都對這位年輕記者曾給予關懷的指導。鄭貞銘每每拿到獨家新聞，媒體同仁常會對這位後起之秀另眼相看。而在這段擔任政治新聞記者的經歷裡，謹慎的鄭貞銘還有過一次被台灣情報部門約談的遭遇。

有一天，他獲知一條重大新聞線索——宋美齡女士決定訪美。顯然，這是一則可能影響整個台海局勢的重大新聞，但時機敏感，《中央日報》決定對此三緘其口。新聞記者的職業敏感，使年輕的鄭貞銘終於忍不住，將消息告訴了來往密切的時任台北《大華晚報》記者徐隆德。他再三叮囑對方，此消息僅供參考，絕不能見報。

然而，次日的《大華晚報》上還是在頭版以大篇幅報導了此事，立即引起台北政壇的巨大震動，也惹來情報部門關注。一時間風聲鶴唳，人心惶惶。最終，鄭貞銘被情報部門鎖定為約談對象之一。回想此事，歷歷在目：

> 某一天，我接到約談通知，在西寧南路的一座圍牆內，有一間神祕小房間。一位神情嚴肅的安全人員，進來與我對談。問了這則消息的來源，以及何以透露給《大華晚報》的徐隆德。我沒有說出來源，但曾強調希望隆德兄不要發表，說清楚後我就退出。
>
> 全程不及半小時，卻是我一生難忘的經驗。那位問

話的人員態度還算客氣，但那間有點陰森的小房間，卻使我一生不能忘。

——鄭貞銘[17]

「每個人心中都有一個小警總。」這類記者被情報部門困擾的事，在「一張白紙可以變成一間牢房」的白色恐怖時代司空見慣，前《中央日報》總編輯李荊蓀在 1970 年，就被以「年輕時參加過左派讀書會」的罪名判處無期徒刑。鄭貞銘被約談後，自然惴惴不安，然而卻並無受到任何進一步刁難，當時一直納悶不解。直到四十多年後，他才獲知此事背後的故事，原來當時得到了時任國民黨文宣部門主管的恩師謝然之的背書。謝然之向情報部門力保，他的學生鄭貞銘思想端正，只是一個新聞記者對新聞的專業敏感罷了，這才讓其得以涉險過關。

在周旋消息來源與報導刊登的同時，鄭貞銘試圖採用變化較多的報導方式，使硬性的政治新聞具有更多的可讀性。1963 年 10 月 25 日，時任行政院副院長的王雲五不再到院辦公，堅辭職務，一時引發眾多報紙推測性報導。作為當時最大的黨報政治新聞記者，鄭貞銘自然積極跟進，但每當向昔日的老師王雲五探詢時，對方均回覆：「你既與我有師弟之雅，深盼能體諒我，勿增加我應付之困難。」不得已，鄭貞銘於是引述王雲五曾寫的七六生辰述感詩句，在《中央日報》刊發〈王岫老的心願〉[18]一文，以解讀其必辭之意。

後來，王雲五在〈掛冠記〉[19]一文中對該做法表示了肯定：「貞銘藉其對此詩之解說，作為我辭職之報導，確不失為新聞學專家，其所引的『七絕』等五首，已昭示我早有辭

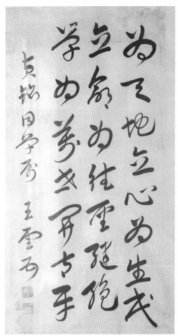

恩師王雲五贈寶勉勵鄭貞銘。

職之決心。只是等候機會，一旦機會來臨，斷斷不肯錯過，至少間接上對我最近辭職的動機，可以消除不少誤會。」然而，在此次成功的報導中，鄭貞銘誤將王雲五之子王學善當作獨生子，事實上王雲五育有七男一女。他對此次報導錯誤耿耿於懷，引為警戒。

美哉中華，鳳鳴高岡

就當鄭貞銘開始在《中央日報》一展身手、如魚得水之時，各種機緣開始出現，考驗著這位立志獻身新聞事業的年輕人的心志。

1963 年 4 月 23 日，他在行政院新聞局採訪時，新任新聞局副局長、曾在政大講授廣播課程的邱楠叫住了他，提及

眼下行政院有個秘書職位，可以給副總統寫點東西，詢問他願不願過來。鄭貞銘感到十分意外，一時間竟不知如何答覆——誠然這是一個極為難得的機會，但若答應則意味著放棄新聞事業，從此隻身步入政壇了。

鄭貞銘遲疑了，沒有當即做出回應，接下來的幾天，他思前想後，腦海中始終盤桓著一個聲音：「我從事新聞工作的時間太短了，特別是採訪工作，若是放棄，豈不是辜負了七年的新聞教育？」一週後，他再次找到邱楠老師，委婉地表達了想繼續在新聞崗位上努力幾年的心願，表示暫時不想捲入仕途。

後來，同窗石永貴聽聞此事，認為其失去這次機會實在太可惜了，但鄭貞銘並不後悔，愈發珍惜眼下的新聞採訪工作。其間，報社出於培養新生代編輯的考慮，曾幾次提出調表現優異的鄭貞銘到編輯部加以重點培養。這自然是件好事，但他自認為採訪經驗不足，主動提出希望能繼續留在採訪組歷練，心甘情願奔波在新聞一線打拚。

僅僅一個月之後，更大的機緣又出現了。而這一次，鄭貞銘怦然心動了。

5 月 31 日，鄭貞銘前往中國國民黨中央委員會第四組辦公地點，拜訪主任、前政大新聞系主任謝然之，請其就自己的碩士學位論文加以指點。謝然之對眼前這位謙遜有禮的年輕人印象頗佳，翻看著他的那篇《中國大學新聞教育之研究》，滿意的笑容浮現在臉上。指導結束後，鄭貞銘正要起身告辭，謝然之突然說道：「貞銘啊，既然你對新聞教育這麼有興趣，願不願來中國文化學院新聞系幫我的忙？」

鄭貞銘陷入了激烈的思考與無盡的想像之中，預感到如

文化學院師生在首座大
建築物「大成館」前合
影留念。

同奔跑向前的生命之車，偶遇路上的小石子，人生方向即將被一個小小的決定所主導。而這一切，要從一年前前教育部長張其昀創建中國文化學院說起。

1962 年，懷抱著「承東西之道統，集中外之精華」的夙願，張其昀開啟了籌辦一所大學的艱辛歷程。六十二歲的他，手裡攥著菲律賓華僑莊萬里捐助的五萬美元，四處尋找空地，幾經周折，最終選定在離台北市不遠的陽明山區。當年，那裡是一片橘園，沒有地名，也沒有建築。周邊荊棘遍地、野草叢生，前去探勘的汽車開進去，經常碾死毒蛇。「從荒煙蔓草中，建立起大學城」，張其昀將此處命名為「華岡」，寓意「美哉中華，鳳鳴高岡」，同時代表著美好的德行和品性。

創辦學校需要巨額投資，而張其昀沒有當局的財務支援，甚至銀行的貸款也很難貸到，每每面臨捉襟見肘的困境。但他追求完美，請來台灣島內最著名的城市規劃師盧毓駿，著手設計華岡的建築主體，意欲將校園打造成「中國建築的博物館」，讓每一種風格的中國建築都能在此處展現。大成館的設計完成後，他不得不將預算削減。為節約建築經費，更合理地組織施工，盧毓駿親自到工地監工。

1962 年下半年，中國文化研究所招收第一屆研究生，錄取八十人，正式入學的七十二人。研究生就學，不僅不能收費，還要給予生活費，使得本已拮据的經費更加緊張。然而張其昀不僅給這些學生每人發獎學金八百元台幣，而且還提供他們冬夏服裝和皮鞋。當時一個大學助教的每個月工資，也只有七百元台幣。他要求研究生不兼職、不兼課，認真研究，努力成才。有人認為他要破產，張其昀對學生們

夢追年百

說：「欠債我還，坐牢我去，你們只需努力向學，便慰我心。」[20]

1963 年 3 月 1 日，中國文化研究所的第一座大廈——大成館終於落成。同一天，第一屆研究生從租借的國防研究院場所，順利遷到這裡。5 月，大學部哲學、中國文學、東方語文、英文、法文、德文、史學、新聞、美術、音樂、戲劇、體育、家政、建築及都市設計……等十五個系成立。9月，夜間部行政管理、社會工作、大眾傳播及商學等四個系成立。增設大學部時，張其昀原擬名「遠東大學」，蔣介石聞訊，以親筆函指出「遠東」為歐美之地理觀點，建議改以「中國文化」為校名。於是，學校定名為「中國文化學院」，張其昀手書校訓「質樸堅毅」，充滿了熾熱的理想與無限的期望。

當時，因學校經費匱乏，老師們經常無薪可領，常常要等到下學期學生註冊，收繳完學費後才能付老師們上學期的薪俸。然而，即便是在這樣的困境中，張其昀仍堅持以一流水準辦校，秉持「大師辦學」，聘請全國最優秀的老師來文化學院任教。受他的感召，很多著名的教授、學者、專家紛紛前來兼職，甚至有台大教授免費授課，以本校規定老師不得兼職為由拒絕接受報酬，為其節省開支。一時間，華岡名師雲集，僅僅就文學、史學而言，延攬的師資如錢穆、林語堂、黎東方、唐君毅、牟宗三、楊家駱、宋晞、吳經熊、陳立夫、高明、張公權等，均是中國現代當代學術史上一流的學者和大師。

其中，聘請名家名師來文化學院擔任各系系主任，更是重中之重。新聞系作為創校系之一，算得上是台灣第一所在

上圖：文化學院舉辦記者會，新聞界貴賓濟濟一堂。
下圖：鄭貞銘與宋晞（中）、王人傑（左）教授合影。

本土興辦起來的新聞系，張其昀自然十分重視，心中最中意
的系主任人選，即是有著「台灣新聞教育之父」之稱的新聞
界權威謝然之。當時，謝然之擔任新生報業股份有限公司董
事長兼社長、中國國民黨中央委員會第四組主任等職，事務

繁忙，分身乏術，本無力承擔如此重任。張其昀三顧茅廬，力邀他擔任新聞系主任，並誠摯地說道：「我們借重您的聲望與領導地位，您可以去請一個比較年輕的人，幫助您創辦、分擔這個系。」[21]

當時因黨務與報務羈身，殊乏力挑起這個重擔。然而由於熱愛青年學子，總希望將個人對報學與報業的經驗與體認，傳授給繼起之士。這種心情，絕非好為人師、貪慕虛名，而是生平飽經憂患挫折，冀望以培植後進有所報效於黨國，兼以答謝昔日師長們所賜予的恩澤，亦即不避譏讒，不辭勞怨，一再在台興辦新聞教育，從復興崗經木柵以至華岡，總是鼓起餘勇，竭智盡忠，為開拓新聞教育的園地而邁前。

——謝然之[22]

於是，當謝然之看到這篇頗有創意與心得的《中國大學新聞教育的研究》碩士學位論文時，他立馬意識到，請鄭貞銘來協助自己，最合適不過了。緊緊地攥著手中的那本論文，驚詫之餘，鄭貞銘欣喜不已。

當時給我最大幫助的是鄭貞銘教授。他在政大新聞研究所時，以「中國大學新聞教育之研究」為題，完成了他的碩士論文。由於我是他的論文考試委員，在互相切磋交換意見之中，覺得他有吸引與照顧青年學子的熱忱與耐性，於是就邀請他來華岡負

起實際的系務，共同建設理想的新聞教育。

所謂理想的新聞教育，就是要祛除舊的傳統惡習，打破官樣文章的束縛，以及揚棄狹隘的派系觀念。所幸中國文化學院是私立的高等學府，而創辦人又是富於革命理想的大教育家，因此才能放手做去，以質樸堅毅的校風，開創新格，使華岡的新聞系達成理想的教育目標。

——謝然之[23]

前不久，政大新聞系主任王洪鈞老師也來找過他，希望延攬他回母校任教。此刻，二十七歲的鄭貞銘面臨人生重大的選擇，一如當年填報大學聯考志願時，「新聞」與「教育」這兩大夢想的糾纏抉擇，又重新擺在面前。

接下來的幾天，鄭貞銘向曹聖芬社長陳情，曹社長自然努力爭取他收攏身心，專注在新聞事業上，「兼課還是可以的，就不要跟著謝然之搞什麼系務啦」，甚至還許諾將提升其為採訪組主任；他向王洪鈞老師請益，王老師為其分析人生志願，認為回歸新聞教育領域，其實「新聞」與「教育」並沒有必然對立，反而是兼而有之，當然由於謝然之老師也是他的老師，只好以謝老師的安排優先；謝然之老師則熱情地鼓勵他，將全權交給他掌管系務，同時勉勵他立下大目標：「要把這個系辦好！至於要怎麼辦，多多運用你的創造思考。」

「新聞」與「教育」的完美結合

　　6月3日，鄭貞銘順利通過碩士論文考試，這篇名為《中國大學新聞教育之研究》的碩士學位論文共約八萬字，由王洪均教授指導，考試委員包括曾虛白、謝然之、王洪鈞、黃天鵬、孫邦正等五人，獲得了分數頗高的八十三分，遂成為台灣首篇討論新聞教育問題的碩士學位論文。次年3月10日，經教育部審核，鄭貞銘被正式授予文學碩士學位，這已是當時在台灣念新聞專業的最高學位了。

　　這篇論文先介紹了中外新聞教育的發展歷程，再於批駁反對新聞教育的「科學至上論」和「經驗主義論」的基礎上，申明新聞教育對於民主政治、新聞事業發展等問題的重要性。在文中，鄭貞銘提出了中國大學新聞教育的十大發展方向，即：新聞教育要與新聞事業相結合，要加強新聞院校間的聯繫與合作，利用國際力量推進新聞教育，調整課程設置和學習年限，理論與實際密切配合，發展新聞學術研究，適當指導畢業學生的就業，建立新聞榮譽制度，協助在職人員進修，加強新聞教育的社會化等。

　　其中，關於「加強新聞教育的社會化」這一發展方向，鄭貞銘指出，由於大眾傳播事業的發展，以及社會大眾對新聞學的興趣，新聞學的研究「已不僅限於新聞教育學府與一般新聞事業機構」了，一般學校、工商界和機關團體等人員，皆有接受新聞教育的需求。他建議，可以透過創辦新聞函授學校、普及中學新聞教育、開設新聞研究班、開辦新聞講習會、出版新聞學書籍等方式，推廣新聞教育，適應社會的迫切需要。今天來看，鄭貞銘的這個觀點，即是後來許多

貞銘學棣惠鑒：作書之日，適值山近十天，因調整時差困難，沒有心作心情自而懶得，信稿爲之數，在台北時曾兩次，試求聯絡，均未如願，一說學棣赴大陸兩會而歸，四地新聞研討會及新聞學會理監事會，位指方舊地一督又有會要向而先離岸。

從台北相見及劍潭重見皆匆匆難，數家殷贈，熱情老師方才學生，一書置床邊懂而讀書頁。

讀此價孟記事，但對我而言，每篇故事均有深刻的心理連鎖，現在台北期間，導作課又大新研所任華楚人之科技序說朋友帝，向就是教書有憾，我過石報書堂此有憾，其實就是我的生命台灣源。沒有學生，就如懷斷了呼吸，久久研究所二年納居生涯延年時而我的心情。

寄神一件貨車向几句話，又開意烈欲的新，我讀之眠下試想七八卷等，沒有學生，讀橋可以休含，庶但案性不要把南拉橋太廣，獨其有興發展，如遇現要信如儿什用地，一切由需易，明年效如，但我他們在一起，像祖強共數方偏，祝你在台北甚爲恰，有事珍我製易，我的心情。

万任自劍州来乱，在電話中重接舊話，目前似乎容易獨其有興發展，如適現要信如儿什用地，你在劍北巴需要，有事殊影製易，祝你新年如意，心想事成。

好了，水剌勿墨成，如過位剡要信如儿什用地，一切由需易，明年效如，祝你家寨乐

為 (415) 692 8032 EX 為 (415) 52 8032

王洪鈞数丁五新春於舊金山

鄭貞銘面對「新聞」與「教育」的人生抉擇，向恩師王洪鈞老師請益。王洪鈞老師常來函殷殷教導。圖為 1997 年新春來函。

中外新聞傳播學者紛紛提倡的「媒介素養教育」，而他在
1960 年代就能有如此見地，實屬難能可貴。

次年 8 月，在前行政院副院長、政大政治研究所教授王
雲五主持下，台灣嘉新水泥公司文化基金會出資，資助約四
十篇全台灣所有碩士學位論文中的最優秀者付梓出版，該論
文也躋身其中。[24]1999 年 7 月，鄭貞銘的專著《中外新聞傳
播教育》經由出版了一系列新聞傳播學術名著的台灣遠流出
版公司付梓，謝然之和王洪鈞均為其作序，徐佳士則在該書
序言裡對他的學術背景作了如下評價：「一、鄭教授是少數
幾位在台灣接受完整的正規新聞教育，連續獲頒兩個學位人
士之一。二、他是第一位用新聞教育為題目撰寫學位論文的
學者。」[25]寥寥數語，點出了鄭貞銘在台灣新聞傳播教育中
特殊的傳承者地位。

1963 年 6 月 15 日，雨後初霽，政大校園裡驪歌不斷，
鄭貞銘身穿碩士服裝，參加了隆重的畢業典禮。昔日的青蔥
歲月恍惚就在昨天，如今要與熟知了八年的校園正式告別，
他感慨萬千，念及如今雖已在報館奮鬥，但整日忙忙碌碌幾
乎無法好好念書，「心中更有許多徬徨」。當晚，鄭貞銘在
日記中寫道：「我希望在知識的園地裡再多努力，有更多接
觸知識的機會，有更多追求知識的機會。我願努力！願上蒼
也給我機會！」[26]心中的徬徨與迷離，漸漸有了清晰的答
案。

6 月 25 日，鄭貞銘正在報社上班，偶遇中國文化學院
教務處講師毛勤昌前來登廣告，內容是學院的研究所要招研
究生，而毛勤昌竟然沒有帶錢。鄭貞銘前去詢問，原來文化
學院財務實在困窘，廣告費只能等下週一學生報名費收到後

再還，鄭貞銘只好為毛勤昌做了擔保。毛勤昌謝過後，跟鄭貞銘訴起苦水，文化學院的講師工資是每個月兩千元，但是常常拿不到薪水，有時要遲很久。聽聞此番描述，鄭貞銘非但沒有退縮，反而對張其昀創辦人篳路藍縷的創業魄力更加欽佩，他感慨「只是對教育有興趣做不到這樣，有抱負的人才會去做」，而自己就屬於後一種，「有機會，我還是願意去兼的」㉗。

經過一番認真思考，鄭貞銘決定接受謝然之老師的邀請，協助其創辦新聞系。其間，鄭貞銘協助謝然之撰寫了〈中國文化學院新聞系的理想與內容〉，對創辦新聞系提出構想與思路。他向曹聖芬社長報告了自己的最終決定，社長雖表惋惜，但仍未放棄爭取這位青年才俊，明確表示不會跟他解除聘約，而且當前的政治新聞記者崗位仍是非他莫屬，令鄭貞銘頗為感動。

> 人的一生，如果有一位摯愛、一個理想、一種追求，那就是人生最大的幸福。三十多年前，當我發現新聞教育這塊沃土，發覺它能兼顧我的「新聞」與「教育」兩項興趣與理想時，我知道此生找到了最愛。
>
> ——鄭貞銘㉘

就這樣，鄭貞銘開啟了一段嶄新的生命旅途。「新聞」與「教育」，當年曾令他難以取捨的兩大志願，如今竟以這樣一種奇妙的方式，完美地統一在一起了。而這，無疑是他一生的轉捩點，此後整個人生的走向與格局，皆由此而來。

文化大學創辦人張其昀致函鄭貞銘，鼓勵教誨不遺餘力。

註釋

① 載於鄭貞銘日記，1963 年 8 月 7 日。

② 郭慶光著，《傳播學教程》，北京：中國人民大學出版社，1999 年 11 月第一版，第 257 頁。

③ 王昇（1917-2006），原名建楷，又名修階，字化行，江西省龍南縣人。陸軍軍官學校（黃埔軍校）第 16 期畢業，中央幹校研究部第一期結業，國民黨陸軍二級上將。曾歷任台灣國防部政工幹部學校校長、總政治作戰部主任、聯合作戰訓練部主任、台灣駐巴拉圭大使等職。他追隨蔣經國，大力總結、推行

「政治作戰理論」，有「台灣政工教父」之稱，人尊稱其為「化公」。

④ 尼洛著，《王昇——險夷原不滯胸中》，台北：世界文物出版社，1995 年 8 月初版，第 267 頁。

⑤ 1963 年，國軍政戰改制，總政治部改為總政治作戰部。

⑥ 鄭貞銘著，《鄭貞銘先生學思錄：無愛不成師》，台北：遠流出版事業股份有限公司，2005 年，第 598 頁。

⑦ 鄭貞銘著，《無愛不成師》，台北：三民書局，2010 年初版，第 599 頁。

⑧ 又稱金門砲戰、第二次台灣海峽危機，是指 1958 年 8 月 23 日至 10 月 5 日之間，發生於金門及其周邊的一場戰役。國共雙方以隔海砲擊為主要的戰術行動，因此被稱為砲戰。

⑨ 很多學者認為，中共發動的金門砲戰為一場政治意義高於軍事意義的戰爭，目的並不在殺傷和佔領。

⑩ 本名陳懷，國民黨空軍飛行員，黑貓中隊隊員，黑貓中隊的隊徽就是出自他的設計。最後一次出任務前，他由蔣介石召見褒揚，並獲題名別號「懷生」。

⑪ 1962 年 9 月 9 日，陳懷生駕駛 U-2 偵察機對大陸進行偵察時遭解放軍擊落身亡，年僅 32 歲，是第一位因出任務而殉職的黑貓中隊隊員。

⑫ 陳懷生殉職後，蔣介石和蔣經國曾多次表達追思和紀念，蔣經國還專門為陳懷生銅像揭幕，撰寫〈看不見，可是你依舊存在〉紀念文章。

⑬ 載於鄭貞銘日記，1963 年 9 月 5 日。

⑭ 謝清果、張漢麗著，〈台灣新聞自由的歷史變遷與現實困境探析〉，《台灣研究·文化教育》，2011 年第 5 期，第 48 頁。

⑮ 張作錦著，《試為媒體說短長》，台北：天下文化出版有限公司，1997 年版。

⑯ 張豫生（1929-2015），福建福州人。畢業於台灣大學政治系、

政治大學外交研究所、美國聖若望大學（碩士學位）。歷任革命實踐研究院專員，國民黨知識青年黨部專門委員、總幹事，中央委員會秘書處專門委員、秘書，中央青年工作會秘書處副主任，並兼淡江文理學院、台灣大學副教授。1978 年出任青工會主任，1984 年調任救國團副主任，後任太平洋基金會執行長。係「非主流派」大將，國民黨十二、十三屆中央委員。

⑰ 鄭貞銘著，《無愛不成師》，台北：三民書局，2010 年初版，第 261 頁。

⑱ 鄭貞銘著，〈王岫老的心願〉，台北：《中央日報》第二版，1963 年 10 月 25 日。

⑲ 王雲五著，《憶往事》，台北：商務印書館，1970 年 9 月 1 日初版。

⑳ 王永太著，《鳳鳴華岡：張其昀傳》，杭州：浙江人民出版社，2006 年 4 月第一版，第 196 頁。

㉑ 鄭貞銘著，《無愛不成師》，台北：三民書局，2010 年初版，第 377 頁。

㉒ 謝然之著，〈台灣新聞教育之開始〉，載《新聞教育與我》，台北：中華民國大眾傳播教育協會，1982 年 9 月，第 32 頁。

㉓ 謝然之著，〈台灣新聞教育之開始〉，載《新聞教育與我》，台北：中華民國大眾傳播教育協會，1982 年 9 月，第 33 頁。

㉔ 鄭貞銘著，《中國大學新聞教育之研究》，台北：嘉新水泥公司文化基金會，研究論文第九種，1964 年 8 月 10 日第一版。

㉕ 鄭貞銘編著，《中外新聞傳播教育》，台北：遠流出版事業股份有限公司，1999 年 7 月初版，第 18 頁。

㉖ 載於鄭貞銘日記，1963 年 6 月 15 日。

㉗ 載於鄭貞銘日記，1963 年 6 月 25 日。

㉘ 鄭貞銘編著：《中外新聞傳播教育》，台北：遠流出版事業股份有限公司，1999 年 7 月初版，第 586 頁。

第五章

搭一座溝通的「橋」

文大新聞系師生感情深厚，圖為學生桑繼康（左）、范大龍（右）陪同鄭貞銘旅遊。

在分歧、匆忙的社會中，我無視疲乏與冥落，承受著歡笑與淚水，我希冀搭一座橋，鉤搭著不相連的兩岸。

這一座橋，搭建了十三年，我曾盡全力用鋼筋水泥建造它，我希望讓有志的青年能安穩地渡過這座橋，到達他們成功的彼岸。

那年，當我懷著理想，抱著滿腔熱誠，在師長的愛護與摯友的鼓舞下，從溫暖的校園中驟然被送進社會，我看見笑臉，也聽見嬉聲，更遭受到無情風雨的狂擊與痛苦現實的折磨，但我希望自己永遠堅定，永遠作一個追求理想的強者。……

當我剛跨過這一階段，而戰戰兢兢於立業時，所面對的，卻是這一批善良「待渡」的青年學子。我能

建造一座橋麼？我能使他們永遠善良、純潔、勇敢
而堅定麼？……

朋友！請記著，當你踏過這座橋時，請你回頭看看
橋的另一端，還有多多少少待渡的青年！

——鄭貞銘[1]

搭一座溝通的「橋」

華岡海拔四百六十米，雲山環繞，氣象萬千。

1963 年 7 月 17 日，鄭貞銘爬上陽明山，站在嶄新的大
成館前，眺望台北市區、原野和海洋，海闊天空，一覽無
遺，油然生發出「振衣千仞崗，濯足萬里流」之豪情盛慨。
張其昀創辦人對這位青年寄予厚望，第一次見面即對他說，
「華岡是一個新興學府，沒有任何包袱要背負，所以任何新
制度與新規劃，只要對系務發展有利，都可以去推動」[2]，
並希冀新聞系成為全校模範。謝然之主任因實在忙不過來，
更是將華岡新聞系創系時的許多實際責任，放手交給了他。

張其昀創辦人和謝然之老師的殷切期望和充分信任，讓
年輕的鄭貞銘有了大展拳腳的勇氣和空間，他也漸漸明晰，
自己內心一直有種「開疆拓土」的衝動與豪情，而眼下就是
最好的戰場。7 月 31 日，鄭貞銘收到了中國文化學院的正
式聘書，聘其擔任新聞系專任講師兼行政秘書。文化學院創
業維艱，尚未能給新聞系配備辦公室，甚至連一張辦公桌都
沒有，鄭貞銘並不在意，找來一張同學寢室的書桌即辦起公
來。

我橫跨新舊時代的交界，一直以來，都以「橋」的

角色自許，我希望搭建一座溝通的橋樑，聯繫互不相連的兩岸，讓剛踏入社會的年輕人，因師長搭的橋免於陷溺之苦；也期望在兩個時代中，能夠互相溝通，傳遞彼此間真情的訊息，藉此消除兩代的隔閡與不必要的誤解，使上一代累積的成果，各種思想的結晶，以及他們所作的奮鬥，讓下一代能夠瞭解與體認。

—— 鄭貞銘[3]

11 月 9 日，其他大學已陸續開學一個半月後，新創的中國文化學院新聞系終於迎來了首屆學子入學註冊的日子。鄭貞銘早早地等候在教室，熱情地輔導新生們選課，並準確地叫出了每一位學生的名字，令大家備感新奇與親切。「以誠待人，無往而不利」，是鄭貞銘切身的體會與堅守的信條，「我以十二萬分誠懇的態度對待大家，給他們加油，替他們打氣，同學們也對我很好」[4]。此時，校舍仍在興建中，所謂的教室只是一個臨時搭建的茅棚，大家就在裡面上課，一有大雨，則泥濘滿地，甚至雨濕褲管，但師生們的情緒卻是高昂的。[5]

回憶民國五十二年上華岡時，學校只有一棟大成館和博愛樓，豎立在荒煙蔓草中，其他校舍正在陸續規劃興建中。首屆招生九個系四百多學生，規定一律住校，沒有學生宿舍，以大成館教室充當宿舍，女生則住在博愛樓，比男生好了許多。

上課的教室則在大成館左後方的草叢中，搭建了數

文大新聞系開學日，鄭貞銘陪同系主任謝然之（左）訓勉學生。

鄭貞銘與文大新聞系學生座談。系所草創時期設備雖簡陋，但師生們的情緒卻是高昂的。

間黑色的木板屋，作為臨時教室。秋冬之際，陽明
山雲霧繚繞，常飄進教室與我們一起聽課，或許這
是難得的經驗。

——張景照⑥

如何辦好華岡新聞系，鄭貞銘可謂是殫精竭慮，煞費苦
心。當時，台灣新聞界幾乎都是政大新聞系畢業生的天下，
而自己也是政大畢業，要想在當時的局面中，為新生的華岡
新聞系找到一席之地，談何容易，且可能引起一些諸如「另
立門戶」之類的猜忌。思前想後，鄭貞銘決定將「把政大精
神延伸擴大」作為其創系的宗旨，有意識地借鑑當年政大新
聞系的成熟經驗和優良傳統，迅速提升華岡新聞系的格調和

謝然之師（左三）及鄭貞銘（右三）與部分第一屆畢業生合影於文大大成館前。

品質。

在謝然之主任的感召下，遠離台北市區、交通不便的華
岡新聞系，邀請到許多台灣新聞學界和業界的一流名師兼
課，如政大新聞系曾虛白、王洪鈞、徐佳士、錢震、李瞻，
早年畢業於復旦大學新聞系的《聯合報》採訪主任馬克任、
總編輯劉昌平，《中國時報》總編輯歐陽醇，英文《中國郵
報》創辦人黃遹霈、余夢燕夫婦，新聞史學者朱虛白，名作
家姚朋等。一時間，昔日的恩師們乘車長途顛簸，齊聚陽明
山，一起呵護著新生的華岡新聞系，令鄭貞銘恍惚回到了當
年「名師如雲」的政大歲月，溫馨動人。

鄭貞銘深知：「一個大學的理想，要由課程呈現；而一
個課程的理想，要由名師達成。」⑦為了延聘一流師資，他
每年都要「遍訪名師」，並鄭重地遞上聘書。許多來華岡新
聞系兼課的教師的待遇其實不高，許多人是被他的一片赤誠
感動上華岡的。後來，余夢燕因患癌症遵照醫囑，有意辭去

她在政大新聞系、政工幹校新聞系和華岡新聞系兼授之課程，鄭貞銘聞訊後親赴夢燕師家中挽留：「文化學院歷史短淺，設備圖書皆不夠，唯一靠的就是卓越的師資。所以您可以辭其他兩校，卻不能辭文化學院。」余夢燕果然又在華岡新聞系多教了一年。

除了延攬一流師資，鄭貞銘還在華岡推行「會見新聞界」活動，邀請業界菁英前來與同學們交流，讓大家近距離接觸來自新聞一線的實踐經驗，緊貼業界脈搏。《民族晚報》總編輯黃仰山、中國廣播公司副總經理張宗棟、中央社總編輯王應機、中央社社長林徵祁、台灣電視公司副總經理何貽謀、名記者兼作家徐鍾珮、名記者黃肇珩、名作家琦君等新聞業界菁英，均是當年華岡新聞系講台的常客。

> 記得有一回，名作家徐鍾珮踏著泥濘的路，走進一
> 座臨時教室演講時，曾說了一段令人回味無窮的
> 話。她說，任何偉大的事業，都充滿挑戰與艱辛；
> 同樣地，記者的生活每天都充滿挑戰性，當一個記
> 者感到飄飄然的時候，那正是他失敗的開始。
>
> ——鄭貞銘⑧

王應機曾這樣評價鄭貞銘大力引進業界菁英師資之舉：「文大新聞系在貞銘先生的主導下，敦聘不少新聞界高階主管與相關政府官員來系授課，這些新聞實務經驗有助於剛踏入社會的新聞學生迅速進入情況，使文大新聞系畢業生在台灣新聞界獲得很大的成就。」⑨正是得益於這些名師的薰陶，日後華岡新聞教育人才輩出，他們眼界寬廣，氣魄雄

鄭貞銘（前排中）與文大新聞系六十二學年度畢業生留影。

　　偉，在新聞界和學術領域嶄露頭角，尤有進者，華岡新聞學
子也在黨、政界有斐然表現。

　　不少優秀文大新聞學子在業界菁英們的課堂上被賞識，
得以迅速在台灣新聞界嶄露頭角，如被余夢燕看中的陳信
夫，後來成了《中國郵報》執行副總編；宋晶宜、夏訓夷、
林國泰、郭俊良等人也藉此進入聯合報系，日後分別出任了
聯合報系旗下《舊金山世界日報》、《溫哥華世界日報》和
《洛杉磯世界日報》等華文報紙的社長。

　　誠如曾擔任聯合報系旗下《紐約世界日報》總經理的華
岡新聞系第四屆系友張靜濤所說：「聽說，數年前華岡新聞
系發生小爭議，據說理由是：安排的師資太多新聞界的高
官。以我們過來人的看法，這才是鄭老師的『高瞻遠矚』，
以文化學院來說，這樣的學校的畢業生如何能在重重關卡又

文大新聞系第一屆學生參加畢業典禮前繞校園一周。

講學派的新聞機構謀得一職？如果沒有這些在新聞機構中任高職的老師來擔任教職，又如何能使他們多瞭解我們，引薦我們進入新聞界呢？」[10]

學生才是學校真正的主人

作為新辦私立大學的新聞系，初創的華岡新聞系遠未建立專業聲望，所招學生的大學聯考分數往往比政大新聞系的錄取分數低一些，不少青年感到低人一等、信心不足。如何讓他們拾起成材的信心，立志日後成為台灣新聞界的棟樑？謝然之主任勉勵鄭貞銘要樹立遠大的辦學目標，「青年是國家的，每個青年都值得我們愛護與教導」[11]；恩師王洪鈞也對他說：「教育的目的不是把少數好學生教得更好，而應是把絕大多數平常的學生教得個個成材。」[12]曾感受過政大無比溫馨師生情的鄭貞銘，決心將「愛與關切」傳遞給更年輕的一代。

我總以為，成功的教育應該是師生之間具有彼此真切的關懷。這是一樁很有意義、很有價值的工作，也是充滿樂趣的。同時我認為，以真誠待人終能獲得最終的收穫，人心都是肉做的啊！

——鄭貞銘[13]

面對這群年紀並不比自己小多少的年輕人，鄭貞銘充滿了憐愛與疼惜，始終以一位「老大哥」的身分，跟同學們朝夕相處、談天說地。他熱情地鼓舞他們：「學校是為青年而設，系更是為學生而辦，老師們都只是學校的過客，學生才是學校真正的主人。一個學校（或系）的聲譽，攸關每個學生的前途，如果每個人努力上進，力爭上游，系這塊招牌必將閃閃發光；反之，如果每個人不知上進，浪擲生命，則系的招牌必將發黴。」[14]後來，華岡新聞系喊出了這樣的口號：「今日我以新聞系為榮，明日新聞系以我為榮！」

曉峰先生以華岡二字代表美好的德性，並舉華岡十德，以勉勵師生。新聞系努力的目標，除了培養學生新聞學識及編採寫作能力之外，因而特別著重新聞道德的薰陶與待人接物的義理。筆者曾一再強調華岡同學要打破門戶之見，與政大、世新及幹校新聞系同學團結奮鬥，互相合作，血脈相連，心心相印、消滅任何派系觀念，在工作中毋寧吃虧，勿佔便宜。在交友方面務必謙和虛心，與人為善。

——謝然之[15]

1964 年 1 月 14 日，新年伊始，鄭貞銘即率領四十五名華岡新聞系學子前往木柵，參觀訪問新聞學界首屈一指的政治大學新聞系。時任政大新聞系主任王洪鈞親自接待，並致歡迎詞，隨後鄭貞銘代表華岡新聞系致辭，強調「兩校對新聞學的理想與新聞事業的抱負是一樣的」[16]，並提出希望兩校加強聯繫。兩校新聞系學子一見如故，暢所欲言，氣氛至為融洽。歡迎會結束時，華岡新聞系學子向政大新聞系師生贈上紀念旗，並熱情地發出了邀請。

鄭貞銘帶著這群來自陽明山的準記者們，饒有興趣地參觀了政大的新聞系、社會科學中心、新聞館和圖書館等。置身於嶄新的新聞館，華岡學子們發出一陣陣驚歎，特別是看到各國報紙陳列室陳列的各式各樣的報紙，大家久久駐足，不忍離去。活動最後，鄭貞銘帶領同學們爬上指南山，遊覽指南宮。

熟悉的小路，熟悉的地點，當年稚氣未脫的身影彷彿還在，如今則帶領著一群朝氣蓬勃的學子，重訪故地。站在指南宮前，鄭貞銘眺望遠方，靜謐的淡水河溫柔地環繞著觀音山，而在身邊的年輕人們的眼中，更添了一份期待與篤定的光亮。

這雖是一次再簡單不過的參訪，但在派系觀念漸濃的台灣新聞界，算得上是一樁新鮮事，政大新聞系實習報《學生新聞》甚至以〈同行冤家成兄弟〉作標題，進行了詳盡地報導，「他們均一致地要求加強今後的聯絡，以做到在學時是好同學，畢業後是好同業」[17]。

到了 3 月 15 日，爛漫春花開遍陽明山之際，政大新聞系的學子們如約而至，受到了華岡新聞系師生的盛大歡迎和

鄭貞銘陪同文大新聞系謝然之主任（右）欣賞學生演出。

熱情招待。致辭、參觀、聚餐、做遊戲，明豔的華岡充滿了
年輕人們的歡聲笑語，引得一同前來的六十六歲的政大外籍
教授約翰‧凱塞夫婦興高采烈，深受感染。而華岡學子們為
迎接政大新聞系學子們而精心設置的展覽，更是引來時任教
育部長黃季陸、張其昀創辦人、謝然之主任以及許多外賓先
後蒞臨觀看。

　　3 月 28 日，華岡新聞系陳守卿、潘本恆以及田園等同
學紛紛以飽滿深情的筆觸記述了此次盛事，標題分別是〈陽
明花開故人來〉、〈華岡會師，共創明天〉──兩校的新聞
學子們已然是親密的夥伴，新聞一家親，攜手向未來。此
後，鄭貞銘還率領華岡新聞系學子們到自己兼任講師的世
新，以及任職的中央日報社參觀交流，同樣極大地激發了同
學們的熱情與自信，初創的華岡新聞系也當然成為新聞大家
庭中不可或缺的重要一員。

鄭貞銘（上圖執火者）率文大新聞系學生夜遊，舉辦營火會。

上圖：鄭貞銘邀請《中國時報》創辦人余紀忠先生（左）主持文大新聞系獎學金頒獎並專題演講。

下圖：報業鉅子成舍我（左二）應邀至文大新聞系演講，並頒發新聞獎學金。

講習有真樂，談笑無俗流

創系之初，每年的平安夜，謝然之主任都會與全體學生共聚於大成館，燃起蠟燭，圍爐夜話，傳授同鄉大儒王陽明性善論，並推薦大家讀《富蘭克林自傳》，希望每個人能夠踐行「知行合一」，並心中時刻有榜樣。大家歡聚一堂，情同手足，動人場景頗如王陽明《諸生夜坐》詩中所云：「講習有真樂，談笑無俗流。緬懷風沂興，千載相為謀。」自此，這樣溫馨的聚會逐漸有了一個溫暖的名字——「傳薪之夜」，成為華岡的一張名片，也成為一代代新聞學子青春的記憶。

當時，很多學生家境艱難，特別是許多來自中南部的同學，難以負擔經濟上的壓力，不少人因此轉學或就業。自幼清寒的鄭貞銘將心比心，自然能體會他們的困難，想方設法來改善這個情形。他以當時兼任文化學院《中國一周》雜誌主編的身分，讓學生們去做一些採訪寫作，賺些零用錢，以解決「飯票」問題。

多年以後，何家駒依舊記得當年第一次採訪的情景。當時，他前往採訪時任國民黨秘書長谷鳳翔，堂堂秘書長接見了這位小毛頭學生，臨別時還送他一本書。當走出中央黨部大門時，何家駒昂首闊步，「簡直生威」。他曾不斷提到鄭貞銘當年極力協助同學們的情景，笑稱其「連吃奶的勁兒都使出來了」。

與此同時，鄭貞銘馬不停蹄，遍訪台北各大新聞傳播機構的主管，為學生們勸募獎學金。經過經年累月的努力，新聞系的獎學金數量一度排名文化學院之首，包括陳布雷獎學金、錢震獎學金、校友獎學金、蕭同茲獎學金、趙君豪獎學

金、陳博生獎學金等，一年有二三十人次獲獎。

頒發獎金之日，鄭貞銘還隆重舉辦了由成舍我、楚崧秋、王惕吾、余紀忠等台灣新聞界元老親任頒獎嘉賓的獎學金頒發典禮，以此激發學生獻身新聞行業之熱忱，「因為獎學金的意義不僅是金錢，更重要的是代表了新聞界先進對後進的獎掖、關切與期望，這種無形的鼓勵，往往促成一個青年人向上的決心與毅力」。頒獎典禮就在大成館禮堂舉行，全系同學都來參加，頒獎嘉賓發表演說並頒獎，演講內容還會被記錄下來，印製成冊。

> 中華日報社長楚崧秋在頒獎後發表演說時指出，當前新聞界面臨著三大挑戰：（1）知識爆發的挑戰，（2）職業道德的挑戰，（3）國家責任的挑戰。他勉勵在校的同學應廣泛地吸收最新知識，並堅定而勇敢地維護職業道德，加強社會服務，以善盡新聞界的職責，貢獻國家民族。
>
> ——《華夏導報》[18]

> 你們畢業以後，如果進入報館，你們手中的一枝筆，不用來維護正義、獎善懲惡，相反地，卻要求賄賂、受人豢養、顛倒黑白、混淆是非，則這一類記者，其罪惡與戰士不用槍保護國家，殲滅敵人，反而只是威嚇善良、搶劫強暴，或報仇洩憤，同樣該受全國唾棄、最高刑罰。
>
> ——成舍我[19]

馬星野（右二）、余紀忠（右一）與《動腦雜誌》社長王彩雲夫婦談話。

多年以後，兩位當年接受成舍我親手頒發獎學金的新聞系女生都成了台灣新聞界的風雲人物。一位是聯合報旗下舊金山《世界日報》社長宋晶宜，每每提及當年接受成舍我頒獎的情形，連稱「那不僅是光榮，也是一種承先啟後的傳承」。另一位是台灣廣告業界權威雜誌《動腦》雜誌社社長王彩雲，她在畢業時深情地寫道：「在即將走完這段路程時，我一再地審視自己，不但欣喜當初的抉擇並沒有錯，而那久植於內心深處的熱望，也仍將伴著信心，堅定地邁向未來。」[20]

> 每個青年都是一個家庭的希望，也是社會前途之所寄，所以從事教育工作者都必須以如臨深淵、如履薄冰的惶恐誠心，為青年開拓正確的前路。
> ——鄭貞銘[21]

除了讓學生們重拾自信之外，鄭貞銘還細膩地想到學生的父母們，不辭辛勞地舉辦新聞系懇親會，讓家長們安心、舒心。有一次母親節，新聞系邀請母親們到學校與學生共度節日。那是一個晴朗的星期日，當天下午，母親們三三兩兩抵達校園，在孩子們的陪同下逛校園，參觀孩子們求學的環境。傍晚，母親們受邀齊集華岡興中堂，一邊享用孩子們精心準備的佳餚，一邊閱讀新聞系製作的專題簡報，裡面講述她們的孩子們將如何度過大學四年。稍後，同樂會開始了，一個個逗笑而饒有意義的節目呈現在媽媽面前，惹得她們開懷大笑。

> 在我從事教育以來，一直有個理念，那就是：「每個孩子都是一個家庭的希望。」因此，當面對教室中幾十位學生，百多雙眼睛時，我不僅把他們當成一個學生，也當作數十個家庭。
>
> 望子成龍，望女成鳳。每一個家庭都期盼自己的孩子，透過教育的過程，將來能有所成就，為社會貢獻，為家庭爭光。
>
> ——鄭貞銘[22]

多年後，新聞系講師林美惠遇到一位學生的母親，這位媽媽感慨地跟她談起那一次聚會，說那是她第一次邁進大學的校門，而當她聽到孩子們高唱「媽媽我愛你」時，不禁感動落淚，這也是她覺得最有意義的母親節。1993 年 6 月，鄭貞銘曾因膽結石第一次住進了醫院，內心難免感到孤寂。林美惠帶了鮮花前去探望，將這個故事講給他聽，講到那位

媽媽在回憶時臉上充滿興奮而幸福的光采。那一抹光采，給鄭貞銘沉鬱灰暗的心底，投進一道溫暖的光亮。

就這樣，創系的第一年在忙碌、焦慮中悄然度過。這一學年結束時，鄭貞銘特意開了一場別開生面的座談會，請系裡的每一位學子細數過去一年的學習與生活。有的欣喜，有的慨歎，更有的流淚，「雖然教室裡窒息著沉悶的空氣，可是那感人的情景卻衝擊著每一個年輕生命的心靈」㉓。大家發誓：「我們要更努力，我們要不負師恩！」

大家談一回，笑一回

1963 年，高中畢業已五年的潘健行參加了台灣大學聯考，名列文化學院新聞系錄取名單榜尾。消息在報紙上公布沒多久，他突然收到一封陌生的限時明信片，上面寫道：

與文大新聞系傑出校友潘健行（右）、曹怡勤（左）伉儷合影。圖為潘健行入醫院體檢前與鄭貞銘老師的最後一次午餐，地點在台北瑞華飯店。潘健行英年早逝，令人痛惜不已。

「健行同學，恭賀你考上本院新聞系，我是新聞系的講師，希望你於某月某日來一談。」[24]隨明信片一同寄來的，還有鄭貞銘的照片一張。原來，潘健行以最後一名的身分被華岡新聞系錄取，鄭貞銘對這位即將入學的大齡新生寄予厚望，想早些瞭解一下他的想法。

潘健行個性不羈，高中時曾被記五個大過三個小過，每次都是跟老師、教官吵架的後果，[25]最嚴重的一次，因打學校訓導主任而險些被學校開除，是靠潘媽媽給校長下跪才得以「留校察看」。懷著幾分疑惑，潘健行依約前去。這位跟自己年齡相當的老師，沒有想像中地問一些「進攻性」的問題，而是熱情歡迎和親切鼓勵，並不厭其煩地解說著文化學院的建校宗旨，以及華岡新聞系的教學理念。此時，父親退休、家境不佳的潘健行正愁著那筆大學學費，尚未下定決心就讀，不過這位年輕的老師倒是給他留下了好印象。

回到家後，潘健行將此次約談，轉告給留日學生出身的母親，母親聽得入神，但沒有什麼即刻的反應。隔了快兩個月，母親突然提出來，要兒子陪她到華岡走一程。陽明山間，藍天白雲，青蔥翠綠，母子倆下了公路局的車，沿著一條小道徐徐前行，向前看去，大成館頂上的綠色琉璃瓦流著彩光，在台北平原及觀音山的襯托下，如重生涅槃。

母親擺手，在路邊石頭上坐下，對兒子說道：「成績好的，依自己的志趣進入大學，成績差的，沒有選擇分發到大學。你很幸運，能在這麼優美的環境裡，接受那麼多有志於教育的社會賢達的教導，並與這一所學府一起成長……」[26]就這樣，在母親奔波籌措私立學校龐大學費的苦心後，潘健行放棄去其他公立學校的想法，成為了新創的華岡新聞系的

一員。

　　大一時，潘健行曾一度想放棄新聞，轉學歷史或外交。深知他脾性的鄭貞銘，親赴潘家拜訪潘媽媽，請她勸說有新聞天賦的潘健行留在新聞系。這位負責的年輕老師，更加令潘媽媽對年輕的華岡新聞系生發出好感，並與鄭貞銘結下深厚情誼。此後，她甚至曾兩次前往中央日報社拜訪他，真摯地表達感謝。

　　在後來的日子裡，鄭貞銘鼓勵潘健行爭取助學金，並為他安排《中國一周》的帶薪助理編輯工作，以解決他求學的後顧之憂。同時，他悉心點撥潘健行，建議他大一時即以政大新聞研究所考試和中山獎學金新聞學門考試為目標，爭取畢業後繼續深造。潘健行也因此與鄭貞銘成了亦師亦友的終身知己，直到四十多年後，潘健行回憶起這段情緣，依舊是感懷不已，「想轉系是走到了十字路口，是在茫茫滄海中迷失方向，老師這一番訓勉真有撥雲霧，見青天，去迷惑，美景浮現的真實」[27]。

　　　四年中，最值得懷念的日子，要算大一、大二時和鄭老師無數次的聚會了，我們或在鄭老師家裡，或在勵志社，或在學校，圍著老師，聽老師說些新聞界的故事，說些做人的道理，大家談一回，笑一回，心中充滿了快樂，和靈性上的滿足。[28]
　　　也常看到他手提教材及作業，在風中、在雨中，急步上山。他不單是有課上山，沒課也在學校，一有空，他就叫幾個同學在一起「會商」；會商如何請新聞單位捐獎學金，會商如何籌第一份屬於系裡的

實習報刊，會商如何接待第二屆的新生⋯⋯常常，
我們是無言以對，更沒有什麼好的意見，但那種參
與系務，推動系務的榮寵和滿足，是前所未有的經
驗。㉙

——潘健行

　　潘健行後來果然不辱師命，大三時考取國際學生會議中
華民國首席代表，當時其他幾位代表都是台大、政大的學
生，包括後來曾擔任過新聞局長的蘇起，成為華岡新聞系的
「精神標竿」。畢業時，他更是以優異的成績順利通過了政
大新聞研究所考試，不久又考取了中山獎學金，赴美國雪城
大學攻讀廣播電視碩士學位，回台後歷任《聯合報》記者、
中國電視公司新聞節目《六十分鐘》製作人、台灣外貿協會
服務聯繫處處長等職。

　　後來，潘媽媽患病住進台北長庚醫院，臨終前，她讓兒
子將鄭貞銘老師請至病榻旁。在感謝他讓曾桀驁不馴的兒子
成才、讓潘家有了希望之餘，潘媽媽囑託他，要多培養「有
中國文化與讀書人氣質的現代中國記者」，並將畢生積蓄的
新台幣三十萬元一分為三：十萬元給孫子做教育經費，十萬
元給留在大陸的獨生女做生意，十萬元捐給華岡新聞系作獎
學金。

「臨門一腳」的鼓勵

　　畢業於建國中學的羅文坤和畢業於北一女中的劉安立，
考上華岡新聞系後都曾一度游移不定，意欲轉系或重考，鄭
貞銘寫長信給他們，詳盡分析華岡新聞系的師資、環境、校

上圖：選拔文大新聞系傑出校友頒獎活動，鄭貞銘致辭。
下圖：鄭貞銘（前排右一）與文大新聞系第七屆校友莊坤松、劉安立、歐陽聖恩等聚會。

友圈及社會影響力等優勢，耐心慰留，熱情指導，他們最終安定身心，完成學業。

此後，羅文坤考取政大新聞研究所，之後更是擔任文大廣告系主任，成了台灣廣告學界的知名學者；劉安立則在廣告事業中開創成功事業，擔任總經理的廣告公司名列台北前十。他們對鄭貞銘當年「臨門一腳」的鼓勵，都留下了終生難忘的回憶。

這樣溫馨的故事還有很多，鄭貞銘不僅將自己的熱情投放到華岡新聞系的每一位學子，而且始終以開放的姿態，歡迎和關切轉系來新聞系的青年學子。隨著新聞系聲名鵲起，其變成華岡學府熱門系之一，每年聯招分數在文化學院乙組科系中都名列第一，超越英語系——這在別校絕無如此，外文系一向第一。

華岡新聞系在創立之初就訂立規章，選拔文大其他院系有志於新聞行業的學生轉入新聞系就讀。因而，每年申請轉系者有六七十人，而不過錄取三五名，能被錄取的自然是學生中的佼佼者了。鄭貞銘堅持公平、公正原則，絕不接受請託，以讓最優秀的青年能夠進入新聞系。

當年，戎撫天參加大學聯考時本以中國文化學院新聞系為第一志願，結果卻只考上了德文系。他一進學校就決定全盤放棄德文，天天到新聞系旁聽，並屢次得到鄭貞銘鼓勵。後來，戎撫天申請轉新聞系時差點因德文成績太爛而泡湯，鄭貞銘向校方力爭才破例收了他。[30]時間證明了他的獨到眼光，戎撫天畢業後考入《聯合報》，並逐漸成長為台灣政治新聞的一代名記者，如今擔任《中國時報》兼《旺報》總主筆。

鄭貞銘（前排左三）宴請文大新聞系傑出校友周荃、李濤、李艷秋（輔大）、湯健明、戎撫天、何家駒等，歐陽醇教授（前排中）亦應邀參加。

日後當選立法委員的翁重鈞，則是從文大中文系轉來的學生，考試前他曾聽到傳言，新聞系很難考，要「走門路」才有可能考上，出身清寒、毫無背景的他，遲疑著參加了轉系考試，結果名列榜首。這件事對他影響很大，曾說：「文大新聞系轉系制度的公正，讓年輕的我對未來都充滿了信心，相信『世界有公道』，只要自己努力上進，就可以得到公平的機會。」

後來，翁重鈞競選立法委員，特意邀請鄭貞銘老師幫自己站台，並堅持讓他第一個發言。競選現場，熱鬧非凡，首任嘉義縣長、曾任內政部長及交通部長的林金生（著名舞蹈家林懷民的父親），時任嘉義縣長涂德錡等要員悉數到場，鄭貞銘提醒翁重鈞應讓這些長官們先講話，他執意不肯，

文大新聞系早期傑出校友拜訪鄭貞銘。前排右起：陳長華、鄭貞銘、郭聯佩、歐陽元美，後排右起：李傳偉、夏訓夷、何家駒、章益新（梅新）、歐陽聖恩等。

說：「站在咱們中國人的立場，老師是最大的，請鄭老師務必不要推辭。」

李傳偉本是文大應用數學系學生，在經歷了大一的徬徨後轉入新聞系，畢業時則成了申請進入密蘇里新聞學院深造的高材生，此後成為華視名主播，歷任台灣中央電影公司發言人、東森新聞雲董事長等職。

李廣淮從文大法文系轉入新聞系讀書，畢業經年，成為台灣首位體育新聞記者，曾任《中國時報·時報運動畫刊》總編輯，是台灣體育新聞界當之無愧的「龍頭老大」。

曾榮獲台灣「十大傑出青年」的湯健明，當年從德文系轉入新聞系，畢業後留校任助教，後赴密蘇里新聞學院深造，擔任過中視新聞部經理、大愛電視台總監等職，曾多次榮獲金鐘獎最佳採訪獎。

經營一個不一樣的系

張其昀以「相語於善，虛懷忘我，明心見性，服務人群」作為華岡人的四大風格，鄭貞銘親炙其教誨，也目睹了他是如何努力地造就華岡人。創辦人的生活簡樸而有規律，不抽菸，不喝酒，不打牌，不為人證婚，不到機場接送，甚少應酬，一年三百六十五天幾乎都在華岡校園裡辦公，甚至連年初一都是在辦公室度過的。當時，他的家在台北市龍泉街，很多人常看到其夫人從附近的市場買菜回來，手裡捏著一把韭菜或拎著一截冬瓜。創辦人不是每件事情都事必躬親，但若有朋友或學生寫信給他，他一定親自用毛筆覆信。

> 大學生應有正確健全之人生觀與宇宙觀，以為「安心立命」。心中有了主宰，自然願意為崇高的理想而奮鬥。我們的理想是什麼呢？就是「敬天愛人」的觀念。簡言之，即為仁愛的「仁」字。世界人類雖以國家民族之界限，不免有親疏遠近之分，實際則為天下一家，人類為一族，心同理同，都是我們的同胞。古人所說，民胞物與的理想：「一視同仁」的雅量，這就是我們的人生觀。
>
> ——張其昀[31]

張其昀喜歡在校園裡走動，隨時關切學生們的學習與生活。新聞系學生田正美，是考上文大的第一個原住民女生，迫於生活無法繼續學業。張其昀得知後，親自給鄭貞銘寫了張紙條：「田正美同學四年學費全免，並給予一定的生活費。」學生母親聽說後十分感動，並表示堅決不受領生活

費。於是，學校提供田正美助理助教崗位，幫助其解決生活費難題。後來，她成為省立屏東女中的校長，是原住民中第一人。

台大俄文系的歐茜西教授，當年是文大第一屆俄文組學生，有一天，張其昀在校園偶然碰見她，問起近況，她說如今到了大四，想去俄羅斯留學，不過路費還沒有著落。三天後，張其昀便將機票送給她，使其順利留學。張其昀支持、愛護的學生太多，包括洪秀柱、焦仁和、李天任等，如今都蔚為大才。

艱苦的環境，更能激發奮發有為的鬥志，也更易體會到休戚與共的溫暖。張其昀舉債興學，最後欠下的債務高達十七億多台幣，他還是咬牙硬挺了下來。新聞系在這樣的環境中，經費更是緊缺，因而鄭貞銘號召同學們學習創辦人的「創業精神」，即艱苦樸素、白手起家的傳統。也正是在這樣的條件下，這位年輕的行政秘書立志，「發揮年輕生命的熱情和理想，經營一個不一樣的系」[32]，著手創立了幾項在當時台灣各大新聞院系中獨樹一幟的教學制度。

一為「月記」制度。早期的華岡新聞系學生每月都須上交一篇文字，或學習心得、或系務建議、或個人感想，鄭貞銘均會在每篇文字中一一批示。這無疑給忙碌的他增加了更多的負擔，但他還是堅持了下來，「中國學生由於性格拘束，在面談時往往有很多保留，但是在月記中卻可以盡情發揮，不滿、牢騷、欣喜與快樂，都可以在月記上傾訴。我為瞭解學生，且身為系主任，也必須瞭解學生，因此每個月要看兩百五六十本月記，且不能以『閱』字了事，還必須批示很多字……很多朋友都說我自找麻煩，豈知我在閱讀月記的

文大新聞系第一屆同學每年聚會，迄今數十年不輟。

過程中，因瞭解學生而獲得的快樂，又豈是局外人所能體
會？」㉝

當那位教授說，系裡的同學要按時寫月記，雖然一
個月才寫一次，就有人喃喃地抱怨了。

可是當第一次繳的月記發回來時，沒有人再抱怨
了，因為不管你寫的是什麼，都會得到一長串的評
語，而不是簡簡單單的一個「閱」而已。

想寫什麼就寫什麼，是一個常常被人們忽略的自
由。而當你寫了什麼，別人能夠體會、欣賞、共
鳴、反應，只要是那麼一丁點兒，也是難得。

欣怡和他的同學們漸漸喜歡寫月記，也漸漸盼望月

記發回來的那一刻，就是因為這個道理。

——宋晶宜[34]

二為每週專題演講。受當年政大每週專題演講的啟發，鄭貞銘認為，「新聞人必須要有廣博的知識基礎」，因而每週都會為學生請來台灣各界的名人開講，以彌補開課的不足，更用他們親身講述的生命故事激勵學生。中國報界傳奇人物成舍我、《聯合報》系創辦人王惕吾、《中國時報》報系創辦人余紀忠、名記者徐鍾珮、前外交部長錢復、前台灣清華大學校長沈君山、前世界「短跑女王」紀政、「雲門舞集」創辦人林懷民等，都曾是當年專題演講的報告人。這些演講對學生的影響顯而易見，許多系友甚至在畢業多年後對鄭貞銘說：「我在學校讀四年，最大的收益不是在課堂上，而是每週專題演講。」

三為每月新書。鄭貞銘推崇芝加哥大學、哥倫比亞新聞學院等著名學府的通識教育理念，因而對讀書的重視和強調可謂不遺餘力，「如果新聞系學生能夠一學期三個月時間讀三本書，一年也就讀了六本書。四年讀二十四本好書，可以培養同學一些社會科學、人文科學的知識背景。最重要的，是養成同學自動讀書的習慣。習慣一旦養成，自然有以讀書為樂的習性」。新聞系曾邀請台大、政大教授葛永光、包宗和、詹火生、藍三印等，為學生們編印「新聞系學生書目」，涉及政治、經濟、社會、心理、文化、教育、科學等各種領域的新書，供學生們自由選讀，同時要求大家研讀後，提交心得報告。後來成為民視總經理的陳剛信曾說，「讀了《改變歷史的書》一書，樹立了我改變歷史的雄心壯

志」，令鄭貞銘印象深刻，深感欣慰。

　　四為畢業紀念文集。每屆畢業生，各自寫一篇四年求學感想，然後彙集成文集，圖文並茂，蔚為師生共同的記憶。《永恆的新聞系》、《燃燒的火焰》、《草根之歌》、《清瀑》、《曉聲》、《風雨岡樓》、《橋上行》、《圓的追求》、《山中傳奇》、《紅磚上》、《有約》、《起飛》、《清絃》……這個文集從首屆畢業生一直出版到第二十五屆，記述生動真誠，文字清新感人，深獲外界好評。

> 從每屆畢業同學所編撰的紀念冊中，可以發現每一位同學都坦誠地表白了他們的心聲與抱負。他們願意燃燒自己，照亮別人，讓生命的泉源，湧出萬仞瑩潔的清瀑，帶著革新的勇氣，熱情與毅力，奔向廣大的社會，去洗滌那被污染了的輿壇。
>
> 　　　　　　　　　　　　　　　　——謝然之[35]

　　當時，張其昀創辦人在幾小時內一口氣讀完《永恆的新聞系》，感動不已，心情澎湃，提筆勉勵鄭貞銘及新聞系師生：

> 貞銘吾兄大鑒：
> 貴系出版《永恆的新聞系》一書，在幾小時內一口氣讀完。設計非常好，篇篇都有佳勝處，不重複，不呆滯，可見有資格做好記者。此書為華岡珍寶之一，欣慰之至。……
> 足下四年來協助謝主任，傾其心力發展系務，尤屬

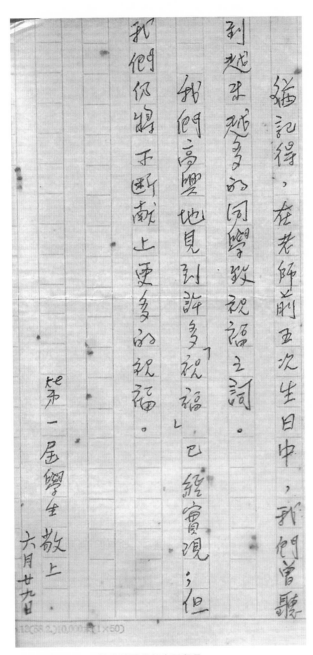

猶記得，在老師前五次生日中，我們曾聽到越來越多的同學致祝福之詞。

我們高興地見到許多「祝福」已經實現；但我們仍將不斷獻上更多的祝福。

第一屆學生 敬上
六月廿九日

文大新聞系第一屆學生於畢業紀念冊留言。

難能可貴。……新聞系教育之成功，洵足鼓舞士氣，為全校爭光也。……力以眾而易舉，意以競而日新，以新聞系為中堅，使華岡學府人才輩出，有千岩萬壑之巨觀。……

張其昀上　五月十日[36]

曾有學生好奇地問鄭貞銘：「為什麼學校連薪水都常發不出，老師們卻仍然認真教學，而且系務推陳出新，不斷創新？」他略一思考，回答道：「我們做教育工作，看到學生一天天成長，有好的表現、成就，你就會很快樂，有成就感。這就是非物質報酬，人的快樂並不只有物質報酬。」[37]

昔日新聞系喊出的口號，後被學校拿來，擴大為「今日我以華岡為榮，明日華岡以我為榮！」年輕的華岡新聞系，在這位年輕的系行政秘書率領下，熱情洋溢，生機盎然，呈現一派青春氣息。1968 年 11 月 23 日，張其昀曾召集新聞系全體同學在慈孝堂講話，嘉勉新聞系的成就，並希望新聞系成為全校的模範，凝成鋼鐵的隊伍，這番訓勉對於新聞系同學有著極大的鼓勵與啟示。[38]

扶青年人一把！

新聞教育如醫學教育一樣，是一個耗資巨大的領域；學生新聞素養的鍛造，應該有一個場所，這個場所一如醫學院的附屬醫院，能夠以良好的實務保障，持續培養學生的臨戰心態與作戰能力。

——鄭貞銘[39]

鄭貞銘對新聞實踐訓練十分重視，認同新聞系學生「在課堂上聽十遍，不如親手做一遍來得印象深刻」。於是，在沒有任何經費的情況下，新聞系辦起了實習報紙《文化一周》。1965 年夏，酷暑難耐，各校正在放暑假，鄭貞銘指導大三學生籌備《文化一周》，並擔任發行人。同學們熱情洋溢，卯足了勁策劃選題、採訪新聞、爭取廣告、推廣發行，三個月全待在學校。

> 少數家在中南部，未能前來參加籌畫創刊的同學，也時常來信慰問，住在南投的張景照更寄了兩大簍龍眼慰問同學，使大夥兒在工作勞累時，一面看信，一面吃龍眼，真是其樂無窮。
>
> ——方炳炎[40]

　　創刊號終於出爐了。大家在新聞系辦公室，紛紛打著赤膊上陣，將一摞摞報紙摺好，直至深夜。第二天清晨，魏穎廣等同學又捆著報紙，運到「九一」記者節大會會場中山堂，現場免費分發，當即引起一波好評。不久，前《中央日報》社長馬星野、楚崧秋，《中國時報》創辦人余紀忠等台灣新聞界名家，先後來信鼓勵，紛紛對同學們的努力付出給予稱讚，令大家士氣大振。

　　當時，《中央日報》同事鄭心元正在美國求學，聽聞此事，立即寫信大加讚賞，並將自己一天工作十二小時所獲得的十美元附上，以支持新聞系苦讀創業的學子。他在信的結尾處，對鄭貞銘說：「以前我們兩人在一起談天時，總慨歎青年人缺人扶一把，十塊錢並不是一個大數目，但在我來

說，這總算是一個開始。」《文化一周》隨即發起「扶青年人一把！」運動，許多媒體，如《中國時報》、《民族晚報》、《中央日報》等，紛紛回應，一時蔚為風潮，學生們的士氣也為之大振。

《文化一周》雖是一份實習報紙，但鄭貞銘要求同學們要以一名真正的記者自我要求，專業上不能打任何折扣。大家共同期勉：「多少中國名記者，從《文化一周》誕生。」當時，許多同學採訪寫作態度非常認真，黃姍、趙靖、李廣淮等經常採訪到獨家新聞，後來在《中國時報》實習時亦是如此，引起時報發行人余紀忠矚目，最後都將他們網羅入時報工作，引得當時時報編輯部同事們大呼：「這簡直是『文化』大革命嘛！」。當年的期許變為事實，如今活躍在新聞界的諸多名記者，確有不少是從《文化一周》走出來的。

《文化一周》自創辦時就制定了完整的章程及實習辦法，在組織上分為兩個部分，其一為經理部，負責發行、廣告、總務及公共關係；另一為編輯部，負責採訪、編輯、校對等工作，兩個部門彼此之間各有專職，互不干涉但又講求合作無間。最初，大家都不想做的廣告發行，嫌它是一份繁瑣又辛苦的業務，紛紛搶做記者和編輯，林國泰同學不畏挑戰，任勞任怨承接下來。正是這種磨練，使得他對於新聞廣告業務頗有心得，乃至做到兼任《聯合報》、《民生報》與《經濟日報》三報業務總經理的位置，後來還被派到溫哥華《世界日報》擔任社長。

當年，《文化一周》有言論版，對校園與社會談論不少，而涉及評議校政的部分，常引起學校負責人的不快。有一天，一位訓導長來找鄭貞銘商量，表示學校可以設法為

《文化一周》編列預算，條件是文稿刊發前先送訓導處「審閱」。鄭貞銘對此無法接受，斷然拒絕了這一提議，代價則是此後《文化一周》言論版停止。

> 試想，平時我們教學生以爭取新聞自由為念，如今卻在這一大原則下退卻，如何對學生「交代」？我寧願說服學生再為《文化一周》奔忙，也不願為五斗米折腰。
>
> 言論，是媒體的「靈魂」；我們當然要學生為言論「負責」，卻也要學生深切瞭解名報人張季鸞所提倡的「不黨、不賣、不私、不盲」的精義，否則新聞教育就無靈魂可言。

—— 鄭貞銘[41]

與此同時，鄭貞銘還不忘提醒學生要保持自己的「報格」。有一次，一名學生為《文化一周》拉來了一個全版三萬元的廣告，在當時來說可算是鉅款，大家歡天喜地。結果，鄭貞銘一看廣告主是豪華酒店「五月花大酒店」，斷然說道：「這個不能登！」同學們很失望，滿腹牢騷，他卻堅持立場——清新的校園報紙上不宜提倡這種奢靡之風，而應領導健康的社會風氣。大家聽了，不再抱怨。

在專業精神與獨立報格的堅守下，《文化一周》一度成了華岡新聞系學生人人嚮往的練兵處女地。系友蔣永元在畢業二十多年後對當時的情形還記憶猶新：「只要是學生獲得的精采片斷，鄭老師會將之彙集在點子簿上，交給系裡的實習報刊發表，造成大家一拿到報紙，紛紛在字裡行間找尋自

己名字的壯觀景象。」

那盞小紅燈

每憶華岡，不勝懷念。新聞系是個動人的無聲世
界，它對新聞專業精神，一向強調；對社會變遷的
反應，一直敏銳；它不僅在短短的十數年間，樹立
了專業教育的標識，同時也替新聞界造就不少新
血。

它的新穎理想，它的愛護烘爐，烙出不少感人而令
人懷念的詩篇；它的貢獻是寫實的，不是粗糙的表
面上塗上一層漂亮而光滑的色彩；是意識的而不是
型態的；是藝術，是現實的要求，而不是外部觀點
的迷幻。

——鄭永元[42]

那時候，每個星期三的晚上，《文化一周》各版的主編
及負責校對的同學，往往是從印刷廠趕到車站，等候開往校
園的最後一班車，個個拖著疲憊的身子，衣服被油墨染污
了，口裡嚼著乾麵包，權當遲到的晚餐。不過大家的精神卻
是很好的，手裡拿著報紙大樣，看的是哪一版的錯字沒校出
來，談的是哪一版的版面編得最精采，想的是哪一版的內容
可以更豐富。

有一天夜晚，黃仲正同學委實太疲乏了，靠著搭車的出
口處的鐵欄杆閉目養神，無意間抬頭，看到中央日報社高樓
頂上，那盞小小紅燈。一剎那，他的心神為之一振，對它產

生了某種奇妙的好感。此後一有機會，他就凝視它，時間不急迫的話，還寧願多等候一班車，斜靠著欄杆，仰首凝神遐思。

> 此時思維漫無拘束地飛揚起來，也許會猜想大樓內
> 的新聞從業員正在做些什麼，也許反覆思索一個有
> 趣但想不起來的花絮；或者老師的訓誨縈繞腦際久
> 而不散，或者同窗情誼正散著溫馨；有時候真想立
> 刻衝上那高樓，有時候又不敢抬頭正視，而被攪得
> 心如亂麻，想來想去一直是跟大樓有關的事。
>
> ——黃仲正[43]

在鄭貞銘的高標準要求與同學們的辛勤付出下，《文化一周》廣受矚目，並連續三年榮獲救國團主辦的台灣大專青年期刊比賽報紙型冠軍，超過了包括政大新聞系早年創辦的《學生新聞》（先後改名為《柵美報導》、《大台北報導》、《大學報》）、世新以成舍我親任社長的《小世界》等著名報紙在內的所有其他大專院系刊物，成績十分難得與罕見。

第四屆評選中，《文化一周》得了第二名，也算是很不錯的成績，學生們拿到結果後，竟然集體痛哭——他們覺得沒有得到冠軍，給整個新聞系丟臉了，對不起鄭老師和學長學姊們。此後，痛定思痛的華岡學子加倍努力，再一次奪回了冠軍的榮譽。

《文化一周》重新奪回大專期刊第一名，在失去兩

年而第四度復獲這項殊榮時，其欣喜是難以言喻
的。這給我些許啟示：莫歎懷才不遇，莫悲人之不
知己，但請捫心自問，你付出的是否不夠。須知：
成功的代價永不低廉。

——戎撫天[44]

　　《文化一周》後來又增加了英文版、攝影報，1994 年
更是以電腦全頁組版開啟了新時期。如今，《文化一周》透
過專屬網站，並以電子報方式服務發行區域以外的讀者及校
友，成為華岡新聞系的共同記憶與醒目的標記。隨著政大
《大學報》和世新《小世界》不再發行紙本，《文化一周》
如今也成為台灣重要新聞學府中碩果僅存的紙質版「實習
報」了。

文大新聞系創辦《文化
一周》英文版。

在鄭貞銘的大力推動下，華岡新聞系還曾陸續創辦研究新聞學術與大眾傳播理論的專刊《新聞學雜誌》，時任助教張靜濤等也是在沒有一分錢的情形下，繼續發揮「堅毅創業」精神，使這份刊物一鳴驚人，奇蹟似地出現在關懷新聞學研究的社會人士面前。[45]

到了 1968 年 10 月 10 日，文化學院還創刊了一份大學日報——《華夏日報》，這在當時的大學校園中是首創，新聞界與教育界人士對此均甚表關注。時任文化學院院長楊希震兼任《華夏日報》發行人，社長一職則由鄭貞銘擔任，而該報的全部編採工作，均由新聞系同學負責。該報的發行對象限定在校園，內容以報導文化學院消息為主，每天刊出報紙一張，印行一萬份。

> 為了迎接這個新生命的到來，大夥兒緊張一月有餘，二年級的同學更是數度演習，一切都按照計畫逐步進行，在一番採編後，太陽下山的時候，稿子及版樣送達工廠，同學們也紛紛湧至，在焦急的苦候下，誰也不知道它將是個什麼長相。豆大的汗珠出現在這群助產士的額際。
>
> 終於大樣出來了，大家爭睹芳容，但覺頭重腳輕，於是將報頭縮成四欄高，版面也略作調整，經過再三校對更改，覺得還能見人後，始簽字付印。看看腕錶，正是十月十日的零時。堅守到最後的二人——國泰和我——這才相對地舒了口氣。
>
> ——夏訓夷[46]

鄭貞銘（前）與新聞系三助教張靜濤（左）、夏訓夷（右）及蔣永元在華欣文化
公司合影。

這份校園刊物曾經在華岡學園風行一時，也讓許多新聞系學子得到很好的實習鍛鍊。然而，它卻不見容於新聞局，他們指出，在現有「報禁」政策之下，任何出現「日報」的字眼都不可以。迫不得已，《華夏日報》改稱為《華夏導報》，並改為三日刊，如今則改為《文大校訊》，伴隨華岡學子迄今已半個世紀了。

身處戒嚴報禁時期，台灣的新聞教育雖是以三民主義為正統，並以培養「反共新聞幹部」為目標，但仍以「自由」、「民主」為口號和標籤。這是特殊時代下的複雜境遇，種種曲折、迷惘、悖離、陣痛、抗爭，皆由此生發而來。

有一天，七八位同學相約到鄭貞銘家聊天，向他講述籌辦一份刊物的想法。這群朝氣蓬勃的青年，想創辦一份類似地方性的，以文化學院、東吳大學、銘傳大學為發行範圍的週刊，而宗旨是要「糾正當前新聞媒體報導中不合理的現象」。鄭貞銘為同學們的創業精神感到欣慰，不忍給他們洩氣、潑冷水，「只有從旁疏導，並提醒他們許多事」[47]。其間的曲折心情，難以言說。

陽明山巔，華岡校園旁，有一處俯瞰台北夜景的絕佳之處，因情侶常相約於此而得名「情人坡」。華燈初上，夜幕低垂，已是而立之年的鄭貞銘常獨自佇立其間，癡癡地望著山下明滅躍動的斑斕燈火。偶爾念及自木柵求學以來，一路跌跌撞撞、倉皇前行，直至華岡，凌亂的腳步方才走出一條清晰篤定的道路，慌張不安的心靈也漸漸尋得安身立命的歸宿。

鄭貞銘為文大新聞系、廣告系兩系之創始者，每年新生入學，都親率師生到台北孔廟祭拜，以求學生四年受教平安順利。

　　初上華岡時，有人曾脫口而出「小小的私立大學新聞系，連政大新聞系十分之一的價值都不如」，曾傷了他的心；稍有成績時，有人亦背後議論，稱其為「政大新聞系的叛徒」，當初的擔憂成為痛苦的現實，折磨著他的內心。然而，在青春盎然的青年學子們熱望的眼中，他看到了自己的初心，「搭一座溝通的橋」成了比行走更重要的虔誠之旅，為渡自己，也為渡後來的年輕人。

　　費了四個春秋，我走過一座橋，由於橋架設得適時適地，使我避開了迷失和徬徨，望著橋下漩渦急流，不禁為自己的幸運而喜。造橋的人當初賦予橋的使命，僅是使渡者安抵彼岸而已。「作一個教人信賴的人」，造橋的人如此勉我，就像這座橋一樣，任何待渡者一旦走在橋上，也就全然信賴它的

堅固紮實了。

橋上的燈，隱約地為我照出前程，那不是條坦途，但我想起了從前讀過的兩句話，「人是為勝利而生，為完成一件大事而來」。邁過橋頭，我回首向這兒的青山白雲告別，「我走了」，聲音的堅定快樂，一如四年前的「我來了」。

——夏訓夷[48]

「桐花萬里丹山路，雛鳳清於老鳳聲。」當青年鄭貞銘不管不顧，堅定地往更高處攀登時，一切都變成了如眼前風輕雲淡般的風景，他也用「誠」與「愛」的心弦，彈奏出最美妙的時光旋律。

夜深了，月朗星稀，涼風習習，華岡新聞系正安睡在側。而她，不正是鄭貞銘戀戀依依的那位「情人」嘛。

註釋

① 鄭貞銘著，〈「愛」與「橋」〉，載中國文化學院新聞系首屆畢業生紀念文集《永恆的新聞系》，台北：燕京印書館，1967年。

② 鄭貞銘著，〈三十年歲月匆匆過〉，載於鄭貞銘著《傳播發展的省思》，台北：台北市新聞記者公會，1993年9月初版，第219頁。

③ 鄭貞銘著，《無愛不成師》，台北：三民書局，2010年初版，

第 337 頁。

④ 載於鄭貞銘日記，1963 年 11 月 27 日。

⑤ 鄭貞銘著，〈三十年歲月匆匆過〉，載於鄭貞銘著《傳播發展的省思》，台北：台北市新聞記者公會，1993 年 9 月初版，第 220 頁。

⑥ 張景照著，〈懷舊與感恩：回憶華岡五十年〉，載於《新新聞報》，2014 年 6 月 20 日。

⑦ 鄭貞銘著，〈見證一場永生不渝的師生情〉，載於台北：《中央日報》，2006 年 4 月 15 日，「中央副刊」第 17 版。

⑧ 鄭貞銘著，〈「橋」的回顧：華岡十三年憶往〉，載《新聞教育與我》，台北：中華民國大眾傳播教育協會，1982 年 9 月，第 185 頁。

⑨ 姚曉玉、胡蓓蓓著，〈新聞傳播教育改革研討會綜述〉，載《中國傳媒報告》，2007 年 5 月，第 125 頁。

⑩ 張靜濤著，〈師恩永懷，深情永在〉，載鄭貞銘著《資訊·知識·智慧：e 世紀贏的策略》，基隆：莘莘出版事業有限公司，2001 年 2 月初版，第 169 頁。

⑪ 慶正編，《鄭貞銘教授的新聞教育理念與實踐》，杭州：浙江大學傳播與國際文化學院，2007 年，第 7 頁。

⑫ 王洪鈞著，《我篤信新聞教育》，台北：正中書局，1993 年，第 319 頁。

⑬ 載於鄭貞銘日記，1963 年 12 月 29 日。

⑭ 鄭貞銘著，〈「橋」的回顧：華岡十三年憶往〉，載《新聞教育與我》，台北：中華民國大眾傳播教育協會，1982 年 9 月，第 177 頁。

⑮ 謝然之著，〈台灣新聞教育之開始〉，載《新聞教育與我》，台北：中華民國大眾傳播教育協會，1982 年 9 月，第 34、35 頁。

⑯ 載於鄭貞銘日記，1964 年 1 月 14 日。

⑰ 〈同行冤家成兄弟〉，台北：《學生新聞》，國立政治大學新聞系，1964 年 1 月 18 日。

⑱ 〈楚崧秋五日蒞新聞系　贊該系十年成效卓越　並頒發新聞事業各項獎學金〉，台北：《華夏導報》，中國文化學院，1973 年 12 月 8 日。

⑲ 1989 年 5 月，成舍我於文大新聞系頒獎時發表演講；鄭貞銘著，《愛是緣續的憑據》，基隆：莘莘出版事業有限公司，2004 年 5 月初版，第 147 頁。

⑳ 王彩雲著，〈熱望〉，載中國文化學院新聞系編《圓的追求》，台北：中國文化學院新聞系，1976 年，第 125 頁。

㉑ 鄭貞銘編著，《中外新聞傳播教育》，台北：遠流出版事業股份有限公司，1999 年 7 月初版，第 587 頁。

㉒ 鄭貞銘著，〈我的立委學生〉，載於台北：《中央日報》，2005 年 1 月 15 日，「中央副刊」第 17 版。

㉓ 鄭貞銘著，〈「橋」的回顧：華岡十三年憶往〉，載《新聞教育與我》，台北：中華民國大眾傳播教育協會，1982 年 9 月，第 177 頁。

㉔ 潘健行著，〈我心常在華岡〉，載宋晶宜、高信疆等著《橋》，台北：鳴華出版社，1976 年，第 11 頁。

㉕ 潘健行著，〈再造重生──為吾師六秩大壽祝嘏〉，載於鄭貞銘著《熱情老師　天才學生》，福州：福建教育出版社，2007 年 4 月第 1 版，第 151 頁。

㉖ 潘健行著，〈再造重生──為吾師六秩大壽祝嘏〉，載於鄭貞銘著《熱情老師　天才學生》，福州：福建教育出版社，2007 年 4 月第 1 版，第 153 頁。

㉗ 潘健行著，〈迷航待發〉，載林秋山、王應機等著《無愛不成師：天涯存知己》，台北：遠流出版事業股份有限公司，2005 年，第 19-22 頁。

㉘ 潘健行著，〈我心常在華岡〉，載宋晶宜、高信疆等著

《橋》，台北：鳴華出版社，1976 年，第 11 頁；鄭貞銘著，《熱情老師　天才學生》，福州：福建教育出版社，2007 年 4 月第一版，第 87 頁。

㉙ 潘健行著，〈再造重生——為吾師六秩大壽祝嘏〉，載於鄭貞銘著《熱情老師　天才學生》，福州：福建教育出版社，2007 年 4 月第 1 版，第 153 頁。

㉚ 何榮幸策劃、導論，台灣大學新聞研究所召集、採訪，《黑夜中尋找星星——走過戒嚴的資深記者生命史》，台北：時報文化出版企業股份有限公司，2008 年 9 月第二版，第 305 頁。

㉛ 鄭貞銘著，《無愛不成師》，台北：三民書局，2010 年初版，第 209 頁。

㉜ 鄭貞銘著，《鄭貞銘學思錄 II：橋》，台北：三民書局，2010 年 7 月初版，第 199 頁。

㉝ 鄭貞銘著，〈「橋」的回顧：華岡十三年憶往〉，載《新聞教育與我》，台北：中華民國大眾傳播教育協會，1982 年 9 月，第 186 頁。

㉞ 宋晶宜著，〈磨血的工作〉，台北：《大華晚報》，1973 年 12 月 20 日，「綠夢谷」專欄。

㉟ 謝然之著，〈台灣新聞教育之開始〉，載《新聞教育與我》，台北：中華民國大眾傳播教育協會，1982 年 9 月，第 35 頁。

㊱ 載於鄭貞銘日記，1967 年 5 月 11 日。

㊲ 鄭貞銘著，《無愛不成師》，台北：三民書局，2010 年初版，第 382 頁。

㊳ 謝然之著，〈台灣新聞教育之開始〉，載《新聞教育與我》，台北：中華民國大眾傳播教育協會，1982 年 9 月，第 33、34 頁。

㊴ 劉俊著，〈高校校報在傳媒教育中的育人功用〉，濟南：《青年記者》，2013 年 3 月下，第 75 頁。

㊵ 方炳炎著，〈文化一周創刊號〉，載鄭貞銘著〈「橋」的回

顧——華岡十三年憶往〉，《新聞教育與我》，台北：中華民國大眾傳播教育協會，1982 年 9 月，第 190 頁。

㊶ 鄭貞銘著，《無愛不成師》，台北：三民書局，2010 年初版，第 426、427 頁。

㊷ 摘自鄭永元寫給鄭貞銘的信，載於鄭貞銘著〈「橋」的回顧——華岡十三年憶往〉，《新聞教育與我》，台北：中華民國大眾傳播教育協會，1982 年 9 月，第 174、175 頁。

㊸ 黃仲正著，〈那盞小紅燈〉，載宋晶宜、高信疆等著《橋》，台北：鳴華出版社，1976 年，第 20 頁。

㊹ 戎撫天日記，1971 年 5 月 14 日，載鄭貞銘著《熱情老師 天才學生》，福州：福建教育出版社，2007 年 4 月第一版，第 116 頁。

㊺ 鄭貞銘著，〈「橋」的回顧：華岡十三年憶往〉，載《新聞教育與我》，台北：中華民國大眾傳播教育協會，1982 年 9 月，第 183 頁。

㊻ 夏訓夷著，〈樂之征〉，載宋晶宜、高信疆等著《橋》，台北：鳴華出版社，1976 年，第 32 頁。

㊼ 載於鄭貞銘日記，1972 年 3 月 27 日。

㊽ 夏訓夷著，〈樂之征〉，載宋晶宜、高信疆等著《橋》，台北：鳴華出版社，1976 年，第 35、36 頁。

第六章

無愛不成師

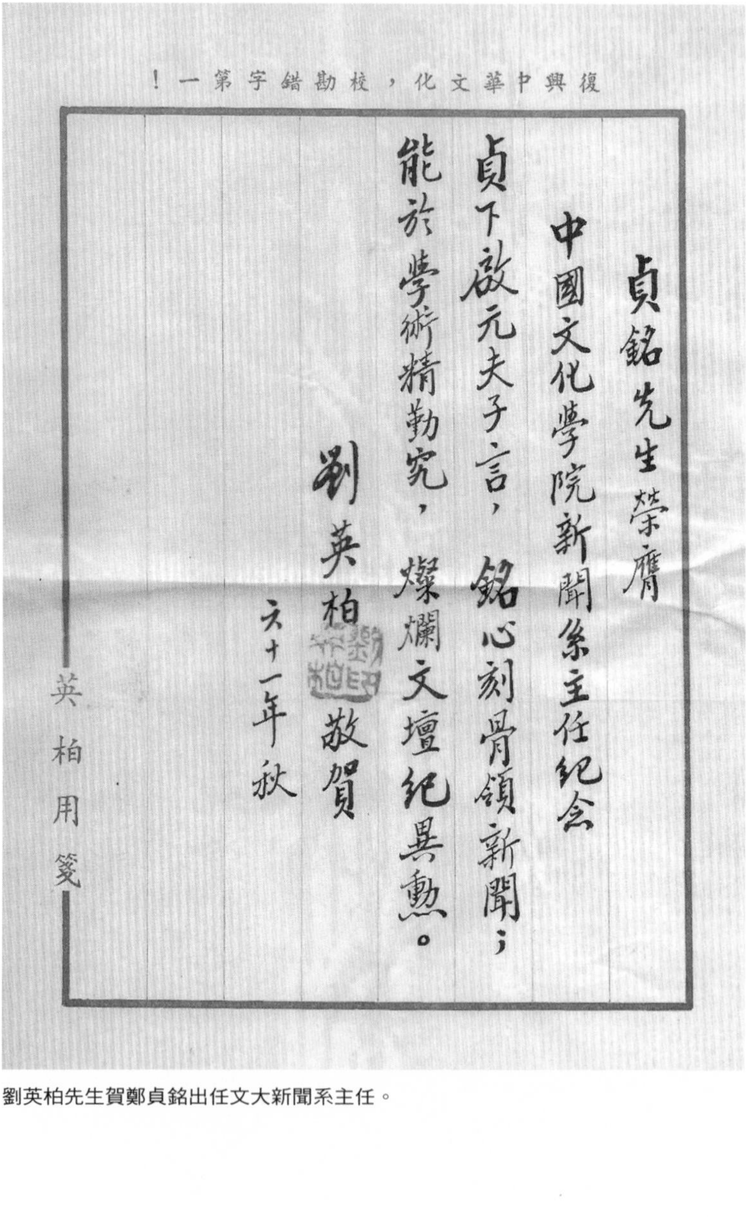

復興中華文化，校勘錯字第一！

貞銘先生榮膺

中國文化學院新聞系主任紀念

貞下啟元夫子言，銘心刻骨領新聞；

能於學術精勤究，燦爛文壇紀異勳。

劉英柏敬賀

六十一年秋

英柏用箋

劉英柏先生賀鄭貞銘出任文大新聞系主任。

洪鈞師常告訴我：「無愛不成師。」或許因為我們年輕時都受母教的影響，所以對愛的體會特別深切。①有人問我的人生哲學，我簡單的答覆是「愛」這個字。我覺得，就某一角度看，宗教與教育的內涵十分貼近。我們都強調愛的重要。但愛需要培養，也需要表達。

個人始終堅信，教育是一種專業，需要由具愛心和技巧的人來擔任；但教育也是一種藝術，這種藝術就是要把愛心與技巧加以糅合。如果相信每一位學生都是可造之材，都有學習知識、追求幸福的權利，則教育工作者應該有愛心、耐心與恆心，去循循善誘誨人不倦。②

我們相信，教育是無私的，也是無價的，只要學生有敬，老師有愛，一個老師能以經師、復以人師自勉，不僅使學生得到知識的教導、傳授，亦可使學生得到人性的感化、薰陶，則「一日為師，終身為父」的情境，依然可以重現，「戀戀恩師，依依離情」亦將在校園中年復一年，日復一日了！③

——鄭貞銘

做一位熱情的老師

有一天，鄭貞銘在批閱學生們提交的「月記」時，猛然被其中的一句話刺痛：「老師的冷漠，是學生心靈永遠的痛。」作者是被公認為「華岡新聞系第一美男子」的高信疆，當時部分兼職老師因實務繁忙，匆匆地來去，使得對大學教育充滿理想與期待的他，產生了失望的心情。鄭貞銘當

即將這句話給許多老師過目，加以警醒，同時發誓「做一位熱情的老師，不再使學生的學習變得孤獨無依」④。

鄭貞銘在這篇月記上鄭重地作了批覆，其中有一句話：「學生的冷漠，也是老師心中永遠的痛。」他期待著師生之間能夠深入溝通，均能打開心扉，坦誠以待。後來，他也在日記中總結道：「我總覺得，新聞工作，道德第一；新聞教育，熱情第一。這是我離開校門踏進社會幾年中，唯一的一些心得。」⑤誠如他信奉的教育理念，「受稱讚是學生不可剝奪的人格權」⑥以及「無愛不成師」，鄭貞銘在教育實踐中注入十分的熱忱、誠摯與愛。

在他的眼中，高信疆是華岡新聞系的「標竿人物」，更是新聞教育的驕傲。1963 年，十九歲的高信疆從台中二中畢業，高中聯考意外失利，選擇了剛成立的華岡新聞系。進入華岡一週後，鄭貞銘要學生們每人撰寫個人小傳，當看到

文大新聞系傑出校友，「華岡第一才子」高信疆（左）、柯元馨（右）伉儷每年前來鄭貞銘家中賀新年。

高信疆交上來的作品時，大吃一驚，「那洋洋灑灑的文字中，充滿了文化人的瀟灑不拘」[7]。當晚，懷著「發現寶藏似的喜悅」[8]，他激動地將高信疆的作品拿給《中央日報》採訪組的同事們傳閱，大家都讚歎不已。

> 走在華岡道上，淡漠的山霧迷濛了你我，迷濛了長
> 亭與短亭——你說，我們已經在這條路途上走向了
> 山窮、水窮、身窮的境域，終點就在眼前了。然而
> 我們竟不能畫出一個圓，甚或一條直線……
> 你的唏噓散於蒼穹。望著亙古的空無，我忽然覺
> 得，我們竟貧乏如斯。我們何曾掌握過一些什麼
> 呢？何曾瞭解了什麼？獲得了什麼？我們真能肯定
> 或否定些什麼呢？我們作不成我們想作的，我們甚
> 至作不成我們自己……知識、錢財、讚譽、學位，
> 這些東西確能使我們富裕嗎？
>
> ——高信疆[9]

　　在華岡新聞系四年，這位被公認的「華岡新聞系第一美男子」帶動文潮，許多學弟學妹受其影響，出了很多在文學及副刊上表現卓越的系友。1970 年代主持《中國時報》「人間」副刊期間，高信疆更是相繼組織或參與了現代詩論戰、鄉土文學運動、報告文學運動、中國大陸抗議文學運動等現代台灣重要文學運動，在華人副刊史上留下了寶貴一頁，他因此被譽為「紙上風雲第一人」。

　　高信疆的年齡比鄭貞銘小沒幾歲，兩人意氣相投，名為師徒，卻始終保持著兄弟般的情誼，後者還曾奉師命回母系

開講「新聞文學」課程。華岡新聞系的歷屆畢業同學，春節時都曾收到過鄭貞銘寄贈給他們的「紅包」——愛國獎券一張。[10]他用這小小的禮物給大家拜年，並希冀給他們帶來一些財運。有一次，他贈送給高信疆、柯元馨夫婦的獎券中得小獎，夫婦二人興高采烈地去兌換，錢雖不多，卻樂趣橫生。

> 老師佈局，天下一輪明月，萬里青空觸眼明，將遇良才；
> 學生運子，世事皆沐春風，千尺絳帳拂面輕，馬逢伯樂。
>
> ——高信疆、柯元馨

1996 年 6 月 30 日，鄭貞銘過六十大壽，高信疆、柯元馨夫婦贈雅聯一副。深情奔湧其間，才情躍然紙上，鄭貞銘稱這是收到過的最好禮物，視為瑰寶。

愛是緣續的憑據

一有時間，鄭貞銘便會去探訪同學寢室，親切詢問每一位同學的起居飲食、讀書環境、家庭狀況，使離家在外的學子們備感溫暖。除此之外，他還堅持做學生家庭訪問，利用寒暑假跑遍全台灣，搭建起家庭與學校間相互瞭解的橋樑。學生出行遊玩，盛情邀請他一同參與，他也來者不拒，欣然前往。因而，他不僅叫得出每一個新聞系在校同學及畢業校友的姓名，而且熟知每人的性格與專長。

吳章鎔的父親、台灣新聞界先進吳紹璲先生（右）指導影星張美瑤演出《吳鳳》。

　　華岡新聞系第五屆畢業生吳章鎔，父親吳紹璲曾擔任台灣省新聞處處長，1964 年 6 月，第十一屆亞洲影展在台灣舉行，吳紹璲夫婦陪同海外華僑鉅子陸運濤及其新婚妻子等一行在島內觀光，20 日，從台中飛返台北的專機遭遇空難，機上五十七人全部不幸罹難。這對於從初中畢業剛邁進高中叛逆的吳章鎔而言，無疑是無法承受的巨大打擊。待他考上華岡新聞系後，鄭貞銘對其特別留意，常關心他的生活與學業，並前往家庭探慰。

　　從此，兩人培養起一份師生、兄弟般的感情。[11]吳章鎔曾說：「『一日為師，終生為父』這句話用來形容我和鄭老師之間真是再貼切不過了……在我們心中對老師的景仰是我們對老師泉湧以報的驅動力。」[12]大學畢業後，吳章鎔赴美創業，後來成為美籍華人企業家。鄭貞銘到美國訪問，吳章

鎔自封「美西辦事處主任」，替他張羅在美的所有事務，接他到洛杉磯家裡小住數日，並約集南加州校友和老師聚敘，令鄭貞銘在異國他鄉感受到家一樣的溫暖，「使我覺得永不孤單」⑬。

吳章鎔曾在一篇文章中回憶了大三暑假時，做司機陪鄭貞銘及兩名助教，驅車訪問台北以外地區同學家中的情形：「當時的心情是既不甘心也不以為然。隨著行程，親見老師一城一縣地逐家拜訪，詳細關注，漸漸地才瞭解到老師對學生們的關愛，那種深層的親身體驗、入微的觀察若不是懷有至情至愛的胸懷，是不可能這樣無怨無悔，無期盼，無回報的長此以往的。」⑭

華岡新聞系第六屆畢業生鍾惠民，後來成為台灣立緒出版社總編輯，當年從高雄考到文大的她，對大學聯考放榜後不久鄭貞銘的來訪記憶猶新：「記得聯考放榜沒多久，老師

鄭貞銘與吳章鎔伉儷合影於洛杉磯吳府門前。

即南下到高雄召集了所有高雄地區的新舊學生相聚，一方面關心學生們的暑假生活，一方面介紹新生瞭解未來的學習環境與內容。因為很有新意，引發了我們對這個系的好奇，也鼓舞了我們去文大新聞系求學的信心。他是從台北出發，一站一站地到了高雄。」[15]

> 昨今兩日，利用中午與晚上時間分訪學生家庭，覺得這是極有意義的工作。以昨晚來說，分別訪問了湯健明、洪丁福、林百麗、孫永祥、歐陽聖恩、高麟三等同學的家，當然在很快樂之中建立起家庭與學校間的瞭解。
>
> 教育是愛的工作，著重瞭解與啟發，這樣就容易把青年人的潛力發揮出來，可以達到教育的目的。在大學之中，我想這樣做的人已經很少了。
>
> 昨晚還在湯健明家吃飯，並由他騎摩托車送我到處

大法官董翔飛（左）以校友吳章鎔所寫「師恩難報漸漸報，師志難承點點承」撰贈墨寶，懸掛於鄭貞銘家中。

去拜會，難得他的熱心。

──鄭貞銘[16]

有一年元旦，鄭貞銘特意向報館請假兩天，攜助教與學生代表，沿途南下到彰化、雲林、嘉義、台南、左營、鳳山、高雄和屏東等地，跑遍的不是名勝古蹟，也不是茶樓酒肆，更不是歌場舞榭，而是各年級同學的家，以及同學們畢業前實習的新聞機構。

我記不清凌晨到深夜，嶄新的衣服沾了多少灰，柏油路、石子道、山徑、鄉野上下車有多少趟，與新聞界前輩們握了多少次手，但是同學家長和新聞機構負責人們的言談舉止，我至今還能一一道出；家長們的熱誠招待，對子女的關愛，對系與學校情況的熟悉，可看出天下父母望子成龍的愛心。新聞界前輩們對同學實習或學長工作表現的讚揚，專業精神的嘉許，也說明社會求才態度與新聞教育的績效。

在北返的車上，教授毫無倦容地告訴我：「由這次旅行訪問中，我深深體會出家長對子女的期望，是多麼殷切，社會對同學要求的工作標準，是多麼高，由這些也可以知道：教育是一項需要學校、家庭、社會各方面密切合作的工作，我身體、精神上一點都不累，這大概是興趣使然吧！」

──范大龍[17]

鄭貞銘與范大龍（左）合影。范大龍為文大新聞系第二屆畢業，於廿八歲時出任中央社駐羅馬特派員，可惜英年早逝，令人懷念。

　　每年暑假，新生都會被安排到台中成功嶺接受軍訓，鄭貞銘每每犧牲當時一星期僅有一天的假日，冒著溽暑，從台北乘車前往探訪、慰勞，總令學生們無比的興奮和感動。新聞系首屆學子陳南山曾記述下當時的溫馨場景：「這群學生在接受成功嶺集訓時，他老遠從台北去看他們，他還自掏腰包慰勞這群阿兵哥一頓豐盛的午餐。在一間招待所裡，他殷切地問每位學生的軍訓生活，而這群學生向他獻唱了幾首雄壯的軍歌。這一幕動人的情景，至今仍然銘刻在每位學生的心坎上。」[18]

　　日復一日，年復一年，鄭貞銘成為華岡新聞系的精神支柱，不少學生將他視為求學生涯的燈塔。學生郭心惠曾在給鄭貞銘的信中寫道：「如果說，誰讓我安心下來留在文大，我自然說是老師您。叫我感動的，是老師對新聞終身不變的忠誠與關注，將您的熱忱延綿不絕地傳承下去。我大一時的心反覆不定，面對您的忠誠是自慚形穢的。」[19]

鄭貞銘於文大新聞系主任任內，每年由吳章鎔開車陪同，探訪成功嶺受訓的學生。

學生賴金波曾寫道：「第一次見到這位年輕的老師，我沒有留下多深刻的印象。可是平凡的他，竟然以他一片熾熱的『愚誠』，不眠不休的鼓勵，使我自覺四年沒有白費，他同時也締造了新聞系永恆的價值。」[20]學生詹宗翰也曾在課堂上說出了這樣一番話：「學問的廣闊，瞻之在前，忽焉在後，在此茫茫學海中，需要的是一盞指引的明燈。希冀能學得老師的萬分之一，將老師的理念傳承下去。」

學生蔡宗豪寫給他的文字更令人動容：「愛是老師逐漸沙啞的聲音，愛是老師日漸佝僂的背脊，愛是老師的華髮，愛是老師的心。過往歲月中，老師的背影，是我唯一的熟悉。未來日子裡，我將如何回憶？我該怎麼珍惜？我相信，我不會忘記……就讓愛，成為老師和我下一次見面時最好的憑據──緣續。」

學生蔡宗豪（左）寫了一封極感人的信。
後蔡宗豪在高雄發生重大車禍，鄭貞銘對
這位學生懷念不已。

戀戀恩師，依依離情

每一次我走進教室，看到一張張可愛的臉龐，內心
總有說不出的感動，總希望以自己有限的知識，去
滿足那無窮的求知眼神。我希望學生們在安全中學
會信任，在讚賞中學會欣賞，然後把知識貢獻給社
會，把熱誠貢獻給國家。

一流人才的養成，絕對要在愛的環境與善意、誠懇
的對待中完成，以我個人的親身成長經歷，我願負
責地說一句話：「老師傾囊相授，學生主動求
知。」這樣的相激相輔，教育才有成果，也才能達
成「百年樹人」的神聖使命。

——鄭貞銘[21]

許多人說，大學裡的師生關係是「下課鈴響分手，只求

成績到手」，然而曾感受過無比溫馨關懷的師生情的鄭貞銘，卻對「戀戀恩師，依依離情」的動人畫面充滿憧憬和自信。他曾說，「我待學生就有這麼一個原則，『竭盡所能』『竭盡心意』，我想如此長期以往，總會獲得青年朋友們的瞭解的」[22]。他與同學們之間，不單單是師生情，更多的還是友情、親情。

> 年前，在系裡，我第一次領略了山上的溫情；那位瘦高而戴著眼鏡的年輕老師，紅紅的臉上始終泛著微笑。之後，我們都融化在愛神的胸襟裡。
> 教授家在喧囂的城市，我們卻成了常客，教授要使年輕人多認識這個世界，除了靜謐以外的，好幾個的晚上，在山中只有微風吹著相思樹葉。系辦公室裡的燈火帶有濃濃的情誼，燈下，大家團團的坐著，老師為我們講人生起段的閱歷。
> 窗，月色飄了進來，在淡藍色的牆壁上，教授的身影被拉得長長的。
>
> ——蔣永元[23]

　　他常邀請同學們參加系務會議，鼓勵他們對系裡的事務提出意見和建議，「我一直以為，教育原是為學生而辦，當然得多聽取他們的看法，然後以師生共盡的力量促成系的進步」。[24]與此同時，他的家，經常聚集了華岡新聞系的學子們，談天下事，聊個人事，每次都洋溢著數不盡的歡聲笑語，「師生無拘束地談，能減輕心理隔閡，增進瞭解，的確效用無窮」[25]。

鄭貞銘家經常聚集了華岡新聞系的學子們，洋溢著青春的歡聲笑語。圖為校友李濤等第六屆學生訪鄭貞銘永和住家。

> 他把全部時間投入文大新聞系，不但以校為家，還
> 做到以家為校，他家亦成為學生聚會的最佳場所。
> 以校為家不難，以家為校可就不容易了。學生對他
> 的愛戴令人羨慕又敬佩。
>
> ——林秋山[25]

　　有一次，大家一起聚在他家裡包餃子，一時找不到和餡的大碗，鄭貞銘說，那就隨便拿一個盆吧！於是，潘健行搜羅來一個大鋁盆，放肉，放鹽，加麻油，和得很是來勁。不久，鄭貞銘母親回來了，看到大家盛餡子的大盆，哎呀地叫出聲來：「這個腳盆怎麼也拿出來用呢！」可是，已然到了這種地步，也只好將錯就錯了。結果，餃子端上桌，同學們一擁而上，紛紛盛讚餃子「來勢」，弄得太師母哭笑不得。

老師不在家，大家把小蛋糕放在桌上，二三十個人都坐了下來，大家不約而同地決定：「等」。

天黑了，夜靜了，慈祥的太師母回房休息了，肚子餓了，怎麼辦？小蛋糕不能吃，是送給系主任的禮物呀！有人瞧見桌上還有個好大的蛋糕，切開來吃吧！反正系主任在的話，他也一定會請我們吃的。

吃了蛋糕，天漸漸亮了，等了一個通宵呢！忽然系主任推門而入，望著這群睡眼惺忪的學生，望了望桌上的小蛋糕，臉上泛起了訝異的笑容。他感動地說：「你們熬了一夜啊？」當然他不知道這群「蝗蟲」送了他一個小蛋糕，卻吃掉了他一個大蛋糕哩！

——宋晶宜[27]

鄭貞銘不但以校為家，還做到以家為校，他家亦成為學生聚會的最佳場所。

有一年，調皮可愛的學生們為了給鄭貞銘一個生日驚喜，沒打招呼就提著個小蛋糕上門了，不料他卻被女友拉去台北新店的碧潭划船慶生了。這一椿小故事被宋晶宜寫在了她的名作《綠夢谷》裡，成為歲月潮汐裡永恆的低吟淺唱。

就這樣，鄭貞銘的辛苦奔波和真誠付出，贏得了同學們的敬佩和愛戴，他一直憧憬的「無愛不成師，無心不成徒」的溫馨畫面，成為華岡新聞系隨處可見的真實場景。每位老師上課之前，一定會有值日生倒一杯茶在講桌上，然後由班代表發號施令，向上課的老師深深地行一鞠躬禮。

有的老師一上講堂，在微笑答禮後就呷一口茶，然後愉快地開始講課；有的老師則在講到高潮時，突然戛然而止，緩緩喝一口清茶潤喉，然後再繼續講解。後來，于衡老師還曾專門寫了一篇題為〈一杯清茶〉的散文，對華岡新聞系學生尊師重道的系風大為讚賞。

一點一滴，積累而成

> 鄭老師三十歲生日那天，難得的是潘家慶[28]先生也參加了我們簡單的歡宴，潘先生是鄭老師大學時代的同學，當同學要求他講些鄭老師大學時代的羅曼史時，潘先生說：「你們鄭老師在這方面沒有值得講的。我願意把他的特長告訴大家，如果大家喜歡他、敬愛他，應該學習他的長處。他的長處是充分利用時間……」
>
> ——潘健行[29]

就在這最繁忙之中，他充分發揮了自己的優點，這便是冷靜而有條理地把每一件事都做得很成功，並且優游自在地沒有一絲忙亂的態度。「腳踏實地，按部就班」是他的長處，一位政大校友曾說，「假如別人會成功的話，那可能包括一些機運在內。然而鄭貞銘的成功是必然的，完全是他自己奮鬥努力而得的」。

——鄭心元[30]

　　鄭貞銘自從擔任新聞系專任講師及行政秘書後，系務工作愈加忙碌，因而難再兼顧《中央日報》一線記者崗位，曹聖芬社長眼看這位青年才俊在文大系務的崗位上「越陷越深」，多少也產生一些無奈與失望之情。

　　1965 年，鄭貞銘由黨政記者被調任《中央日報》國際新聞版副主編，負責該版塊的編務工作。國際新聞是當時《中央日報》的一大特色，在有限的版面中，卻佔了第二版全版，對當時台灣民眾國際觀的塑造影響不小。在鄭貞銘辦公桌的對面，是曾給他講授「外國新聞史」等課程的政大新聞研究所老師、時任《中央日報》副總編輯兼編譯組主任徐佳士。

　　徐佳士溫文儒雅，長相酷似電影明星《羅馬假期》男主角葛雷葛萊‧畢克（Gregory Peck），其撰寫的《大眾傳播理論》堪稱台灣傳播學的啟蒙之作。他平時不多言，但一出言，卻又幽默風趣，令人體會溫暖。他的名言是：「專業就是博腦佛心（profession）：要有廣博的知識、溫暖的心。」後來，有一群他的頑皮學生，見老師身材瘦長，講課時總是

右腳搭在左腳邊，手撫著下巴皺眉思考，神似卡通人物頑皮豹，因而幫老師取了一個「頑皮豹」的暱稱，他本人也欣然悅納。兩人既是長官與部屬關係又有師生情誼，徐佳士對鄭貞銘指導很多，令其受益匪淺。

1968 年 1 月 10 日，做了近三年編務工作的鄭貞銘，升任中央日報社資料組副主任。5 月，劉毅夫副總編輯曾向他透露，報社擬升任其為採訪組主任，詢問其本人的意見如何。鄭貞銘備感兩難，接受這一任命即意味著要捨棄已付出心血的華岡新聞系，此事便擱淺起來。

1969 年，他日益面臨著分身乏術、無法兩邊兼顧的局面，曹聖芬社長也開始更加急迫地催問鄭貞銘，告知他「應該有所抉擇了」[31]。思慮再三，7 月 31 日，鄭貞銘索性正式向報社提出辭呈，告別了他前後服務了十一年之久的中央日報社，全身心投入到華岡新聞系務中。

張其昀創辦人在 1962 年創辦中國文化學院時，旋即著手成立中華學術研究院，下設哲學、文學、史學、地學、教育、政治、經濟、法學、工學、農學、美術、音樂戲劇等學術分會，其中的新聞學分會名為「中華新聞學協會」。在創辦人和謝然之的鼎力支持下，鄭貞銘擔負起該協會的籌備工作。

1968 年 10 月 11 日，中華新聞學協會正式成立，在台灣島內遴選院士（Fellow）三十二人，皆為當時台灣新聞學界和業界之俊傑：丁維棟、王民、王永濤、朱鶴賓、李雅樵、李瞻、余紀忠、余夢燕、沈宗琳、邱楠、周天固、徐佳士、侯斌彥、姚朋、胡傳厚、唐樹祥、馬克任、馬星野、馬彬、耿修業、陳固亭、陳裕清、夏曉華、曹聖芬、曾虛白、

鄭貞銘（右）與中華新聞學協會院士馬克任（中）、詩人梅新（章益新，左）等合影。

黃仰山、楚崧秋、鄭貞銘、劉昌平、黎世芬、錢震、謝然之。後增聘王惕吾、成舍我、洪炎秋、吳三連、黃通霈、王洪鈞、林大椿等七人，同時敦聘九位國外院士。

經協會院士推選，德高望重的馬星野當選首任會長，馬星野、謝然之、曾虛白、陳裕清、曹聖芬、余夢燕、王惕吾為常務委員，鄭貞銘則當選為學會秘書。協會成立後，其龐大的院士陣容在當時的台灣新聞學界引起不小反響，也曾舉辦多次新聞學術方面的研討會，成為 1960 年代台灣重要的新聞傳播學學術組織。然而，因中華學術研究院未向教育部核備，後奉命停辦，中華新聞學協會自然也就解散了。㉜

此外，1967 年 6 月 30 日，鄭貞銘還曾當選中華民國新聞編輯人協會第五屆理事，第二年 6 月 27 日又當選第六屆常務監事，已然成為台灣新聞學界與業界的重要人物。

與此同時，鄭貞銘個人在新聞學術方面也不斷精進，將自己豐富的新聞媒體從業經驗與課堂治學心得總結、提煉，

「一點一滴，積累而成」，於 1966 年出版專著《新聞採訪的理論與實際》。馬星野、曾虛白、謝然之紛紛傾情作序，王雲五特別關照台灣商務印書館協助做好出版事宜。

> 新聞採訪學的宗旨，非僅在闡述若干採訪的原理與
> 技巧，更重要的是使每一位有志於記者工作的青
> 年，深切瞭解自身在社會中所肩負的責任，其一字
> 一句對廣大社會群眾所發生的重大影響。
>
> ——鄭貞銘[33]

該書涵蓋新聞基本理論、採訪實務和新聞寫作等三大塊內容，旁徵博引，娓娓道來，甫一出版，即引起台灣新聞實務界與學界的共同關注，名噪一時。大家普遍認為這是一本學術與經驗兼有、理論與實踐並重的力作[34]，已再版了七次，流行至今。

一片愚誠

1967 年 2 月 4 日，鄭貞銘由講師晉升為副教授，而謝然之也剛被提拔擔任國民黨中央委員會副秘書長，仍兼四組主任原職，愈加繁忙，更無暇兼顧系務。4 月，即將畢業的第一屆新聞系學子共計五十名，分赴各大媒體展開為期一個月的實習，鄭貞銘勉勵他們，「我要求我的學生在校內表現優良，在校外要求更好」，同時還關心學生們的就業問題。

> 到了大學畢業，心情顯然是千頭萬緒，其中另一件
> 心理負荷是就業問題。本來作為一個師長，並無此

法律責任，但在道義上總覺得是有責任。在此「人浮於事」的當下，只有竭盡能力了。

──鄭貞銘[35]

6 月 18 日畢業典禮上，張其昀創辦人親自給鄭貞銘等教師頒發「模範導師」獎章，此為中國文化學院的最高榮譽。離別在即，鄭貞銘召集大家做最後一次談話，誠懇地叮囑同學們，「今後無論幹哪一行，一定要忠於自己的職責，並且隨時注意學識上的進修，好做一個跟得上時代的人」[36]。

我的話大體上是說對他們畢業後的期望，其中包括：
一、永遠不要放棄理想，勿為現實折磨；
二、忠於國家、民族；
三、忠於長官、朋友；
四、勇於負責任事，不可敷衍；
五、以愛心灌注給後期同學。
我的結論是，各位畢業後就是我的朋友，希望在人生旅程上攜手合作。

──鄭貞銘[37]

他贈送給每一位畢業生一張個人照片，給男生的照片背後寫著「安危他日終須仗，甘苦來時要共嘗」[38]，給女生的照片背後寫著「在天之涯常相憶，在海之角共協力」，成為無數華岡新聞學子的珍貴記憶。

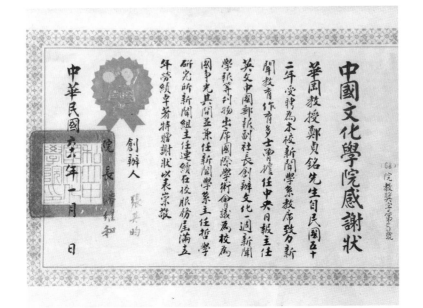

文大創辦人張其昀頒感謝狀予鄭貞銘。

夜來臨時，我們點燃了二十支小紅燭，石屋就躍滿
了光。

圍著燭影，夜顯得如此的不凡。

鄭（貞銘）老師的話為今夜揭幕：

「我送給同學們每人一張照片，但是有一個條件
喔，你們每個人都要說一段話，這是我們系裡的傳
統。」

老師的話帶來一陣不算小的低呼和笑聲，我心裡
想：這是多別緻的條件，多可愛的傳統呀！

窗外，風在呼喚，浪在咆哮，而我們就擁著燭光，
在石屋裡傾談。

一個個笑著站起來，又笑著坐下去，沒有冠冕堂皇

台灣新聞教育之父謝然之教授（前排右），創政大、文大、政戰三個大學新聞系。圖為文大新聞系在美校友與謝老師、師母在校友吳章鎔家後院歡聚。

的演講，只是些愛與誠的譜曲。

—— 宋晶宜[39]

結果，華岡新聞學子首次集體亮相，廣受各界好評。他們決定，自下學期起每年捐贈八名獎學金給母系，每名新台幣一千元，用以鼓勵學弟學妹，並感謝母系四年來的教育之恩，溫馨動人，廣受讚譽。

1969 年夏，鄭貞銘擔任新聞系執行秘書已滿六年，成績有目共睹，此時謝然之主任以六年任期已滿為由執意讓賢，對他說：「我是不必要這名義的，這幾年之所以做，是為了你做，是為了培植你，現在也差不多到時候了。」[40]鄭貞銘以謝然之老師的聲望、學識對華岡新聞系極其重要等原因，勸其繼續留任，並當晚寫信再請其勉為其難，然而謝然之主意已定，堅持引退。於是順理成章，7 月 1 日新學期伊

始，張其昀創辦人即提攜鄭貞銘正式接任新聞系主任職務。

> 筆者在創系之初，略盡綿薄，而實際系務則由鄭貞
> 銘教授負責推行。他以全心全力貫注在華岡學子的
> 課業與生活中，十餘年如一日，可謂夙興夜寐，念
> 茲在茲，乃能造就華岡同學一心一德，默默耕耘，
> 為新聞事業而刻苦奮鬥。
>
> ——謝然之[41]

此時，鄭貞銘剛年屆三十三歲，成為台灣最年輕的大學系主任。受到如此賞識與栽培，對於一位年輕人而言，確實是極為難得與彌足珍貴的，他保持了這項紀錄三年，一生引以為榮，並發願「以一生歲月，以具體行動報答張創辦人的知遇之恩」。

> 自謙以「一片愚誠」貢獻於新聞事業與新聞教育的
> 鄭（貞銘）主任，在受命後，現正草擬計畫，準備
> 從培養師資、充實設備、建立制度與建教合作等諸
> 方面著手努力，期使新聞系邁進新的紀元。
> 他說，他的目標在達成該系的另一項創舉——《永
> 恆的新聞系》一書中所說：「在校期間，使每個學
> 生以新聞系為榮；畢業之後，新聞系以每個畢業學
> 生為榮。」
>
> ——《華夏導報》[42]

1972 年 7 月，鄭貞銘還接替丁維棟教授，兼任夜間部

新聞系系主任，從此日間部新聞系與夜間部新聞系合二為一。接任夜間部新聞系系主任後，鄭貞銘即按照自己的新聞教育理想開展規劃和改革，一方面利用星期假日分批約請畢業校友及在校學生舉行座談，聽取他們對系務的意見，並正式成立校友會；另一方面，他全面改革課程、師資，聘請優秀畢業生賴金波、潘健行等開設相關專業課程，並聘請夏訓夷擔任該系的執行秘書，協助其做好系務工作。

點燃那盞爝火

　　1970 年代，台灣出版界風起雲湧，迎來各路英豪攻城掠地的「戰國時代」。純情少女醉心於瓊瑤《煙雨濛濛》的夢幻世界，文藝少男流連在王尚義《野鴿子的黃昏》下的惆悵旅途，而在《籃球情人夢》的青春派對裡，少男少女們擁抱著屬於那個時代的一場春夢。根據台灣出版年鑑的統計資料顯示，1971 年全台灣共有出版社 1395 家，足足比十年前翻了一倍還多。相繼湧現的文津出版社（1970 年）、文史哲出版社（1971 年）、巨流圖書公司（1973 年）、學海出版社（1975 年）等，對推動台灣學術界的蓬勃發展，功不可沒。㊸

　　在這「文化復興」的年代，許多有理想有抱負的青年人也投身其中，為火熱的「知識工業」付出一份熱誠和豪情。1970 年秋，歷來對出版事業心懷憧憬以及對文學有濃厚興趣的鄭貞銘，終於按耐不住幹事創業的激情，與張靜濤、夏訓夷、高信疆、簡武雄、朱龍勳等幾名得力助教和優秀學子，一同創辦起了一家小出版社——莘莘出版事業有限公司。

雖然，我們只是一群剛剛踏出大學門檻的青年人，但在致力於「中國文化的再生」這一意義上，我們卻有著一切如是的內省與堅持。我們以為，文化的認同是一種漸進的覺醒，它必須透過每一個階層的深刻體驗與認知；因此，在我們出版的書籍中，將永不固定於某一特意的範疇。

也因此，當我們這樣的想了，我們就這樣的做了；至於成績好壞，那是另一回事——當然，我們財力有限，經驗有限，但我們卻擁有了作為一個讀書人所應有的真誠，以及年輕人不畏一切的熱情與豪氣！

我們希望：在致力於「知識工業」的開發上，莘莘出版公司能夠貢獻出一個齒輪的力量；在航向未來的時間之流中，能點燃那盞璀璨的燔火。

——「莘莘叢書」出版緣起[44]

莘莘出版公司以小資本創業，卻在不到一年的時間裡，接連出版了《人物春秋》（名記者王康著）、《名記者的塑像》（樂恕人等著）、《又來的時候》（楊允達、逯耀東、張伯敏合著）、《雲山萬里》（高希均等合著）、《大學‧大學》（徐鍾珮等著）等十二本書籍，結果在市場中掀起陣陣波浪，深受大眾特別是年輕人歡迎，一砲而紅。其中，不少書籍成為當時的暢銷書，有些至今仍是經典之作。

現在，正有一批青年人，為他們所組成的莘莘出版公司提出一個很有力的口號：「為年輕人出書！」

這不只是個口號而已，同時也代表他們的理想和抱負，代表這一代青年人的魄力和幹勁。

「熱情、信心和對知識的真誠，是我們最大的資本。」才華橫溢而又瀟灑的青年——高信疆說。他說這話時，眸子帶有幾分年輕人特有的執著和單純……一群天不怕、地不怕的幼獅（youth），當他們茁壯成一隻雄獅的時候，或者他們的力量是驚人的。而此際他們也只認為他們是一隻幼獅而已，一隻具有無限潛力的幼獅（youth）。

——《文化一周》[45]

第二年，鄭貞銘從恩師曾虛白那裡承接了著名報人、外交家董顯光博士[46]的部分遺作處置權，意外地發現了其遺留於 1944 年寫下的全年日記手稿，莘莘出版公司將其整理出版，名之曰《萬年長青》。此書成為董顯光唯一的一本中文

著名報人、外交家董顯光博士唯一的中文著作《萬年長青》，由鄭貞銘所創立的莘莘出版公司付梓出版。

著作，內容大多是關於基督信仰和自我修養方面的，文字優美，字字珠璣，對當時普遍缺乏信心的社會來說，極富激勵與省思功效，一經問世便大受歡迎，暢銷一時，短短幾年內更是一版再版，大獲成功，由此奠定了莘莘「不賠錢」的基礎。

到了 1973 年，莘莘出版公司遇到了發展的瓶頸期，需增資以拓展規模，而現實是大家並無錢再投，此時又逢張靜濤、夏訓夷準備出國讀書，辭去了助教職務，莘莘愈加面臨窘迫的局面。此時，事務纏身的鄭貞銘，沒有更多精力再來兼顧，只好於 8 月 8 日召集大家，宣布將莘莘解散了。這家存活了近三年的出版公司，猶如流星般閃過，絢爛一時而終歸於寂然，在台灣出版史上留下小小的痕跡。㊼

立志獻身新聞教育事業

> 今天是記者節，讀了幾篇社論，大家都以在目前國際情勢中新聞界更應盡責相期勉。誠然，新聞界有很高的理想，不過就以新聞界本身的表現言，卻也有許多值得改進的地方。
>
> 今天，我身負新聞教育之責，總希望培養出第二代的新聞記者，有良好的學識基礎，且有專業精神。但見到新聞界菲薄的待遇與若干邪惡的風氣，使不少優秀青年不久後就變質，內心無限感慨。
>
> 理想是一條漫長的旅程，還需要大力奮鬥，持之以恆。
>
> ——鄭貞銘㊽

獲文大創辦人張其昀頒「載譽華岡」紀念旗。鄭貞銘青年時期即矢志從事新聞教育，於文大服務長達五十五年，誨人不倦，樂在其中。

　　青年鄭貞銘立志終身服務新聞教育事業，奉行「隱藏」哲學，低頭一門心思搞新聞教育，而沒有任何擔任學校更高職務的野心。這也正是他在文大人事複雜中一枝獨秀，服務長達五十五年，始終屹立不搖的根本原因。恩師謝然之也曾來信鼓勵他，「在此非常時代，埋首從事新聞教育，不求名利，孜孜為學，誨人不倦，樂在其中矣」[49]。

> 我想您是最有福的人了。從華岡創校開始，您受謝
> 主任然之兄的器重，把系務都交給您，九年以來，
> 您是竭智盡忠，夙夜匪懈地付出了全副精神和心
> 血。誠如同學們所說，您能夠叫出新聞系大家庭裡
> 每一位同學的名字和他的品性與特點，因此，貴系
> 和尊名，恍若不可分的同義語。在中國教育史上，
> 像您這樣精誠貫注，用志不紛，恐怕是罕其倫比。

真的，華岡深以您為榮。

——張其昀[50]

張其昀創辦人一再強調：「成功鼓勵成功！」因而，在學校眾多會議及其他公開場合中，他常對新聞系和鄭貞銘表示嘉許，以至於對鄭貞銘造成了一些小困擾。有一次，他實在忍不住，私底下找到創辦人，請他「不要再在公開場合讚揚，以免引人妒忌」。創辦人稍稍一愣，隨即表示「瞭解」。

1973 年 11 月 11 日中午，張其昀召集各系主任齊聚華岡僑賓館，慶賀中國文化學院創建十週年，席間點鄭貞銘講話。鄭貞銘站起身，謙遜地說道：「華岡是個大學府，新聞系只是一株幼苗，但願做一株最忠誠的幼苗！」[51]餐會進行到一半，張其昀將鄭貞銘叫到身邊，說要聘他做學院訓導長，明年再調他任教務長，然後可以做第三任或第四任院長。鄭貞銘大為感動，但一絲困擾籠上心頭。

四天後，張其昀又約見鄭貞銘，再次正式提出請他務必接任訓導長，殷殷之情，難以拂逆，鄭貞銘感到「困惑之至」[52]，手足無措了。回到新聞系辦公室後，他便收到了一張學校人事室的任命書，上書「聘新聞系主任鄭貞銘先生為訓導處主任」。

手持此任命書，鄭貞銘思前想後，焦慮萬分。最終，他下定決心，第二天上午修長信一封呈給張其昀，懇請其收回成命。

上午寫了封致張曉峰的信，表示再婉謝訓導長工

作，此事當然可能引起他的不快，但不得不再作一番表示，我主要的理由是：

一、終生志趣在新聞教育與新聞事業；二、無意學校行政系統工作（訓導或教務），如有必要，願在學術系統上將來再多作貢獻；三、新聞系待推動之計畫仍多……

——鄭貞銘[53]

張其昀接信後，仍不願放棄心目中這位訓導長最佳人選，即派副院長石文濟遊說。鄭貞銘再三陳述其志不在為官，只願能為新聞教育奉獻終身。張其昀確知其志向後，便不再勉強，並於 11 月 30 日改聘其擔任文化學院新聞與大眾傳播館（大忠館）館長職務，這與鄭貞銘的志趣相符，他欣然接受。

後來，在 12 月 14 日召開的華岡學會理事會上，張其昀對鄭貞銘公開表示贊許，並明確表示尊重其志趣：「鄭教授在學校十年以來，貢獻很大，所以我一直希望他能為校負更多責任。如今他既志在新聞教育，我們就尊重他的志趣。」[54]每當鄭貞銘回憶起這段往事，總感慨地說：「這是我一生最大膽的事，拂逆了創辦人的盛情與意旨。何以當時自己有如此大的膽量，如今想來，也很不解。」[55]

1975 年 1 月，張其昀創辦人公布了一份名單，聲稱這些人是華岡的資深教授，對教學、研究及建校有所貢獻，乃文大的柱石，均聘為華岡終身制教授。這項「教授治校，以教授穩定校政」的創舉，實為教育家之高瞻遠矚，可謂是教育界之「空前絕後」，名單涵蓋了文大各不同學科領域的華

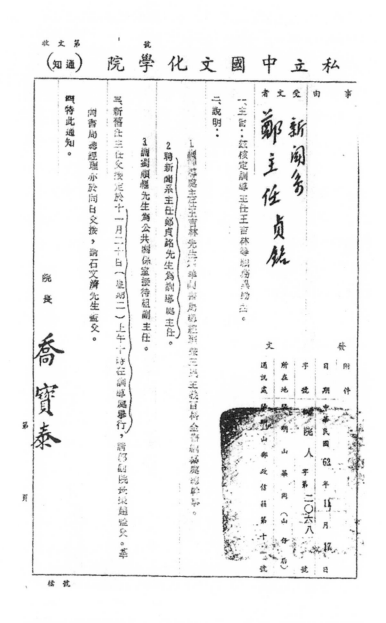

（通知）**私立中國文化學院**

受文者　新聞系　鄭主任貞銘

主旨：茲核定訓導主任王百祿榮調勞工処。

說明：

1. 調訓導處主任左右林先生為新聞局秘書兼第三処王發百祿金善調補調理事。

2. 聘新聞系主任鄭貞銘先生為訓導處主任。

3. 調劉順艤先生為公共關係室接待組副主任。

三、新舊任主任交接定於十一月二十五日（星期二）上午十時在訓導處舉行，請郭副院長根趙監交。華

向書局總經理亦於同日交接，請石文濟先生監交。

四、特此通知。

院長　喬寶泰

第　頁

文大創辦人張其昀發表人事令，要鄭貞銘出任文大訓導長，鄭貞銘以志在新聞教育，無意出任，將人事令勇敢退回。

岡教授一百七十四人，年僅三十九歲的鄭貞銘名列其中，是最年輕的一個。

走過必有痕跡

鄭貞銘常對學生們講：「汗不會白流，走過必有痕跡！」在他的熱情鼓勵和悉心指導下，中國文化學院新聞系前三屆畢業生中每屆都有人考進政大新聞研究所，第一屆兩個（潘健行、何家駒），第二屆兩位（賴金波、賴清松），第三屆更是增至四位。當政大新研所錄取名單中出現華岡新聞系第一屆、第二屆畢業生的名字時，有政大新聞系師友跟鄭貞銘開玩笑：「讓你們蒙中了兩位！」到了第三屆，當年政大新研所錄取十人名單中的狀元施長要，也出自華岡新聞系，而政大新聞系畢業生僅有兩位考取，不少政大新聞系師友開始對華岡新聞系刮目相看了。

> 今天是第三屆畢業生的畢業典禮，天氣晴朗，校園中一片喜氣洋洋，煞是熱鬧……張其昀董事長在畢業禮中致辭時，特別提到，新聞系在政大研究所入學考試中之優異成績，說明了本系的「質」極為優異。
>
> 對我來說，今天意義尤為重大，因為十年前我以第一名成績邁進政大研究所，十年後，我的學生施長要也以第一名成績邁進政大研究所。十年的時間，只要自己努力，是可以有一番作為與成就的。
>
> ——鄭貞銘[56]

鄭貞銘像位辛勤的園丁，使原本荒蕪的新聞園地，增添了更多的綠意。正是在他日夜操勞的心血澆灌下，華岡新聞系開始在台灣新聞領域嶄露頭角，異軍突起，與政大新聞系、世新等並駕齊驅，最終佔得一席之地。時任中央日報社社長楚崧秋曾讚譽，「文化學院新聞系是國內新聞學府中發展最快速，收穫最豐碩的一所學府」[57]。

至今，華岡新聞系的成長仍被視作「一項奇蹟」，而其所培養的人才之多，更是令外界嘖嘖稱奇，他們可謂是華岡新聞教育的奇葩，鄭貞銘更引為「此生最大的榮耀與安慰」。

> 六年來，該系已有三屆畢業生一百六十二名，連在校生共計三百三十餘名。除部分畢業生出國留學，進入研究所深造外大部分均進入新聞崗位上，為新聞事業而努力。服務的同學多以彬彬有禮，虛心實幹著稱。
>
> 現任系主任鄭貞銘教授，曾以第一名之總成績畢業於國立政治大學新聞系，並又以第一名之成績畢業於政大新聞研究所，是目前國內最年輕的大學系主任。所創之「月記制度」、「系務會議」、「社團活動」、「專題演講」、導師制度、「閱讀新書」……，對同學進德修養有甚大裨益，深得教育界重視。
>
> ——《華僑日報》[58]

直至 1976 年 7 月，鄭貞銘辭去系主任職務，僅保留教

鄭貞銘獲新聞界先進楚崧秋老師贈墨寶勉勵。

職，他已為文化學院新聞系服務達十三年之久，儼然成為華岡新聞系的靈魂人物。他常告訴同學們，「人人之間應該多築橋，不應該築牆」[59]，事實上他本身就已成為一座橋，多少青年學子從橋這邊的泥濘小路，走向橋那邊的康莊大道。

徐佳士曾公允地將其推為華岡新聞系的實際創辦人：「著名的中國文化大學新聞系，實際的創辦者是鄭教授。當時擔任系主任的是他的老師謝然之先生，但謝先生同時擔任著兩三個類似的職位，力邀鄭教授去文大協助他，並授權處理一切系務。」[60]

> 人的一生，有一段值得回味的日子，就足夠使人青
> 春無悔；在華岡，我經歷的是一段漫長的歷程，但
> 在個人的生命史上，已經留下了不可磨滅的一頁。
> 當我回首前塵，並看到許許多多一起鑽研的學子已
> 經踏出穩健的腳步、貢獻社會時，這一切所付出的
> 辛苦已成為最美麗的回憶。
>
> ——鄭貞銘[61]

鄭貞銘在華岡新聞系的辦學思路，也曾得到新聞界權威人士石永貴的肯定。作為政大新聞系及新聞研究所同窗，兩人同為台灣本土第一批完整經歷從大學到研究所階段的正規新聞教育的學子，石永貴歷任《新生報》社長、《中央日報》社長、台視總經理等台灣新聞界要職，在新聞事業領域風生水起，鄭貞銘則在新聞教育領域獨樹一幟。曾有媒體捕風捉影，傳出兩人有「瑜亮情結」，這也多少影響到當事人的心境。後來，石永貴仍中肯地評價道：「鄭貞銘四十年來

始終未離開新聞教育與寫作，他對中國文化學院新聞系的貢獻，使以政大為主流的台灣新聞教育，產生了延伸的功能，這也是政大新聞教育寫下新聞教育另一章。」此番言論，令鄭貞銘感佩至深。

> 我永遠不會忘卻，當初是憑著一份毅力和志趣來到這座山岡，當我第一腳踏上第一個台階時，我被那份古樓閣的傲然，激起心湖無數底漣漪。無可諱言，我曾面臨痛苦的抉擇，但我終於選擇了它。於是當我第二腳踏上第二個台階時，我矢志搭上一座橋，引渡一批批新聞界的尖兵，由此岸走向彼岸。雖說創業的旅程，難免是一系列漫長艱苦的失敗和奮鬥，但我深信，收穫是必然的。於是，一連串形形色色的面龐在眼前輝映了，一雙雙誠摯的手圈成一個個圈，我溶於無數的歡笑與唏噓。

——鄭貞銘[62]

華岡學園的櫻花四度怒放，紗帽山的楓葉四度愁紅。華岡坡上的學府一寸一寸在改變，磚頭一塊加上一塊，教室一層添上一層，樓房一幢又是一幢。而清晨的一聲鳥叫，翻滾直上的雲霧，觀音山的落日，深夜台北的燈火……愈發令人心醉，癡迷，留戀。

時光如微風，掠過山岡，在人們心田留下痕跡。豪氣充沛了每個人的胸膛，滿足流露在每個人的臉上。尤其在華岡新聞系，「幹勁十足」成為了他們的標誌，人人為整個系充滿了希望與信心。

他們總是那麼地高興，那麼地年輕。

註釋

① 鄭貞銘著，《愛是緣續的憑據》，基隆：莘莘出版事業有限公司，2004 年 5 月初版，第 164 頁。

② 鄭貞銘著，〈我的立委學生〉，載於台北：《中央日報》，2005 年 1 月 15 日，「中央副刊」第 17 版；鄭貞銘著，《無愛不成師》，台北：三民書局，2010 年初版，第 184-196 頁。

③ 鄭貞銘著，《熱情老師　天才學生》，福州：福建教育出版社，2007 年 4 月第 1 版，第 4 頁。

④ 鄭貞銘著，《鄭貞銘學思錄 II：橋》，台北：三民書局，2010 年 7 月初版，第 209 頁。

⑤ 載於鄭貞銘日記，1964 年 5 月 9 日。

⑥ 鄭貞銘著，《熱情老師　天才學生》，福州：福建教育出版社，2007 年 4 月第一版，第 49 頁。

⑦ 鄭貞銘著，〈永遠的華岡才子〉，載於台北：《中國時報》，2009 年 5 月 21 日，「人間副刊」第 E4 版。

⑧ 載於鄭貞銘日記，1963 年 11 月 30 日。

⑨ 高信疆著，〈聖河〉，載中國文化學院新聞系編《永恆的新聞系》，台北：燕京印書館，1967 年，第 96 頁。

⑩ 〈鄭貞銘大送紅包〉，台北：《國語日報》文化圈，1972 年 2 月 22 日。

⑪ 鄭貞銘著，《熱情老師　天才學生》，福州：福建教育出版社，2007 年 4 月第一版，第 125 頁。

⑫ 鄭貞銘著，《無愛不成師》，台北：三民書局，2010 年初版，第 637 頁。

⑬ 鄭貞銘著，《無愛不成師》，台北：三民書局，2010 年初版，第 634 頁。

⑭ 吳章鎔著，〈謝謝您，鄭老師〉，載林秋山、王應機等著《無愛不成師：天涯存知己》，台北：遠流，2005 年，第 75 頁。

⑮ 鍾惠民著，〈傳奇繼續，橋仍在〉，載鄭貞銘《無愛不成師》，台北：遠流出版事業股份有限公司，2005 年，第 26 頁。

⑯ 載於鄭貞銘日記，1972 年 3 月 10 日。

⑰ 范大龍著，〈金色時光〉，載宋晶宜、高信疆等著《橋》，台北：鳴華出版社，1976 年，第 41、42 頁。

⑱ 陳南山著，〈華岡四年的溫馨〉，載中國文化學院新聞系編《永恆的新聞系》，台北：燕京印書館，1967 年，第 2 頁。

⑲ 鄭貞銘著，《老師的另類情書》，台北：遠流出版事業股份有限公司，1998 年，第 115 頁。

⑳ 賴金波著，〈大學四年的價值〉，載於《聯合報》副刊，1968 年 5 月 12 日。

㉑ 鄭貞銘著，〈愛的力量〉，載於高希均、黃昆輝等著《博士說故事 II：一生受用不盡》，台北縣：漢光文化事業股份有限公司，1995 年 4 月初版，第 129-142 頁。

㉒ 載於鄭貞銘日記，1972 年 3 月 31 日。

㉓ 蔣永元著，〈岡上的愛神〉，載於中國文華學院《中國一周》，1967 年 7 月 31 日。

㉔ 載於鄭貞銘日記，1972 年 4 月 11 日。

㉕ 載於鄭貞銘日記，1973 年 12 月 6 日。

㉖ 林秋山著，〈友情五十年〉，載林秋山、王應機等著《無愛不成師：天涯存知己》，台北：遠流出版事業股份有限公司，2005 年 9 月，第 10 頁。

㉗ 宋晶宜著，《綠夢谷》，台北：鳴華出版社。

㉘ 潘家慶，鄭貞銘的政大同窗，後曾出任政治大學新聞學院院長。

㉙ 潘健行著，〈我心常在華岡〉，載中國文化學院新聞系，《永恆的新聞系》，1967 年，第 21 頁。

㉚ 鄭心元著，〈愉快的夥伴：中央日報的本系同學〉，台北：《新聞通訊》，1964 年 1 月 20 日。

㉛ 載於鄭貞銘日記，1969 年 3 月 19 日。

㉜ 據鄭貞銘在 1969 年 8 月 24 日的日記中記載，當時張其昀向籌備會同仁解釋的原因是，「國際情勢之變化與大陸局勢之動盪不安，政府不希望民間召開大規模之國際性會議」。

㉝ 鄭貞銘著，《新聞採訪的理論與實際》，台北：台灣商務印書館，1966 年 10 月初版，第 7 頁。

㉞ 參見楚崧秋為鄭貞銘編著的《中外新聞傳播教育》一書所作序言，台北：遠流出版事業股份有限公司，1999 年 7 月初版。

㉟ 載於鄭貞銘日記，1972 年 6 月 21 日。

㊱ 朱世蕙著，〈鄭貞銘的專默精誠・用志不紛〉，台北：《華夏導報》，中國文化學院，1973 年 12 月 11 日。

㊲ 載於鄭貞銘日記，1972 年 5 月 23 日。

㊳ 1914 年，孫中山在日本組織中華革命黨，黃興因意見不合，拒絕加入，6 月由日赴美。孫中山在敘別宴上，曾寫此聯相贈。

㊴ 宋晶宜著，〈哦，別說再會〉，台北：《聯合報》副刊，1969 年 8 月 4 日。

㊵ 載鄭貞銘日記，1969 年 4 月 24 日。

㊶ 謝然之著，〈台灣新聞教育之開始〉，載《新聞教育與我》，台北：中華民國大眾傳播教育協會，1982 年 9 月，第 36 頁。

㊷〈鄭貞銘：一片愚誠，只問耕耘〉，台北：《華夏導報》，中國文化學院，1969 年 8 月 1 日。

㊸ 鄭貞銘編著，《20 世紀中國新聞學與傳播學・台灣新聞傳播事

業卷》，上海：復旦大學出版社，2005 年 4 月第一版，第 56
頁。

㊹ 鄭貞銘等著，〈點燃那盞燭火〉，載張群等著《松柏長青——
董顯光博士紀念集》，台北：莘莘出版事業有限公司，1972 年
1 月，卷首。

㊺〈為「年輕人出書」的莘莘出版公司〉，台北：《文化一
周》，中國文化學院新聞系，1970 年 11 月 16 日。

㊻ 董顯光（1887-1971），浙江寧波人。著名報人、外交家，曾創
辦《庸報》，1957 年獲頒密蘇里大學新聞學院「新聞事業服務
獎章」。曾任國民黨中宣部副部長、國民政府行政院政務委員
兼新聞局長、中國廣播公司總經理兼《中央日報》董事長、中
華民國駐日本大使、駐美大使。代表作有《一個中國農夫的自
述》（又稱《董顯光自傳》）、《蔣介石傳》、《中國和世界
報刊》等。

㊼ 後來，鄭貞銘出版自己的著作，有時還會借用「莘莘出版公
司」的名義，但該公司確已無實體存在了。

㊽ 載於鄭貞銘日記，1972 年 9 月 1 日。

㊾ 載於鄭貞銘日記，1972 年 9 月 2 日。

㊿ 張其昀著，〈一封公開信——創辦人致新聞系鄭主任書〉，載
於《華夏導報》第二版，台北：中國文化學院，1971 年 6 月
19 日。

(51) 載於鄭貞銘日記，1973 年 11 月 11 日。

(52) 載於鄭貞銘日記，1973 年 11 月 15 日。

(53) 載於鄭貞銘日記，1973 年 11 月 16 日。

(54) 鄭貞銘著，《無愛不成師》，台北：三民書局，2010 年初版，
第 438 頁。

(55) 鄭貞銘著，《無愛不成師》，台北：三民書局，2010 年初版，
第 437 頁。

(56) 載鄭貞銘日記，1969 年 4 月 15 日。

㊼ 〈楚崧秋五日蒞新聞系　贊該系十年成效卓越 並頒發新聞事業
各項獎學金〉，台北：《華夏導報》，中國文化學院，1973 年
12 月 8 日。

㊽ 〈鄭貞銘六年有成〉，香港：《華僑日報》，1969 年 3 月 17
日。

㊾ 朱世蕙著，〈鄭貞銘的專默精誠·用志不紛〉，台北：《華夏
導報》，中國文化學院，1973 年 12 月 11 日。

㊿ 鄭貞銘編著，《中外新聞傳播教育》，台北：遠流出版事業股
份有限公司，1999 年 7 月初版，第 18 頁。

⑥ 鄭貞銘著，《無愛不成師》，台北：三民書局，2010 年初版，
第 397 頁。

⑥ 鄭貞銘著，〈「黛綠年華」代序〉，載於桑繼康、于洪海等合
著《黛綠年華》，台北：鳴華出版社，1976 年 9 月 10 日初
版。

第七章

循理想與事業並進

鄭貞銘以經合會公關處專門委員兼新聞組組長的身分訪美，在夏威夷留影。

政黨之經歷，雖然說只是偶然，卻是一項人生不可忘的紀錄。個人對於政治，並無多大興趣，但由於大學時代讀孫中山先生著述甚多，以後讀胡適之先生《四十自述》、牟宗三先生《五十自述》，深感在動亂歲月中，知識分子對於治國不宜太熱衷，亦不宜太冷漠。所謂「窮則獨善其身，達則兼濟天下」，所以抱隨緣態度，不排斥亦不強求。

我一生受中國國民黨栽培，所以在擔任公職中，除行政院經合會，均與黨務有關。在參加國民黨與服務國民黨期間，可以說是循理想與事業並進，希望努力盡自己本分，而黨的方向偏差與工作過程的一些傾軋，相信都是一時的。

歷史終將定位，那些誤導我們的人都將隨歲月而淘汰，但不因此而喪失了我們對國民黨擁有的信念。我個人始終相信也深知，這一代的中國人與台灣人的苦難，應該由這一代來解除，所以我們對國家與黨都有一份豪氣與使命感。

——鄭貞銘[①]

必須喚起全民意識

1969 年，新任華岡新聞系主任的鄭貞銘風頭正健，可圈可點的成績則引起了更多人的矚目。8 月 24 日，謝然之的秘書馮仁暄給鄭貞銘打電話，轉告說前不久，救國團副主任李煥[②]向行政院經濟合作委員會（簡稱「經合會」）推薦了他。李煥當時還兼任中國國民黨台灣省黨部主任委員，是蔣經國主任頗為倚仗的得力幹將，素有政壇「星探」之稱。鄭貞銘在政大新聞研究所念書時，李煥在教育研究所任教，此後謝然之將鄭貞銘鄭重引薦給李煥，特別是他後來轉任駐外大使前，特意請李煥多對這位優質青年多多關照，頗有「託孤」之意。

基於這種機緣，李煥對這位優質青年備加關注，並時時給予關心，乃至深刻地影響了他的人生軌跡，鄭貞銘曾滿懷深情地寫道：「我與李煥老師結緣，其實是一位長者對青年無限的愛、期望與關懷。我視之為恩同再造的父母，是永世感恩的師長。」[③]

上圖：中國國民黨舉辦記者會，陪同秘書長李煥（中）主持，馬英九（左一）、宋楚瑜（左二）等出席。

下圖：鄭貞銘服務於行政院經合會期間，與李煥、梅可望先生共同撰寫新聞稿。

1948 年國共內戰期間，國民政府為管理美國對中國援助物資，在南京專門設立行政院美援應用委員會，相對應地，美國則在上海成立了美國經濟合作總署中國分會；1949 年，國民黨敗退台灣，美援會隨遷至台，陳誠擔任主任委員；1965 年，美國停止對台援助④，台灣當局將庫存的美國歷年援台物資變賣，共得台幣二百四十億元，繼續由美援應用委員會來統一管理；1969 年，美援會改稱經合會，即以這筆「中美基金」用來台灣自身的經濟建設，時任行政院副院長蔣經國親任經合會主任委員。

　　蔣經國極為重視台灣政府的公共關係工作和媒體的作用，認為「經濟建設是台灣的發展命脈，而發展經濟建設必須喚起全民意識，使人民充分瞭解經濟發展的重要，並具備經濟發展的知識，對於政府經濟發展的策略，應有充分的理解；而發自民間有關經濟發展的意見，更要充分的掌握；政府與民間，更要有充分的溝通」⑤。於是，經合會開創性地成立一個處級的公共關係處，下設新聞組、聯絡組、編譯組

蔣經國總統主持第一屆海外華人國家建設研究會。

上圖：蔣經國曾兼任經合會主委，邀鄭貞銘出任新聞主管工作，圖為蔣經國（左三）在經合會視察新聞公關業務，李煥（右二）、沈君山（左一）、鎮天錫（左二）與鄭貞銘（右三）等陪同。

下圖：蔣經國（左二）以行政院副院長兼經合會主委期間，前來視察，由李煥（左三）、趙聚鈺（左四）陪同。

（出版組）和攝影組四個組。

　　李煥推薦鄭貞銘來負責其中的新聞組，因文大作為私立大學並無嚴格規定不得兼職，仍可保留華岡新聞系主任一職。關於政府部門的工作形態，對於曾做過《中央日報》政治新聞記者的鄭貞銘而言，並非完全陌生的領域。已立志終身堅守新聞事業與新聞教育的鄭貞銘，對於這一次仍與新聞相關的工作機會，也並未感到與自己的理想格格不入。事實上，台灣可查證最早的公共關係學論文，就是鄭貞銘於這一年在《新聞學研究》上發表的《公共關係、廣告與民意測驗研究》⑥，文章比較了公關、廣告與民意測驗三者的關係，代表著混沌初開的台灣學界對公關定義的認識。⑦

　　全新的人生道路，再一次在三十三歲的鄭貞銘面前展開。遲疑間，當年聆聽蔣經國主任演說及談話的情景浮現眼前，依舊令鄭貞銘激動不已、心潮澎湃。最終，他鄭重地接受了這一邀請，9 月 5 日正式成為經合會簡派專門委員，擔任公關處新聞組組長兼發言人。就這樣，象牙塔中的鄭貞銘，一腳踏進了政治名利場。

　　實際上，鄭貞銘對黨政工作並不排斥，曾自陳是因「長輩的愛護與先進之啟導」。當年，他跑政治新聞時，有一次與時任國民黨中央委員會秘書長張寶樹聊天，曾隨口提及，「現在政治不夠清明，人民頗多失望，有志之士多萌退志，消極、頹廢思想甚為普遍」。結果，這位勞工運動出身、後被蔣介石延攬進國民黨服務的台大農學教授「極其嚴肅而又誠懇地」對他說：「年輕人絕不可對自己的國家失望，正因為政治、經濟、許多設施仍待改進，所以更需要有熱忱、有理想的青年獻身其中。」⑧這番話令年輕的鄭貞銘內心一

與行政院經合會同仁合影。鄭貞銘（後排右四）時任簡派專門委員兼新聞組長、發言人。

震，對黨政工作有了更恭敬、誠摯的看法，乃至今後「從不排斥黨政工作」。

當時，經合會公關處新聞組每天都要發布新聞稿，撰寫反映台灣最新經濟發展的特稿提供給台灣主要報紙發表，還定期邀財經首長舉辦記者招待會，發布當局有關經濟建設之措施。因蔣經國主委的特殊身分及內容本身權威，這些特稿常成為各大報紙的頭版頭條。深諳新聞媒體運作規律的鄭貞銘，還特意將特稿選擇在週一推向各報，因為週一的新聞一般較為平淡，各報更樂於刊載它們。

編譯組主要負責翻譯各國有關經濟建設的書籍和資料，同時還要向海內外發行介紹台灣經濟建設成就的系列叢書。組長是中英文俱佳的徐佳士，昔日的師生二人再一次成為親密合作的同事。聯絡組負責聯絡海內外知名學者、教授、專欄作家、大使和外交官等有影響人士，以簡報、座談的方式讓他們瞭解台灣的經濟發展，並回答他們的相關詢問，組長

在行政院經合會任職期間，鄭貞銘參與主辦轟動全國的建國 60 年經建成果展覽，參觀者逾百萬人。

為駐舊金山總領事的陸潤成。攝影組則專司製作反映台灣經濟發展的圖片和紀錄影片，由歐陽道生負責。當時曾舉辦「經濟建設展覽會」，大量的生動照片吸引了超過一百萬人前來觀看，轟動一時。

時任經合會公關處處長鎮天錫曾是上海打虎隊隊長，頗受蔣經國器重，他思想開明，為人熱忱，常將很多重要的公關業務授權給部屬處理，使得鄭貞銘在這個時期，不僅在公關理論上有進一步的鑽研，更在公關事務上獲得寶貴的經驗。鄭貞銘在這個充滿朝氣的政府公關團隊中，深感所從事的工作「既積極又開明」，「為國內政府公關樹立一個典範」[9]，而自己更是終生受益。

在鄭貞銘心目中，蔣經國是最懂得公共關係的政府首長。因職位關鍵，鄭貞銘與鎮天錫處長常有直接面見蔣經國的機會，而他本人也曾單獨被蔣經國單獨召見過兩次[10]。印

象最深的一次談話，蔣經國對他說：「在一個真正民主、公平的社會，一個人最重要的是不斷勤勉工作，不斷自修、自省，將自己培養成一個人才。在民主自由國家，真正的人才是不會被埋沒的；即使一時委屈，在某個地方被壓抑，可是在另一個地方，他仍然會冒出來。」[11]鄭貞銘自陳，蔣經國的這番話，對其有極大的影響，此後「每當心意被扭曲，從不願辯駁什麼」。

莊敬自強，處變不驚

1971 年 10 月 25 日晚，第二十六屆聯合國大會通過 2758 決議，「立即趕出蔣介石在聯合國組織及其所屬機構內的代表，因所有席位皆非法佔有」。臨近午夜，台灣代表團團長周書楷舉行記者招待會，主動宣布台灣退出聯合國。消息傳來，猶如一顆重磅炸彈，強烈地衝擊著台灣民眾。隨後，有二十多國紛紛與台灣斷交，轉而與中國大陸建交。不少人心灰意冷，對台灣前途深感悲觀，甚至紛紛移民，台灣當局陷入空前孤立與焦慮的困境。

此時，新任行政院院長蔣經國迎難而上，著手致力於重建國人信心。漸漸地，「莊敬自強，處變不驚」的聲音開始此起彼伏，「持其志而勿暴其氣」更是成為很多人相互勉勵的話語。作為新聞傳播領域的知名教授，鄭貞銘開始陸續接到來自黨政軍隊、學術團體、民間組織、大專院校等各方邀請，馬不停蹄地前去做主題演說或時事座談，內容不僅涉及新聞專業領域，更多的則是解讀當前國際形勢與革命情勢。他視此類事務為「默默耕耘，喚起民眾」[12]的工作，自感責任重大，責無旁貸。

由於國際瀰漫姑息風氣，民國六十一年顯然是極為重要的一年。國際局勢在動盪，國內為適應這種動的局勢，顯然也將採取一連串革新的措施，以符合總統「莊敬自強」的訓示……

個人在國家遭遇困難之時，當然要盡一份力量，我希望在今後一年中，能為國家多作些事。在台灣安定了廿餘年，在台灣受教育，在台灣就業，今年的一切都是國家所栽培，我怎能不報效國家……

我還希望除自己的努力外，還能夠讓更多的青年學生與三軍將士所瞭解「皮之不存，毛將焉附」的道理，每一個人為祖國貢獻一份力量。

——鄭貞銘⑬

身兼數職的鄭貞銘，面對此類邀約，從不拒絕，奔波各地，儼然成了演說專業戶和政論專家。每次演說結束後，他還總是堅持將鐘點費留下，作為給青年們加菜的補貼，拳拳之心，感人至深。從他本人的現場感受以及各路媒體的宣傳報導中，可以得知鄭貞銘的演講頗受歡迎，很是成功。

鄭貞銘先生分析革命情勢，見解獨到，內容精采，鄭先生以幽默的談吐，優美的風度，英俊瀟灑，學問豐富，使同學們從心底裡折服，大有相見恨晚之感，足見該課程之精闢。

——《復華報》⑭

有一位名叫杜奇榮的後備軍人現場聆聽了鄭貞銘的演說

後，大為觸動，在報刊發表題為〈每日三省吾身〉的文章，將鄭貞銘的總結觀點作為自己今後每日省思的內容。其中可以發現當年美國總統約翰‧F‧甘迺迪（John Fitzgerald Kennedy）就職演說時的名句[15]，不乏國家主義式的激情，卻也是彼時真實情境與真切心態的寫照。

他最後三點總結，說得非常使我感動，特別寫出來以饗讀者……

一、每個人要問自己，每天是不是都在進步，都有成就。不要把時間浪費在無用的活動上。

二、個人的命運是與國家的命運緊密相連的，假如國家不保，自己的榮華富貴有何用呢？

三、目前要打開艱難的局面，不是政府單獨的力量可以辦到，全靠每個國民的辛勤努力才可以，所以你不要問國家為你作了什麼，你要先問自己為國家作了些什麼。

我非常贊同鄭先生的話，我決定每天以此三點而三省吾身，相信如果上下一心，大家都能這樣做，我們一定能夠撥亂反正，達成我們拯救同胞的願望。

──杜奇榮[16]

1972 年 2 月 21 日，時任美國總統尼克森訪華，並和中共簽署了中美《上海聯合公報》，與大陸關係走向正常化。這對於台灣所處的國際局勢而言，無疑是雪上加霜。誠如鄭貞銘在日記中寫道，「這是國際的大變局，尼克森賣友求榮，令人感慨。今後唯有遵循總統『莊敬自強』的指示，任

鄭貞銘（左三）應王昇上將（左二）邀請與政論家毛樹清教授（左一）乘專機飛往戰地巡迴演講（後立者為金門防衛部正副司令）。

何事唯有自己奮鬥之一途」[17]，身處在時代大變革中，濡沐師長們奮鬥圖強精神的他，積蓄在體內的民族豪情和愛國熱情很容易被喚起，並迫不及待地燃燒開來，「國家多難之時，正是我們埋首工作，以共赴國難之日」[18]。

　　尼克森訪華前夕，王昇將軍提議由幾位新聞學教授名義，對隨行的八十七名美國記者「以客觀立場發表一篇忠告」[19]。經毛樹清教授和鄭貞銘緊急多方聯繫，很快召集了曾虛白、徐佳士、毛樹清、葉明勳、李瞻、丁維棟、鄭貞銘、林大椿、朱振華等九位新聞學教授，提出了〈我們對訪問匪區美國記者們的忠告〉，內容共有十項，「希望他們的提高警覺，審慎觀察，並把握新聞自由標準，作客觀、真實的報導。同時歡迎他們來華訪問，作個比較研究和平衡的報導」[20]。

同年 9 月 29 日，日本與中共簽署《中日聯合聲明》，宣稱同大陸正式建交，這對素來倚賴日本經濟貿易的台灣而言，無疑又是一次重大的打擊。鄭貞銘在日記中憂憤地寫道：「這是中日的不幸，也是世界的不幸……但如今之計，我們只有自力更生，發憤圖強，所以我一直強調民族感情教育的重要性。全國如無奮發圖強的精神，堅定支持政府，怎能完成大業？」[21]

然而，在這種動盪不安的時刻，蔣經國以及他所代表的執政當局，有著更加複雜幽微的思慮與考量。身為經合會兼任主委，他曾指示公關處不宜過分宣傳經濟建設領域的「莊敬自強」傾向，其中的曲折心情，曾令鄭貞銘頗費思量，「站在傳播學的觀點，應該讓人民多瞭解，才能支持政府的政策，不過理論雖是如此，事實卻又另論，二者之間是極難取得一致的」[22]。此時，他深切地感受到，作為一名公務員，「一方面要滿足大眾（尤其是新聞界）的需要，一方面又要服從上官旨意，難就難在此了！」[23]

與此同時，隨著知識青年們關心國家前途，多元的聲音也開始湧現出來，自許為承接新老世代的「橋」的角色的鄭貞銘，無疑有著複雜而衝突的想法。這些想法，基本上保持了一種開放式的姿態，但與青年們所持有的道德熱情與變革訴求相比，不可避免地有所保留與妥協。這或許是時代更迭年代，扮演中堅力量角色者的身分宿命，孕育著變革，也眷顧著過往，於半推半就中捲入歷史的洪流。

國際情勢動盪不安，青年學生們關懷國家前途，理
所當然。這是一個充滿姑息的沉悶時代，必須靠我

們大家以更大敦力去擊破它。學生們除關心時事
外，還關心學生運動，這是最近半年很熱門的一個
問題。

學生們關懷國事，表示各種意見，都是應該的。但
人在群眾場合容易失卻理智，這也是事實。所以如
何避免為有心人所利用，這是學生運動過程中必須
要顧及的問題。

——鄭貞銘[24]

赴美訪問兩個月

1972 年 6 月 1 日，蔣經國升任行政院院長，不再兼任
經合會主委，此時的他早已大權在握，正式開啟了「蔣經國
時代」。同年秋，應美國國際開發署（United States Agency for
International Development）[25]邀請，由兼任經合會人力小組執
行秘書的鎮天錫處長推薦、蔣經國院長圈定，鄭貞銘將以經
合會公關處專門委員兼新聞組組長的身分訪美兩個月，以考
察其公關傳播運作，研習其大眾傳播模式。

10 月 14 日上午九時半，鄭貞銘作別前來送行的家人、
師長和朋友，登上了飛往美國夏威夷的航班，開始了至此人
生最遠距離的旅行。停經東京國際機場，飛越國際換日線，
經過九個多小時的長途顛簸，鄭貞銘踏上了美國土地。

當時，美國國際開發署提出，參訪人可自由提出意欲訪
問的機構或個人，美方盡可能予以滿足。鄭貞銘腦海裡立刻
閃現出一個人的名字——宣偉伯（Wilbur Lang Schramm）[26]博
士，這位被譽為「傳播學之父」的世界級著名學者，對於天
天給同學們講授新聞傳播學的鄭貞銘而言，簡直是神一樣的

上圖：鄭貞銘訪美期間，於紐約街頭留影。
下圖：鄭貞銘（左一）訪紐約，與名記者龔選舞、鍾雷、商岳衡於「美洲日報」前合影。

存在。自從激動地寫下這位傳播學泰斗的名字，他便開始了焦急不安的等待。

不久，鄭貞銘來到了秋色漸起的史丹福大學，興奮地走進宣偉伯任教的傳播學研究所。在他的辦公室裡，六十四歲的宣偉伯親切地接待了這位來自台灣的年輕人。在堆滿書籍的書架前，宣偉伯舒適地斜靠在辦公椅上，腳邊還堆著兩摞書和文稿。招牌式的大背頭髮型，整齊地向後梳著，白色短袖襯衫配黑色西服褲，再加上一條淺黃色大條紋領帶，宣偉伯一副成熟紳士的氣質，透露出青春的活力與激情。相比之下，來自亞熱帶的鄭貞銘因擔心天氣變涼，反而穿了件深色高領毛衣，配一副黑框眼鏡，顯得愈加沉穩、古板。

就這樣，老成的鄭貞銘向「年輕」的宣偉伯提出了第一個問題：

「以傳播學這麼艱深的理論，它為何會變得如此受年輕人喜歡？」

對方回覆他一句極其簡潔而令人印象深刻的話：

「教育非在製造就業文憑，而是給青年智慧；傳播學要深入淺出。」

要淺出，似乎不難，但他認為這並不容易，因為：

「唯其深入，才能淺出。」[27]

這就是大師的秘訣。宣偉伯曾先後從哈佛大學、愛荷華大學取得美國文學碩士、博士學位，後在大學教授文學創作。鄭貞銘深切地領悟到：「這種文學的基礎，對於宣偉伯能夠把艱澀的傳播學術論文，改寫成有系統、動人的散文，才能讓許多年輕人對這門新興學科充滿熱愛、充滿好奇，而紛紛『自投羅網』。」[28]

鄭貞銘（左）訪美國史丹福大學大眾傳播學研究所所長宣偉伯博士。宣氏被譽為「世界傳播學之父」，徐佳士、朱謙等曾受業其門下。

在一個多小時的學術對談中，宣偉伯對學術的虔敬給鄭貞銘留下了深刻印象，他不斷強調：「我們要傳授博士生一些終生受益的知識，使得他們可以安身立命，而不是僅僅給他們一張飯票而已。」這對鄭貞銘啟發很大，讓其在今後的新聞教育事業中，站位更高，視野更廣。

此次會晤，對於年輕的鄭貞銘而言，無疑是一次極為難得的經歷。日後他被稱為「台灣新聞教父」，這裡面多少糅進了人們關於他與宣偉伯對談的情境想像——「傳播學之父」身上散發出來的巨大迷人光環，總會能點亮些什麼。

鄭貞銘此次美國之行的另一場令人激動的經歷，則是於11月29日對密蘇里大學新聞學院的訪問。創建於1908年的密蘇里新聞學院，是世界上最早開設新聞專業教育的高等學府，被譽為「美國記者的搖籃」，更是中國新聞界的「朝聖」之地。鄭貞銘接觸過的諸多新聞學人及新聞事業家皆畢

鄭貞銘（右）訪問美國舊金山史丹福大學。

業於此，如董顯光、沈劍虹、謝然之、錢震、王洪鈞等，該
學院的邁瑞爾博士（Dr. John C. Merrill）還曾在政大新聞研究
所擔任過客座教授。因而，與許多中國新聞學者一樣，鄭貞
銘有著強烈的「密蘇里情結」。當他第一次站在密蘇里新聞
學院大樓，看到創辦人威廉斯博士（Dr. Walter Williams）手擬
的「報人守則」（The Journalism Creed），其中第十條說「吾
人對於新聞專業，深具信心」時，內心瞬間被擊中，「不禁
感動淚下」㉙。經歷過政大新聞系國際大師雲集的薰陶與啟
發，此時的鄭貞銘視野更加開闊，他大膽地提出密蘇里新聞
學院與中國文化學院新聞系建立姊妹校的意願，並盛情邀請
時任院長費雪教授（Roy Fisheer）來台訪問。

上圖：鄭貞銘（左）訪美國密蘇里大學。

下圖：參觀密蘇里大學新聞自由中心。

上圖：鄭貞銘在密蘇里大學新聞學院教室見到董顯光先生被列為「世界名報人」。
下圖：在密蘇里大學與新聞學院副院長（右）合影。

上圖：手指密蘇里大學新聞學院創辦人威廉斯草擬的「報人信條」。

下圖：密蘇里大學舉辦酒會歡迎鄭貞銘（左一）來訪，教授們熱情舉杯。

密蘇里新聞學院費雪院長贈鄭貞銘密大紀念旗。

　　兩年後，1973 年 8 月 10 日，費雪教授攜夫人抵達台北
訪問一週，鄭貞銘作為代表之一前往機場迎接，並於 13 日
晚以華岡新聞系的名義宴請他們，再次相聚，備感親切。8
月 16 日，鄭貞銘引領費雪夫婦參觀中國文化學院，張其昀
創辦人在陽明山中國大飯店設宴歡迎他們，並接受鄭貞銘的
建議，以中華學術院哲士頒贈給費雪教授。當天下午，費雪
教授以「美國報業的社會責任」為題，對華岡新聞系全體師
生發表演講，迴響熱烈。

　　最終，兩系達成姊妹校協定，商定互派研究生交流，開
啟了近二十年的友誼。許多優秀的文大新聞學子藉此相繼前
往密大新聞學院深造，他們中間就有後來以製作《2100 全
民開講》等節目而名揚全台灣的著名電視製作人李濤，曾多
次榮獲金鐘獎最佳採訪獎並當選「十大傑出青年」的湯健
明，前台灣中央電影公司發言人、華視名主播、東森新聞雲
董事長李傳偉，曾任台北國防部發言人張慧元及大愛電視台
副總監張尊昱等。

鄭貞銘邀請美國密蘇里新聞學院院長費雪教授（中）偕夫人訪華岡。

隨後，鄭貞銘又訪問了紐約哥倫比亞大學新聞學院。在那裡，他遇到了時任哥大新聞學院院長瑞查德・貝克博士（Dr. Richard Baker）以及副院長、華裔傳播學者喻德基教授（Frederick T. C. Yu）。對方向他坦承：「哥大新聞學院比密大新聞學院晚幾年創辦，無法成為新聞教育的開創者，這是終身遺憾的事。」當然，他們對於新聞教育事業的熱忱絲毫不遜色於密大，誠如貝克院長不斷申明：「新聞教育不是一份簡單的『事業』，而是一份值得付出全部精力的『志業』。」

上圖：鄭貞銘拜訪紐約哥倫比亞新聞學院，攝於校門前 。
下圖：於哥倫比亞大學新聞學院留影。

上圖：鄭貞銘訪紐約哥大新聞學院院長貝克教授。
下圖：在哥倫比亞大學新聞學院院長辦公室留影。

鄭貞銘訪哥大新聞學院，會晤副院長喻德基博士，喻博士是著名華裔傳播學者，曾協助創辦台大新聞研究所。

其間，鄭貞銘還陸續走訪了夏威夷大學、南伊利諾州州立大學、西北大學、明尼蘇達大學、馬里蘭大學、芝加哥大學等高校的新聞傳播院系，遇到了許多已經或將在華人新聞傳播學界聲名鵲起的學者，如哥倫比亞大學夏志清教授、南伊利諾州州立大學朱謙教授，以及當時還在夏威夷大學念書的李金銓、在明尼蘇達大學念書的陳世敏等。此外，他還與弟弟鄭貞浚相處數日，當年吵著鬧著要出國的弟弟，如今已經在華爾街擁有了自己的辦公室，從事股票生意，頗為成功。

行走在美國著名大學的校園裡，鄭貞銘興奮不已、感慨萬千，當年因家境困窘，無法達成自己留學的夙願，如今有緣遍訪美國著名大學，近距離接觸如此高水準的大學領導者和權威教授，「簡直天上掉下來的禮物」[30]，而獲得的知識啟發與視野提升，「不啻獲得一次博士學位」[31]，也算是彌

上圖：鄭貞銘訪美國夏威夷大學朱謙教授（左）。
下圖：在美訪中研院院士夏志清教授（左）。

上圖：鄭貞銘在美訪中研院院士顧毓琇教授（右）。顧院士曾任政大校長，移居
　　　美國後歷任麻省理工學院客座正教授，賓夕法尼亞大學教授、榮譽教授。
下圖：訪華府中華民國新聞局辦公室主任崔寶瑛（左一）。

上圖：鄭貞銘訪美國南伊大新聞學院院長郎豪華教授（左），合影於南伊大校園。
下圖：訪美國華盛頓大學新聞系主任（左）。

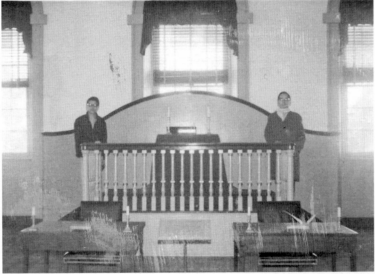

上圖：鄭貞銘訪問美國西北大學。
下圖：參觀美國費城自由紀念堂。

補了當年的遺憾。

在美方安排下，鄭貞銘還先後參觀了美國廣播公司、國家廣播公司、哥倫比亞廣播公司、美聯社及《紐約時報》、《紐約每日新聞》、《華盛頓郵報》、《芝加哥每日新聞》、《芝加哥論壇報》、《費城觀察報》、《洛杉磯時報》等聲譽卓著的美國媒體，在底特律參加了全美公關關係年會，並在華盛頓觀看了十二年前競選美國總統的尼克森與甘迺迪的四場電視辯論會的珍貴鏡頭。

訪美兩個月，鄭貞銘走遍了美國十一個州，不僅近距離觀察美國新聞媒體機構，還深入訪問了多家美國新聞教育重鎮，這為他日後成為具有國際視野的華人新聞教育家奠定了堅實基礎。在當時的環境，如此高規格而又深入的訪美，無疑是一個絕佳的成長機會，令他眼界大開，「以後凡事都能站在高處看、遠處看」。

訪美尾聲，已是冬季，鄭貞銘特意將一處名叫山谷城的地方排進了行程。山谷城地處北達科他州，與加拿大緊鄰，地處偏遠，冬季酷寒，人跡罕至。12月1日，鄭貞銘飛離芝加哥大都會，專程來到這座小城，為的是探訪在那裡教書的同窗摯友潘乃江。當他冒著漫天飛雪出現時，潘乃江頗感意外與感動，畢業整整八年了，兩人把盞言歡，通宵暢談。

潘乃江帶老友參觀自己教書的大學校園，拜訪校長，還安排當地報紙做了一個專訪，請鄭貞銘談他的訪美觀感。身處猶如隔世的小城，更易生發時光荏苒的感慨，鄭貞銘在那裡住了四天，才不得不惜別離去。

鄭貞銘抵美國北達科他大學訪同窗潘乃江。

鄭貞銘訪問日本，與日本明治大學教授合影。

　　訪美返回途中，鄭貞銘還曾在日本拜晤了日本大眾傳播
學之父——小野秀雄教授。這位日本東京帝大新聞傳播研究
所的創辦人，曾在政大新聞研究所講學一年，鄭貞銘幸運地
得到其教誨，曾稱其「開啟了智慧之門」[32]。小野秀雄教授
對來訪者談道：「新聞傳播學前景無限，新聞教育是一種最
高尚的理想與行業。」[33]此番言語，令鄭貞銘印象深刻，啟
發頗多。

出任《中國郵報》副社長兼總編輯

　　1973 年 6 月 1 日，經合會宣布將改組為行政院經濟設
計研究委員會[34]，創建時間最短的公關處遭撤併，除正副處
長有所安排外，其餘職員均將退休或資遣，當然也包括鄭貞
銘。7 月 31 日，鄭貞銘正式結束了經合會的生涯，這是他

鄭貞銘訪日本大阪，於中華街留影。

一生中唯一一次在政府機構任職，歷時近四年，難免「稍有惆悵若失之感」㉟。

　　從經合會退出，對於向來忙碌的鄭貞銘而言，並未感覺閒下來──他要做的事情太多了。此時的他，前不久剛結束了由文化局主辦的金鐘獎評審工作，現又已陸續收到來自師大、輔仁、淡江等大專院校的聘書，將兼職開設「大眾傳播概論」、「美國大眾傳播系統研究」等系列專業課程。同時，始終關心他發展前途的謝然之老師，又特意分別致函行政院秘書長費驊以及新接替蔣經國擔任救國團主任的李煥，請二位繼續關懷這位優質青年，並明確引薦其做新聞局或其他有關單位的副主管。而此時，更多橄欖枝伸向了鄭貞銘。

　　7 月 6 日，昔日的老師黃遹霈、余夢燕夫婦找到他，盛情邀請其擔任《中國郵報》（*The China Post*）的副社長兼總編輯。1952 年 9 月 3 日，從大陸來台的前上海《時事新報》記者黃遹霈與余夢燕，以曾在聯合國機構任職的余夢燕從聯合國日內瓦總部獲得的五千美元離職金為啟動資金，加上余可長、屠煥然、余敏儀、周長英、雍保華等人的募集資金，共計新台幣十二萬元，合力辦起了英文日報《中國郵報》，宗旨是「一個中國人站在中國的土地上，用英文辦報給外國人看」。

　　當時，台灣已有一份由中國新聞社出版的英文出版物《中國日報》（*China News*），但在出版法限制下不能發行報紙，只能以油印通訊稿的形式分發給很特定的讀者看。因而，《中國郵報》就成了經過金氏世界紀錄確認的台灣第一份英文報紙。㊱由於中華民國剛撤到台灣不久，物資艱困，人文環境也十分匱乏，讀外文的人口自然不多，廣告更是捉

襟見肘。每天五百份的發行量，儘管每份只允許出版四開一張，報社卻常常因明天沒紙張可印而四處奔走。

自政大新聞研究所讀書時起，鄭貞銘便欽慕黃遹霈與余夢燕夫婦創辦此報紙的精神與成績，受到老師們邀請擔任如此重要的職務，頗感意外和惶恐。黃遹霈、余夢燕夫婦不斷鼓勵他，其近十年參與創辦華岡新聞系的成績有目共睹，他們十分欣賞鄭貞銘認真負責且善於與人溝通的特質。8 月 3 日，離開經合會的第三天，剛滿三十七歲的鄭貞銘接受了邀請，兼顧華岡新聞系務的同時，出任《中國郵報》副社長兼總編輯，並於 8 月 16 日正式到職。

> 現在開始又回到新聞界，我該好好為新聞事業獻身了……猶憶往昔對於新聞工作的熱衷與興趣，真可說到不眠不休，如今更該如此，因為有這樣好的機會給我。余夢燕社長是馳名世界的報人，做她助手也十分光榮，黃遹霈的經理之才也馳名，我將可以學到不少。貢獻給郵報、新聞界，這是時機了。
>
> ——鄭貞銘[37]

在郵報的這段日子裡，鄭貞銘熱情付出，非常愉快，主要工作內容有三項。其一，正如黃遹霈、余夢燕夫婦所期待的那樣，他負責協助董事長黃遹霈、社長余夢燕與報社員工溝通，做他們之間的溝通橋樑和潤滑劑——黃遹霈雖是一流報人，卻不善於與旁人打交道；余夢燕社務繁重，還要在政大、文大等新聞院系兼課，無暇兼顧。

其二，針對台灣英文新聞寫作人才匱乏的現實，為報社

發掘和培養相關後備人才。郵報曾於 1961 年初成立英文新聞研習班，一般為期半個月，一來為有志於此的社會人士提供學習機會，二來也為報社發掘並儲備人才。鄭貞銘致力於這些培訓班良好運轉，培養人才甚多，同時積極引薦學生到報社工作，其中華岡新聞系第三屆畢業生陳信夫終身服務郵報逾四十年，勤勤懇懇，始終不渝。

其三，主管編輯部業務，檢查報紙的新聞品質，特別是與外國著名報紙比起來，提出改進的意見建議，並為報紙將來的發展建言獻策。鄭貞銘曾向兩位老師提供不少意見，他們十分重視並不斷改進。

近王則多爭

1973 年 6 月 21 日早晨，鄭貞銘曾接到了一個陌生的電話，邀請他參加一個飯局。來者自稱是蔣孝武[38]的朋友，明晚將組織一場私人聚餐，受蔣孝武委託特邀鄭貞銘出席。掛掉電話，鄭貞銘心中疑惑不解。眾所周知，蔣孝武是蔣經國院長的公子，可鄭貞銘跟他並無什麼私人交情。

1972 年 5 月 3 日，經時任國民黨青工會副主任的張豫生表舅推薦，鄭貞銘應邀參加華欣文化事業中心[39]組織的中興獎學金[40]管理委員會會議，與擔任華欣主任的蔣孝武初次相識，但僅是點頭之交。及至 9 月 26 日，蔣孝武聘鄭貞銘為華欣顧問，也只是出於工作關係，「孝武兄可以說是萍水相逢，而他竟如此禮遇，頗使我意外與驚奇，我很感謝他」。[41]

上圖：鄭貞銘與蔣緯國將軍（中）合影。

下圖：獲聘中國廣播公司顧問之證書。

第二天傍晚六點半，鄭貞銘滿腹狐疑地來到安樂園，迎頭碰見表舅張豫生，兩人均很意外。待進入餐廳，一眼望去，所見來賓均是青年人俊，如陳履安（陳誠少爺，時任教育部專教司司長）、謝孟雄（謝東閔少爺，時任實踐家政專校校長）、錢復（錢思亮少爺，時任行政院新聞局局長）、盧啟華（時任台北市新聞處處長）、王唯農（時任青工會主任）、傅宗懋（時任政大公共行政研究所主任）、李文中（時任台視新聞部主任）、葉昌桐（時任行政院長辦公室主任）、邱慶彰（行政院簡任秘書長）等，可謂是當今政壇崛起的新秀。

　　經過一番寒暄，鄭貞銘漸漸瞭解到，這是一場純粹社交性、聯誼性的聚會，大家在一起聊聊天，笑一笑，並無什麼專門的事情要談論，卻是彼此間心照不宣的情感聯絡。蔣孝武見了鄭貞銘，只是微笑著表示歡迎，再無更多交流。而關於為何受到邀請參加這種聚會，直到結束之時，鄭貞銘仍沒有搞清楚。返程時，張豫生表舅、傅宗懋與鄭貞銘同車，路上，傅宗懋表示，「這是一種無聊的聚會」。㊷

　　又過了三個多月，9 月 25 日，蔣孝武約鄭貞銘聊天，談天說地，並無什麼實質內容。此次面對面地交流，令鄭貞銘對蔣孝武印象頗佳，「談了一個多小時，自由聊天，無拘無束，甚是愉快」㊸。當時，蔣家大公子蔣孝文因酒精中毒等原因已臥病在床，作為蔣家第三代次子，蔣孝武自然成為蔣家重點栽培對象。大家也普遍認為，蔣經國三個兒子中，蔣孝武是對政治最具意願與興趣的人，尤其是表現在情治方面。去年，他出任華欣文化事業中心主任，做了一些文化方面的工作，各方評價普遍不錯。

又過了近三個月，11 月 14 日，蔣孝武再次約鄭貞銘聊天，此次談話，他開門見山，提出擬於年底改組華欣文化事業中心，希望鄭貞銘能夠前來幫忙——聘請其為華欣的顧問，並實際負責此事。面對「少主」的邀請，鄭貞銘的反應是，既「十分意外」，又「使我感動」，「這大概就是緣分吧」[44]。他答應原則上會幫忙，但也提出「詳情等改組方案提出後再研究」——文化事業雖是鄭貞銘所喜愛的領域，然而接受這份邀請，對身兼數職的他而言，則意味著要放棄一些其他的工作，這不得不需要慎重考慮與認真權衡。

很快，12 月 3 日，蔣孝武秘書林尚謙送來「華欣文化事業中心組織調整計畫綱要」，詳細列出了改組方案，請鄭貞銘以顧問身分提供意見。「孝武兄照他當初的話做了」[45]，鄭貞銘感到，若加入了華欣，將來是可以做很多事情的，近一個月來的思慮，漸漸有了明確的指向。

1974 年 1 月 7 日，鄭貞銘正式出任華欣文化事業中心顧問兼業務部總經理。第二天，報紙刊登出一則題為〈鄭貞銘辭中國日報工作〉[46]的消息。就這樣，在《中國郵報》兼職不到一年，鄭貞銘便辭去副社長兼總編輯職務，轉赴華欣去了。蔣孝武對鄭貞銘十分器重，不久即提升他擔任副主任一職，全面負責改組方案的實施。

「近王則多爭」，鄭貞銘一下子被推到了權力紛爭的前台，一舉一動都會牽動諸多視線，動輒得咎在所難免。

事實上，華欣文化事業中心是由「華欣文藝工作者聯誼會」升格而來，而其所屬於「行政院國軍退除役官兵就業輔導委員會」，與退除役軍人共榮共存，也被普遍認為是蔣經國政治資本的蓄水庫。作為蔣家第三代，時年二十八歲的蔣

輔導會主委趙聚鈺巡視華欣文化事業中心出版之刊物。

孝武形象文弱安靜，做事卻頗有主張，他將華欣文化事業中心視作其躋身國民黨政治舞台的預演，摩拳擦掌地準備大幹一場，急於要做出些成績來證明自己。

執掌華欣後，蔣孝武認為退除役軍人文化水準普遍不高，有意透過「換血」來提升華欣的整體素質。由於他不便親自出面操刀，即將此任務交辦給鄭貞銘，自己則出國開會避風頭去了。結果，失去工作的退除役軍人一片譁然，聯名向退除役官兵輔導委員會主任委員趙聚鈺告狀請願，轟動一時。代拆代辦的鄭貞銘自然也引得眾人不解與指責，曾短暫擔任過華欣理事的著名作家王鼎鈞就是其中之一，他曾在其回憶錄《文學江湖》中不點名地批評道：

> 他人有心，予忖度之，幾位支薪辦事的退役軍人雖然頗有文名，所受的正式教育並不完整，如果蔣孝武決定換血重整，他應該親自處理，何以自己躲開？而副主任受此重任，態度何以如此魯莽，手法何以如此粗糙？基礎未固，新人未舊，何以急著出重手整肅？實在令人百思不解。
>
> ——王鼎鈞[47]

其實，關於官場和權力的複雜、殘酷，鄭貞銘是不缺乏認識和瞭解的，不僅是因其曾擔任《中央日報》政治記者的經歷，而且有諸多熟知的師長現身說法。其中一個最直接的例子，便是恩師王洪鈞的從政經歷。這位畢業於美國密蘇里大學新聞學院的高材生，曾放棄政大新聞系主任職務，先後擔任過台灣教育部高教司司長、文化局首任局長等職務，短

暫得意政壇，但卻感到很孤立，毀譽參半。1973 年，王洪鈞師卸任文化局長職務，重新回歸新聞教育，常對鄭貞銘歎息道：「我是政治的孤兒。」[48]這令鄭貞銘頗為感慨，「官場誘惑人，卻也傷人也」。[49]

註釋

① 鄭貞銘著，《無愛不成師》，台北：三民書局，2010 年初版，第 293-296 頁。

② 李煥（1917-2010），字錫俊，湖北省漢口市（今屬武漢市）人。畢業於上海復旦大學法律系、美國哥倫比亞大學教育學院，曾擔任台灣國立中山大學校長、教育部長、中國國民黨中央委員會秘書長、行政院長及總統府資政等職，人尊稱其為「錫公」。

③ 鄭貞銘著，《無愛不成師》，台北：三民書局，2010 年初版，第 212 頁。

④ 1960 年代中期開始，隨著美國陷入越南戰爭，美國開始考慮停止對台援助。1964 年 5 月 28 日，美國國務院發表聲明稱，鑑於台灣經濟已達到自立的程度，美國將於 1965 年 6 月 30 日終止其在台灣的經援計畫，改為貸款，但軍援和農產品法案仍將繼續。此後，除數量有限的剩餘農產品外，美國再也沒有給予台灣經濟援助。

⑤ 鄭貞銘著，《公共關係總論》，台北：五南書局，2003 年 10 月，第 1 頁。

⑥ 鄭貞銘著，〈公關關係、廣告與民意測驗研究〉，台北：《新

聞學研究》，1969 年第 6 期，第 131-145 頁。

⑦ 陳培愛、王東熙著，〈台灣公關關係發展史略〉，福州：《現代台灣研究》，2010 年第 2 期，第 56 頁。

⑧ 鄭貞銘著，〈採訪一得——張寶樹不作行政院長〉，載《張寶樹先生八十年》，台北：中華民國日本研究學會，1991 年 2 月初版，第 69—70 頁。

⑨ 鄭貞銘著，《公關關係總論》，台北：五南圖書出版公司，2000 年 10 月初版，序言第 1 頁。

⑩ 據鄭貞銘日記記載，蔣經國曾於 1971 年 12 月 5 日晚上和 1972 年 2 月 4 日上午兩次單獨召見他。

⑪ 鄭貞銘著，《無愛不成師》，台北：遠流出版事業股份有限公司，2005 年初版，第 187 頁。

⑫ 載於鄭貞銘日記，1972 年 1 月 2 日。

⑬ 載於鄭貞銘日記，1973 年 2 月 20 日。

⑭ 林家雄著，載於台北：《復華報》，國軍三民主義講習班，1972 年 2 月 2 日。

⑮ 美國第三十五任總統約翰‧F‧甘迺迪（1917-1963）於 1961 年 1 月 20 日發表著名的就職演說，其中 Don't ask what the country has done for you, but ask what you have done for the country，被引述頗多，爭議也不少。

⑯ 杜奇榮著，〈每日三省吾身〉，載於台北：《中央日報》，1973 年 4 月 22 日。

⑰ 載於鄭貞銘日記，1972 年 3 月 1 日。

⑱ 載於鄭貞銘日記，1972 年 7 月 15 日。

⑲ 載於鄭貞銘日記，1972 年 2 月 13 日。

⑳ 〈我國新聞學教授忠告美記者：審慎觀察匪區真相 提防共匪宣傳伎倆〉，台北：中央通訊社，1972 年 2 月 13 日。

㉑ 載於鄭貞銘日記，1972 年 9 月 30 日。

㉒ 載於鄭貞銘日記，1972 年 3 月 3 日。

㉓ 載於鄭貞銘日記，1972 年 3 月 3 日。

㉔ 載於鄭貞銘日記，1972 年 7 月 11 日。

㉕ 美國國際開發署（USAID）是美國聯邦政府的一個援外機構，成立於 1961 年，總部設在華盛頓，主要承擔著美國大部分對外非軍事性的援助工作，力求為海外那些為過上美好生活而努力、進行著災後重建，以及為求生活於民主自由之國家而奮鬥的人們提供幫助。

㉖ 威爾伯・L・施蘭謨（Wilbur Lang Schramm, 1907-1987)，又譯宣偉伯，美國人，傳播學集大成者。1947 年，在伊利諾大學創辦了第一個傳播學研究機構，是世界上第一個傳播學博士和教授；1949 年，編撰其第一本權威性著作《大眾傳播學》出版，標誌著傳播學的創立。另著有《傳播過程與效果》、《報刊的四種理論》等。

㉗ 鄭貞銘編著，《傳播大師》，台北：台灣商務印書館，2014 年 8 月初版，第 201 頁。

㉘ 鄭貞銘著，〈一代傳播大師——紀念宣偉伯教授百年冥誕〉，《人文學報》第 33 期，2009 年 8 月 31 日。

㉙ 鄭貞銘著，〈聞風而興起〉，載於鄭貞銘著《傳播發展的省思》，台北：台北市新聞記者公會，1993 年 9 月初版，第 239 頁。

㉚ 鄭貞銘著，《無愛不成師》，台北：三民書局，2010 年初版，第 440 頁。

㉛ 鄭貞銘著，《無愛不成師》，台北：三民書局，2010 年初版，第 183 頁。

㉜ 鄭貞銘著，〈大師典範——我為什麼成立大師講座？〉，載於台北：《中華日報》，2013 年 12 月 17 日。

㉝ 鄭貞銘著，〈走正路就是硬道理〉，2015 年 3 月 20 日，未刊稿。

㉞ 行政院經濟設計研究委員會後改稱行政院經濟建設委員會，簡

稱經建會。2014 年 1 月 22 日，經建會與行政院研究發展考核委員會、行政院公共工程委員會及原行政院主計處電子處理資料中心部分業務整合改制，掛牌成立為國家發展委員會。至此，經建會正式退出歷史舞台。

㉟ 載於鄭貞銘日記，1973 年 8 月 1 日。

㊱ 蔡俊傑著，〈台灣英文報紙產品差異化策略之比較研究：以英文中國郵報、英文台灣新聞與台北時報為例〉，台北：銘傳大學傳播管理研究所碩士學位論文，1999 年，第 43 頁。

㊲ 載於鄭貞銘日記，1973 年 8 月 4 日。

㊳ 蔣孝武（1945-1991），生於重慶，籍貫浙江奉化，蔣經國與妻蔣方良的次子。畢業於台灣大學政治系、德國慕尼黑政治學院、中國文化學院中美關係研究所。曾任行政院國軍退役官兵輔導委員會參議、國民黨中央政策委員會專門委員、華欣文化事業中心主任等職。

㊴ 「華欣文藝工作者聯誼會」從屬「退除役官兵輔導委員會」，會員原則限定為退除役軍人，1972 年升格為「華欣文化事業中心」，蔣孝武擔任主任。

㊵ 曾有一位企業家捐助一百五十萬美元給華欣文化事業中心，其中一百萬用作事業發展，五十萬用作獎學金，稱之為中興獎學金。

㊶ 載於鄭貞銘日記，1972 年 9 月 27 日。

㊷ 載於鄭貞銘日記，1973 年 6 月 22 日。

㊸ 載於鄭貞銘日記，1973 年 9 月 25 日。

㊹ 載於鄭貞銘日記，1973 年 11 月 14 日。

㊺ 載於鄭貞銘日記，1973 年 12 月 3 日。

㊻ 〈鄭貞銘辭中國日報工作〉，台北：《國語日報》文化圈，1974 年 1 月 8 日；報導中指出，「雖然能者多勞，鄭貞銘有時還是感到忙不過來，因此他決定在短期內要辭去英文中國日報副社長兼總編輯的職務」，其中，「中國日報」誤寫，應為

「中國郵報」。

㊆ 王鼎鈞著，《回憶錄四部曲之四：文學江湖》，北京：生活・讀書・新知三聯書店，2013 年 1 月第一版，第 324 頁。

㊇ 鄭貞銘著，《無愛不成師》，台北：三民書局，2010 年初版，第 149 頁。

㊈ 載於鄭貞銘日記，1972 年 2 月 21 日。

第八章

「黃河」流過「美麗島」

鄭貞銘於中央青工會服務時，被保舉為最優人員，由蔣經國主席頒發獎章、獎
狀。

文化宣傳工作在中國國民黨以往國民革命的歷
史中，乃至半世紀台澎金馬的國家建設進程
中，都具有相當的重要性，這些年的國家發展，更
證實了這個觀點。文宣工作的成敗，可謂直接間接
關乎中國國民黨及國家命運的興衰隆替。①
中國國民黨文宣工作起源甚早，總理孫中山先生建
黨革命之初，首要步驟就是著重宣傳。總理曾經說
過：「革命成功極快的方法，宣傳要用九成，武力
只能用一成。」他強調應「喚起民眾，鼓勵風
潮」，使民眾「同情於革命運動」，於是發為主
義，並生力量。總裁蔣中正先生也曾昭示全黨同志
「宣傳與組織是黨兩大武器」，兩者要互相結合運

蔣介石總統與台灣新聞界領袖人物合影。

用，才會產生戰鬥的實效。②

因為緣分，我在國民黨中央黨部青工會與文工會服務若干年。事實上，我也未把這段日子視為「從政」，因為青工會服務的對象都是教授與青年學生，而會中同仁皆是來自各大學的優秀教授，如台大的連戰、施啟揚、張豫生、王曾才、汪大華，政大的關中、雷飛龍、李鍾桂、王人傑等；他們都學有專才，為人也謙遜，我們工作在一起，我有如在校園一般；尤其我主管的業務為中山獎學金、《黃河雜誌》與《自由青年》等，都是我所喜愛且熟稔的業務，我一直認為並沒有脫離我所喜愛的青年、教育與新聞工作。③

——鄭貞銘

率中華國劇團出征

1975 年 4 月 5 日，蔣介石在台北逝世，享年八十八歲，這位影響了中國近現代歷史進程的一代強人，最終未能完成「反共復國」的夙願。4 月 28 日，蔣經國出任中國國民黨主席一職。為應對紛繁複雜的國內國際局勢，他採取了一系列革新圖強的措施，如宣布一項大規模的國內經濟發展計畫「十大建設」，與此同時對外加強「國民外交」——他認為，台灣雖然在政治外交方面受阻，但民間外交斷不可放棄，甚至大有可為。

同年夏天，台灣組織了一支以復興劇校為班底的中華國劇團，準備出訪歐洲和中南美洲諸國，鄭貞銘意外地被遴選為該劇團團長。訪問團可謂陣容強大，團員包括曹復永、葉復潤、吳興國、王華瑞、閻興正、曲復敏、趙復芬等四十多位大家名流。為了加強陣容，訪問團又特邀當時的國劇名伶徐露和嚴蘭靜加入，劇校校長王振祖被聘為顧問，負責隨團照顧同仁，能幹的步天鵬被聘為副領隊，協助處理行政事務。然而，鄭貞銘並沒有任何帶團經驗，也非留學生，對歐洲並不熟稔，而此時的歐洲已大多與中共建交，其必對劇團處處打擊，前路巨測。

臨危受命，他只有硬著頭皮上陣。為了保證演出成功，國劇團先在復興劇校訓練三個月。當時，教育部以借調方式向文大商借，張其昀創辦人欣然同意，表示全力支持。於是，每隔一兩天，擔任文大新聞系主任的鄭貞銘就要到內湖復興劇校跑一趟。排演期間，教育部部長蔣彥士常請國內政要與國外貴賓前來觀賞，並提出意見建議。

鄭貞銘率（前排左）國劇團訪北歐各國演出，於挪威與劇團顧問王念祖（前排右）合影。

9 月 11 日，國劇團在教育部接受蔣彥士部長的授旗和午宴，14 日，正式踏上出擊歐洲的征程。蔣彥士部長與教育部官員李鍾桂、鮑幼玉、王華林、胡世勳、林宗堯、王之齡、謝又華，立法委員張光濤等，親自到機場為他們壯行。蔣彥士部長不斷叮囑鄭貞銘一路小心，並要其多安排團員觀賞西方藝術表演，以資借鏡，另外還交代他彙集一些西方藝術館之設計藍圖，以作為將來中正紀念堂藝術廳設計之參考。

　　於是，滿載著眾人的期盼和囑託，鄭貞銘率中華國劇團登上了華航班機，開啟了他們的出訪之旅。班機經曼谷，再轉乘荷航抵阿姆斯壯，再轉搭丹麥班機，轉赴哥本哈根，最終抵達芬蘭首都赫爾辛基。

　　當地天氣奇寒，冷風刺骨，走出機場，鄭貞銘不禁打了一個寒顫。前來接機的經紀人史諾芬告訴他：中共為阻撓國劇團演出，正不斷向芬蘭政府施壓。這早已在預料之中，鄭貞銘轉身告訴團員們，要沉穩應對，「我們一定要順利演出！」

　　到了住地安頓下來，國劇團中有人發現服裝箱被動了手腳，上面寫了幾句中共的宣傳字眼。次日，芬蘭的各報刊都以第一版篇幅刊載了有關國劇團的消息，由於他們的演出係文化性質，戲碼也沒有任何政治意味，所以新聞界大都對國劇團同情。終於，經紀人跑來告訴鄭貞銘：演出沒有問題。

　　9 月 18 日晚，赫爾辛基劇院，中華國劇團首場演出徐徐拉開帷幕。觀眾人人盛裝出席，坐滿了整個劇院。當晚，《白蛇傳》、《貂蟬》等經典國粹劇碼輪番上演，場下掌聲雷動，「安可」（叫好）聲不絕於耳。

鄭貞銘率國劇團出國巡演，於芬蘭演出一幕。

　　首演一砲打響，全體團員精神大振，受到極大鼓舞。一位曾在屏東傳教近二十年的畢德滿神父，看到報導後，第二天特意開車一百多公里來到赫爾辛基，聯絡教會派專車招待全體團員遊市區，又在教會準備點心、熱飲招待大家，「那一份熱忱，迄今想來，都令人感動不已」。

向遙遠的前方勇士致敬！

　　很快，大家趕往第二站挪威首都奧斯陸。這將是一場不平靜的演出，甚至演變為一場轟動世界的大新聞。9 月 21 日下午二時，部分團員在步天鵬副領隊帶領下，先往劇院出發，結果，數十名示威工人團團圍著劇院，並散發傳單，不讓他們進入。僵持到六時四十五分，經紀人只好宣布今日演出取消。

這種結果大家當然無法接受，鄭貞銘立即與經紀人向當地警方交涉，力陳這只是文化藝術演出，沒有任何政治意涵，且演出係有合法的簽證護照，要求保護他們次日的演出，最終得到了對方的保證承諾。當晚，鄭貞銘鼓勵團員們，愈是在這種艱難困苦的境地，大家更應「抬起頭，挺起胸，堂堂正正地為正義奮鬥！」④

第二天，國劇團按照原定計畫往劇院出發，此時，仍看到示威的百餘名工人，同時還有許多好奇的挪威民眾圍觀。挪威政府信守諾言，結果派來近百名警察與鎮壓部隊，驅開左派的示威工人，打開一條路，讓大家進入劇場。同時，還有兩名警員騎馬巡邏，以防意外。當國劇團團員們順利進入劇場時，許多有正義感的青年為他們鼓掌唱歌，另一邊則是叫囂謾罵，雙方形成強烈對比。

每個人的情緒都十分緊張。有的觀眾持票而不敢進場，也有觀眾存疑，「如果演員有害怕的情緒，怎能有好戲演出？」於是，當天的到場觀眾只有半數。七時，演出如期開鑼。徐露鎮定自若，徐步走上舞台，出演《貂蟬》劇碼。

當戲演到一半，徐露正在台上燒三炷香跪唱祈求上蒼保佑時，突然從觀眾席中衝闖出近十名左派分子，躍上戲台，並手連著手，佔據整個舞台，高喊口號，阻撓演出。徐露畢竟是有經驗、見過大場面的好演員，她面對此突發局面，並不慌張，緩緩退至後台。

此時，劇場內外一片騷亂，不少觀眾紛紛退場，也有一些正義人士對左翼分子發出噓聲。早有準備的挪威警方也衝上舞台，大約二十多人，個個手持警棍，與對方打了起來。北歐人大多高頭大馬，身材魁梧，警察更是訓練有素，很快

鄭貞銘（右）與國劇團團員吳興國（左）合影。

鄭貞銘（右三）率國劇團演出，與各國領導人握手。

將對方制服，趕出劇場外。鄭貞銘勉勵大家一定要鎮定，繼續演出，「來者不怕，怕者不來，他們越破壞，我們越要認真！」

大約十分鐘後，演員們再次登台演出。九時四十分，演出結束，場外示威人群漸漸散去。國劇團團員們在警車開道下，來到「眾民大旅社」宵夜。此時，大家才發現吳興國因翻滾受了傷，徐中菲則因驚嚇而肚痛。這注定是一場令人永生難忘的演出，國劇團總算是不辱使命。而這場混亂，也成為了轟動全球的大新聞。

第二天一大早，鄭貞銘便跑到街上買來當地報紙，國劇團演出時遭遇的衝突成為各大媒體的頭版頭條新聞，還配了現場照片，其中有一家當地報紙打出標題——〈這是藝術的勝利！〉。報紙紛紛對國劇團的演出給予了正面評價，認為其藝術精湛，「特別在色彩與動作方面，十分精采！」與此同時，美聯社與中央社駐羅馬特派員王應機也將這一場衝突發了消息。

旅社老闆對鄭貞銘開玩笑道：「挪威的報紙起碼有一年沒有你們台灣的消息了，現在好了，你帶個戲劇團表演竟然成了頭版頭條！」很快，駐維也納代表虞為也打電話來：「你們英勇的事蹟已經轟動全世界啦，諸位的勇氣真是了不起啊！」緊接著，大家也得到了台灣傳來的消息，說國內的報紙都大量報導了這一訊息，《中央日報》更在 9 月 30 日刊登了一篇社論，標題是：「向遙遠的前方勇士致敬！」

事件發生後，蔣彥士部長在行政院會中就此事作了詳細報告，蔣經國院長當即指示他：「立即代表我發電報，向大家致慰。」並指示撥給每位團員美元一百元，以資獎勵與慰

問。得到蔣經國院長的關懷，在海外孤軍奮戰的國劇團團員們無疑打了一劑強心針，士氣更加高昂，更加勇敢地邁向未來的行程。

北歐的丹麥，因受中共大使館施壓，始終不給國劇團簽證，當國劇團赴維也納在哥本哈根機場過境時，鄭貞銘與經紀人商議，請了一批記者在機場展開採訪。面對眾多媒體，鄭貞銘嚴正申明，政治不應干預藝術，丹麥不給簽證是違反藝術自由的，引得丹麥輿論界與反對黨也紛紛站出來提出質詢。國劇團雖然沒能到哥本哈根演出，卻也替台灣作了不少宣傳。

十分鐘謝幕八次

10 月 7 日，中華國劇團到達奧地利首都維也納，虞為代表和邱進益、吳鎮瀛等都到機場迎接，當大家看到「歡迎中華國劇團抵維也納」的紅色條幅時，都濕潤了眼眶——這是國劇團出國以來受到的第一場熱烈歡迎。

此時，中共在神不知鬼不覺間派了兩部專機，載了一百多位演員，也來到奧地利演出著名樣板戲《紅色娘子軍》和《白毛女》。很顯然，這是為了與國劇團對峙。就這樣，兩岸間的對台戲，竟在遙遠的歐洲鳴鑼上場了。

為了爭取好評，鄭貞銘特別要求全體同仁：「要把精神放在舞台上，化妝要更認真，主角要特別注意保護好嗓音，而謝幕更要重新設計，務求變化多端，讓觀眾出其不意。」⑤結果，國劇團的三場演出都非常成功，以至於演出後「在十分鐘之內謝幕八次」。當地的報紙和電視爭相報導，給予他們好高的評價，認為中華國劇團表現出了中華文化很深的

底蘊，令人感動且印象深刻。

　　相比之下，維也納的輿論界對中共的演出反應較差，大多認為「中共的演出不倫不類，全劇充滿宣傳口號與政治教條，不是真正的藝術」。奧地利國家電視台曾直白地聲稱：「中國大陸自江青改造中國戲劇後，中國傳統戲劇藝術蕩然無存。要看真正的中國傳統藝術，只有看中華國劇團的演出。」鄭貞銘則公允地認為，中共劇團芭蕾的訓練嚴格，音樂場面大，且海報的設計也不錯，不能說是一無是處。

　　無疑，在這場較量中，中華國劇團大獲全勝。此時，大陸仍深陷毛澤東主導的「文化大革命」大劫難中，中華傳統文化被連根拔起、毀壞殆盡，而蔣介石在台灣宣導的「文化復興運動」，雖然同樣出於政治目的，但在客觀上促進了中華文化的落地生根、蓬勃復興，以至於讓素有「文化沙漠」之稱的台灣，接續了中華文化，更贏得了國際的好感與尊敬。

　　結束維也納的演出，中華國劇團繼續前往薩爾斯堡、克拉根福、林茲、因斯布魯克等地演出，均比較順利。在歐洲的最後一站因斯布魯克演出時，演出前票已賣出七成，正式演出時，大家卻發現左方第七排至第十四排，竟然完全空著。後來經查證，原來這些門票早經中共大使館買去，但正式演出時，卻故意讓位子空著，讓你難堪。鄭貞銘有些哭笑不得，「這種手段不身歷其境，讓人難以想像」⑥。

　　10 月 13 日，蔣彥士部長曾致函給鄭貞銘，對國劇團的表現給予充分肯定：「我團充分發揮團隊精神，在吾兄領導之下，為國宣揚文化，加強與北歐各國國民外交，至為欣慰……貴團即將轉往中南美洲訪問，預計定能圓滿達成任

哥斯大黎加總統（前排站立者右二）與吳文輝大使（右一）歡迎鄭貞銘率國劇團抵達。

務，尚請代向全團團員致候。」

很快，中華國劇團結束了近兩個月的歐洲之旅，還不及休整，又緊鑼密鼓地踏上了另一段新行程——前往中南美洲繼續演出。此時，由熟練西班牙文的淡江大學教授陳雅鴻擔任領隊，鄭貞銘則改聘為顧問，原任顧問王振興奉命返國。

一項「國民外交」的創新紀錄

因中南美洲的國家大多與台灣有正式邦交，加上駐外大使多幹練之士，安排妥當，因而國劇團在中南美洲的訪問遭遇與歐洲全然不同，感受到的是親人一般的溫馨待遇。

10 月 25 日上午十點半，班機抵達中南美洲首站薩爾瓦多，新任大使連戰⑦攜大使館同仁周亞文、林磐石、林長宏、向延竚，以及當地華僑代表，均在機場迎接，令大家感到格外親切。當晚，在大使官邸，國劇團團員們受到了連戰大使及其夫人方瑀女士的熱情款待。

鄭貞銘以團長身分率國劇團成員四、五十餘名前往北歐、北美、中南美洲等十餘
國巡迴演出，歷時三個多月，圖為厄瓜多爾總統（中）接見。

　　連戰是名門之後，1965 年獲美國芝加哥大學政治學博
士學位，回台灣後曾在台大擔任客座教授、政治系主任和政
治研究所所長。鄭貞銘當年在《中央日報》跑政治新聞時，
常採訪時任內政部長連震東，蒙其愛護、啟發，因而對其哲
嗣有一份特殊的親切感。兩人曾在某些學術性場合偶爾相
見，但並未深交。此時，連戰作為一顆政壇新星，意氣風
發，宴會中同大家豪爽乾杯，更是與同歲的鄭貞銘一見如
故。
　　第二天晚上八點半，國劇團首場演出在總統劇院正式開
始。薩國外交、財政部長以及各國外交使節蒞臨觀賞，一千
五百個座位觀眾約佔八成，這在戰火頻仍的薩國，算是空前
的。國劇團停留薩國期間，連戰大使忙裡忙外，精心關照，
不僅安排大家晉見總統莫里那、外交部長波哥諾佛以及教育

為連戰先生伉儷辦壽宴，出席作陪者有鄭貞銘（後排左一）、李鍾桂、張京育、莊懷義、謝又華、甘毓龍、洪健昭、黃肇珩、簡文秀、林登飛、李濤等。

部長桑傑士，還用心安排酒會，組織薩國新聞記者、當地華僑及各外交使節等與大家歡聚交流，個人還利用星期假日，陪同大家遊覽薩國著名的青山與柯湖，令大家甚為感動。

　　經過此次接觸，連戰與鄭貞銘成為好友。回國後，鄭貞銘曾在其兼職的華欣文化事業中心，為方瑀女士出版了其首部個人文集《依蓮集》。名作家彭歌為其作序，指出：「依蓮是她的筆名，這是連戰起的：似乎很有點兒男性的『征服感』。而她之採用這個筆名，以至把她的文集取名為《依蓮集》，更有一番深摯的情意。」此書出版後頗受歡迎，風行一時，而連戰與鄭貞銘間的友誼則進一步加深。

　　結束在薩國的訪問後，國劇團又馬不停蹄地趕往下一站，先後在哥斯大黎加、聖約瑟、哥倫比亞、厄瓜多爾、烏拉圭演出。雖然中途因天氣、治安等原因出現過行李遲緩、丟失等問題，但由於當地大使們的鼎力協助，最終均無驚無

險，演出得以順利進行。中南美國家人們的熱情、友善給大家留下了深刻印象，同時，鄭貞銘對國家間有無邦交的差異，也有了更加切身的體會。

有一天，國劇團接到外交部急電，教育部要求大家在結束中南美洲訪問後，繼續轉往美國演出八場，預定地點包括亞特蘭大、休士頓、聖地牙哥、洛杉磯和舊金山，演出安排屆時由陸以正公使負責。於是，11 月 20 日，國劇團離開中南美洲最後一站烏拉圭首都孟都，搭乘巴西航空公司班機，經阿根廷、巴西飛往美國的邁阿密，22 日清晨五點抵達。

美國部分的演出，由曾任《大華晚報》總編輯、新聞局副局長江德成擔任領隊。鄭貞銘因學校課業關係，不能再延，必須趕返台北。22 日，他與陳雅鴻一道自邁阿密，途經洛杉磯，停留三天會晤親友，於 25 日搭乘華航返回台

與新聞局副局長江德成（左）合影。江德成曾任《大華晚報》總編輯、新聞局駐紐約辦事處主任。

北。李鍾桂、王華林、王德勝，以及王洪鈞、歐陽醇、李濤、潘健行、賴金波等在機場迎接，而媽媽在姊姊、姊夫陪同下也來到機場相迎。

歷時七十三天的旅程終於結束了，當鄭貞銘走下飛機，見到家人、師生、同仁的那一刻，霎時間一股極度的疲憊感湧上，佔據整個身心，「彷彿像洩了氣的皮球般」——出訪期間種種的緊張、疲憊、不安，早已讓肩負重任的鄭貞銘，生理和心理都緊繃到了極峰的狀態。值得欣慰的是，此次演出，雖然艱難備嘗，但總算完成任務，成為鄭貞銘一場畢生難忘的經歷。

> 形式上的旅程雖結束，卻養成了我對國劇的終生愛好，與對京劇的長期關懷……在經歷過更多的人生歷練，走過更多的人生歲月，體驗過更多的人生百態人生故事，領悟了更多的人生智慧後，現在回想當時一切的不可思議，似乎都因為那一股潛藏在體內的「精神力量」。
>
> 這次經驗使我對於國劇的教忠教孝力量，也有深刻的體認。我常建議政府重視這個藝術力量，也鼓勵青年學生多看國劇。我深信，從國劇人物形象與內在生命，我們將可找出生命的底蘊，為每個人找出安身立命的基準點。
>
> ——鄭貞銘[8]

11 月 30 日，蔣彥士部長專門約見鄭貞銘，談話四十分鐘，對他的努力與成績表達了充分肯定與誠摯感謝。12 月

14 日，全體團員自美國演出歸來，教育部舉行了一項公開儀式，蔣彥士部長頒給鄭貞銘一張感謝狀。至此，這場近三個月的海外出訪之旅畫上了一個圓滿句號，在「國民外交」史上，可算得上是一項創新紀錄。

「政治對您不相宜」

訪問薩國期間，鄭貞銘內心很不平靜，常會想起已多年未見的恩師謝然之。謝然之自 1961 年起出任掌控全台輿論的國民黨中央黨部第四組（負責文化宣傳，文工會前身）主任，後又升任中央黨部副秘書長，深受蔣經國信任，前途無限。然而，政治場上人心叵測，他因別人進言而被嫌隙⑨，1970 年 10 月 12 日轉赴薩爾瓦多任大使，從此淡出了政治核心圈，心灰意冷，頗受打擊。

待鄭貞銘訪問薩國時，謝然之已卸任大使，轉赴美國南伊大任客座教授，並在美國安居下來，自此未曾返國。這期間，謠言紛紛，昔日一干親密同仁極力撇清關係，唯恐避之不及。而此時，鄭貞銘顧不得其他，逕自向大使館打聽到謝然之老師的通訊地址，當即去函致候。回到台灣後不久，1976 年新春伊始，他收到了恩師謝然之的回函。

> 貞銘賢棣如晤：
> 從歐洲寄來的信，已經詳悉。您在萬分艱難之環境中，與敵直接作戰、勇敢沉著，令人敬佩……
> 本黨即將舉行全會，國內青年才俊之士紛紛而競選，彼等壯志凌雲，勢在必得。而客觀形勢，亦必然需要新陳代謝，方能產生黨的新生命……

上圖：文大新聞系主任謝然之（左三）自薩爾瓦多大使任內返國，高雄校友會歡迎，王翼風同學（右一）代表致歡迎辭。

下圖：謝然之師出任薩爾瓦多大使，鄭貞銘贈文大新聞系師生合影之瓷盤作為紀念。

我已垂暮之年，對於功名富貴，早已視為過眼雲煙。此時再與人爭長短，未免不識時務。承您關切熱望聚晤，我何嘗不思與諸同學共敘一堂，傾訴積愫。但環顧周遭，即使忍聲吞氣，仍難免無故受辱，被人冷嘲熱諷、唾面自乾，有何意義……

我希望您回國後，安心學術教育。我認為您秉性真純，政治對您不相宜，我們缺乏政治手腕，更談不上與人鬥爭。政治太現實，沒有利用價值時，必然要受到淘汰的。此點是讀書人的致命傷，古今中外幾無例外……

然之[10]

　　手持恩師的來信，鄭貞銘心中湧起一股悲涼，回想近兩年自己在權力場的摸爬滾打，箇中滋味不足為外人道也。就在半年前，1975 年 6 月 27 日，榮電公司成立，已對華欣心生倦怠的蔣孝武跑去擔任起了榮電第一任董事長，翌年又調任中央廣播電台主任。於是，他將華欣文化事業中心一攤子事務統統甩給鄭貞銘，自己一走了之。

　　謝然之對鄭貞銘一路提攜，彼時兩人已有近二十年的師生情誼，他的觀察應當是不錯的。對於恩師的親身經歷與肺腑之言，鄭貞銘小心記在心裡，時常咀嚼揣摩。然而，對於正值年富力強的他而言，真正斷絕權力場、轉身回歸學術，無疑還有一段很長的曲折道路要走。

　　這一年 7 月，他已擔任文化學院新聞系主任七年，超出常規六年任期一年，於是，他順勢辭去了文化學院一切職務，僅保留教職。他也無心戀棧華欣，等待合適時機，早日

退出此是非之地。

無一不可對人言

同年 11 月，僅做了一年多駐外大使的連戰被調回台灣，出任國民黨中央委員會青年工作委員會主任。12 月某一天，鄭貞銘突然接到了連戰電話，對方表示要與夫人一起前來拜訪，鄭貞銘一再謙辭，表示可自行前去拜訪他們，卻拗不過連戰的堅持。於是，連氏伉儷出現在鄭貞銘華欣的辦公室裡。一陣寒暄後，連戰提出誠摯邀請，希望鄭貞銘能到青工會協助自己。鄭貞銘深受感動，幾乎沒有什麼遲疑，欣然接受了對方的邀請，從此邁進了黨務工作的大門。

國民黨歷來對青年工作十分重視，在行政院方面，有主掌教育政策的教育部，有輔導青年就業、創業的青年輔導委員會；在民間方面，有為青年服務、舉辦寒暑假娛樂活動的救國團；在黨務方面，有專門以培植青年後備人才、聯繫知識分子為主要任務的中央委員會青年工作委員會，以及北區、中區、南區「三區」知識青年黨部等。

其中，青工會脫胎於先前國民黨組織中的中央青年部，強調對青年人才的發掘與培養，輔導和服務的對象是大專院校年輕教師、大學生等知識青年，工作人員分專任委員和兼任委員，大都是來自各大專院校的知名教授，青工會也由此成為蔣經國培養青年政治菁英的人才庫。1977 年初，鄭貞銘正式出任國民黨青年工作委員會三室總幹事，此後升任專任委員兼總幹事，職位相當於副主任。

鄭貞銘曾說：「進入青工會服務，乃屬偶然；而服務長達十年，則是必然。」[11]「那是一個充滿學術氣息與和諧氣

上圖：鄭貞銘（左三）與謝孟雄、何景賢、楊崇森、張瀾書等出席1977年中韓日
三國學者會議。

下圖：鄭貞銘出任青年工作會專任委員（位階相當於副主任）派任書。

氣的單位」，從 1977 年至 1988 年，鄭貞銘在青工會服務的
經歷，留下了很多美好的回憶。卸任文化學院新聞系主任不
久的他，在這裡找到了眾多志同道合的優秀同仁，而這份工
作，又始終與自己青睞的青年、新聞及教育有著莫大關聯，
讓他找到了一種熟悉而親切的感覺。

連戰先生雖然是青年得志，但是他卻極為謙虛，每
次主持會議或作重大決策時，總會極有耐心地聽取
各種不同意見，讓大家分享決策過程的成就感；連
戰先生學養深厚，聰穎睿智，有極正確的判斷力，
但是他甚少自我居功，而讓同仁分享成就；有人認
為他過度嚴肅，可是就我個人體會，卻覺得他是屬
於那種「望之儼然，即之也溫」的典型！

——鄭貞銘[12]

青工會主任張豫生接見領取中山獎學金學生，站立者為鄭貞銘。

李煥（前排中）師視察國民黨中央青年工作會，與重要幹部張豫生、李鍾桂、陳水逢、王曾才、王人傑、朱堅章、王克忠、汪大華等合影。（後排左二為鄭貞銘）

1978 年 7 月，連戰又被拔擢擔任國民黨中央委員會副秘書長，8 月任行政院青年輔導委員會主任委員，青工會主任一職由副主任張豫生接任。作為鄭貞銘的表舅，張豫生僅大他七歲，兩人惺惺相惜、親密合作，鄭貞銘評價其「自基層出身，處事明快，為人豁達，對於同仁的照顧與愛護，令許多同仁『感受在心』」[13]，而不可否認的是，能做事、肯做事的鄭貞銘無形之中得到了更多扶持與提攜。

除此之外，還有很多同仁令鄭貞銘欽慕，如高銘輝性格謙和，與世無爭，遂使青工會的工作順利推動；莊懷義苦學出身，謙遜自謙，勇於任事；曾擔任副主任的李鍾桂女士，「為女中俊傑，成為女性學習的楷模，也是男性競爭的『對手』」，後被蔣經國委任為救國團主任；外交學者關中「智慧超人，反應敏捷，為人重義氣，也為眾所公認」，官升至考試院長；徐抗宗「重道義，愛部屬」；王人傑「為謙謙學

鄭貞銘與前新聞局長邵玉銘（中）、淡江大學教授陳明（右）合影。

者，個性耿直」。

青工會成立之初，很多幹部來自知青總黨部與救國團，如汪大華、詹惠宇、伊竑等，經驗豐富、兢兢業業；還有一些後起之秀，如葛永光、鄭國源、劉世煒等，意氣風發、勇往直前。後來，李登輝擔任黨主席期間，曾派黃昆輝擔任青工會主任，後者追隨李登輝，2007 年接掌台灣團結聯盟（台聯黨）主席一職。同時，李登輝女婿賴國洲也曾一度擔任青工會主任。

許多人都會認為青年工作蒙著一塊面紗，鄭貞銘則自陳，「所有青年工作，可以說『無一不可對人言』」。他在青工會主要負責的工作，即為主持青年文宣及中山獎學金的選拔與培訓工作。中山獎學金不是一項普通的獎學金，是國民黨為培養人才而專門設立的，數十年間培養了大批優秀人才，前任總統馬英九就曾考取過，另外還有前考試院長關

上圖：鄭貞銘（左一）率中山獎學金學生葛永光、詹火生、李明、鍾蔚文、藍三
　　　印、葉明德、吳永乾等訪台灣省黨部，主委宋時選（左二）親自接待。
下圖：鄭貞銘與台灣省黨部主委宋時選（左）合影。

上圖：鄭貞銘（後排右二）率中山獎學金學生葛永光、鄭仁榮、詹火生、鍾蔚
　　　文、吳永乾等訪國家建設成果。

下圖：鄭貞銘（前排中）與中山獎學金學生李大維、林東泰、包宗和、鄭仁榮、
　　　郭貞、秦文力、黃本魅、許湘濤等歡聚後合影。

上圖：鄭貞銘率中山獎學金學生訪高雄市政府，由當時的高雄市長許水德（右）
　　　接待。

下圖：鄭貞銘（右二）以青工會總幹事身分應邀作全省大專院校巡迴演講。

鄭貞銘率中山獎學金學生鄭仁榮等訪金門古寧頭。

上圖：鄭貞銘與中山獎學金學生鄭仁榮、郭貞等合影。
下圖：青工會的籃球隊，成員有馬傑明、劉克襄等。

中、國民黨副主席江丙坤、台大經濟學教授陸民仁、《中央日報》社長姚朋、行政院新聞局長邵玉銘等。

當時，中山獎學金向全台的優秀大學畢業生開放，經過嚴格的甄選考試被錄取的入選者，須先參加為期四週的研討營，舉凡政治、經濟、文化、教育、社會、軍事、外交等問題，無不屬於研討範圍。研討營結束後，鄭貞銘親自帶隊，組織學生赴台灣各地實地考察，從工廠、農村、山區直至金門的軍事設施，讓他們能在充分瞭解台灣社情的基礎之上，找到自己以後專攻的學習與事業方向，以培養「通才中的專才」。「學問為濟世之本」，絕大多數入選者更是在中山獎學金資助下赴歐美繼續深造，學成即回台為本土服務。

鄭貞銘對青年學子的關懷和呵護，同樣投注在這些中山獎學金學子們身上，他們中的不少人與其結下了深厚情誼。前行政院勞工委員會主任委員詹火生曾回憶，當時「鄭老師擔任輔導老師，全程陪我們上課，當時的我驚覺，上課的學生不算少，但是他卻可以細膩地記住每個人的個性，並願意花時間與學生談心，瞭解學生狀況，這些小細節對於我日後工作中人際關係的處理，有相當大的影響」[14]。台大前副校長、現任監委包宗和當年因母親重病，申請延遲出國，期盼陪伴母親走完人生最後一程，獲得鄭貞銘同意與贊許。隨後，鄭貞銘親自前去探望，並在其母親病逝後前往弔唁，令包宗和深為感動，「鄭老師與我，是一種亦友亦師的關係」。[15]

在鄭貞銘主持中山獎學金考選工作期間，許多先後考取中山獎學金離台深造的青年學子，歸國後都成了在各自領域卓有成就的人物，如監察委員葛永光，行政院政務委員薛承

監委、前台大副校長包宗和（右）為鄭貞銘賀壽，包宗和亦為中山獎學金學生。

泰，前台灣駐加拿大代表、駐美代表、外交部長李大維，前台灣駐印度代表、外交部次長、陸委會主委夏立言等。除此之外，還有前政大傳播學院院長鍾蔚文、前台大新聞研究所所長張錦華、政大心理學教授藍三印、台大哲學系教授林火旺、台灣師範大學大眾傳播學系教授胡幼偉及前師大副校長林東泰、前佛光大學教授王石番、中國文化大學教授莊伯仲等，當年都曾得到過鄭貞銘的輔導和關照。這些都成為鄭貞銘最引以為豪的經歷與成績。

「史無前例」的突破

不同於 1960 年代生活清苦、社會沉悶的狀況，自進入 1970 年代以來，在蔣經國院長主導的「十大建設」和「本土化」政策帶動下，台灣經濟進入快車道，一躍成為「亞洲

四小龍」之一，一批新興中產階級應運而生，台灣的政治生態與社會格局隨之發生轉變。僅 1974 年至 1984 年短短十年間，台灣一共出現了五十五種不同名稱的異議政論雜誌，聲勢和數量上升到了前所未有的高峰，不斷衝擊敏感的政治話題和當局禁忌，挑戰國民黨當局的言論尺度，⑯政權正當性遭遇危機。

鄭貞銘進入青工會的這一年，後被視作「台灣政治氣候的轉變關鍵」。8 月，「鄉土文學論戰」狼煙四起、砲聲隆隆，黨外運動異軍突起、刀光劍影，聲勢一天勝似一天。11 月 19 日，台灣舉行五項地方公職選舉，脫離國民黨參選桃園縣長的候選人許信良率眾上街抗議國民黨在選舉中作弊，在桃園縣中壢市引發了較為激烈的警民衝突，約兩萬民眾燒毀了六十輛警用摩托車、八輛警車，並焚燒了警察局。警員撤退，軍隊到場，蔣經國下令軍隊克制，不准開槍，未有流血。此後，民眾看到許信良得票已領先八萬張，怒氣漸消，方才散去。

此事史稱「中壢事件」。這是黨外反對勢力首度與執政當局激烈抗爭，乃至掀起大規模的政治風潮，震驚全島，影響深遠。蔣經國主席為表公正無私，揮淚斬馬謖，令愛將李煥辭去國民黨組工會主任、革命實踐研究院主任及救國團主任三項要職，轉任中視公司董事長，從此李煥遠離政壇，韜光養晦近七年之久。此後，備受鼓舞的黨外反對勢力迅速發展，不斷與國民黨當局分庭抗禮，開始在台灣政壇上扮演日益重要的角色。時至今日，「中壢事件」仍是反對陣營稱頌不已的革命性勝利，卻是許多國民黨人士為之扼腕的慘痛經驗。

與恩師、中央黨部秘書長李煥（左）合影。

　　事件爆發一週年時，負責青工會文宣工作的鄭貞銘認為
此事件非同小可、意義非凡，而其中的事實真相尚待明晰，
是非曲直仍需甄別。於是，他找到文大新聞系第八屆畢業生
趙曉生⑰，請其儘快撰述一本反映該事件的書，並建議書名
擬定為與清朝奇書《圍爐夜話》相似的《中壢夜話》，其中
亦含美國羅斯福總統「爐邊談話」的意味，以圖激勵民心、
號召團結。

　　　　當時，筆戰激烈，青工會要求我們以最短時間完成
　　　寫作。經過反覆討論，我們確定了三大書寫方針：
　　　遵照新聞資料，力求真實；具有說服力，製造輿論
　　　效應；文體以文學形式，要有可讀性。根據這三大
　　　方針，青工會提供豐富的相關報章、雜誌資料，我
　　　們連夜約讀、選擇材料。
　　　　那天，我下班後，邀集兩位學生，在學校找了活動

中心的一個小會議室，直接和工友說好借用，買了麵包和咖啡、礦泉水，準備好挑燈夜戰。燈光下，筆頭在稿紙上沙沙作響疾書，時鐘滴答滴答也不停息。當天光大亮，校園傳出人聲、雜遝聲時，校工來催促我們該離開啦。當看著窗外耀眼的陽光，才驚覺我們此刻早已寫得手痠臂麻，轉眼望著桌上重重疊疊的稿紙早取代了原有的書報雜誌。

就這樣，經過一個整晚的奮筆疾書，我們完成這本「夜話」的具體雛形。然後，我以小說形式寫了第一章，做為全書的引子。接著又花了三天時間將那晚完成的「雛形」做了細緻整理。當把完稿交到鄭老師桌上那刻，距我們接到任務的時間沒超過一星期。

——趙曉生[18]

《中壢夜話》[19]以大量一手照片大膽呈現了事件當時的若干場景，更以文藝寫實手法，將「中壢事件」這一充滿懸疑的案件以抽絲剝繭的方式詳盡描述了出來，跌宕起伏、扣人心弦，極大地滿足了讀者的好奇心。該書被推出後一版再版，引起了一陣市場搶購熱潮，被視作國民黨文宣工作一次「史無前例」的突破。隨後，鄭貞銘又相繼策劃發行了一些書籍，如《黨外春秋》、《理性的怒吼》、《聲聲入耳》等，與黨外反對勢力展開正面交鋒，轟動一時。

迎戰《美麗島》雜誌

1978 年 5 月 20 日，蔣經國接任嚴家淦，成為台灣第六

任總統。12 月 16 日，美國突然宣布與台灣斷絕外交關係，終止與台灣簽訂的《共同防禦條約》，並於次年元旦起與中華人民共和國正式建交，這對台灣造成極大心理衝擊。內外交困之下，蔣經國以《動員戡亂時期臨時條款》為據，發出「三項緊急處分事項」，宣布延期選舉。然而，此舉進一步刺激了黨外反對勢力，情勢愈加動盪。

早在 1975 年 8 月，《台灣政論》創刊，立法委員黃信介任發行人，康寧祥任社長，張俊宏任總編輯，宣稱要繼承《自由中國》傳統，「搭起民間言論的發言台」，但同年 12 月被當局叫停。四年後，為反對執政當局的高壓政策，1979 年 5 月，黃信介申請創辦一個新的政論性雜誌，以接續夭折的《台灣政論》，起初以《聖國》為名申請遭拒，周清玉提議取李雙澤編曲、楊祖珺演唱的歌曲《美麗島》為名。6 月 2 日，雜誌社在台北正式成立，黃信介任發行人，許信良任社長，呂秀蓮、黃天福任副社長，張俊宏任總編輯。

作為黨外運動的意識形態工具，《美麗島》雜誌網羅全台各地黨外人物，以「台灣意識」為主體訴求，形成美麗島政團。面對洶湧而來的黨外運動，長期專制的國民黨應付維艱，一些中常委認為，不宜再過分採取暴力手段，「國民黨要保持泱泱大黨之風，以理服人，不強辯更不謾罵」[20]。於是，當局要求迅速創辦一份刊物，以針鋒相對地迎戰《美麗島》的輿論攻勢。這項任務落到了國民黨文宣重鎮之一的青工會（另一個為文化工作委員會），而新聞傳播專業出身的鄭貞銘即被委以重任，指派其為《黃河雜誌》催生，並要求「火速出刊，辦了再說」。

鄭貞銘創辦《黃河》政論雜誌，
每期出版，常被搶購一空。

　　臨危受命，鄭貞銘思量再三，認為面對來勢洶洶、言辭
激烈的《美麗島》，應以「理性、和平、知性」為主，不作
激情之言。這種「學人辦刊」的理念，最終獲得了長官認
可，鄭貞銘緊鑼密鼓地抓緊籌辦。這時，一些年輕學者與媒
體工作者也加入了《黃河雜誌》陣營，如葛永光、包宗和、
李天任、吳戈卿、黃重憲、嚴伯和、寇維勇、趙俊邁等，在
經費有限的條件下，沒日沒夜地做，沒日沒夜地寫，由此也
培養了一批寫作新秀。

　　身為社長兼總編輯，鄭貞銘親自操刀《黃河雜誌》緣
起，恍惚間思緒回到了七年前創辦莘莘出版公司時，彼時意
氣風發、豪情萬丈，熱烈擁抱「知識工業」，此刻知性平
和、深沉理性，沉著應對黨外風雲，他努力尋找那份初心與
真誠，很多表述都與「莘莘叢書」出版緣起多有相似，甚至
重合，而其中的心境則起了微妙的變化。

　　中國悠久的文化香火在──黃河──燃亮。

上圖：鄭貞銘與學生趙俊
邁（右）於畢業時合影。
趙俊邁後亦加入《黃河雜
誌》寫作陣營。
下圖：鄭貞銘與華岡新聞
才子寇維勇（右）合影。
寇維勇亦為《黃河雜誌》
撰寫文章。

中國人泱泱的大國民器度從——黃河——發揚。

黃河——是中國歷史文化的發源地。

黃河——是中國人心靈悸動的泵浦……

中國文化要從心田再生，中國的未來應從理性出
發。在致力於「中國文化的再生」和「中國未來的
出發」時，我們有這麼一份執著：一切文化上、社
會上、思想上的建設焦點，都在自己的原始地——
「黃河」重生，並從「黃河」出擊，中國的未來要
由中國人自己當舵手。

認同是一種漸進的覺醒，它必須透過每一階層的深
刻體驗與認知，因此，「黃河」即廣泛地包含政
治、外交、經濟、社會、教育等範疇，糾合在中國
航向上的各種問題，透過知識分子的良知及對民族
國家的認同，作客觀中肯的討論，以開拓中國的未
來出路，匡正現在的方向。

我們深信，您——所有的中國人——就是中國香火
的一支，藉著它的光和熱，都可凝合成光輝燦爛的
火炬，貢獻出一個齒輪的力量。為新生中國，您何
不燃亮這支蠟燭，使它成為未來中國的照路燈
塔……

——《黃河雜誌》緣起[21]

8 月 16 日，《美麗島》正式創刊，文章針砭時弊，贏
得許多青年支持，第一期即銷售六萬八千本，一鳴驚人。幾
乎在同時，《黃河雜誌》也面世了，內容極其廣泛，涵蓋政
治、外交、兩岸、人權、財經、司法、教育等內容，而文章

《黃河雜誌》時常舉辦主題座談會，邀請各方意見領袖參與。

作者也多為享譽一時的學術名家，如兩岸問題專家邵宗海和楊開煌、外交專家張京育（後任政大校長、陸委會主委）、政治學專家葛永光和楊泰順、教育學專家林清江、法學專家蘇永欽等，同樣引來眾多關注的目光。兩份刊物競爭激烈，每期出版，均常被搶購一空。

《黃河雜誌》的一大特色是建言專欄，每期都會找敢言之士在專欄中向當局提出建議，而這些建議也常常被當局採納為施政參考。另一大特色是「地方建設」專題，專門報導雜誌社在台灣各基層地市舉辦的地方建設座談的情況。此舉一改過去國民黨的宣傳活動重視上情下達、忽視下情上達的弊端，重視反映基層的聲音，被視為一大創舉。

此外，雜誌社還定期在台北舉辦主題座談會，每期選定一個辛辣而引人關切的主題，邀請各方意見領袖參與，國民黨監察委員陶百川②和民進黨元老黃信介、康寧祥等經常成

為座上客，所談話題往往成為次日各大報紙的頭版頭條。

鄭貞銘也因此得以常常向新聞前輩陶百川請教，陶百川委員以扮演黨內反對派的角色自許，常引用陸游的「萬事不如公論久，諸賢莫與眾心違」，主張政治永遠需要監督的理念，一生提倡新聞自由。他告誡鄭貞銘，報紙應作政府的「緊箍咒」與讀者的喉舌，並多刊登讀者喜歡看的東西，不要充塞無聊的追悼會、紀念會等八股新聞。這些主張，在政治尚未解嚴、報禁限制新聞自由的時代，尤為難得與可貴。他還送給鄭貞銘辦報的三字訣——確（準確）、速（迅速）、博（廣博）——平常之語卻是最重要也最基本的新聞準則。

理性力量的制衡

1979 年 12 月 10 日，以《美麗島》雜誌成員為骨幹的黨外人士藉國際人權日，在高雄市舉行群眾大會。下午六點左右，由施明德以擴音器指揮，黃信介帶隊，《美麗島》成員及群眾三四百人手持火把，沿中山一路向新興分局前大圓環方向前進遊行，遭大批憲警阻攔，隨後發生一場嚴重的暴動衝突，近兩百人受傷，史稱「美麗島事件」或「高雄事件」。

13 日，新聞局處分《美麗島》雜誌停刊一年，扣押所有出版物，同時警備總部以「涉嫌叛亂」罪名開始大規模搜捕行動。最終，黃信介、施明德、張俊宏、呂秀蓮等共一百五十二名黨外人士被逮捕。1980 年 2 月，軍事法庭開始對美麗島事件進行大審判，國際社會廣泛關注。為應對國際壓力，台灣當局一方面開放島內外人士旁聽，並同意被告委託

律師辯護，另一方面，在時任新聞局長宋楚瑜指揮下，所有宣傳機器開動，稱《美麗島》表面上是雜誌，實際上是一個陰謀組織，有計畫地、有預謀地進行叛亂活動。

《黃河雜誌》當然沒有缺席，接連發行《美麗島暴動實錄》、《美麗島與陰謀集團》等相關專刊及叢書，直指《美麗島》雜誌的領導者均為陰謀分子，鼓吹暴力，而群眾則為非理性暴民，警察則是「罵不還口，打不還手」。美國《新聞週刊》和美聯社批評說，台灣官方媒體集體撒謊，美麗島事件本質上是一次對政治反對派的鎮壓。

美麗島事件成為台灣政治的一個分水嶺，從此，朝野雙方都意識到社會的變革已成大勢㉓。此後，蔣經國加快了推進自由民主化的進程，而黨外運動的擴展在騷動不安中形成某種理性的共識——若和平推進遭致鎮壓則易獲得社會的同情和支援；反之，過度訴諸暴烈手段則易遭受社會的責難。㉔

> 台灣走向民主與自由的過程，並非一條康莊大道，但確實是支流彙集、莫之能禦的長河巨流，許多深具理想與才華的媒體工作者在主流或非主流及黨外媒體等不同位置上，以各種方式實踐、結盟、衝撞或議題操作；審時度勢之際，雖時而沉默、時而妥協，但更伺機奮起、時而躍上浪峰，傲視迎向更寬闊的天際。
>
> ——張錦華㉕

平心而論，作為官方文宣陣地，《黃河雜誌》無疑扮演

著輿論管制的角色，難逃其「侍從」弊端，是黨國控制結構的重要一環。但也應看到，《黃河雜誌》標榜的「言論公正，態度嚴謹」立場，以及鄭貞銘等開明派人士進行的「學人辦報」理念堅守與努力，在素來保守而主觀的國民黨文宣系統中可謂是「獨樹一幟」。黨外運動風起雲湧的年代，若干理性力量同時興起，產生某種制衡的效果，也不能不說《黃河雜誌》在當時發揮了一定的影響力。

這一年9月，蔣經國曾以國民黨主席的身分，親自給鄭貞銘頒發「國民黨中央黨部保舉特優人員」獎章與獎狀，以表彰其在黨政工作中所取得卓越成績，鄭貞銘視作「終生的榮耀」⑳。

虛心且誠懇地來探究問題

在辦好雜誌的同時，鄭貞銘還申請成立嵩山出版社，出版「黃河雜誌叢書」擴大影響，以彌補雜誌容量小、無法深入剖析時事的缺陷。於是，《中國的出路》、《民主政治》、《台海對峙三十年》、《中國人的使命》、《青年與參與》、《理性的力量》等書相繼出版發行，都發揮了相當的力量。

> 生長在動亂的中國，使我們比別人更能體認什麼是痛苦，必須學會在掙扎中求生存，所以我們對問題的探討和研究一定要比別人來得深刻……
>
> 錦上添花與歌功頌德，對我們的社會是毫無助益的，反而會使群眾陷入無知的歡愉中；任何放言高論口號式、教條式的八股，已不再能為社會的進化

灌注動力，倒會令大家感到灰心的厭惡。所以在書中我們絕對要求摒棄這兩項無意義的文字遊戲，剩下的是虛心且誠懇地來探究問題。……

——《中國的出路》序⑳

《中國的出路》是該系列叢書的第一本，彙集了朱堅章、王作榮、丁幼泉、黃光國、呂學儀、徐佳士、荊知仁、林清江、沈君山、李亦園、金神保、劉源俊等台灣知名學者關於熱點問題的訪談。

西洋政治思想史專家、鄒文海教授的得意弟子朱堅章教授指出，民主的意義在於有耐心、反極端，他告誡青年朋友「要理性化，不要情緒化；理性化來面對問題，提出改革意見，促使台灣的民主改進」。㉘

傳播學者徐佳士則從反向剖析了當時台灣報禁制度的一些好處，雖然他贊成開放報禁，但當時的報禁對報紙版面數量的限制「卻保護很多銷數小的報紙能存在下去，這種存在，對整個來說也有好處，使大眾媒介不致讓少數企業集團獨佔」。㉙

人類學者李亦園提示人們，不要局限於傳統來定義中國文化，而「在台灣發展的文化，是基於傳統中國文化所發展出來的一套現代的中國人的思維方式、價值判斷，這就是中國文化」。㉚

1981 年，鄭貞銘還出任《自由青年》社長，受命對這份國民黨老字號的刊物進行改造創新。《自由青年》以文藝為重點，在呂天行等人經營下，培養了不少文藝人才，林懷民就是其中之一，是當年常為該刊撰稿的新秀。鄭貞銘接手

後，找來兩位優秀青年，一位是在《黃河雜誌》擔綱專欄作家、表現突出的黃重憲，另一位是曾任正中書局副總編輯、立緒文化總編輯的鍾惠民，他們一起將這本刊物進行了一番整體性革新，使其煥發新的生機。

「一個國家必須要有其立國的精神」，鄭貞銘還曾規劃出版了一套《三民主義理論叢書》，邀請當時台灣一流教授寫成，詳細闡述中華民國的立國精神，「為國家貢獻一點綿力，這是我在青工會服務另一個難忘的回憶」。[31]

1984 年，七十四歲高齡的蔣經國再度當選連任總統。1986 年 9 月 28 日，以《美麗島》雜誌參與者為骨幹的「台灣民主進步黨」成立，但蔣經國並未深究，10 月 15 日，國民黨中常會通過解除戒嚴和開放黨禁的決定，標誌著一個嶄新的政治時代開始了。1987 年 7 月 14 日，蔣經國正式宣布，自明日零時起在台澎地區解除戒嚴令，歷時三十八年之久的戒嚴時期結束了。

身處在利益交織、權力紛爭的政局之中，奉行「隱藏」哲學的鄭貞銘無處遁形，素來與人為善的他也常會進退維谷。回憶起這段青工會經歷，他坦然面對，問心無愧：「也許我們在執行青年與教育工作上，有甚多值得探討之處；但在基本政策上，我們卻是肯定青年，對青年抱以極高期待、極大厚望的。」[32]

從 1979 年至 1989 年，鄭貞銘擔任《黃河雜誌》社長兼總編輯長達十年之久，這是黨外反對勢力與執政當局文宣鬥爭最激烈的年代。不可諱言，不同力量的碰撞與制衡均可視作台灣解嚴的催化劑，其中的是非功過，自有評說。

貞銘同志

蔣經國

民國七十年
四月五日

蔣經國總統民國七十年贈鄭貞銘紀念照。

註釋

① 鄭貞銘著，《無愛不成師》，台北：三民書局，2010 年初版，第 324 頁。

② 鄭貞銘著，《無愛不成師》，台北：三民書局，2010 年初版，第 320 頁。

③ 鄭貞銘著，《無愛不成師》，台北：三民書局，2010 年初版，第 296、297 頁。

④ 鄭貞銘著，〈中華國劇團歐行記〉，台北：《中國時報》，1976 年 10 月 8 日，第 12 版。

⑤ 鄭貞銘著，《無愛不成師》，台北：三民書局，2010 年初版，第 532 頁。

⑥ 鄭貞銘著，《無愛不成師》，台北：三民書局，2010 年初版，第 534 頁。

⑦ 連戰（1936-今），字永平，台灣台南人，祖籍福建漳州，生於陝西西安。其祖父連橫為晚清民初一代大儒，著有《台灣通史》；父親連震東歷任國民黨黨政要職。1965 年獲美國芝加哥大學政治學博士學位，曾擔任台灣大學政治系暨研究所主任、行政院院長、中華民國副總統、國民黨主席等職。

⑧ 鄭貞銘著，《無愛不成師》，台北：三民書局，2010 年初版，第 548、549 頁。

⑨ 據鄭貞銘講述，當年謝然之計畫在淡水創辦「中國新聞語文專科學校」，旨在培養國際新聞人才，資金、地皮均已找到，因有人向蔣介石報告，說其借辦校之名培植自己的政治勢力，遂被嫌隙而被邊緣化。

⑩ 鄭貞銘著，《無愛不成師》，台北：三民書局，2010 年初版，第 548、539 頁。

⑪ 鄭貞銘著，《無愛不成師》，台北：三民書局，2010 年初版，第 303 頁。

⑫ 鄭貞銘著，《無愛不成師》，台北：三民書局，2010 年初版，第 305 頁。

⑬ 鄭貞銘著，《無愛不成師》，台北：三民書局，2010 年初版，第 306 頁。

⑭ 詹火生著，〈特例不獨行〉，載鄭貞銘著《鄭貞銘學思錄 II：橋》，台北：三民書局，2010 年 7 月初版，第 54 頁。

⑮ 包宗和著，〈實踐忠孝於生活〉，載鄭貞銘著《鄭貞銘學思錄 2：橋》，台北：三民書局，2010 年 7 月初版，第 56 頁。

⑯ 謝清果、張漢麗：〈台灣新聞自由的歷史變遷與現實困境探析〉，《台灣研究·文化教育》，2011 年第 5 期，P49。

⑰ 應其本人要求，文中使用其化名。

⑱ 據 2017 年 2 月 6 日趙曉生（化名）接受筆者採訪郵件資料整理。

⑲ 趙曉生（化名）著，《中壢夜話》，台北：雨辰書報社，1978 年 12 月二版。

⑳ 鄭貞銘著，《無愛不成師》，台北：三民書局，2010 年初版，第 311 頁。

㉑ 鄭貞銘等著，〈何不燃亮一支蠟燭！〉，載李家德、崔鼎昌、蘇志誠、楊克明編著《理性探索上：中國的出路》，台北：黃河雜誌社，1979 年 8 月初版，卷首。

㉒ 陶百川（1901-2002），生於浙江紹興。畢業於上海法科大學法學系，後赴美國哈佛大學研究院進修政治及法律。歷任上海《國民日報》編輯、香港《國民日報》社長、重慶《中央日報》總社社長等。他一生熱愛國民黨，主張體制內的漸進改良，是捍衛人權、言論自由的先鋒。著有《中國勞動法之理論與實際》、《台灣要更好》、《台灣怎樣能更好》、《人權呼應》等。

㉓ 趙誠著，〈美麗島事件始末〉，北京：炎黃春秋雜誌社，《炎黃春秋》2010 年第 6 期，第 87 頁。

㉔ 秦風編著，《歲月台灣：1900 年以來的台灣大事記》，桂林：廣西師範大學出版社，2015 年 5 月第四版，第 265 頁。

㉕ 張錦華著，〈回首來時路　莫忘初衷〉，載《黑夜中尋找星星——走過戒嚴的資深記者生命史》，何榮幸策劃、導論，台灣大學新聞研究所召集、採訪，台北：時報文化，2008 年初版，第 21、22 頁。

㉖ 鄭貞銘著，《無愛不成師》，台北：三民書局，2010 年初版，第 207 頁。

㉗ 李家德、崔鼎昌、蘇志誠、楊克明編著，《理性探索上：中國的出路》，台北：黃河雜誌社（後改為嵩山出版社），1979 年 8 月初版，第 1、2 頁。

㉘ 李家德、崔鼎昌、蘇志誠、楊克明編著，《理性探索下：中國的出路》，台北：黃河雜誌社（後改為嵩山出版社），1979 年 8 月初版，第 12 頁。

㉙ 李家德、崔鼎昌、蘇志誠、楊克明編著，《理性探索下：中國的出路》，台北：黃河雜誌社（後改為嵩山出版社），1979 年 8 月初版，第 103 頁。

㉚ 李家德、崔鼎昌、蘇志誠、楊克明編著，《理性探索下：中國的出路》，台北：黃河雜誌社（後改為嵩山出版社），1979 年 8 月初版，第 186 頁。

㉛ 鄭貞銘著，《無愛不成師》，台北：三民書局，2010 年初版，第 316 頁。

㉜ 鄭貞銘著，《無愛不成師》，台北：三民書局，2010 年初版，第 303 頁。

第九章

有愛無恨

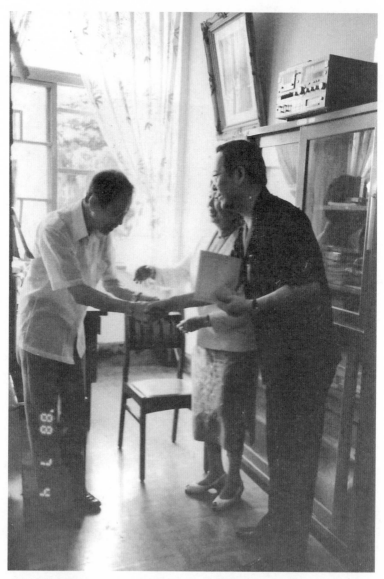

1986 年鄭貞銘接任文大社會科學院院長，俞筱鈞副校長（中）監交。

基本上，教育是一個磨血的工作。真的有責任心的教育工作者，體認自己的工作環境，一定要有愛心及耐心。我經常強調「對青年永遠不失望」，也就是相信沒有一個孩子不可教。基本上，我們都應該將每個學生視為有意願學習、有心理需求、有個性、亦是有人格尊嚴的人。

我們必須隨時更新自我的心靈，使我更像本質的我。我們要的，不是膽怯的心，而是剛強的心、仁愛的心、謙虛的心。我們常對世間不滿，對他們埋怨，其實我們要知道：人要改變的往往是自我，而不是他人。①

憑心而論，中國社會做事十分不易，許多好友也基於好意常勸我不必過度認真，但我總覺得未盡到力對不起學生，為教育、為青年，我終究無怨無悔。我有幸兩度擔任文大新聞系主任，而且長達十七年，所以對他的成敗，有一種刻骨銘心的關懷，所幸同學們都能自重自愛，力爭上游，在各個不同工作崗位上盡心努力，這是我所最安慰的一件事。②

—— 鄭貞銘

重掌華岡新聞系

1984 年，服務於青工會的鄭貞銘與黨外反對勢力筆戰正酣，此時傳來一個消息：張其昀創辦人病重，住進了台北榮民總醫院。聽聞此消息，鄭貞銘不禁悲上心頭，當年承蒙他賞識提攜，青春洋溢感念前行，一幕幕恍如隔世，令人唏噓。此時，鄭貞銘猛然意識到，自 1976 年辭去新聞系主任

職務已整整八年，雖在此期間尚保留專任教職，但與華岡那種親密無間的感覺竟漸漸稀釋了。

已於四年前正式升格改制為「中國文化大學」的華岡學園，這個時期正面臨著一場嚴峻的財務危機。由於張其昀堅持高規格辦學，二十年如一日慘澹經營，捉襟見肘的窘境一直未能擺脫，以至他病重之際，學校財務竟已虧損達十七億八千萬之多。銀行追討借款甚急，一時間謠言紛紛，甚至有某雜誌稱文大要賣給某大學或財團，時任行政院長的俞國華也提議將文大改為「國立」，全校師生人心惶惶。

此時，睽違政壇七年的李煥東山再起，剛剛入閣主持教育部。當年文大初創時，張其昀曾邀他出任訓導主任，雖因當時赴任救國團主任秘書不克就任，但李煥對張創辦人的愛護永感於心。在此文大危急關頭，教育部長李煥堅持：「不能在我的任期中，使文化大學倒下來。如果我們今天宣布文化大學收歸國有，明天張其昀先生就會逝世。」[3]他深知文大是張其昀之一生理想，「不能想像其停辦或改讓他人，對他老人家的打擊」。最終，在李煥多方奔走、努力協助下，文大的燃眉之急得以解除，並漸漸好轉，直至走出了財務困境。

然而，財務危機暫緩一口氣時，文大又醞釀著一場風雨欲來的人事大戰。自華岡創辦以來，聲譽日隆，人氣高漲，卻也派系叢生，暗流湧動。隨著關於學校接班人的議題提上日程，派系之間的爭鬥開始白熱化，主要力量有三股：浙大派、國防研究院派和研究生派，分別來自張其昀創辦浙大史地系、擔任國防研究院主任以及創辦中國文化研究所等不同階段所形成的人脈圈子。三派勢力旗鼓相當，一時間爭執不

文大創辦人張其昀理念崇高，澤被後世，使鄭貞銘決心終身獻身華岡。

下，此時仍由李煥部長出面，提議請正在夏威夷大學擔任教授的張其昀獨子張鏡湖④博士回來，接任文大董事長一職。

　　此前，張其昀曾明確表示，「華岡是華岡人的華岡」，華岡學園不會留給自己的孩子，而應由德才兼備的最適合的人才來接任。然而，在此情勢之下，唯有李煥的這一提議方能平息各方的爭執。1984 年，張鏡湖辭別了執教長達二十五年之久的夏威夷大學，成為文大的新一任董事長。接過重擔後，張鏡湖董事長即深入文大校園，仔細觀察研究，積極推進改革，立志振興華岡，完成父親的未竟事業。

　　同年，文大新聞研究所獲准成立。此前，1980 年，新聞研究組附屬在文大哲學研究所內設立，次年移至政治研究所，這段時間鄭貞銘曾擔任新聞組主任，培養出了很多優秀的學生，如廖峰香（獲巴黎大學哲學博士學位，曾任空大人文系主任、香港公開大學教授）、寇維勇（曾任《聯合報》

鄭貞銘畢生致力於新聞教育，獲文大創辦人張其昀頒感謝狀。

駐曼谷特派員、中天電視台台長）、蘇志誠（曾任總統府辦公室主任）、鍾惠民（曾任立緒出版社總編輯）、趙俊邁（曾任《世界日報》紐約社副總編輯、北美洲華文作家協會會長）、李天任（曾任中國文化大學校長）、黃重憲（曾任國民黨嘉義縣黨部主任委員、組委會副主委）、黃瑞南（曾任中央通訊社人事室主任）、吳戈卿（曾任中視總經理）等。

　　由於新聞學在哲研所、政研所的基礎，新聞研究所終得以為教育部批准成立。那由誰來擔任所長呢？張鏡湖經過多方徵詢和深入瞭解，最終確定此時正在青工會擔任專任委員兼總幹事的鄭貞銘。於是，他專門在台北著名的來來飯店設宴，鄭重邀請鄭貞銘執掌華岡新聞研究所。

鄭貞銘歷任文大系主任、所長、院長。圖為獲文化大學最佳導師獎後,與文大董事長張鏡湖(左),校長林彩梅(右)合影。

　　其實,早在十二年前鄭貞銘初訪美國時,就與張鏡湖相識。當時,張鏡湖夫婦邀請初到夏威夷的鄭貞銘到家中作客,後來更是凌晨兩三點堅持開車送他到機場。兩人再相聚時,備感親切,而面對張鏡湖董事長的邀請,鄭貞銘更是心懷感恩。但念及眼下黨務事務繁忙,很難抽身兼顧,況且自覺此前已完成了歷史使命,不宜再「重操舊業」⑤,他婉拒了此番好意。然而,張鏡湖董事長主意已定,不願放棄,此後又連續兩次在同一地點設宴,禮賢下士,請其再多考慮。

　　面對此「三顧茅廬」情誼,鄭貞銘深為感動,兼以對文大新聞教育義不容辭的使命感,他不忍再拒。於是,闊別新聞系領導崗位八年後,1984 年 8 月,鄭貞銘正式出任文大新聞研究所首任所長。一年後,張鏡湖董事長再次提出,文大新聞系近年來聲譽似有下墜之跡象,昔日一鳴驚人的輝煌

光采黯淡了不少，望創系負責人鄭貞銘能夠兼任新聞系主任一職，「新聞系所必須重振，恢復昔日雄風」⑥。感佩於張鏡湖董事長的知遇之恩，1985 年 8 月，四十九歲的鄭貞銘與華岡新聞系再續前緣，二度執掌新聞系。

> 鏡湖先生是讀書人，有其獨特的個性，我實在再也無法堅持了。衡諸他返校主持董事會這許多年，完全是付出的精神，令人感動。他完全不支華岡任何薪俸，開支仍然倚靠他在台大擔任客座教授的薪俸，這一份情操，自然感召華岡人。
>
> 以我多年與鏡湖先生的相處，深深感到他是一諾千金的人。記得我向他建議華岡新聞教育的突破作為時，他深表同意，而且多年來一仍當初諾言，支持貫徹，終仍出現了華岡新聞教育的新局面。
>
> ——鄭貞銘⑦

　　幾天後，同月 26 日，張其昀創辦人因心臟衰竭，溘然長逝，享年八十五歲。臨終前，他曾要求，在自己的墓誌銘中，不必炫耀他在政壇上的高官顯要，只希望表達三大志願：「一、華岡學園（中國文化大學）的創辦人；二、中華五千年史的作者；三、全神教的提倡者。」鄭貞銘聽聞，不勝感慨：「在張其昀的心靈裡，沒有任何權勢，甚至連中央黨部秘書長、部長的桂冠也沒有存放的位置，而只有教育的愛、文化宗教的愛與國家民族的愛，其風範可媲美美國第三任總統湯瑪斯・傑弗遜（Thomas Jefferson）⑧。」張其昀去世後，蔣經國簽發總統褒揚令，稱其「器識宏達，學術淵

博」。

11 月 3 日，創辦人的靈柩安厝在華岡校園。「美哉中華，鳳鳴高岡」，這位歷史地理學的一代宗師，誓作二十世紀的「聖人之徒」⑨，終身為中華文化奔走努力，最終魂歸自己一手創建的華岡學園。

> 張創辦人是華岡學府的人格象徵，也是華岡人的精
> 神支柱。他所最繫念、最關懷，也最引以為榮與平
> 生安慰的，莫過於華岡學園的創辦。每一位追隨過
> 他創辦這所學府的──包括筆者在內，都曾親眼目
> 睹，他怎樣克服萬難、籌募經費、延聘師資、禮賢
> 下士，為華岡的一草一木奠定基石。
> 今天，華岡的每一磚每一瓦，都留下創辦人的血汗
> 與足跡，他已經成為華岡人不畏艱難、刻苦奮鬥的
> 最大精神動力，也是大家信心的泉源。
>
> ──鄭貞銘⑩

年屆半百的鄭貞銘肅立創辦人墓前，昔日種種場景宛然在目，心內思潮翻騰，不覺已雙眼婆娑。轉身拭淚，壯美的景色撲面而來，剎那間，鄭貞銘突然體悟到，創辦人這座面朝大海的美麗墓地，不正是華岡學園最好的地標和圖騰嗎？它必將光采永續，激勵著一代又一代華岡學人握瑾懷瑜，感念前行。

文大新聞系第二屆同學畢業四十年後返母校，鄭貞銘陪同謁張其昀創辦人墓園。

一切要為學生前途負責

> 第二度返華岡任系主任時，我有著與往昔截然不同
> 的心境：往昔似乎只是嚴厲的父親，有的是督促、
> 鞭策與責難，但後來似乎又兼具慈母的心懷，更多
> 是呵護、殷殷寄望與真誠關懷。
>
> ——鄭貞銘[11]

　　重掌華岡新聞系，鄭貞銘肩負使命，自感責任重大，此時的他對新聞傳播教育已有了更深刻的理解，開始大刀闊斧進行改革創新。「一個大學的理想，要由課程呈現；而一個課程的理想，要由名師達成」[12]，他深知師資對教育的重要性，決定不再續聘多年口碑不佳的老師。

　　有一位談姓老師鄉音太重，學生們完全聽不懂，還有一

位祝姓老師只能吸引學生一堂課，以後就不再講正課，以罵人為本職。對於此類老師，鄭貞銘堅決不再續聘。如此充當「惡人」，自然會招來批評，甚至罵聲，「但當初就是為學生、為教育甘之如飴，無怨無悔」[13]。

> 兼職教師不以此為生活依賴，少一門課損失很小，但學生年年反映，我作系主任的不得不處理。好在我不依戀這個職位，後果是了不起離開系主任職務，一切要為學生前途負責。
>
> ——鄭貞銘[14]

在清理不稱職老師的同時，鄭貞銘極力延攬一流師資。他有感於當年在政大接受的通識教育，力主打破門戶之別，大膽將相關學科一流學者開設的課程引入新聞學系的課堂。

鄭貞銘（前排中）重返華岡，為文大新聞系引進許多新秀師資，圖為與許家正、蕭素翠、李蕙、詹長皓等合影。

曾在華岡開講「廣告學」的是《台灣新生報》總經理、台灣廣告名家顏伯勤，政大新聞系學弟、因雲門舞集名揚世界的林懷民也給學生們講過「舞蹈理論」，講授「戲劇理論」的王生善，講授「公共關係學」的楊乃藩、董彭年和講授「新聞英語」的金溥聰也皆為各自領域的資深人士。這大大拓展了新聞系學生們的理論視野，也為他們打下堅實的社會科學知識及人文素養基礎。

鄭貞銘在青工會服務期間，是以辦教育的精神辦中山獎學金，因而與許多優秀的青年才俊建立了深厚感情，此時，他們陸續從國外學成歸來。鄭貞銘十分重視對新聞學子社會科學素養的培養，因而盛情邀請他們來文大任教。1985年，葛永光從美國威斯康辛大學獲得政治學博士學位後，歸台赴台大任教，而鄭貞銘早就對他這個「海歸博士」翹首以待了：「你在文化新聞系的課已排好，要麻煩你到陽明山來幫忙上課。」[15]於是，葛永光開始為文大新聞系學生講授「國際政治」，隨後又在新聞研究所講授「政治溝通」與「研究方法」。

與此同時，台大的包宗和、詹火生，政大的藍三印、鍾蔚文，師大的林東泰、胡幼偉，世新周玉山，實務界優秀人士如王應機、汪萬里、徐維中、黃肇珩、馬西屏、魏瀚，以及多位青年才俊李永然、賴國洲、李大維、吳永乾等，都曾為華岡新聞系長期任教。

我的努力目標既要調整新聞傳播專業的課程，更要加強人文社會科學課程，但因私立大學經費困難，學分限制頗嚴，因此在安排課程時往往捉襟見肘，

好友、學生為鄭貞銘慶生。前排右起劉安立、鄭貞銘、葛永光、李長宴,後排右起張崇仁、郭俊良、歐陽聖恩、陳剛信、汪鑑雄、簡許邦、周彥文、李光輝、劉振山等,多位均曾受鄭貞銘邀請於文大執教。

顧此失彼,十分傷腦筋。

但是為了重振華岡新聞教育雄風,為了對教育良心負責,一切的舉措皆是以新聞專業理念為尚,以學生的前程為考慮,經過二、三年的調整,課程架構調整了將近百分之六十。為了延聘良師,可以說到處打躬作揖,新聞所系的學生都可以感受到課程與師資的煥然一新。每聽到學生們訴說內心的感激,我總有禁不住的激動與欣慰。

——鄭貞銘[16]

鑑於社會的需要與環境的變化,鄭貞銘深感新聞攝影人才與新聞英文人才的需求越來越急迫,於是發揚華岡新聞系「白手創業」精神,在曾於美國密蘇里大學新聞學院專攻攝

影的蕭嘉慶校友協助下，創辦起《攝影報導》，這是台灣大學中第一份專業性的攝影報。同時，在何貽謀教授與美籍講師蔣俐亞等人協助下，創辦了《文化一周》英文版，致力於提升學生們的英文水準。1988 年 4 月 20 日，他還在文化大學新聞研究所創辦《媒介論壇》，擔任發行人，為華岡新聞學子們再提供一個實習的廣闊平台。

> 大學在研究與教學之外，尚應有創造性的文化生活。實際上，第一流的大學，特別是歷史悠久的大學，無不有意無意地都在培育一種文化生活。牛津、劍橋固以此聞名於世，即使哈佛、耶魯、海德堡、東京帝大，以及清華、北大等，除了知性的生活之外，尚有其豐富的文化的生活。
>
> 文化生活，簡單地說，就是生活中得有文化，指一種有文學氣質、有人生情調、有生命意義的生活方式。宣導博雅教育的紐曼說，大學不是詩人的生地，但是一間大學若不能激起年輕人一些詩心的迴盪，對人類問題的思索，那麼這間大學缺乏感染力是無可置疑的。
>
> ——鄭貞銘[17]

鄭貞銘對大學「創造性的文化生活」十分嚮往，其中人文教育的理念是關鍵，為了讓學生體認更多廣博深厚的人文素養，1986 年，在王生善教授的熱心支持下，他推動創辦了「華岡新聞劇展」，從場記、佈景、演員、化妝、宣傳到音樂，每一個角色都由學生來擔任。同學們從中體驗生活，

更培養出團隊合作的精神與彼此相親相愛、互相合作的默契。曾有許多畢業生告訴鄭貞銘，那是他們四年中最甜美的回憶之一。

親愛精誠，如同一家人

> 政治的好壞，繫於一種風氣，學校的好壞也繫於一種風氣。風氣一經養成，則在這風氣感召下的人，自然感到一種環境的壓力。就是道德的壓力，使善者日趨於善，惡者不敢為惡。潛移默化，一道同風，這種風氣在政治上叫做政風，在學校叫做學風。
>
> ——羅家倫[18]

受羅家倫的啟發，鄭貞銘十分注重學風的培養，除承襲傳統重視自由學風、創業精神之外，他還強調要培育一種師生校友親如家人的新聞系精神。為增進華岡新聞系的凝聚力，他曾效仿馬星野親填政大新聞系系歌之舉，撰寫過一首華岡新聞系系歌，當時由頗具音樂才華的賴金波副教授譜曲，傳誦一時。

> 赤誠的心懷，堅強的意志，愉快邁進華岡新聞系，我們要開墾，我們要灌溉，讓燦爛花朵盛開滿園地。
>
> 親愛精誠，如同一家人；團結創業，矢志永努力。

年輕人的熱情火焰，燃遍人世間；
現代人的真知灼識，服務全人類。

新聞系，我們以你為榮；新聞系，我們將榮耀你。
共此四年，不忘辛勤耕耘，永念師恩友誼。
在天之涯長相憶，在海之角共協力。
華岡之風傳四海，新聞系精神永恆！永恆！永恆！
　　　　　　　　　　——中國文化大學新聞系系歌[19]

在這段時間，文大的財務依然捉襟見肘，而當年的許多新聞系學子主動詢問，「母系需要我們做些什麼？」、「我們可以為母系做些什麼？」[20]，紛紛以各種方式支持母系的工作。劉心遠、簡武雄等系友均曾為新聞系添置過設備，還有系友回母系任教，卻將鐘點費全數捐出，慷慨回饋母系。廖泫書曾捐助新台幣十二萬元，協助母系舉辦了許多有意義的活動。

第三屆校友陳啟斌當時擔任馥記建設公司董事長，曾資助新台幣一百五十萬元將新聞系專用教室改進為階梯教室，把系主任辦公室粉刷得煥然一新，還為鄭貞銘買了一張大辦公桌。有一天，他突然派工友送一張十萬元支票到鄭貞銘辦公室，並打電話說：「老師，聽說我們有幾位校友在競選，你是我們大家長，應該有所鼓勵。請你全權處理。這十萬元給這些在競選中的同學，但請您不要說我捐的，而說是您的心意。」[21]

第六屆文大新聞系傑出校友劉心遠
（左）為大企業家，數十年來不遺餘
力支持鄭貞銘的教育志業。

任何偉大事業的成功，都基於一個美「夢」。只有
美好的夢，才能使我們腳踏實地，任勞任怨，勇往
直前。華岡新聞教育園地如果耕耘得更美，自然也
必培養更多的人才，對社會國家作更多有價值的服
務。

在校的老師與同學都能持續「以系為家」的系風，
在互信、互諒的氣氛中，認真學習，親愛精誠，只
有心連心的團結，才無畏於任何困難與挑戰。

——鄭貞銘㉒

　　黃葳威是華岡新聞系第十九屆學生，畢業於名校台北第
一女子中學的她，曾一直以政大新聞系為夢想，不太安心在
文大求學，而鄭貞銘的一席話讓她找回了學習的動力：「這
次沒機會做政大的學生，將來要做政大的老師！」後來，黃

葳威赴美獲得了德州奧斯丁大學廣播電視學博士學位，果然被聘為政治大學廣播電視系教授兼系主任，而她對鄭老師當年的鼓勵始終銘記在心，感念不已。

華岡新聞系充滿愛的教育，不僅僅撫慰了一顆顆年輕的心，而且也感染著每一位執教的老師。學生彭杏珠曾在一封寫給鄭貞銘的信中提到，有一天，為華岡新聞系兼課的台中東海大學法律學系老師劉渝生博士上課遲到了，對學生們講出了這樣一番話：「我遠自台中來台北上課，不是為了錢、名，只因為鄭主任是我所敬愛的長者。」㉓

自稱「新聞界的運動員」的歐陽醇教授，曾擔任《印度日報》與上海《申報》特派員，重慶《中央日報》採訪主任，1949 年赴台後先後在《新生報》南版、《中國時報》與《中華日報》擔任採訪主任、總編輯等職務。他與王洪鈞、于衡對台灣新聞教育貢獻很大，被譽為「新聞教育三劍客」。歐陽醇教授古道熱腸，堅持寫信習慣，無論哪一位學生給他寫信求教，他都十分珍惜，也一定回信解惑，同學們都親切地稱呼他為「歐陽爸爸」、「累不垮的爸爸」。

有一年教師節，他特意寫了一張便條給鄭貞銘，上面寫著：「每班學生，我都喜歡，每堂課授課，我都認真。我的生活，學生便是我的寄託。」㉔短短兩句話，給了鄭貞銘莫大的感動與鼓勵。

曾在文大新聞系開設「中國新聞史」與「國際採訪」課程的樂恕人教授，本身就是一部最好的新聞史，更是「國際新聞」的最佳導師，讓學生受益無窮。他早年受中央政校新聞系主任馬星野的人格感化，放棄已考取的燕京大學新聞系，不辭千里跋涉，到南京就讀，並選擇「國際記者」為終

上圖：名記者群像，右起續伯雄、鄭貞銘、王嗣佑、冷楓、冷若水、歐陽醇、黃
　　　肇珩、施克敏、馬驥伸、傅建中等。

下圖：于衡先生（後排著西服者）擔任文大新聞系第四屆導師，師生融洽。

鄭貞銘與慶正（左）到養老院探訪住院的樂恕人教授（中）。

身志向。他曾以英國路透社記者的身分，追隨中國印緬遠征軍，穿越九死一生的野人山；與毛樹清、陸鏗一同赴歐洲，開展第二次世界大戰勝利後的採訪工作；他是進入東歐共產國家採訪的第一位中國記者。年逾七旬，樂恕人教授依然孤家寡人，他曾幽默地說：「為了新聞採訪工作，不但耽誤我的兒子，甚至耽誤我的孫子。」[25]

　　2017 年，適值歐陽醇教授與樂恕人教授百歲冥誕，文大新聞系舉辦了盛大的追思紀念學術活動。5 月 5 日，鄭貞銘在《中國時報》人間副刊發表〈記者需要典範〉一文，將他們視為記者們應該學習的典範，指出「共創優質的新聞環境，是當代新聞狂飆年代新聞人的共同責任，更是新聞教育無可逃避的重責大任」。5 月 10 日典禮日當天，他應邀到會發表致辭，深情追憶這兩位為文大新聞系付出過心血的老教授。

只認教室，不認校門

「只認教室，不認校門」是鄭貞銘秉承的教育理念，與孔夫子「有教無類」的教育理想契合，誠如他所說：「天下的學生都是一樣可愛，只要你有誠心教導他們。」[26]他篤信，「不論任何學校，都有優秀的青年。他們都是我們國家的青年，我們都有責任」，並曾將這句話抄寫給敬重的王洪鈞老師，老師回信說：「吾信其道，永不孤獨。」[27]

正是在這樣的理念指引下，本著促進台灣新聞傳播教育更大進步之目的，鄭貞銘除了在中國文化大學新聞系長期擔任專任教授之外，幾乎執教過台灣其他所有新聞傳播學府，包括台灣師範大學、政治作戰學校、世新大學、淡江大學、銘傳大學、輔仁大學、中原大學、玄奘大學和空中大學等，直接或間接的學生總計在兩三萬人以上。

> 設有新聞院系之大專院校，由於設立的時間遲早不同，經費之充裕或短絀亦各有異。因此，教學設備並不一致，師資陣容亦有強弱；另一方面，更由於學生素質有高低之別，因此其發展取向與辦學成績亦不相同；為了加強合作，各院校之間必須取得密切聯繫，相互觀摩，取長舍短，乃能促成新聞教育的更大進步。
>
> ——鄭貞銘[28]

輔仁大學是台灣天主教會所辦之大學，宋美齡親任首任董事長，其大眾傳播系成立於 1971 年 8 月。該系創辦伊始，鄭貞銘即應時任該系系主任的張思恆神父之邀為學生授

課，共教過四屆輔仁新聞學子。曾任台灣《中華日報》總經理的謝揮群，就是他當年在輔仁教過的優秀學生。輔仁學子徐園程在赴美留學之後，還屢次賦詩贈予鄭貞銘以謝師恩，他曾在一則題為《聖誕禮物》的小詩中寫下這樣的句子：「您寄來的信，是一扇小小的門。思念時我就進入，活潑真摯，循循善誘。您的師生世界，一則一則動人，溫暖……」㉙

受中原大學張光正校長之邀，鄭貞銘曾開設了「大眾傳播」通識課程，這門課程曾一度打破該校選課人數紀錄。財經法律系學生羅興章經過三年的不懈堅持，終於在大三下學期選上了這門熱門課程，他動情地在給鄭貞銘的信中寫道：「打從上老師的第一堂課開始，驚奇和訝異是我自己告訴自己的感覺，不是因為課程內容，是老師您給我的印象，那種打從心底樂於傾聽學生說話，鼓勵學生發言，以及那種溫而不屬的風度，對我的衝擊不可謂不大。」而鄭貞銘在課堂上對他們「不必非成為第一名，但一定要成為第一流」的勉勵，也成了讓羅興章品味再三的箴言。

銘傳大學前身乃銘傳女子商業專科學校，創辦人包德明待鄭貞銘如子姪，而該校現任校長李銓早年畢業於中國文化大學英文系，有一種先天的親切感，1980 年大眾傳播系初創之時，他曾向鄭貞銘諮詢過師資規劃、專業發展等問題，鄭貞銘也順理成章地在銘傳兼課多年。在銘傳曾任院長的楊志弘、新聞系主任鄭植榮博士、廣電系主任蔣安國博士，都曾在文大新聞系所受教。

空中大學是 1986 年莊懷義受命籌辦的大學，莊懷義教授曾有意延攬鄭貞銘出任空大教務長，但身為文大社會科學

院院長及新聞系所主任的鄭貞銘分身乏術,只應允出任空大三位顧問之一。新聞傳播是空大創校之初的重點課程之一,鄭貞銘義不容辭,肩負起開課重任,首開之課是「新聞與傳播」。課程的目標在於:使學生對新聞與傳播的範疇及其運作具有基本的認識;培養新聞傳播專業之精神與道德;培養對新聞傳播現象有鑑賞及批判的能力。[30]這是開電視廣播媒體教授「新聞」與「傳播」的先河,也是台灣較早開始的媒介素養教育。

他還推薦了林東泰教授和鍾蔚文教授一起授課並編撰教材,為了使課程活潑化,發揮電視教學的特質,他們先後邀請錢震、王洪鈞、賴光臨、李瞻、王應機、楊志弘等多位傳播學者和專家參與座談或訪問,大受歡迎[31]。據統計,選修該課程的學生,約近兩千人,以台北地區為多數。這使傳播教育突破了空間的限制,以全台灣為教育的境界,在傳播教育史上,是值得記錄的一章[32]。此後,空大又開設「傳播媒介與社會」課程,仍請鄭貞銘負責,他邀請賴國洲、許佳正、鄧萬成等學術新秀共同參與,成績卓著,開創出新聞傳播教育大眾傳播的嶄新局面。

玄奘大學前身為玄奘人文社會學院,由台灣佛教團體善導寺於 1997 年興辦,是台灣首家以人文社會科學為主的大學,2004 年,時任院長何福田博士在負責籌備玄奘改制大學期間,曾有意邀請鄭貞銘籌辦新聞學院,視華岡為家的他雖未成行,但向校方推薦了韋光正博士出任新聞系主任。為表示對玄奘大學新聞系的支持,鄭貞銘也曾在該系擔任兼職教授。

淡江大學美國研究所陳明所長也曾敦請鄭貞銘開設「美

國大眾傳播」課程，從該所畢業的史丹福大學胡佛研究院資深研究員郭岱君、台灣交通部官員尤官明也因此和他結下了終身的師生情。

1972 年 8 月 16 日，曾有一位逢甲工商學院會計統計系大二學生陳祖華，上書時任行政院院長蔣經國，痛陳自己人生志向與現實選擇間的矛盾與痛苦，此信經媒體發布後廣為流傳。其中，陳祖華專門提及鄭貞銘，寫道：「文化學院新聞系主任鄭貞銘先生，亦是我最敬佩的師長之一，記得今年來逢甲演講當前國際形勢問題，我就是他忠實聽眾，同時還做了筆記。可惜欲做其學生而不能，真是令人淚流滿襟。」這使得鄭貞銘頗為觸動，「其中對我的謬獎，使我汗顏，但也更堅定了我的決心：竭盡自己能力，多真誠地為青年服務，去影響更多青年」。[33]

除透過兼職與各大學校結緣以外，鄭貞銘還參與了眾多的大學評鑑工作。當年，教育部為提升大學辦學水準，成立了財團法人高等教育評鑑中心基金會，以獨立運作方式禮聘評鑑委員從事評鑑工作，作為獎優汰劣之依據。鄭貞銘曾受邀在十五家國立大學評鑑通識教育，而隨著新聞傳播教育愈加受到重視，台灣各大學有關新聞傳播系所紛紛創建，專任教師隊伍迅速擴張，各系所競爭激烈，因而也是評鑑的重點對象。

他曾先後受邀擔任台大新聞研究所，交通大學傳播研究所，銘傳大學新聞系、廣電所、廣告系、資傳系，國立藝術大學廣電研究所、廣電系，佛光大學傳播所系，南華，慈濟大學等大學系所之評鑑工作。1991 年，鄭貞銘參與評鑑世界新聞專科學校，積極提出整改提升建議，最終促成了其改

制升格為世界新聞傳播學院，使其有驚無險地渡過了一場關門風波。

與李敖打筆墨官司

1987 年 5 月的一天，鄭貞銘突然收到法院的一張傳票，頗為詫異，急忙打開一看，竟是關於一場筆墨官司：4 月 28 日，李敖向台北地方法院提起自訴狀，控告《黃河雜誌》於 1986 年 11 月號「黨外隨想錄」專欄文章〈李敖的驗屍單〉對他進行了誹謗。

該文是專欄作家黃重憲（筆名黃河水）針對吳祥輝的新書《李敖死了》所作的書評，在描繪李敖與吳祥輝之間的文鬥時，黃重憲用了「比特犬」、「狗咬狗」、「惡勢力」等詞彙。李敖認為遭受了誹謗，控告《黃河雜誌》發行人彭振剛和社長兼總編輯鄭貞銘犯有刑法第三百一十條第二項之「加重誹謗罪」。

> 一、在黨外陣營，吳祥輝與李敖的好戰性格，是大大有名的，兩人之纏鬥歷有多載，但儘管招數百出，架式駭人，終究如同比特犬大戰，精采也罷，刺激也罷，仍是狗咬狗的場面，與公理正義無涉。
> 二、總覽這宗糾葛不清、是非不明的惡鬥，實難有定論，但至少有句話還是可取的，即是吳祥輝所說的「如果沒有惡勢力，黨外會更好」；孔夫子所說「不以其人廢其言」，此之謂也。
>
> ——黃河水[34]

黃重憲在辯護中表示：「相關爭議文字並未直接指摘自訴人李敖是『比特犬』、是『狗咬狗』、是『惡勢力』，此為自訴人所不否認，且李敖自稱『黨外元勳』，吳祥輝則為後起之秀，二人間水火不容，乃是眾所周知之事實，文意中引論自訴人與吳祥輝間之爭論如同『比特犬大戰』、『狗咬狗』云云，無非意指自訴人與吳祥輝二人均確長於文才，長於文鬥，實褒多於貶，尚不足以減損自述人之名譽。」㉟

　　彭振剛和鄭貞銘與這樁筆墨官司並無直接關聯，彭振剛只是《黃河雜誌》的掛名發行人，從未涉及實際編務。鄭貞銘則在該期雜誌出版時，恰巧應邀到香港出席世界中文報業協會第十九屆年會並發表演講，而授權雜誌執行主編鄒柔貞為該期稿件把關，並未事先過目涉案文章。既然李敖將自己列為被告之一，他也只好出庭應訊。

　　當時，李敖手上告人誹謗的案件很多，經常在法院出現，對於出庭可謂駕輕就熟，而鄭貞銘則是平生第一回對簿公堂。李敖準備充分，來勢洶洶，手持鄭貞銘二十年前所著《新聞採訪的理論與實際》（商務印書館出版）一書，逼問：「新聞人該為自己的言論負責，豈可任意誹謗?!」

　　鄭貞銘首先向法庭提供了台北與香港間的往返機票、載有其發言議程的會議手冊及刊載了其在會上的發言內容的香港報紙，作為自己當時不在台北的證據；然後，以言論自由理念及李敖之事為可受公評之事進行駁斥，他義正辭嚴地說道：「言論自由可受公評！」㊱

　　幾天後，台北地方法院一審判決，被告彭振剛既未參與編輯業務，鄭貞銘正適逢出國，對於文章刊發內容事先不知情，足見二人無誹謗自訴人之犯罪意思甚明，「被告等所辯

尚屬有據而堪以採信，本院依據調查證據之結果認為被告彭振剛、鄭貞銘之犯罪均屬不能證明，緩予諭知無罪，以服公允」。

李敖對此判決不服氣，提起上訴。不久，台灣高等法院再作判決：「本件被告二人犯罪應屬不能證明，此外經查亦無其他證據，足認被告二人有右開不法情事，原審因之為無罪之諭知，經核並無不合，本件自訴人之上訴意指仍執陳詞，指摘原判決不當，難認為有採信之理由，應予駁回。」

至此，李敖與《黃河雜誌》之間的官司始告結束。李敖在台灣以善打筆墨官司聞名，前新黨主席郁慕明所辦的《疾風》雜誌，就曾因被法院判決誹謗李敖而賠付其數百萬台幣。據稱，此案是李敖在法庭上少有的敗訴官司之一。

台灣廣告教育之母

1986 年，鄭貞銘兼任文大社會科學學院院長，學院當時下設勞工、印刷、新聞、市政等系所，為使新聞傳播教育體系更加完整，他開始積極推動成立廣告學系和公共關係學系。廣告教育一直是華岡的發展重點與重要特色，早在1971 年即在中華藝術學院成立廣告研究所，舉辦廣告研討會，出版廣告年刊事宜。然而，由於當時的教育決策者與學術界人士普遍認為，廣告乃是一個「術」而非「學」，所以將其搬上大學講壇的難度頗大。

> 以廣告對台灣經濟發展的貢獻而言，這是不言而喻的，廣告是媒體發展的主要支撐力量。在七〇年代，台灣的經濟發展方興未艾，廣告成為產品與消

成立廣告學系專輯

費者溝通的主要管道；而大眾傳播媒體的蓬勃發
展，廣告更成為幕後的最主要力量。如何使廣告的
內涵與技巧水準日新月異，創意不斷，更有待學術
研究作為它的後盾。

—— 鄭貞銘[37]

　　鄭貞銘對廣告教育有著很高期許，「配合當前台灣經濟
的迅速發展，有計畫地培養廣告人才，提升公共的學術地
位」[38]，對推動成立廣告學系可謂是不遺餘力。他一方面充
分利用出國機會，多方搜集歐美日等廣告先進國家資料，深
入瞭解其廣告教育的歷史與制度；另一方面舉辦多次座談
會，獲得廣告界多方支持，當時廣告界先進賴東明、林崇
仁、許炳棠、周盛淵、張我風、劉文龍、羅文坤、楊純祥、

慶祝文化大學

鄭貞銘

學術界一大突破
——訪文大廣告系催生者

（本報記者洙梅君專訪）中國文化大學卷年度起新辦廣告學系，選往學術界討論。廣告系都是一項突破性的創舉，因為這是我國大學教育史上的第一創廣告系。在籌備期間訪問了這一水策畫、鄭貞銘教授，給廣告系的創辦作了詳細的說明……

鄭貞銘創辦文大廣告系已逾四十寒暑，為台灣史上第一個大學廣告系，如今綠樹成蔭，人才輩出。

顏伯勤、劉啟昌、劉會梁等熱心參與，並給予實際支持，其中有的在設系後任教，有的應允優先錄用廣告系畢業生。

經過一年多的策劃、協調，張鏡湖董事長正式向教育部提交了申請設立廣告學系的簡報，時任教育部長李煥與政務次長阮大年最終核准了這項申請。於是，1986 年 8 月，文大廣告學系正式成立，這是中華民國大學史上第一個廣告系，次年政大廣告系也獲准成立。

張鏡湖以鄭貞銘為這一創舉的催生者，請其推薦該系主任，他即推薦文大新聞系第一屆畢業生、政大新聞研究碩士、時任外貿協會展覽宣傳處處長潘健行擔任；次年，潘健行奉派出國，又推薦了時任《聯合報》副社長簡武雄出任；其後，系主任由劉健順、羅文坤相繼擔任。

參觀文大廣告系畢展，與廣告大師賴東明（左）合影。

廣告是傳播、文化、消費心理、行銷市場、美術設
計的理論與實際配合，它關懷人性，回歸人本，一
切以人為本位。

這種以人為終極關懷，必須廣告人有深邃的人文素
質，非一日之功，而係日積月累的成果。所以廣告
系的課程不可技術本位，而必須細一點，廣一點，
深一點，才能使廣告水準與功能日益提升。

——鄭貞銘[39]

如何形成廣告系的文化，是鄭貞銘念念不忘，最為關心
的問題。文大廣告學系的課程設置，在一二年級除廣告學概
論、傳播理論等基礎教育之外，還開設了廣告社會學、廣告
心理學與經濟學等課程，以奠定學生的社會科學基礎。與除
政大之外的學校相比，文大廣告學系的理論課程及選修課程
所佔比例相對較高，彰顯出了「文化立校」的本色。[40]

如今，文大廣告系分為「廣告策略企劃學群」、「廣告表現創作學群」及「創意產業行銷學群」三個學群，開設了豐富的廣告專業與專精課程，學生充滿朝氣與自信，畢業生頗受歡迎與重視，因而有「廣告界充滿『文化』」的盛況與美譽。2001 年，文大廣告系舉辦十五週年慶，系主任羅文坤代表全系師生為鄭貞銘頒發「台灣廣告教育之母」匾額；2016 年，文大廣告系創辦三十週年，也舉辦了盛大慶祝活動，鄭貞銘受邀發表專題演講，系主任羅文坤再次代表全體師生向其敬獻「貞風亮節，端正文采廣袤百年；銘心鏤骨，聲鳴化誨告喻千秋」匾額，功在人心，實至名歸。

　　創設廣告學系的同時，鄭貞銘還促成了文大大眾傳播學系日間部的成立。文大夜間部大傳系早在 1963 年 9 月便已成立，可是卻沒有日間部，導致專任師資與圖書、設備均不理想，教育計畫難以完成，而這種「無根」的大傳教育，自然更無法有長遠的規劃。1991 年，印刷傳播學系改為資訊傳播學系，1993 年 8 月，在鄭貞銘、方蘭生、羅文坤等共同努力下，大傳系日間部終於得以成立，由此奠定了今天文大新聞暨傳播學院的教育體系。而令他頗感遺憾的是，原本計畫再接再厲申請成立心儀已久的公共關係學系，只是後來匆匆交卸了職務，這個宏偉理想也就沒有再提。

有愛無恨

　　鄭貞銘因偶然機會進入黨政界，常面臨學校行政職務與官職間的矛盾與衝突，他難以割捨自己的新聞與教育理想，自認為在文大並無實利，每每對長官說：「如果長官們認為我可以為公眾服務，我願遵命，但不可說『不可教書』，如

與華岡新聞系第七屆學生羅文坤（曾任文大廣告系主任）、劉安立（彥星喬商廣
告傳播事業群總經理）等合影。

果是這樣，那我寧可不赴任。」[41]而文大作為一所私立大學，在當時有很大的自立性，加之張其昀創辦人的威望，外界想「干預」此類現象也並不容易。然而，隨著社會環境逐漸轉變，「黨外」人士開始向執政的國民黨發起「挑戰」，「學官兩棲」問題正是攻擊的目標之一，而身處筆戰前線的鄭貞銘，被某些人鎖定了。

1989 年初，文大新聞系轉系考試錄取了一位英文系周姓學生，資質聰穎，成績甚佳，鄭貞銘對其頗為欣賞。而正是這位學生，開始聯合「黨外」人士，在某些媒體上渲染此一主題，指名道姓批評鄭貞銘，指責其「在外有三十二項兼職，無暇親自上課，而以播放錄影帶教學」[42]。訊息刊載前一晚，某位記者曾打電話好意告知，鄭貞銘認為這些指責並

非實情，且以新聞自由原則，不願動用人脈資源加以阻攔。次日，新聞一經刊出，掀起輿論波浪，也激起學生們心裡的漣漪，一些同學開始跟著連署抗議，一時間鬧得沸沸揚揚。

突遭此風波，鄭貞銘自感內心坦然，想或許可以索性擺脫手中的黨務工作，專注於新聞教育與學術研究事業，然心中難免充滿惆悵與悲傷，「華岡新聞系同學難道不能體會我平時對他們的用心與愛護，用這樣類似『鬥爭』的方法在教育界起鬨，是令人傷感的，對我也是不公平的」[43]。他向長官們請辭黨務工作，無奈得不到允許，於是再次求教於王洪鈞老師。對方給出的分析與建議是，既然黨務工作必須要做下去，那只有暫且辭去學校行政職務，尚且能保留教職，如此便可在兼顧黨務的同時，更加專心地教書育人。

> 「有愛無恨」，劉真教授親寫這個啟示無限的書法給我。作為一個大教育家，劉真教授的「愛」是儒者的偉大風範。這就是為什麼有人負我，我仍不願深究的原因，我希望他們有一天，有出自內心的懺悔。我也相信，他們內心的痛苦應該更勝於我。
> 我也常說：「學生就是自己的影子。」一個學生的行為常代表老師教學的成效。我們指導學生的行為不當，也應當反省本身教學的失敗。如果一個青年不自省，也可能是當初自己教學未盡力。教育者的心，誰能瞭解呢？
>
> ——鄭貞銘[44]

此前，已擔任社會科學學院院長近三年的鄭貞銘，改革

創新已取得不少成績，廣告學系台灣首創，隸屬工學院的印刷工程學系劃歸社會科學學院，更名為印刷傳播學系。有感於新聞傳播已然獨立成為一個學門，鄭貞銘曾向教育部提出申請，要求設立新聞暨傳播學院，教育部答覆可以成立該學院，但只可「以院換院」，即以文大既有的一個學院轉換而來。

經過一年多的緊張籌備，1989 年 8 月 1 日，文大社會科學學院正式更名為新聞暨傳播學院，下設新聞、廣告、大眾傳播與資訊傳播等四個學系，還有新聞研究所與資訊傳播研究所兩大研究所，成為台灣首先進行全方位新聞傳播專業教育的獨立學院，稍早於政大傳播學院[45]的成立。

很快，鄭貞銘即正式辭去文大一切行政職務，僅保留教職，首任院長則由王洪鈞老師擔任。學生將職位轉給老師，而老師不計虛名毅然「接棒」，是那場風波造成的一個罕見現象，確也不失為一段師生佳話。深陷風波之中的鄭貞銘，身心疲憊，仍舊表現出「維護學生的立場與對同學行為的包容和修養」[46]，因而得到了更多同學的理解乃至欽佩，他內心雖苦澀但也頗感欣慰。

> 我對於華岡新聞教育，純粹是基於感情，基於道義。身負行政重責，更是一種精神上無比沉重的負擔，七十八年九月得卸行政責任，更有「無事一身輕」的快感。我絕對相信：教育原就是不求報償的。
>
> 過去我曾經寫過這樣一段文字：「當年選擇教育工作時，知道那是沒有高潮，只有平實的日子；而且

文大新聞系徐振興主任（左）代表師生校友贈禮賀七秩華誕。徐振興教授曾譽鄭貞銘為華岡新聞系「鎮系之寶」。

　　在人生跋涉旅程中，毋寧還要忍受折磨與痛苦，但當你回首前塵，並看到許許多多一起鑽研的青年學子已經踏出穩健的步伐，貢獻社會時，這一切當年所付出的辛苦與代價，又算得了什麼呢？」
重溫這一段文字，我對於過去重返華岡的這四年，無怨無悔，只有快樂，只有感激！

——鄭貞銘[47]

　　鄭貞銘兩度執掌華岡新聞系，前後共計十七年之久，雖以這種方式戛然而止，華岡新聞系無疑已深深地打上了他的烙印，潛移默化，影響深遠。後任新聞系主任徐振興曾稱鄭貞銘為華岡新聞系「鎮系之寶」，王洪鈞則在評價鄭貞銘於華岡新聞教育之意義時這樣說道：「華岡新聞教育卓然而

鄭貞銘每年率文大新聞系新生前往孔廟祭孔參拜。

立，而其靈魂人物是鄭貞銘；他見證華岡的新聞教育數十年歷程，無人可以取代；無論光陰如何推移，也都不能改變這個事實。因為他以愛校、愛系、愛師友作教育之主軸，而將做人、做事、做學問，送給每一個走出華岡新聞教育大門的人。」

> 離校門出社會的這三十多年間，無論順逆，不分寒暑，我總堅守在新聞教育的崗位，辛勤耕耘，無怨無悔；而且我堅信，經過風雨的教誨、歲月的磨練，我更能以圓融的心思，面對我的學生，面對教育無窮無盡的職責，無私地與每一位學生相遇，都是一份難得的情緣；我要竭盡所能，把愛心奉獻給每一位有志新聞傳播的青年。
>
> —— 鄭貞銘[48]

每年，華岡新聞系的迎新活動，鄭貞銘都會親自帶領師生，前往台北市大龍峒的孔廟祭拜，舉行祭孔大典。典禮上，他高聲誦讀以文言寫就的祭祀文，並按規程帶領大家數次進香[49]。攬衣挽袖，打躬作揖，一舉一動，無不恭敬、肅穆，給即將展開大學生活的新生們留下深刻的印象，影響著他們此後的四年甚至更久。

典禮後，他還與每位新生面談，鼓勵學生培養自己、報效社會。無疑，作為孔子的忠實信徒，鄭貞銘真正做到了有教無類、誨人不倦，有誠有愛、無怨無悔，成為許許多多學生心目中的教師典範與精神座標。

註釋

① 鄭貞銘著，《無愛不成師》，台北：三民書局，2010 年初版，第 184-196、344 頁。

② 鄭貞銘著，〈重返華岡四年〉，載於鄭貞銘著《傳播發展的省思》，台北：台北市新聞記者公會，1993 年 9 月初版，第 228-234 頁。

③ 鄭貞銘著，《無愛不成師》，台北：三民書局，2010 年初版，第 212 頁。

④ 張鏡湖（1927-今），浙江鄞縣（今寧波市鄞州區）人。浙大史地系文學學士、美國克拉克大學地理學博士。曾任約翰霍普金斯大學研究員、哈佛大學研究員、夏威夷大學教授、加拿大維多利亞大學特約講座、國際地理學會熱帶氣候小組委員、美國

地理學會雜誌編輯等。後任台灣大學、台灣師範大學客座教授，中國文化大學董事長。有著作多種，論文 60 餘篇。

⑤ 鄭貞銘著，〈重返華岡四年〉，載於鄭貞銘著《傳播發展的省思》，台北：台北市新聞記者公會，1993 年 9 月初版，第 224 頁。

⑥ 鄭貞銘著，《無愛不成師》，台北：三民書局，2010 年初版，第 432 頁。

⑦ 鄭貞銘著，〈重返華岡四年〉，載於鄭貞銘著《傳播發展的省思》，台北：台北市新聞記者公會，1993 年 9 月初版，第 225、226 頁。

⑧ 湯瑪斯・傑弗遜（Thomas Jefferson, 1743-1826），美國開國元勳中最具影響力者之一、《美國獨立宣言》主要起草人及美國第三任總統。生前，他親自為自己撰寫了墓誌銘，「這裡埋葬著湯瑪斯・傑弗遜，他是《獨立宣言》的作者，維吉尼亞州宗教信仰自由法案的作者，維吉尼亞州立大學之父」，而未提及自己曾擔任過美國總統。

⑨ 張其昀著，《張其昀先生文集》第 10 冊，台北：中國文化大學出版部，1988 年版，第 5093 頁。

⑩ 鄭貞銘著，〈重返華岡四年〉，載於鄭貞銘著《傳播發展的省思》，台北：台北市新聞記者公會，1993 年 9 月初版，第 223 頁。

⑪ 鄭貞銘著，〈小故事 大啟示〉，載於《橋》，台北：中國文化大學新聞系第廿五屆 A 班畢業班刊，1991 年 5 月 30 日，第 8 頁。

⑫ 鄭貞銘著，《鄭貞銘學思錄 II：橋》，台北：三民書局，2010 年 7 月初版，第 202 頁。

⑬ 鄭貞銘著，《無愛不成師》，台北：三民書局，2010 年初版，第 433 頁。

⑭ 鄭貞銘著，《無愛不成師》，台北：三民書局，2010 年初版，

第 432 頁。

⑮ 葛永光著，〈經師與人師〉，載於鄭貞銘著《資訊‧知識‧智慧：e 世紀贏的策略》，基隆：莘莘出版事業有限公司，2001 年 2 月初版，第 161、162 頁。

⑯ 鄭貞銘著，〈重返華岡四年〉，載於鄭貞銘著《傳播發展的省思》，台北：台北市新聞記者公會，1993 年 9 月初版，第 227、228 頁。

⑰ 鄭貞銘演講，〈尋找大學的夢〉，武漢：武漢大學新聞與傳播學院，2010 年 4 月；鄭貞銘著，《鄭貞銘學思錄 II：橋》，台北：三民書局，2010 年 7 月初版，第 276、277 頁。

⑱ 鄭貞銘著，〈一甲子的回憶〉，載於台北：《聯合報》，2014 年 6 月 12 日，「聯合副刊」第 D3 版；載於鄭貞銘著《無愛不成師》，台北：三民書局，2010 年初版，第 102 頁。

⑲ 鄭貞銘著，《無愛不成師》，台北：三民書局，2010 年初版，第 443-445 頁。

⑳ 載於《系友會訊》，台北：中國文化大學新聞系系友會，1987 年 8 月，第三期，首頁。

㉑ 鄭貞銘著，《無愛不成師》，台北：三民書局，2010 年初版，第 433 頁。

㉒ 鄭貞銘著，〈三十年歲月匆匆過〉，載於鄭貞銘著《傳播發展的省思》，台北：台北市新聞記者公會，1993 年 9 月初版，第 222 頁。

㉓ 鄭貞銘著，《無愛不成師》，台北：三民書局，2010 年初版，第 451 頁。

㉔ 鄭貞銘著，〈記者需要典範〉，《中國時報》人間副刊，2017 年 5 月 5 日。

㉕ 鄭貞銘著，〈記者需要典範〉，《中國時報》人間副刊，2017 年 5 月 5 日。

㉖ 載於鄭貞銘日記，1973 年 11 月 10 日。

㉗ 鄭貞銘著，《無愛不成師》，台北：三民書局，2010 年初版，第 151 頁。

㉘ 鄭貞銘著，《中國大學新聞教育之研究》，台北：嘉新水泥公司文化基金會，研究論文第九種，1964 年 8 月 10 日第一版，第 71 頁。

㉙ 鄭貞銘著，《無愛不成師》，台北：三民書局，2010 年初版，第 667 頁。

㉚〈『空大』新聞與傳播課程開播〉，台北：《傳播教育會訊》，1987 年第 21 期，第 13 頁。

㉛ 黃東英著，《台灣新聞傳播教育初探》，北京：社會科學文獻出版社，2014 年 8 月第一版，第 130 頁。

㉜〈『空大』新聞與傳播課程開播〉，台北：《傳播教育會訊》，1987 年第 21 期，第 13 頁。

㉝ 載於鄭貞銘日記，1972 年 9 月 9 日。

㉞ 黃重憲著，〈李敖的驗屍單〉，台北：黃河雜誌，1986 年 11 月號，第 15 卷第 4 期，「黨外隨想錄」專欄。

㉟ 鄭貞銘著，《無愛不成師》，台北：三民書局，2010 年初版，第 317、318 頁。

㊱ 載於台北：《聯合報》，2005 年 9 月 29 日，「文化」第 C6 版。

㊲ 鄭貞銘著，《無愛不成師》，台北：三民書局，2010 年初版，第 393 頁。

㊳ 李瞻著，〈新聞教育〉，載於《中華民國新聞年鑑》（1991 年版），台北：中國新聞學會，1991 年，第 345 頁。

㊴ 鄭貞銘著，《無愛不成師》，台北：三民書局，2010 年初版，第 395 頁。

㊵ 黃東英著，《台灣新聞傳播教育初探》，北京：社會科學文獻出版社，2014 年 8 月第一版，第 134、135 頁。

㊶ 鄭貞銘著，《無愛不成師》，台北：三民書局，2010 年初版，

第 455、456 頁。

㊷ 載於台北：《聯合晚報》，1989 年 3 月 25 日，「話題新聞」
　　第 3 版。

㊸ 鄭貞銘著，《無愛不成師》，台北：三民書局，2010 年初版，
　　第 457 頁。

㊹ 鄭貞銘著，《無愛不成師》，台北：三民書局，2010 年初版，
　　第 458 頁。

㊺ 政大傳播學院成立於 1989 年，設有新聞、廣告、廣播電視三
　　學系（三系均設有碩士班，新聞系有博士班），以及傳播學士
　　學位學程、國際傳播英語碩士學位學程（英語授課）、數位內
　　容碩士學位學程。

㊻ 鄭貞銘著，《無愛不成師》，台北：三民書局，2010 年初版，
　　第 195、196 頁。

㊼ 鄭貞銘著，〈重返華岡四年〉，載於鄭貞銘著《傳播發展的省
　　思》，台北：台北市新聞記者公會，1993 年 9 月初版，第
　　233、234 頁。

㊽ 鄭貞銘編著：《中外新聞傳播教育》，台北：遠流出版事業股
　　份有限公司，1999 年 7 月初版，第 586 頁。

㊾ 劉俊著，〈文化・傳媒・青年：台灣傳媒教育開路人鄭貞銘的
　　教育觀〉，北京：《現代傳播》，2012 年第 6 期（總第 191
　　期）。

第十章

內外夾攻，形成內心煎熬

鄭貞銘擔任文工會副主任期間，主持中影出品、白景瑞導演作品《皇天后土》開
拍典禮。

基於報恩理念，在國民黨最困難、最受人打擊時，我依然勇敢地站在黨的一方。或許有人認為，你太理想了，也太執著了；背叛國民黨的人，順風使舵的人不是很多嗎？有什麼了不起！國民黨的發展，令人不免遺憾。尤其是在看到部分人士對白色恐怖所做的描述，以及後來國民黨發展成金權勾結，怎不痛心？⋯⋯國民黨形象之低落，自然有太多太多本身應該痛切檢討的地方，但不諱言，有許多誣衊也是來自有心人士的誇大與詆謗。如今，我回顧為黨服務的歷程，仍然充滿榮耀。我深信：歷史的偶然絕非必然。黨的方向一度搖擺、走歪，但是只要黨的宗旨向理想方向回頭，我們要給予支持。這就有賴於所有國民黨人的深思。

—— 鄭貞銘①

「文化」是我所關懷

1987 年 7 月 14 日，宣布台灣解嚴後，蔣經國以承擔歷史責任的智慧和勇氣，繼續推進台灣的自由民主化進程。11月 2 日，他下令宣布開放部分人士赴大陸探親，兩岸近四十年不相往來的局面終於被打破。1988 年元旦起，台灣黨禁和報禁政策正式解除。十多天後，1 月 13 日，蔣經國因嚴重糖尿病引發多器官功能衰竭遽然逝世，享年 78 歲。強人其萎，這位「威權時代的開明領袖」②留給人們一個時代的背影，而他所開創的歷史性變革則以巨大的慣性繼續向前，直至奠定了今日台灣的基本格局和歷史走向。

此時，台灣的民主政治浪潮正風生水起，新聞業進入迅速發展時期，報刊、電視等媒體數量激增，言論相對開放，進入了一個自由化競爭的時代③。毋庸置疑，威權時期，國民黨威權政府自上而下地控制新聞媒體，讓新聞事業發展過程備極艱辛④。然而，後腳剛走出報禁的鐵幕，前腳便已踏入市場的魔掌，「一夜之間百無禁忌」了，新聞行業經過「曇花一現的繁榮虛象」⑤後，即陷入了賺錢弄權的亂局，以至於新聞界元老馬星野痛心疾首：「新聞界為何甘於淪落至此?!」

> 新聞自由的享受，必須以新聞道德為前提……常言道：絕對的權力造成絕對的腐敗，新聞界也必須有制衡力量，那就是法律條文與社會公益團體以及閱聽人的自覺。尤其在尊重個人權益與維護隱私權部分，最易為新聞界所忽略，更易在商業競爭中迷失自己，但這是民主文明的象徵，必須善知節制，此所以我們願意再三強調的原因。⑥
> 或許，在長期禁錮突然鬆開時，我們的社會必然會產生種種的不穩定狀態，但是，如果大眾傳播界能本著為民主服務的理念，盡到真正保障大眾「新聞自由」權利的責任，相信短期之內，我們就可度過這個社會秩序、價值觀念變動不居的階段，為即將邁入資訊社會的中華民國，尋找出另一新的均衡點。⑦
> 個人對新聞自由，極端嚮往，更多憧憬與期待，但是如果新聞人不能珍惜新聞自由，而加以濫權，其

影響於社會者實在無法估算……為了整體社會利益，必須對言論自由課以社會責任，以資規範。「語不驚人死不休」，絕非一個優秀新聞從業員應有的態度，而「新聞界要成為社會進步的精神標竿，不可成為社會進步的絆腳石」，斯言，尤值得我們三思。⑧

——鄭貞銘

「『傳播』是我所研究，『文化』是我所關懷。」⑨面對「後戒嚴時代」和「後報禁時代」的傳媒與文化事業，鄭貞銘保持了密切的關注與高度的警醒，連續撰寫了四五十篇相關文章，把脈「傳播」，問診「文化」，並以理性專業的深入思考開出治療這些問題的藥方。一年後，這些文章集結成《低調與忠言》一書出版，字字用心，句句誠摯，展現出身處「斷層」時代之際，一位知識人可貴的省思、情懷、良識與勇氣。

與此同時，深諳公共關係之重要性的鄭貞銘，也開始積極建言執政當局，應當「瞭解、重視，並主動促進政府公共關係，達成政府與民眾間良好的雙向溝通與瞭解，使政府的施政符合民眾的需要，同時能在和諧的狀況下執行」。他曾在台北市府首長會上以〈報禁開放與政府公關〉為題，作專題演講，呼籲各政府機關負責人「更須尊重新聞界的專業理念，儘量放寬保密的限制，以免造成捕風捉影的現象，對於善意的批評也應採納並研究改進，適時發布說明改善的作法，因為好的政策也是獲取民眾支持的一種途徑」⑩。

擔任文工會副主任

蔣經國逝世後，李登輝承繼大統，黨政大權在握，成為首位台灣籍總統，台灣社會邁入另一個階段本土化的結構性轉型，變革劇烈[11]。在這歷史的關鍵點上，東山再起的時任中國國民黨秘書長李煥又一次找到鄭貞銘，對他說：「你是學新聞的，應該為黨做更多文化宣傳的工作，這樣對黨對你都比較好。」[12]當年將鄭貞銘引薦進入政途的李煥，此次準備將其舉薦到國民黨中央文化工作會（簡稱文工會）擔任副主任，期許他能一方面發揮專長，一方面也樹立文工會的專業形象——先前的文工會負責人多由總統身邊的秘書調任，如今時代轉變，國民黨開始重用專業人士，走專業化路線。

文工會，鄭貞銘再熟悉不過了，恩師謝然之曾掌管文工會多年，而自己在青工會開展文宣工作期間，更是與文工會之間往來密切。文工會負責全黨的文宣大政方針及有關業務之推動，起源於 1920 年孫中山增設的國民黨中央宣傳部，因而主任、副主任可比照當年中宣部部長、副部長。蔣介石退守台灣後，國民黨在 1950 年 8 月成立中央改造委員會，宣傳部改稱中央黨部第四組。1972 年 3 月，隨著十屆三中全會修正通過《中央委員會組織條例》，再度更名為中央文化工作會。文工會現名中央文化傳播委員會，鄭貞銘在文大新聞系的學生李建榮 2009 年剛從文傳會主任委員的位置上卸任。

講報禁和報業發展，必須講到台灣早期負責新聞宣傳政策的幾個重要的人。這些人一方面要遵從蔣公的管制路線，另一方面都受過西方自由民主思想的

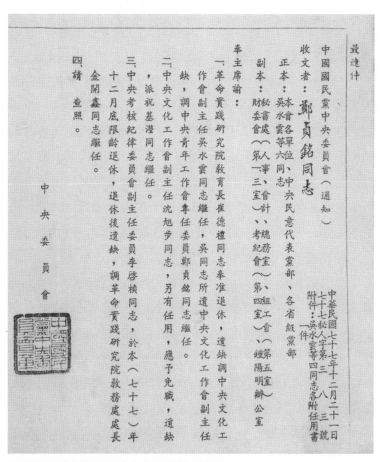

中國國民黨中央委員會（通知）

收文者：鄭貞銘同志

正本：本會各單位各同志
吳水雲等六位同志、中央民意代表黨部、各省級黨部

副本：秘書處（第一、三室）、會計、考紀會（第四室）、工會（第五室）、鐘陽明辦公室
財委會、總務室

中華民國七十七年十二月二十一日
七十七秘人字第三八八號
附件：一件吳水雲等四同志各附任用書

奉主席諭：

一、革命實踐研究院教育長崔德禮同志奉准退休，遺缺調中央文化工作會副主任吳水雲同志繼任，吳同志所遺中央文化工作會副主任缺，調中央青年工作會專任委員鄭貞銘同志繼任。

二、中央文化工作會副主任沈旭步同志，另有任用，應予免職，遺缺派祝基澄同志繼任。

三、中央考核紀律委員會副主任委員李啓楨同志，於本（七十七）年十二月底限齡退休，退休後遺缺，調革命實踐研究院教務處處長金開鑫同志繼任。

四、請查照。

中央委員會

中國國民黨發布鄭貞銘任中央文工會副主任人事令。

教育，如馬星野、謝然之都曾留美，都做過第四組
主任、宣傳部長，直接負責宣傳政策。另外還有曾
虛白、董顯光，他們這些人一方面要尊重蔣公的意
志，一方面要在各種場合展現應該走向何處。

——鄭貞銘[13]

四十餘年間，中央四組和文工會曾先後經歷了曾虛白、
陶希聖、蕭自誠、沈昌煥、馬星野、沈錡、曹聖芬、謝然
之、陳裕清、吳俊才、丁懋時、楚崧秋、周應龍、宋楚瑜、
戴瑞明、祝基瀅、簡漢生、蔡正元、張榮恭、李建榮等主
管。當時，文工會下轄中央通訊社、《中央日報》、《中華
日報》、中視公司、中廣公司、正中書局、《香港時報》與
中央電影公司等八大黨營文化事業，高階主管均由文工會指
派，位高權重，影響之大，可謂無與倫比。

然而鄭貞銘進入文工會的過程，卻是頗費周折，不少插
曲。起初，李煥特意給當時分管文宣系統的某位副秘書長寫
了一張紙條：「調青工會總幹事鄭貞銘同志任文工會副主
任，如何？」然而，幾個月過去了，杳無音信，對方遲遲未
做出回應。據瞭解，當時那位副秘書長正醞釀自己的屬意人
選朱宗軻，不願李煥的勢力滲透進文宣系統。在這種情形
下，李煥仍不放棄，逕自去找李登輝商議此事。當時，祝基
瀅是李登輝女婿賴國洲的博士論文導師，而鄭貞銘則是該論
文評審組委員之一，李登輝對此二人均有好感，於是，李煥
與他一番商議後，決定越過那位副秘書長直接宣布，提名祝
基瀅和鄭貞銘同時擔任文工會副主任。

鄭貞銘於中央文工會擔任副主任時，與主任戴瑞明（右三）等合影於「天下為
公」。

任職宣布當天，鄭貞銘接到了一個陌生電話，對方竟是那位當初阻攔他任職的副秘書長，一陣寒暄道賀，話裡話外流露出，他在此次提名任命過程中出了不少力，發揮了不少作用。掛掉電話，鄭貞銘不禁對此人心生厭惡，「當時，媽媽正生病住院，我常借用中午難得的一個小時的閒置時間前去探望，對方竟能千方百計找到病房的電話，並恰好在那個時間打來，當初明明阻攔，現在卻來邀功，未免太工於心計了。」後來，祝基瀅跟鄭貞銘聊到，當天他也收到了那位副秘書長打來的電話，對他講的內容，跟對鄭貞銘講的是一樣的。

客觀理性的專業態度

戒嚴報禁時期，文工會對新聞界享有生殺予奪大權，風光無限卻也招恨無數，當年李敖就曾與時任中央四組主任謝然之頗多齟齬、怨恨交加。1988 年 12 月 21 日，當五十二歲的鄭貞銘進入文工會時，正逢時代巨變，過去那種高高在上、令行禁止的姿態已行不通，主管者必須學會以專業角度處理事務與思考問題。

在我負責與新聞界溝通的一段日子，一直都是以客觀理性的專業態度面對種種糾葛，我從來不贊成對新聞界管理，而主張以溝通、加強服務的態度為主，所以當時雖然有新聞界朋友對文工會不諒解，但都瞭解我是堅決主張新聞界自律，而不主張「管制」的開明派。所以在文工會服務期間，並未留下

「不專業」的記錄。

——鄭貞銘[14]

　　時任文工會主任戴瑞明與鄭貞銘的看法一致，也認為應該尊重傳播原理，尊重新聞界，主張「文化媒體不能只聽上級的命令，要尊重閱聽人」[15]，有意淡化文宣工作的黨派色彩。威權時期，《中央日報》的陶希聖和馬星野，曾發生過編輯政策「先中央，後日報」抑或是「先日報，後中央」的爭論，雖然馬星野勉力支撐著新聞專業理想，但實際上前者

鄭貞銘出任中央文工會副主任時，與主任戴瑞明（左）相處甚得，戴主任後被派駐任教廷大使，鄭貞銘前往拜訪。

鄭貞銘於《中央月刊》社長任內，率學生周怡倫（左）訪問台灣省政府主席邱創煥（中）。

在黨營媒體佔主流。如今，文工會意識到，政黨要想借助媒體宣傳，則首要的是取得大眾對此媒體的信任，因而開始轉而支持辦報先遵循新聞學原理和規律。

此時的文工會的組織架構包括五室二刊：第一室又稱媒體關係室，負責處理國民黨新聞的發布，以及各類傳播媒體的聯繫；第二室又稱基層文宣室，負責地方基層文宣工作的策進；第三室又稱主義傳播室，負責文化藝術事務的聯繫和精進；第四室負責大陸文宣；第五室又稱媒體事業室，負責黨營事業的輔導及管理；另外還有一個秘書室，負責會內行政業務支援；同時，文工會出版發行《中央月刊》和《文訊雜誌》。

《中央月刊》是代表國民黨重要言論的雜誌，有人把它的地位比喻為中共當時的《紅旗雜誌》。1989年，鄭貞銘兼任《中央月刊》社長、發行人後，對其進行了積極的改

鄭貞銘任職中央文工會副主任，以闡揚大師精神為使命，經常舉辦大師研討會。
圖為舉辦張季鸞研討會致辭時，強調報恩主義，楚崧秋、王洪鈞與李瞻等出席。

進，使其變得活潑開明起來。《文訊雜誌》確定了「就文學
談文學」的內容原則，可以說是一本沒有政黨宣傳色彩、純
粹為藝文界服務的雜誌，以至於受到文藝界的歡迎和肯定。
國民黨曾一度因為經濟困難，想要停辦《文訊雜誌》，結果
文藝界強力反對，最後由幾個基金會出面支持，使其得以持
續發行，足見專業的重要性與受尊重。

　　與此同時，文工會積極舉辦研討會，舉凡民國報業巨人
梁啟超、寫出《台灣通史》的台灣大學者連橫和《大公報》
報人張季鸞等重要人物的重要紀念節點，文工會均認真舉辦
研討會，邀請教授、專家，就其一生思想、貢獻及在文化上
的意義做探討。這些研討會引得媒體廣泛關注，對其內容也
多加報導。會後，文工會還會將會議資料及言論集結成冊出
版。

每當曾經服務於文學、藝術、音樂、戲劇界等與文化相關的人生病或者年事已高，文工會也會去其家裡探望、慰問，並積極做好力所能及的服務工作。當時，「半生『反魯（迅）』」的五四前輩蘇雪林已是九十多歲的耄耋老人，被稱作「文壇的長青樹」，是鄭貞銘最欽佩也最常去探望的學人作家。

　　有一天，鄭貞銘與戴瑞明主任帶了一張顧問聘書，前往台南成大看望蘇雪林，聘她為顧問，每月致贈新台幣四萬元，以照顧她的老年生活。蘇雪林接下聘書，卻堅持不收顧問費。她淡然地說道：「我每天的生活費不超過兩百元，現有版稅足以開銷，請把四萬元給社會更需要的人吧。」[16]

竭盡自己一份微薄之力

　　由於接觸黨務工作，鄭貞銘有機會接觸到許多社團，並曾擔任過不少社團的相關職務。比如，他曾受當年董事長章孝慈之邀，先後擔任中華民國團結自強協會監事、理事，海外工作推行委員會副召集人、首席顧問等職；應葉明勳之邀擔任蕭同茲基金會董事；在董事長李煥感召下，應邀並當選三民主義大同盟理事，而該會參加者幾乎全是過去黨國要人，等等。他自陳，參加這些社團，「都是懷奉獻、報恩之心，竭盡自己一份微薄之力，貢獻社會而已」[17]。

　　1979 年春，杭立武[18]帶領一百餘人成立了台灣第一個民間人權組織——中國人權協會，旨在促進台灣人民對於人權之瞭解與重視。有一天，杭立武理事長親自給鄭貞銘打電話邀其見面，邀他出任人權協會總幹事（相當於秘書長）。此前，鄭貞銘並未與杭立武見過面，突然受此邀約，當然感到

上圖：中國人權協會前理事長
李永然頒予鄭貞銘「人權服務
貢獻」獎牌。
下圖：鄭貞銘任中國人權協會
秘書長三年，獲頒紀念牌。

意外不已。有人說，這是由於連戰、關中的推薦，而鄭貞銘表示迄今也未向他們求證過，只有心存感激，「因為在三年相隨相伴的日子中，我體會到一個公忠體國的人物，是如何地寬容大度」[19]。

1979 年 5 月，台中溪頭，台灣新聞傳播學者與業界菁英在此集會，探討如何提升台灣新聞教育之水準。與會人士皆以為有必要成立一個永久性學術組織，以促進新聞學界與業界的聯繫、增強各大學新聞院系友誼、溝通教師的教研成果。1980 年 3 月 27 日，「中華民國大眾傳播教育協會」在台北成立，這是台灣首個大眾傳播教育聯合組織。協會推舉馬星野擔任首任理事長，徐佳士、李瞻、梅長齡、黎世芬為常務理事，王洪鈞為常務監事，鄭貞銘為秘書長。不久，協會又增設兩位副理事長，分別由時任政大文理學院院長徐佳士與鄭貞銘擔任。當時，馬星野指定要鄭貞銘擔任副理事長兼秘書長，而能有幸與南京政大新聞系創辦人、中央日報社元老、新聞「老兵」一同共事，鄭貞銘備感榮幸，「追隨學習，親炙教誨，實在比在校上課實習獲得更多的啟發與教育」[20]。

該協會一度十分活躍，多次榮獲內政部、教育部頒發的最佳社團獎。當時台灣只有九所大專新聞科系，協會每年都舉辦許多相關學術活動，包括研究生論文發表、學術座談、叢書出版、聯誼活動等。協會相繼出版了《大眾傳播與選舉》、《雜誌事業的發展》、《傳播科技展望》、《新聞教育與我》、《大眾傳播教育》、《文化建設與大眾傳播》、《文化建設與傳播學術研究》、《新聞記者的權利與責任》等多本叢書，鄭貞銘參與了其中不少書籍的編輯工作。可以

中華民國大眾傳播教育發展協會成立，馬星野（左五）被推為理事長，鄭貞銘（右四）被指定為副理事長兼秘書長，與梅長齡、林徵祁、趙廷俊等合影於溪頭會場。

說，中華民國大眾傳播教育協會成為「新聞及傳播教育界和業界交流的橋樑，也是老中青三代教育家們的議壇和交流廳，更是大社會的一間新聞及傳播教育堂」[21]，對台灣傳播教育之發展，起到了積極的推動作用。

此外，鄭貞銘還曾參與了台灣傳播發展協會的重要工作。該協會是於 1992 年 9 月 1 日，由傳播學、政治學、社會學、法學界的一百多名知名學者共同成立的，以「加強傳播科技與學術研究之結合，導正國內傳播發展方向」為目標，下設傳播與政治發展委員會、傳播與經濟發展委員會、傳播與外交發展委員會、傳播與法律發展委員會、傳播與教育發展委員會、傳播與文化發展委員會、傳播與環保委員會等十三個分會，各分會召集人均是各方碩彥，如葛永光、詹火生、李銓、李永然等。鄭貞銘是該協會的主要策劃者，並

NEWSDOM　(Siawen Tientf Weekly)　NO. 1833

新聞天地

天地間皆是新聞　新聞中另有天地

第卅九年第十四號·（總號一八三三期）星期六出版·中華民國七二年四月二日·

新聞編採研習會

世界中文報業協會

中華民國新聞編採研習會結業

中華民國大眾傳播教育協會與世界中文報業協會聯合舉辦的新聞編採研習會，廿五
日下午在台北僑光堂舉行結業式，由中華民國大眾傳播教育協會理事長馬星野（前坐中
）主持，並頒發結業證書給參加研習會的學員後與全體參加研習學員合影。

鄭貞銘擔任中華民國大眾傳播教育協會副理事長兼秘書長，與世界中文報協合作
舉辦研討會，中為馬星野理事長。

被推舉為協會理事長。

　　台灣傳播發展協會曾與國父紀念館合作，在全省各地舉辦「大眾傳播系列講座」，向大眾普及媒體知識、宣講傳播理念。參與講座的學者也為一時之名家，如主講「大眾傳播與國家發展」的潘家慶、主講「大眾傳播與政治發展」的葛永光、主講「大眾傳播與兩岸關係發展」的沈智慧和主講「大眾傳播與社會發展」的詹火生等。鄭貞銘也在演講中疾呼，社會監督應成為媒體最有力的制衡力量，「傳播社會化是達成社會力監督媒體健全發展的先決條件，唯有民眾醒悟到媒體對社會影響深遠，負起監督與批評的責任，產生對媒體的制衡力量，新聞媒體才不致自我膨脹，成為社會進步的絆腳石」[22]。這是對其早年「新聞教育社會化」觀點的進一步闡釋和深化，也由此推動了「媒介素養教育」觀念的形成和普及。

台灣傳播發展協會在國父紀念館舉辦傳播系列講座。圖為邀請沈智慧主講「大眾傳播與兩岸關係發展」。

1984 年，曾廣順出任僑委會委員長，經副委員長許鳴曦的推薦，聘鄭貞銘為顧問，以從事海外文宣工作的建言。此後，鄭貞銘又推薦方蘭生、賴金波、詹長皓、林美惠諸弟子，出任華僑通訊社、《海華雜誌》的總編輯。此後，1993 年 2 月，曾廣順卸任公職，擔任財團法人海華基金會董事長，再聘鄭貞銘擔任董事。鄭貞銘對曾廣順始終懷有知遇之感，印象最深刻的是，「他為人之和煦與思慮之縝密；凡有建言，他總是虛心以求」。[23]

　　1957 年 1 月，台灣成立台北市鄭氏宗親會，公推時任總統府秘書長鄭彥棻[24]擔任理事長，國防部長鄭為元上將為監事長，到了 1974 年 5 月，世界鄭氏宗親總會被核准成立，鄭彥棻擔任首任會長兼理事長。1978 年，鄭彥棻宗長曾指定鄭貞銘接任世界鄭氏宗親總會理事兼編輯組長，自學生時代便年年受領鄭氏獎學金的他，自覺義不容辭。因為這

鄭貞銘訪世界「鄭氏宗親會」泰國分會理事長、銀行家鄭午樓先生（中）。

一層關係，鄭貞銘經常出席鄭氏理事會議，接受任務分配，遍訪世界宗親組織。時任總統府秘書長的鄭彥棻思維細密，對工作要求甚嚴，「幾乎到了苛求的地步」，這對鄭貞銘養成「凡事認真」的態度有著潛移默化的影響；而鄭彥棻愛護青年，誠懇而真摯，鄭貞銘表示「從他身上學到了太多太多為人處世的道理」。

特別是鄭彥棻重情義，愛追慕前賢、懷念故舊，所題辭送鄭貞銘的書就有《見賢集》、《景光集》、《思齊集》、《師友風義》。其中，他在《見賢集》題辭說：「前賢的德行風範和文章功業，可予後輩莫大啟示。」鄭貞銘自陳，「真的從其中學到太多」。後來，鄭玉麗宗長堅持要他出任世界鄭氏宗親總會秘書長，他收到聘書後立即請辭，「因為我知道自己力有未逮，怕辜負了世界宗親的期望，也無顏向彥棻宗長交代」[25]。

內外夾攻，形成內心煎熬

1980 年代末，由宜蘭縣立委黃煌雄所主辦的《開創雜誌》曾以極大的篇幅，刊載出一篇〈台灣政壇廿四公子〉的報導，而鄭貞銘則意外地名列其中，一時引起各界矚目。眾所周知，台灣有所謂「四大公子」，即連戰、陳履安、錢復和沈君山，此為社會普遍知曉，而此次出現「政壇廿四公子」的說法，頗令人大跌眼鏡，卻也引發熱議。聽聞這一消息，鄭貞銘一頭霧水，連忙找來相關報導一看究竟。

報導的標題是「英雄出少年，將相多名種」，副標題是「來頭不小，努力強勁」，被列為廿四公子的是：蔣孝武、蔣孝勇、章孝嚴、章孝慈、陳履安、連戰、錢復、魏鏞、沈

蔣孝武，現任我國駐加坡代表。

蔣孝勇，現在國外。

章孝嚴，現任外交部次長。

章孝慈，現任東吳大學院長。

陳履安，現任經濟部長。

連一戰，現任外交部長。

錢復，現任經建會主任委員。

魏鏞，現任國民黨革命實踐研究院主任。

沈君山，清華大學教授。

關中，現任國民黨中央副秘書長兼組工會主任。

鄭心雄，現任國民黨中央海工會主任。

張豫生，太平洋文化基金會執行長。

傅宗懋，考選部次長。

徐抗宗，國民黨青工會副主任。

宋楚瑜，現任國民黨中央秘書長。

施啓揚，現任行政院副院長。

張京育，現任政大校長。

吳伯雄，現任台北市長。

魏萼，現任國民黨文工會副主任。

鄭貞銘，現任國民黨文工會副主任。

周應龍，原任國民黨中央考紀會主任委員，現已病逝。

馬英九，現任行政院研考會主任委員。

蔡鐘雄，現任國民黨高雄市黨部主任委員。

賴國洲，現任新聞評議會秘書長。

以上二十四人都是直接追逐這權力面已佔到相當地位的諸公子，其實除這二十四人外，及急於加鄉的野心政客。事實上，所謂二十四公子並不是公開

● 宋楚瑜

● 鄭貞銘

黨外雜誌報導台灣政治「廿四公子」，文中提及鄭貞銘在青工會及文工會的十一年經歷。

英雄出少年，將相多名門

四公子操控台灣政壇

來頭不小，勢力強勁

政壇四公子向來名聲響亮、才華出眾，但眾所不知的，實際上政壇應有廿位以公子每位幾乎都赫赫有名，甚至位居高官要職，而這廿四位公子是何許人也？本文將詳盡為你介紹。

台灣政壇業有四公子之稱，眾所皆知，乃冷若山、魏鏞、連戰、王建煊等人。後來又這些廿四公子之說，為人摒過近廿年的培養護認識，目前出任政壇上市，而這些公子不但擠，都將是主宰未來政壇的一重要變數。

四公子是屬權貴名門之子，當然也是免有紙能跋涉的之德師，但基本上他社會安定與大眾利益，對穩健擔負人。由圖這些後許若餘飲被譽為西興的自是、數、大場排名如下：

換句話之，所謂二十四位公子，居合各方有企圖心的人士、受歡心與民眾、尤其可操勢力、學受人生值、目前相親界形成等力。接選人這些，一接納人上、鞏斯出一口氣說出、但照道法二十、較人也許不能、各圖敘注，向政治社會關注、不難分別出、此氏選是當今台灣政壇的二十、面的治繼其知名度、位居高

權貴子弟兵 廿四群雄譜

君山、關中、鄭心雄、張豫生、傅宗懋、徐抗宗、宋楚瑜、施啟揚、張京育、吳伯雄、魏萼、鄭貞銘、周應龍、馬英九、蔡鐘雄與賴國洲。

報導分析道：「上述廿四公子，在近十年中各自拓展前途結果，除周應龍因病過世、魏萼似成過氣人物、蔣孝勇遠走異國，其中陳履安、錢復、宋楚瑜、吳伯雄、關中、施啟揚、蔣孝武、章孝嚴、馬英九等，已漸擁有全國性知名度與聲望，張京育、鄭貞銘、傅宗懋、章孝慈、賴國洲等，則在其專業領域贏得肯定與讚揚。」

在提及鄭貞銘時，報導分析了鄭貞銘在青工會及文工會的十一年經歷，並總結道：「鄭貞銘、賴國洲（李登輝總統的女婿）等正在為自己專精的新聞園地埋頭耕耘，前途發展難以限量，目前在新聞媒體界頗具影響力。」《開創雜誌》未把鄭貞銘列為政治人物，而是稱為專業人士，這是他「唯一安慰之事」。

實際上，主管文化宣傳工作的文工會，歷來處在國民黨內政治糾葛的風口浪尖。解嚴後，民進黨勢力的崛起給文工會的工作帶來重大挑戰，加之由「蔣經國時代」向「李登輝時代」的過渡階段，國民黨內權力鬥爭激烈，文工會自然處在風暴中心。

大陸曾出版過一本《李登輝弄權秘錄》，此書以演義小說的形式，詳細講述了李登輝「弄權」的諸多內幕，真真假假，好不熱鬧。其中出現了鄭貞銘的名字，提及 1990 年 1 月 2 日，推選新一屆總統、副總統候選人期間，李登輝授意國民黨文工會副主任鄭貞銘向新聞界公開透露他有意讓李煥來擔任競選的副總統候選人，而真實目的是「要一點點政治

手腕，或者說是個火力偵察……只是讓鄭貞銘甩出誘餌來吊李煥的胃口」[26]。

眾所周知，1989 年至 1990 年間，李煥曾短暫擔任一年的行政院長，到達政治生命高峰，曾一度被認為是最有可能成為副總統候選人的人選，而他本人也原本自信滿滿，自認穩操勝券。據鄭貞銘對筆者澄清說，此書中涉及到他的情節當然是謬誤的，而筆者翻檢當年的一些媒體報導，可以瞭解到，當時確實有外界指出鄭貞銘「散播『李登輝、李煥搭檔已成定局』消息」[27]，引發不小的輿論風波，甚至還有報導說，事後祝基瀅主任曾要求他將經過寫成書面報告，以供上級參考。

鄭貞銘強調說，事實情況是，他作為負責與媒體界聯絡

李登輝總統與鄭貞銘握手致意。

溝通的文工會副主任，當時以國民黨官方的身分向記者們宣布，李登輝提名司法出身的李元簇擔任副總統候選人。對他有知遇之恩的李煥意外出局，鄭貞銘內心自然是很不情願的。另據鄭貞銘透露，由於他跟李登輝女婿賴國洲的親近關係，曾有親近李煥的人找到他，希望透過他這一管道，轉達李煥有意成為副總統候選人的心情，鄭貞銘雖感為難，但仍出手協助。

當李元簇意外成為副總統候選人的消息傳來，眾人跌破眼鏡，原本掩蓋的裂痕迅速公開化，黨內分成兩大派系——以李登輝、李元簇、宋楚瑜為首的「主流派」（又稱「改革派」）以及以李煥、郝柏村、林洋港、蔣緯國、陳履安為首的「非主流派」（又稱「保守派」），雙方分別力推各自人馬參與國民代表大會正副總統候選人的角逐，被稱作「二月政爭」。結果，2月11日臨時中全會上，「非主流派」以少數票落後，李登輝、李元簇成為國民黨第八屆總統、副總統候選人，李登輝最終蟬聯第八屆總統，奠定其主政格局。

5月2日，李登輝為迫使李煥下台，提名國防部長郝柏村為新任閣揆，以壓制其反彈。李煥黯然卸任，此後僅有酬庸式的總統府資政、國民黨中常委及中評會主席團主席等職務。而李登輝藉機進行軍隊人事改革，削減郝柏村在軍隊中的勢力，逐漸掌握軍權，最終完成黨政軍大權集於一身。自此，國民黨開始分崩離析，「非主流派」全面退出國民黨核心圈，趙少康、郁慕明、王建煊、李勝峰等少壯派民意代表組成「新國民黨連線」，後宣布脫離國民黨，組建新黨；「非主流派」大將之一、鄭貞銘表舅張豫生由救國團副主任任上轉任太平洋基金會執行長。

李登輝總統邀媒體負責同志茶敘。

隨著李登輝時代的全面到來，作為被李煥一手提拔的「非主流派」的重要一員，鄭貞銘原本無限光明的政治征途，不得不漸漸進入一段曲折晦澀的歷程。

權之所繫，則怨之所繫，一年前剛經歷了「官學兩棲」風波，黯然辭去文大一切行政職務的鄭貞銘，再一次遭遇人生的低谷，「在此情勢下，內外夾攻，形成內心煎熬，也留下不是太愉快的回憶」。㉘

最後一任《香港時報》董事長

一年後，1991 年 8 月 1 日，鄭貞銘從文工會副主任位置上卸任，被國民黨文宣部門委派，前往香港接替彭歌（姚朋）擔任《香港時報》董事長。鍾情於新聞事業的他，覺得這也倒算是一個不錯的去處，但此時的他完全想不到的是，

自己將會成為這份國民黨在香港辦的老牌報紙的最後一任董
事長。

　　作為國民黨黨營八大文化事業之一，《香港時報》是國
民黨在港的重要輿論陣地，其前身是 1939 年 7 月在上海創
辦的《國民日報》。起初，《國民日報》由陶百川主持，內
容以宣傳抗日策略為主，1949 年 8 月 4 日，國民黨當局在
大陸的形勢日趨緊張，蔣介石電令指派陶希聖、蕭同茲、張
明煒、謝然之、潘公展、卜青茂、許孝炎等七人組成籌備委
員會，並派許孝炎赴港，將《國民日報》正式改組為《香港
時報》。其創刊詞開宗明義：「我們是一群愛國家、愛自由
的人，為了國家生存受到威脅，個人自由受到危害，要救國
家、爭自由才辦這一份報紙。」㉙11 月，該報正式登記為香
港時報有限公司。

　　在鄭貞銘擔任董事長之前，該報的歷任主持者有許孝

鄭貞銘出任《香港時報》董事長致辭。

炎、陳訓悆、徐亨、曾恩波、李秋生、毛樹清、林徵祁、陳寶森、姚朋等名報人。《香港時報》一向堅持反共立場，但若撇開黨派色彩不談，1950、60 年代《香港時報》的副刊和體育版其實辦得非常精采──副刊「淺水灣」曾由著名香港作家劉以鬯主持，為香港培養了很多本土作家；而其足球報導與影劇新聞則深受當時香港球迷與影迷喜愛。

然而，隨著香港反共意味的逐漸衰退，加之管理方式老套、辦報方針僵硬，《香港時報》的讀者量不斷縮減，遠不及香港本土民營報紙《星島日報》、《工商時報》等報紙眾多，而其辦報經費除有限的廣告收益外，大部分僅能依靠國民黨黨庫資助。

1984 年 12 月 19 日，中國大陸與英國就香港問題共同簽署《中英聯合聲明》，香港進入了權力交接的過渡時期，《香港時報》的處境日益艱難，直至每年虧損高達兩三千萬港幣。在此特殊時空和艱難境遇下，鄭貞銘仍懷抱著振興《香港時報》的滿腔抱負，毅然赴港。上任伊始，他便積極組織報社員工，研析香港各大報紙，擬定革新計畫，希望從新聞言論、經營管理、社會活動等諸多方面提升該報在港的影響力，力圖「辦一份符合香港居民需要的報紙」[30]。

一要淡化報紙的黨派色彩，「港九與其他地區，一般讀者文化水準低落，普遍對政治興趣淡薄，閱讀注重有刺激性與趣味性之材料，凡政治色彩過於濃厚或陳義過高之報紙，類多難於發展」；

二要淡化報紙的台灣色彩，增加對香港本地讀者的吸引力，「該報為求達成宣傳任務，並為求報社之生存與發展，必須大量爭取港九讀者。在態度上，宜於以傾向台灣而不以

鄭貞銘擔任《香港時報》董事長期間，為攝影大師郎靜山（前排中）在香港辦特展，老人家十分高興。

代表台灣之姿態出現；在內容方面，須發揮本身特點，且相容並蓄港地其他報紙之特點，以適應讀者之要求，方可以在港九打開銷路」；

三是放寬言論尺度，不以對台灣本土報紙的要求來要求它，「該報欲求有效達成任務，須多採側面或迂迴方式，以適應環境，勢難與台灣報紙共同形態；故在內容方面，也難以對台灣報紙之尺度加以衡量」。

此項革新計畫自然需要新的投資，鄭貞銘十分清楚「資源一旦充足，計畫才能一一實現，《香港時報》新氣象才能展現在世人面前」，所以他積極與國民黨上層接觸，力述《香港時報》存在的必要性、未來發展空間之優勢。

重症用猛藥，在這一番大刀闊斧的改革之後，《香港時報》虧損開始減少，經營日漸起色。猶如一位沉屙在身的老

人，這份經歷了半個多世紀風雨的海外黨營報紙，煥發出迴光返照般的生命光采。

天和地一起塌下來

當鄭貞銘為《香港時報》的前途命運奔波努力時，相依相伴半個多世紀的母親病倒了。多年的奔波操勞，母親的身體早年就已亮起紅燈，隨至後來高血壓、糖尿病纏身，狀況迭出，飽受折磨。1991年底，母親住進了宏恩醫院，在陳應衡大夫的盡心照料和家人的細心呵護下，母親的病情得以緩解，身體一天天向好的方向發展。

然而就在大家都在鬆一口氣的時候，母親突然被查出罹患腦神經腫瘤。消息傳來，鄭貞銘一時間慌了手腳，痛苦、焦慮、愧疚一起湧上心頭。時任退輔會主委許歷農上將聞悉，協調將鄭貞銘母親轉至台灣醫療條件最好的台北天母榮民總醫院，並親往探視，「這一份恩情，讓我永生難忘」。

> 初聞這晴天霹靂，我真是六神無主，每夜跪拜在頂樓禱告，願上天保佑媽媽的健康，更求全能的主護她、祐她，讓我們母子有更長的時間相廝守。但媽媽還是走了，她雖然是如此安詳地走，但是怎知做兒子的心痛呢？
>
> ——鄭貞銘[31]

禍不單行，這段心力交瘁的日子，鄭貞銘又遭遇人生中的另一大打擊。有一位學生，先前常來家裡作客，聰明伶俐，溫和體貼，深得太師母喜歡，漸漸有了義母子之誼。孰

料，待一點點騙取鄭家人的充分信任後，此人竟攜鄭貞銘擔保的大量錢款而逃。這對向來不設防的鄭貞銘而言，無疑是一個巨大的震驚和挫敗，經濟立即陷入捉襟見肘的境地，他甚至開始懷疑人與人之間是否真的可以信任。

然而，沮喪一段時間後，鄭貞銘重新振作精神，開始拚命賺錢彌補損失，並悄悄瞞著母親此事。很多年後，有朋友打電話告知鄭貞銘，又發現了那人，詢問他要不要趕緊報警，鄭貞銘未置可否。經打聽，那人已是幾經重大變故，失魂落魄至極，此時，內心早已放下怨恨的鄭貞銘，覺得對方已經得到了心靈的折磨與上蒼的懲罰，決定不再追究。當然，他也堅決地拒絕了那人託人轉達的見面請求，斷然無法再接受此人。

在母親住院的兩個多月裡，鄭貞銘每晚趕往榮總陪伴，一大清早，又趕往陽明山上課或處理報社事務，「每天天昏地暗，似乎天和地一起塌下來」[32]。到最後，腦神經壓迫到視力，母親看不到了，分不清白天還是晚上。他便在床頭安了一根鈴繩，隨時讓母親喚他起來。母親常常疼痛難忍，整宿整宿地睡不著，一拉繩，鈴聲就叫醒了陪侍在身邊的兒子。

半夜時分，萬籟俱寂，母子經常連心交談。此時的母親神智特別清醒，似乎永不知疲憊地對兒子訴說這一生的遭遇，直至凌晨方才睡去。鄭貞銘偷偷在床頭裝置了答錄機，小心記錄下這病榻間的母子對話，最後竟有二十九卷。如今，鄭貞銘仍不敢去重聽錄音，「一聽到母親慈祥的聲音，總不禁淚如雨下」。

貞銘：「媽媽該吃藥囉。媽媽好能幹，媽媽您剛才一直掉眼淚，這護士小姐都不知您那麼能幹，生那麼多孩子，而且也養得這麼好。」

母親：「舅公也是這樣講。」

貞銘：「有些事情不去想就沒有煩惱了。」

⋯⋯

貞銘：「媽，我給您錢，您都沒有用。」

母親：「錢留下來幫親戚還債，他們也不是不還我，是沒人還他。」

貞銘：「以前他們叫我投資，幸好我沒有。我們錢不能亂用，點點滴滴都是辛苦賺來的，您該用就用，我不知您把錢存起來，您應該好好地吃，好好地用這個錢」

⋯⋯

貞銘：「您先休息，我睡您旁邊，您按電鈴，我就會起來。」

貞銘：「伊媽您就吃慢一點，身體顧好最要緊。您有事情要跟我講」

貞銘：「媽，您不要氣，您氣我就不快樂，我要讓您過好日子。」

⋯⋯

母親：「你小時候多可憐！」

貞銘：「小時候我寄養在別人家。您來接我時我在哭，我還記得。」

母親：「你寄居在阿珠姊她家，你還記得嗎？外公家當年很窮，沒有辦法。」

貞銘：「伊媽您不要放在心上。」

母親：「這都是為你好，這樣你才能做大事。」

貞銘：「您是全世界最好的母親，昨天我為您禱
　　　　告，前天也有，今天出門前也有為媽禱
　　　　告。」

……㉝

1993 年 1 月 10 日晚上 10 點 38 分，鄭貞銘永生刻骨銘
心的時刻，摯愛的母親在醫院倏忽病逝，享年八十歲。五十
七年相依為命的母子，從此陰陽相隔、天人永別。多年來孜
孜以求的精神支柱轟然倒塌，生命之光彷彿瞬間暗淡了下
去，塗抹上一層永難抹去的哀痛與悲涼。

文大傑出校友許國禎之母（左）曾拜訪鄭貞銘母親鄭陳瑛女士（右），師生相互
關懷照顧，情同家人。

我個人的成長，受媽媽無比的教誨與啟發。媽媽的刻苦耐勞，以及堅毅質樸，實在是中國淑女賢德的典型。她總要求我們「嚴以律己、寬以待人」，她說，愛是不求報償，也是無價的。因為我們的心中如果沒有愛，就會被嫉妒、怨恨和憤怒的煙霧所迷濛。因此我堅信，愛能越過偏私和藩籬，擊潰殘酷和仇恨。

數十年的生活，每在痛苦、艱難、無可告語的時候，總是第一個想到自己的媽媽。媽媽仁慈的母愛，早已銘刻於心。數十年母子相依，媽媽的告誡與教誨，早已形成我人格的重要部分。

報恩主義，固然是得之於前《大公報》主筆張季鸞的啟發；但我的報恩思想，則是媽媽日常生活的潛移默化與耳提面命中獲得灌注。兩個月日夜陪伴媽媽的這段日子，我對媽媽的細密心思有更深刻的體會，只是上蒼已不再給我奉養的機會，這真是人世間最可浩歎的憾事。

——鄭貞銘㉞

「感恩懷恩恩不斷，飲水思源源不絕。」母親去世以後，鄭貞銘遵照她的遺願，用她的畢生積蓄在中國文化大學新聞系、廣告系，乃至後來的杭州大學（浙江大學前身之一）新聞學院等新聞院系，設立了「鄭陳瑛獎學金」，將母親的遺愛，傳遞給更多人，澤被了數十名品學兼優的清寒新聞學子。

任教大學三十年以來，我總是在媽媽這種愛心與回饋的啟發下，竭盡心力，貢獻給下一代青年學子。因為媽媽愛我，所以也把我的學生當作自己的孩子。當她身體健康的時候，每有學生來訪，總是親自下廚，甚至做她最拿手的福州菜與芋泥，讓學生品嘗。我不在家的時候，學生們也陪著太師母聊天。

所以，我的媽媽也與學生們培養了極佳的感情。媽媽住院期間，潘健行、李濤、周荃、趙俊邁、湯健明、鍾惠民、戎撫天等陸續前往探望，媽媽總在他們離後告訴我：要好好照顧這些孩子，他們都是國家的新希望。

——鄭貞銘㉟

孤臣無力可回天！

正當《香港時報》有望逐漸扭虧為盈之時，國民黨內部關於該報之未來的爭議卻越來越大。文宣部門認為，《香港時報》是國民黨的重要資產，更是其在島外的重要據點，對國民黨具有深刻的歷史和政治意義，不該輕言放棄，至少也要撐到 1997 年香港回歸之際，以完成階段性任務；財務部門則指出，《香港時報》連年虧損，黨內早已不堪重負，如要提高報紙的市場競爭力，勢必又要投資大筆金錢，更是一筆沉重負擔。最後，時任國民黨主席李登輝拍板，政治風雲變幻下的《香港時報》，終難逃停刊之命運。

1993 年 1 月 11 日，承受著昨夜喪母巨痛的鄭貞銘，收到了出席《香港時報》決策停刊會議的通知——最刻骨銘心

的兩大痛苦的雙重打擊，注定讓這一天，成為他終生難忘的日子，「這些往事令我痛徹心扉，也對政治的無情徹底失望」㊱。2月16日，《香港時報》刊登出一則〈香港時報長期經濟拮据 董事會沉痛宣布明起：停刊〉，宣布「時報已完成歷史任務」，次日起正式停刊。這份前後共存在了四十三年六個月零十二天的國民黨老牌機關報，從此步入歷史的煙塵。消息一經傳出，頓時引爆了香港的輿論熱點，引起相當大的震動，台灣政界人士以及親台的自由僑團大多痛心疾首，扼腕歎息。

> 《香港時報》在沒有任何抗爭，以感性、和平的方
> 式結束。當一九九三年二月十五日，報社裡的編
> 輯、記者每個人都忍著悲痛工作，邊寫邊流淚，抱
> 持有始有終的精神，完成最後一份《香港時報》的
> 編採工作，場面相當淒涼、悲壯。雖然大家心中充
> 滿著種種不甘與不平，但《香港時報》終究在歷史
> 上淹沒了。
>
> ——鄭貞銘㊲

除了時局、經濟等因素外，不容否認的是，《香港時報》的停刊與國民黨的政策和政黨局勢密切相關。正如有學者指出，《香港時報》在這一時期停刊，與台灣當前的局勢以及李登輝、郝柏村之爭，黨政矛盾和反台獨等因素都有不同程度的聯繫㊳。《香港時報》曾經刊登香港社團聯合聲明，反對總統直選；在李登輝排除郝柏村內閣之時，還刊登過社團擁護郝柏村的聲明；再加上《香港時報》頻頻地以社

鄭貞銘曾任董事長之《香港時報》，歷時四十三年餘，因受權力者施壓，宣布停刊，為報史之痛。歷任董事長有程滄波、徐亨、林徵祁、彭歌等報界名人。

論、專論、廣告等形式呼籲反對「台獨」，反對「一中一台」，反對「台灣國民黨」，使得李登輝認為《香港時報》是「非主流派」的最後一個海外宣傳據點，有礙他推行台灣「本土化」政策，乃至於說出「我們再沒有必要拿錢到《香港時報》來攻擊自己」[39]。

難怪有人認為，台灣的政治現實才是引致《香港時報》停刊的最直接的，也是最重要的因素，李登輝「殺雞儆猴」，讓與他不同政見的人清楚反對他的後果[40]。鄭貞銘的香港辦報生涯，由此被畫上了句號，此前的滿腔熱情和滿心期待，無奈全部化作了泡影。

> 每每想到《香港時報》的四十三年歷史，許多報人許孝炎、徐亨、曾恩波、姚朋等用心血灌溉耕耘，卻一夜之間消失了。為《香港時報》貢獻青春的伍毓庭（總編輯，香港僑生）等，我也總為他們憤憤不平。
>
> 孤臣無力可回天！[41]對於《香港時報》這段情，留存我心中成為永遠的痛。
>
> ——鄭貞銘[42]

6 月 29 日，已回到台灣的鄭貞銘，迎來了他的新職務——中央通訊社常駐監察人，與董事長同級別。中央社自 1924 年 4 月 1 日在廣州成立，是國民黨創辦的第一個黨營文化事業，曾在北伐時期發揮了重要的新聞報導和輿論宣傳作用，特別是抗戰時期在社長蕭同茲的帶領下積極發聲，儼然躋身於國際性通訊社，1949 年 10 月，中央社隨國民黨遷

鄭貞銘服務於中央通訊社多年，獲「敬業有恆」獎牌。

往台北。鄭貞銘對中央社一直懷有好印象，尤其是感念當年蕭同茲、曾虛白、馬星野等新聞前輩為其樹立起好風範，而曾擔任中央社常務監事的，包括谷正綱、莊懷義、邵恩新等，均是黨國骨幹。

鄭貞銘在中央社任職九年期間，主要負責監察財務運作的情況，當時的董事長為蕭天讚，先後經歷了社長唐盼盼、施克敏、汪萬里等，均是新聞界知名人士。常駐監察人雖說名義上與董事長同級別，但其實並無實職。當初秘書長許水德找鄭貞銘談話時，稱這是「過渡」，再俟適當時機「調整」。而隨著李登輝多次改組行政院，「非主流派」勢力遭到進一步擠壓，再到 1996 年李登輝謀求連任總統時，鄭貞銘轉任更無實權的常務監事。再到 2000 年政黨輪替，民進黨上台，當年的承諾早已遙遙無期、消失無蹤。

2002 年，鄭貞銘正式從中央社卸職。此時，除還擔任

上圖：鄭貞銘以國民
黨中央文工會副主任
身分出席中國國民黨
第十三全會。
下圖：中國國民黨聘
鄭貞銘為「中央評議
委員」（終身職）。

國民黨中央評議委員外，他再無其他黨務職務，正式退出了權力角力場。然而，身處權力更迭的時代，鄭貞銘卸職時，時任新聞局長葉國興執意拒發其自國民黨營時的年資退休金，此事還一度引發爭議。直至 2010 年底，鄭貞銘的訴求才得到部分解決，「整整奮鬥，也冤屈了八九年」。

> 在奮鬥過程中，每一個細節都成了我終生不忘的大事，對於主持正義、協助我的朋友吳伯雄、吳敦義等，感激只有藏在心底的最深處。我要向他們深深地行躬鞠禮，他們使我感受到正義公理之必將彰顯，也深信世界真正存在的真摯友情。
>
> ——鄭貞銘[43]

秉性真純、以育人為志業的學者，終究無法在政治漩渦中停留太久。其實，自 1991 年從文工會卸任到輾轉香港時報社和中央社，鄭貞銘早已不再是引人熱議的政治新星，而以這種漫長且折磨的方式逐漸離場，是令他始料未及卻又無可奈何的。

此時，他真正體悟到了廿六年前謝然之恩師那番語重心長的勸誡，彼時他未至不惑之年，年富力強，對仕途自然抱持一番頂天立地的壯懷與舍我其誰的氣概；如今他已過耳順年紀，世事浮沉，人事難料，唯有以「不疑不懼」的淡定和「有愛無恨」的坦然重整行囊，勉力前行。

2008 年 12 月，七十二歲的鄭貞銘受邀參加基隆市中國國民黨建黨紀念晚會，其間時任黨主席吳伯雄為他頒發了榮譽狀——自他 1958 年 4 月正式轉正成為中國國民黨黨員已

鄭貞銘與中國國民黨前主席吳伯雄（左）交談。

經整整五十年了。

「如今，我回顧為黨服務的歷程，仍然充滿榮耀」[44]，自 2000 年始，鄭貞銘已擔任國民黨中央評議委員近廿年，這雖是一種象徵性的職務，但他始終遵守職責出席會議，推薦各種選舉中的黨提名候選人。2009 年 12 月第十八屆中央評議會中，他還曾以書面建議中央重視國際傳播，重視社會典範，赤誠憂患之心，矢志不渝，歷久彌新。

註釋

① 鄭貞銘著，《無愛不成師》，台北：三民書局，2010 年初版，第 293-296 頁。

② 馬英九語。

③ 謝清果、張漢麗著，〈台灣新聞自由的歷史變遷與現實困境探析〉，台北：《台灣研究‧文化教育》，2011 年第 5 期，第 49 頁。

④ 王天濱著，《新聞自由—— 被打壓的台灣媒體第四權》，台北：台灣亞太圖書出版社，2005 年版，第 13 頁。

⑤ 黃天才著，〈新聞通訊事業〉，載中國新聞學會：《90 年代我國新聞傳播事業》，台北：風雲論壇出版社，1997 年 3 月版，第 23 頁。

⑥ 鄭貞銘著，〈開放報禁的期望〉，載於鄭貞銘著《低調與忠言》，台北：正中書局，1989 年 12 月初版，第 30 頁；原載於《海光週報》1988 年元旦。

⑦ 鄭貞銘著，〈斷層時代的新聞自由〉，載於鄭貞銘著《低調與忠言》，台北：正中書局，1989 年 12 月初版，第 20 頁；原載於《中央日報‧副刊》1988 年 9 月 10 日。

⑧ 鄭貞銘著，〈記者角色的誤差〉，載於鄭貞銘著《低調與忠言》，台北：正中書局，1989 年 12 月初版，第 80-83 頁；原載於《我們的》雜誌 1988 年 9 月號。

⑨ 鄭貞銘著，《低調與忠言》，台北：正中書局，1989 年 12 月初版，第 1 頁。

⑩ 載於台北：《聯合報》，1988 年 3 月 15 日，「大台北新聞」第 15 版。

⑪ 林蔭庭著，《追隨半世紀：李煥與經國先生》，台北：天下文化出版，1998 年第一版，第 135 頁。

⑫ 鄭貞銘著，《無愛不成師》，台北：三民書局，2010 年初版，

第 321 頁。

⑬ 鄭貞銘於 2013 年 10 月 22 日接受北京中國社會科學院新聞與傳播研究所新聞學研究室副主任向芬博士訪談所說內容；向芬著，〈台灣民主轉型中新聞傳播的變遷與發展——一項基於對台灣新聞傳播界深度訪談的研究〉，廈門：《廈門大學學報（哲學社會科學版）》，2015 年第 3 期，第 79 頁。

⑭ 鄭貞銘著，《無愛不成師》，台北：三民書局，2010 年初版，第 298、299 頁。

⑮ 鄭貞銘著，《無愛不成師》，台北：三民書局，2010 年初版，第 322 頁。

⑯ 鄭貞銘著，〈女性的偉大〉，載於台北：《中國時報》，2014 年 9 月 15 日，「時論廣場」第 A14 版。

⑰ 鄭貞銘著，《無愛不成師》，台北：三民書局，2010 年初版，第 332 頁。

⑱ 杭立武（1904-1991），安徽滁縣（今滁州）人。畢業於金陵大學，後獲英國倫敦大學博士學位。曾擔任中央大學政治系教授兼系主任、美國聯合援華會會長等職，並創立中國政治學會及中英文協會。1949 年赴台後曾主持籌建故宮博物院、創辦東海大學，曾擔任台灣教育部部長、台灣駐菲律賓、希臘等國大使，1979 年創辦中國人權協會並擔任理事長。著有《國民政府時代之中英關係》、《將來之大戰》等。

⑲ 鄭貞銘著，《無愛不成師》，台北：三民書局，2010 年初版，第 224 頁。

⑳ 鄭貞銘著，《無愛不成師》，台北：三民書局，2010 年初版，第 225 頁。

㉑ 鄭貞銘著，《無愛不成師》，台北：三民書局，2010 年初版，第 153 頁。

㉒ 鄭貞銘編著，《中外新聞傳播教育》，台北：遠流出版事業股份公司，1999 年 7 月初版，第 498 頁。

㉓ 鄭貞銘著，《無愛不成師》，台北：三民書局，2010 年初版，第 235 頁。

㉔ 鄭彥棻（1902-1990），廣東順德人。畢業於廣東高等師範學校、巴黎大學。歷任國民黨中央改造委員會委員兼第三組主任，行政院僑務委員會委員長，司法行政部部長，總統府秘書長、國策顧問、資政，國民黨中央常委等。著有《國父遺教闡微》、《憲法論叢》、《懷聖集》等。

㉕ 鄭貞銘著，《無愛不成師》，台北：三民書局，2010 年初版，第 228 頁。

㉖ 竇應泰著，《李登輝弄權秘錄》，濟南：山東友誼出版社，2007 年 1 月第一版，第 155 頁。

㉗ 載於台北：《聯合報》，1990 年 1 月 9 日，「焦點新聞」第 2 版。

㉘ 鄭貞銘著，《無愛不成師》，台北：三民書局，2010 年初版，第 299 頁。

㉙ 鄭貞銘著，《無愛不成師》，台北：三民書局，2010 年初版，第 243 頁。

㉚ 載於台北：《聯合晚報》，1991 年 8 月 11 日，「話題新聞」第 2 版。

㉛ 鄭貞銘著，《無愛不成師》，台北：三民書局，2010 年初版，第 49 頁。

㉜ 鄭貞銘著，《無愛不成師》，台北：三民書局，2010 年初版，第 53 頁。

㉝ 鄭貞銘著，《無愛不成師》，台北：三民書局，2010 年初版，第 50、60-62 頁。

㉞ 鄭貞銘著，〈愛的力量〉，載於高希均、黃昆輝等著《博士說故事 II：一生受用不盡》，台北縣：漢光文化事業股份有限公司，1995 年 4 月初版，第 129-142 頁；鄭貞銘著，《無愛不成師》，台北：三民書局，2010 年初版，第 52 頁。

㉟ 鄭貞銘著，《無愛不成師》，台北：三民書局，2010 年初版，第 51—54 頁。

㊱ 鄭貞銘著，《無愛不成師》，台北：三民書局，2010 年初版，第 245 頁。

㊲ 鄭貞銘著，《無愛不成師》，台北：三民書局，2010 年初版，第 512 頁。

㊳ 謝駿、吳秋林著，〈論《香港時報》的停刊〉，北京：《新聞與傳播研究》，1994 年第 3 期，第 42 頁。

㊴ 見 1993 年 2 月 18 日《新報》。

㊵ 謝駿、吳秋林著，〈論《香港時報》的停刊〉，北京：《新聞與傳播研究》，1994 年第 3 期，第 42 頁。

㊶ 語出清‧丘逢甲《離台詩》「宰相有權能割地，孤臣無力可回天」，清末甲午戰敗後，清廷簽《馬關條約》割台灣，台灣士紳領袖丘逢甲悲憤所作。

㊷ 鄭貞銘著，《無愛不成師》，台北：三民書局，2010 年初版，第 246 頁。

㊸ 鄭貞銘著，《無愛不成師》，台北：三民書局，2010 年初版，第 248 頁。

㊹ 鄭貞銘著，《無愛不成師》，台北：三民書局，2010 年初版，第 296 頁。

第十一章

新聞界永遠的老師

鄭貞銘獲頒美國紐約聖若望大學「終身成就獎」，由文大董事長張鏡湖（左）代
為頒發。

我研究國際傳播，深知人類的許多戰爭、災難、死亡與悲劇，原是可以避免的，也是可以不發生的。但只因人類無此智慧，受專制獨裁者私人權力欲而發生戰火悲劇，更導致人民於萬劫不復的災難路上，例如當年的希特勒、墨索里尼與日本軍閥都是如此。

因此，當兩岸開始交流以來，我願以知識分子兼新聞人的雙重身分，竭盡一個國民的責任。近幾十年來，我幾乎盡瘁於斯。我的足跡，走遍大江南北，特別是中國大陸的重要學府與新聞機構。①

「愛過方知情濃，疼過方知義重。」我常認為，人與人的相處，的確需要無盡的寬容，在瞭解、尊

重、關懷與責任中達成溝通的目的。如果先懷抱敵
意、排斥，則心靈之隔閡厚過銅牆鐵壁，是無法體
會諒解的真諦與瞭解的快樂的。

所以我一直認為，完全的教育家不僅要在課堂上扮
演大師的權威，同時重要的，是要在生活上成為學
生的摯友與學習成長的明燈。

人生是無數的奇緣。身為教育界一分子，我認為我
們有必要將愛心真誠地付給我們的孩子。歷史總是
不斷地向前運轉，我們必須堅強地邁向未來，勇往
直前。②

——鄭貞銘

兩岸交流為歷史使命

1987 年前後，蔣經國一手主導政治革新，當局對大陸
政策出現了鬆動與轉機，敏感的台灣新聞界躍躍欲試。誠如
當時的《自立晚報》總編輯陳國祥曾說：「台灣地區新聞記
者前往大陸採訪，成為新聞界普遍的夢想，許多記者躍躍欲
試，一些新聞機構甚至做好準備，希望槍聲一響，馬上奔赴
大陸。」③

1987 年 9 月初，時任《自立晚報》社長吳豐山等不及
這一「槍響」，冒險派出記者李永得、徐璐，14 日輾轉東
京飛抵大陸展開採訪，邁出驚人的一步，台灣各界震動。11
月 2 日，蔣經國終於下令宣布開放部分人士赴大陸探親，兩
岸近四十年不相往來的局面終於打破。此後隨著政策逐漸放
開，海峽兩岸的新聞交流活動步入正軌，乃至出現了「大陸
熱」。

台灣新聞學術界組廣播影視團參訪大陸。

　　1989 年 9 月 1 日，台灣新聞學術界人士共十一人組成
「台灣新聞院校大陸訪問團」赴大陸訪問，在中國人民大學
新聞學院參與了「兩岸新聞教育學術研討會」④，這是四十
年來兩岸新聞學術界首次聚會，也由此掀開了兩岸新聞學術
界交流的篇章⑤。此時，鄭貞銘剛剛卸任文大一切行政職
務，而其文工會副主任的身分過於敏感，因而未能有機會參
與，但他對參與兩岸新聞交流充滿期待。

　　1993 年 4 月 29 日，台灣財團法人海峽交流基金會董事
長辜振甫與大陸海峽兩岸關係協會會長汪道涵，在新加坡鄭
重簽署了《汪辜會談共同協定》等檔，這是 1949 年以來，
兩岸高層人士以民間名義公開進行的最高層次的會談，兩岸
關係史翻開了新的一頁。其中，會談確立了兩岸科教與文
化、新聞交流的原則，建議加強兩岸新聞界交流，邀請兩岸
主要報刊社長、總編輯、資深記者等專門互訪等⑥。借此東

鄭貞銘出席兩岸學術研討會後合影。

風，兩岸新聞交流更趨頻繁，交流層次也越來越高。

這一年底，逐漸淡化了政黨色彩的鄭貞銘，終於收到了一份特別的邀請──大陸廣播電影電視部（國家新聞出版廣電總局前身之一）邀請身為中國文化大學新聞暨傳播學院專任教授、中央社常駐監察人的他，前往北京、上海等地參觀訪問重要高校和媒體機構，為期十天。

手持著這一份邀約，鄭貞銘一時間激動不已，百感交集。王洪鈞老師替他高興，「四十多年，兩岸新聞教育咫尺天涯，未通聲息。棣應勇敢肩負此責，默默耕耘，終必有成」，熱情地勉勵他為兩岸新聞傳播教育做橋樑，「交流一小步，影響一大步」⑦。謝然之老師也來信加油打氣，「兩岸交流是歷史的契機，你應該勇敢承擔」⑧。李煥也期勉他：「您的播種將來一定有極大的收穫，使大陸在經濟繁榮之後，政治也有走向民主的趨向。」⑨

1994 年 1 月 10 日，懷著激動喜悅之情與強烈的使命感，鄭貞銘登上從台北往香港轉大陸的班機，正式開啟了兩

鄭貞銘與北京中國人民大學方漢奇教授（左）合影。

岸新聞溝通之旅。首站在北京，走出航站樓時，適值隆冬時
節的北京，大雪紛飛，白茫茫一片。雪地上留下一串深深的
腳印，靜謐、安詳，深深留存在心底。這是鄭貞銘相隔四十
八年之後再次踏上大陸，「心中當然不免感慨萬千」。

　　驀然回想，三十年前，「空中電波戰」飛來往復、針鋒
相對，奔赴金門採訪壯志在胸、悲情滔天；二十年前，國際
外交困局中奮起突圍，以一腔熱血開啟國民外交的征途，不
畏坎坷、直面挑戰；十年前，身處輿論陣地前線承受對岸與
黨外的雙面夾擊，衝鋒陷陣、左右開弓……當年嚴重對峙下
的隔空對壘，曾經無數的口號、言論、姿態、想像，倏忽間
化作眼前真切而溫情的景象。

　　在對方的安排下，鄭貞銘一行相繼參觀訪問了北京中央
電視台、中央人民廣播電台、中國人民大學、北京廣播學院
（中國傳媒大學前身）、北京電影學院、北京電影製片廠
等。在北京廣播學院，他們受到了時任院長劉繼南女士的熱

鄭貞銘（前排中）應邀返家鄉福州參加「林白水先生就義九十週年」學術研討會，並參觀林白水故居。

烈歡迎，而北京廣播學院不同於台灣較為單一的培養模式，不僅以培養本科生和研究生為主，還兼顧第二學位生、專業科本科生、專科生、留學生和選修生，這種多層次、多規格、多形式的辦學模式令鄭貞銘印象深刻。第二站是上海，他們一行訪問了上海電視台、東方廣播電台、上海電影製片廠、復旦大學等，他與葉敦平、陳聖來、孟建等教授結為好友。

　　大陸廣播電影電視部安排的第三站由鄭貞銘自由選擇，他毫不猶豫當即決定，前往故鄉——福州。他匆匆參訪過福建電視台、福建日報社、福州大學之後，便激動地踏上了睽違近半個世紀的林森縣大義鄉（當時已改稱閩侯縣青口鎮）。時任福建電視台台長林愛國特派一隊攝製組全程記錄了這次返鄉之旅，後拍成題為《少小離家老大回》的紀錄片，並曾送往央視對海外播出。

　　「少小離家老大回，鄉音無改鬢毛衰」，鄭貞銘自十歲

上圖：鄭貞銘訪上海交通大學葉敦平教授（左）。

下圖：復旦大學孟建教授（右）以書法「耕耘」贈鄭貞銘以賀八秩。

時隨母親來台，再回到隔海相望的故鄉時已是五十八歲，而母親也於一年前離世，再也沒能回到朝思暮想的故土，「雖然有些近鄉情怯，但是卻充滿悸動」。遠客他鄉的遊子歸來，轟動了整個小城鎮，人們紛紛湧上街頭，一睹這位「功成名就」的大人物的風采。

鄭貞銘見到了闊別已久的堂姊鄭貞玉，以前從未謀面的子姪也有二三十人之眾。貞玉姊是母親當年的最好玩伴，她上前拉住鄭貞銘的手，一股腦兒說了許多家族往事，「讓我接上了這些近五十年的記憶」。她領著鄭貞銘前去尋當年的舊庭院，荒草叢生，斷壁殘垣，早已是人去屋空，當年多少母子相依為命的辛酸與溫情，曾在這裡一幕幕上演。臨別前，鄭貞銘跪拜在祖墳前，三叩首之際，故土的風撫過這位歸人的臉龐，如同半個世紀前那樣，輕柔、溫煦。

亦仁亦智、仁智同運

此次重訪大陸，鄭貞銘對於大陸的感情一下子燃燒起來，更加堅定了要將兩岸交流作為今後的一項志業的心願。短短一個月後，他再次欣然啟程，前往大陸訪問交流，而此後廿餘年，他往返兩岸樂此不疲，為推動兩岸交流與新聞界互動不遺餘力。

1994 年 2 月 23 日下午，突然接到杭州大學外事處陳新錡處長電話，告知有一台灣新聞學者來訪。於是我們新聞與傳播學院的五位教師匆匆趕到學校。不一會兒，陳新錡處長就陪著一位中年學者來了。只見他中等身材，略顯富態，身穿一套藏青色西

重訪大陸後，鄭貞銘致力以兩岸交流為志業。圖為參加杭州大學一百週年校慶，與汪道涵（右二）、馮定國（左）合影。

服，臉帶微笑，面色紅潤，雙眼炯炯有神。

經陳處長介紹，我們方才知道，他就是台灣新聞界鼎鼎大名的鄭貞銘先生。十年前的情況與現在有很大不同，當時兩岸的交流還很少，可以說，鄭貞銘先生是我們見到的第一位來自台灣的新聞教育界著名學者。

——李壽福、張夢新[10]

鄭貞銘先後出任過北京廣播學院（中國傳媒大學前身）、杭州大學（浙江大學前身之一）、南京大學、上海交大、西安大學、北師大、湖南大學、南京大學、中南大學、福建師大、中國地質大學的客座教授或高級研究員。

多年以後，南京大學大眾傳播研究所前所長裴顯生教授對當年該所敦聘鄭貞銘擔任高級研究員時的情形仍記憶猶新，「他熱愛生活，熱愛新聞傳播事業，熱愛師友和學生……正因為『心中有愛』，筆尖飽蘸激情，他的著作，讀來親切感人」⑪，視鄭貞銘為相識多年的良師益友，從事新聞傳播教學、研究的「同路人」。

> 與台灣學者接觸多了，我漸漸產生了這樣一種印象：他們深深紮根於中國文化，同時又涵蓋著西學，從而煉成了仁智同運的學人品格。鄭貞銘先生在這方面給我留下了尤為突出的印象。
>
> 先生的仁愛形成了他的博大的社會責任、崇高的自我期許、隨和的交流態度、靈動的辯證思考，這使他兼具「聖之任者」、「聖之清者」、「聖之和者」、「聖之時者」的人格。與此同時，先生也崇尚西方的理性主義與理想主義，諳熟西方新聞傳播理論，體認西方的政治傳播智慧，認為新聞傳播的大支柱是「客觀求真、公正無私」、「開放空間、理性辯論」、強調一個有「道德」的新聞從業人員應該具備「智慧、勇氣、公正」幾項條件。這樣一來，一個亦仁亦智、仁智同運的鄭先生便真實地展現在我的面前。
>
> ——單波⑫

1995 年 10 月 12 日至 16 日，鄭貞銘與政大李瞻教授、潘家慶教授，師大馬驥伸教授等台灣學者一同受邀參加了中

上圖：大陸將近有十所著名大學，如上海交通大學、南京大學，浙江大學（杭州
　　　大學）等聘鄭貞銘為客座教授或高級研究員。
下圖：鄭貞銘受聘為長沙中南大學客座教授。

國新聞史學會、華中理工大學、新加坡南洋理工大學聯合舉辦的'95 世界華文報刊與中華文化傳播國際學術研討會，同來自美國、法國、德國、日本、新加坡、馬來西亞和中國大陸、香港等多個國家和地區的新聞學者、華文報刊負責人濟濟一堂，共商如何進一步辦好華文報刊，更好地傳播中國文化，堪稱一場盛世。⑬

此次會議期間，鄭貞銘對華大新聞系程世壽、吳廷俊等努力與企圖心深表欽佩，也與大陸新聞學術先進甘惜分、方漢奇、寧樹潘、趙玉明等結緣。一週的時間，大家白天遊三峽、瀏覽長江風光，晚上則開會交誼，彼此結下友誼。2006年，適值鄭貞銘七秩，甘惜分教授特贈墨寶一幅以示慶賀；2015 年 4 月 26 日，適值甘惜分百歲誕辰，中國人民大學新聞學院舉辦甘惜分新聞思想研討會，鄭貞銘特囑筆者前往祝賀，轉達老友的問候；2016 年 1 月 8 日，甘惜分教授因病逝世，鄭貞銘第一時間寫文追懷，並託筆者轉至治喪委員會，致以悼念。

1996 年 6 月 5 日，由鄭貞銘領銜的台灣傳播發展協會與台大新聞研究所合作舉辦的「兩岸及香港新聞實務教育研討會」在台北召開，多名當時大陸主要新聞院系的負責人應邀赴會，計有復旦新聞學院院長陳桂蘭、中國新聞學院研究部主任鄭保衛、人大台港澳新聞研究所所長鄭超然、南大大眾傳播研究所所長裴顯生、南大新聞傳播系副主任孟建、杭大新聞傳播學院院長李壽福、杭大新聞傳播學院教授張大芝、蘭大新聞傳播系主任劉樹田、武大新聞系主任張昆、華中理工新聞系主任程世壽、廈大新聞傳播系主任鄭松琨、暨大新聞系副主任黃匡宇等十二人。

上圖：鄭貞銘（右一）、潘家慶（中）出席兩岸學術研討會，同遊長江三峽，與大陸大師級學者寧樹藩（左一）、甘惜分（左二）、方漢奇（右二）等合影。

下圖：鄭貞銘出席海峽兩岸及香港新聞研討會。

上圖：鄭貞銘與時任上海復旦大學新聞學院院長陳桂蘭（右）合影。

下圖：與上海交通大學張國良教授（左）、安劍奇（右）合影。

鄭貞銘陪同兩岸傳播教育家方漢奇、丁淦林、李瞻、李金銓、朱立等拜謁文大創辦人張其昀先生墓園。

此次盛會是兩岸開放交流初期大陸新聞學界的重要訪台之旅，鄭貞銘也因此與不少大陸新聞傳播學者結下了深厚友誼，很多教授一同訪問了鄭貞銘在麗景天下的寓所。2007年，在他力促之下，文大新聞與傳播學院更是成為首批開展「大陸大眾傳播院所研究生來台實習計畫」的台灣新聞傳播院系之一，迄今已接待了百餘名赴台訪學的大陸新聞學子。

更多謙卑心、理解心與關懷心

復旦大學新聞學院孟建教授尊鄭貞銘為「兩岸新聞傳播學術交流的先行者」，「鄭教授這些年來，把兩岸交流當成極為重要的事業來做。如此愛戴他，不光是因為親歷這些事情的人都相當感動，更是因為，鄭教授所做的兩岸交流的工作將會被寫進歷史。」

幾乎每年，鄭貞銘都要抽空到大陸各地訪學或交流，足跡遍布除東北、西藏、新疆、青海、內蒙古等少數省分外的大陸其他省分的近百所新聞傳播院系，將極大的心力奉獻給兩岸新聞傳播教育界的交流事業，成為與大陸新聞傳播學界關係最密切的台灣知名新聞學者之一。

　　2004 年 11 月，應北京政協邀請，以鄭貞銘為團長、中央社常務監事王應機為副團長、前台灣駐梵蒂岡代表戴瑞明為顧問的台灣新聞界高階訪問團造訪北京十天。該團團員包括政大廣告系教授鄭自隆、文大廣告系主任羅文坤、TVBS電視台主播謝向榮、世新大學口語傳播系教授周玉山、英文《中國郵報》副總編輯陳信夫等台灣新聞傳播界知名人士。該團受到了時任國務院國台辦副主任王在希的熱情接待，鄭貞銘在座談中提出的「謙卑心、理解心與關懷心」令人印象深刻。

> 個人生命有限，國家民族生命無窮，兩岸必須以更
> 大的智慧解決爭議，以促進交流。雙方應以更多謙
> 卑心、理解心與關懷心，為下一代開創光明前程。
> ——鄭貞銘[14]

　　誠如他所推崇的「傳播是人類心靈的工程師」的理念，鄭貞銘曾說：「新聞教育對於建構人類心靈無形的橋，以增進瞭解、促進和諧，更有無可推卸的責任。」[15]「搭一座溝通的『橋』」，鄭貞銘當年立志成為接續先進巨擘與青年學子間的橋樑，此時他找到了同樣的「橋」的使命——在身體力行、多次奔赴大陸新聞院系訪學的同時，也盡其所能為大

陸新聞學人赴台交流搭橋鋪路。

每到一所大陸新聞院系，在參加學術會議或講學之餘，他總是不辭勞苦從台灣帶來大量自己的新書或相關學術資料饋贈給這些院系作參考。許多大陸新聞師生接觸的台灣新聞傳播學術著作，不少是他介紹進來的。

1996 年，經由中華學術基金會的支持，他與台灣政治大學李瞻教授一道，向復旦大學、杭州大學等大陸十六所新聞院系，一次性捐贈了數十箱書籍。時任復旦新聞學院院長的陳桂蘭教授負責這批書的具體接收事宜，據她事後回憶，二位老先生效率極高，在他們還未來得及辦理任何手續之際書就到滬了，結果還是由校方出面斡旋才把書從郵局領了回來。

中國傳媒大學傳播研究院院長雷躍捷教授至今仍珍藏著多本當年鄭貞銘寄送給他的書籍，有些飄洋過海歷時三個月之久，甚至有被海水浸泡過的痕跡，但在雷躍捷教授眼中彌足珍貴。[16]清華大學新聞與傳播學院劉建明教授在其專著《媒介批評通論》的後記裡飽含深情地回憶道：「令我難忘的是，台灣學者鄭貞銘教授聽說我需要媒介批評方面的參考書，迅速從台灣寄來他珍藏多年的《傳播批判理論》（張錦華著）一書，對我多有裨益，在此遙寄敬謝之情。」

除向大陸新聞院系贈書以外，鄭貞銘還積極奔走，在多家大陸新聞院系設立或聯繫了多筆獎學金，資助優秀新聞學子。從 1995 年至 1998 年，鄭貞銘個人出資，以母親的名義在杭州大學新聞系設立「鄭陳瑛獎學金」，每年資助十名學子。該獎學金是杭大新聞系首次設立的由個人出資的獎學金，至杭大與浙大等四校合併為止，共有三十名杭大新聞學

上圖：復旦大學圖書館留存鄭貞銘大量著作。
下圖：北京中國傳媒大學雷躍捷院長（中）與鄭貞銘合影。

上圖：鄭貞銘首訪杭州大學，李壽福（右二）、張夢新（左二）等迎於校門。

下圖：在武漢大學創辦人王世杰雕像前，與單波教授（右二）等合影。

子受惠。

2005 年，經他牽線，由其出任總顧問的美國中文傳媒協會為紀念已故旅美華商蔡同瑜先生而設立的「蔡同瑜新聞學獎學金」首度面向全球範圍內的優秀華人新聞學子頒獎。當年即有四位新聞學子獲此殊榮，分別是中南大學新聞系學生王昱、武漢大學新聞系學生劉思維、中國文化大學新聞系學生黃建寶及香港珠海書院新聞系學生文偉豐。

2010 年 5 月，美國中文傳媒協會又以知名台灣新聞紀錄片導演劉明德的名義設立了「紀念劉明德先生新聞攝影獎學金」，武漢大學新聞系學生劉志毅、中國文化大學新聞研究所學生王復正、香港樹仁大學新聞系學生蔡芷菁光榮入選。2017 年，又有兩位清華、北大博士研究生入選得獎。

職責神聖，任重道遠

對於剛剛告別「文革」、開啟改革開放新時期的大陸而言，台灣的新聞學術傳播的研究大約早了二十年，其新聞理念與實踐無疑有著可資參考的價值。事實上，在相當長的一段時間，西方新聞傳播的觀念與著作常常是先被引介到台灣，然後再漸次向香港、大陸傳播開來。而作為台灣「第一位用新聞教育為題目撰寫碩士學位論文的學者」，鄭貞銘以其豐富的新聞事業實踐與教育經歷，建構起了關於新聞教育的理念體系，也深刻影響著許多大陸新聞學者與專家關於台灣新聞教育的認知與自身發展的思考。

1994 年 1 月，鄭貞銘初訪大陸時，在北京廣播學院（中國傳媒學院前身）舉辦的兩地傳播教育學者座談會上，首次提出了關於新聞教育的獨到見解——新聞教育不是職業

教育、技術教育、孤立教育、廉價教育、僵化教育、速成教育，即所謂的「六個不是」[17]。針對當下新聞教育的種種不足，他大聲疾呼，新聞教育應以培養新聞堅持專業理念為尚，以掌握公信力為第一要務[18]。鄭貞銘的此番見解，引起不少與會者的強烈共鳴，給大家留下了深刻印象。

短短半年後，9月，北京廣播學院建校四十週年校慶，鄭貞銘應劉繼南院長之邀再次前往，作為特邀嘉賓參與校慶活動，並在隨後的座談會上再次提出。不久，他又應陳桂蘭院長之邀，參加復旦大學新聞系七十週年紀念活動，進一步完善。同年，他的發言被整理為〈新聞教育的基本理念〉[19]一文，發表在大陸重要院校的核心新聞期刊上，影響深遠。

浙江大學邵培仁教授認為，「這一提法是非常有意義的，也是需要我們認真思考的問題」[20]，復旦大學丁淦林教

鄭貞銘與世新大學董事長成嘉玲女士應邀訪北京廣播學院四十週年校慶，均由劉繼南院長（站立者）接待。

授也有同感，「近年來，大陸新聞教育在發展過程中也出現若干新問題，需要繼續努力改進」[21]，而此認識在大陸新聞傳播教育有氾濫化趨勢的今天聞之更如空谷足音[22]。中國傳媒大學傳播研究院院長雷躍捷教授至今很清楚記得當年鄭貞銘提出的「新聞教育不是廉價教育、不是職業教育」，認為大陸流行的「新聞教育是文科中的工科」觀點即脫胎於此，「鄭老師觀點犀利，針砭時弊，指出了新聞教育應改正的弊端，揭示了新聞教育正確發展的方向。我常常以此作為自己從事新聞傳播教學和研究的警言」。[23]

此後，鄭貞銘不斷完善關於新聞教育的理念，又提出新聞教育還要有「七個是」，即專業教育、倫理教育、人文教育、通識教育、全人教育、終身教育和藝術教育，同樣得到廣泛認同，意義深遠。

> 新聞教育既有那麼多的「不是」，那麼新聞教育究竟「是」什麼呢？作者認為，新聞教育如要贏得敬重，受到民眾的信任，他必須建立在以專業為基礎的教育上……其專業形象的建立，消極的要從自我的突破開始，積極的更要不屈於外來壓力，進一步堅忍勇敢，專一與明斷。
>
> ——鄭貞銘[24]

1996 年，鄭貞銘在主持「兩岸及香港新聞實務教育研討會」座談會時，提出了「理想的新聞人員的人格特質」作為新聞教育的努力目標，就是要培養「腹中有墨（要有學識與智慧）、手上有藝（要有技能與才華）、目中有人（要謙

遜與誠敬）、心裡有愛（要仁恕與寬宏）、肩頭有擔（要責任與擔當）」㉕即「五有」之新聞人才。1998 年，鄭貞銘應聘為南京大學新聞研究所高級研究員，在為南大研究生授課時提及此觀點，南大新聞系裴顯生教授深以為然，並建議在「五有」的基礎上增加「胸中有識」，即要有見識與胸襟，能明辨是非。鄭貞銘深然其說，欣然接受，日後再談到新聞教育之目標時，就變成「六有」了。

> 一個完整、理想的新聞工作者應包括勇敢、機智、
> 忍耐、有恆、好奇、想像力、樂觀、主動、進取、
> 思想敏捷、有適應能力，乃至寫作技巧、寫作速
> 度……如此說來，新聞傳播教育不僅是職責神聖，
> 而且是任重道遠。
>
> ——鄭貞銘㉖

南京大學裴顯生教授（左二）、孟建教授（右一）陪同鄭貞銘訪南京電視台台長。

鄭貞銘的著作《中外新聞傳播教育》[27]，是台灣首部探討新聞教育問題之專著，1999 年 7 月，一經遠流出版事業有限公司出版，便成為華文世界專研新聞教育問題的必讀經典。此後，大陸同仁研究台灣以及美國新聞教育問題，常常引用其中的相關觀點和論斷，有學者指出，「大凡提到美國新聞教育模式，研究者都繞不開台灣鄭貞銘教授的經典概括」[28]，而鄭貞銘關於台灣新聞教育時期的劃分[29]，後來的研究者更是基本延續了這一歷史分期方法和研究路徑。

　　《新聞採訪與編輯》[30]一書是鄭貞銘在新聞採編領域的代表作之一，1978 年 9 月出版後即成為台灣大專院校新聞教材，此後不斷增印，2002 年 3 月增訂二版出版，也為許多大陸同仁所閱讀和喜愛。北京清華大學新聞與傳播學院劉建明教授將此書視為自己剛步入新聞界時的兩本必讀案頭書之一，同美國學者赫茲（Willial Randolph Hearst）的《新聞學原理》並列。

　　鄭先生對新聞學有很獨到的見解，這本書闡述的論題透露出豐富的新聞工作經驗和理論悟性，對新聞學難題作了透澈的揭示。他的許多經典論斷至今在我頭腦裡記憶猶新：「新聞反映人生，人生孕育新聞，新聞就是現實的人生，它離不開大眾也脫離不開生活。」……錚錚作響的語句發自大師的著作，深入新聞從業人員的靈魂，成為新聞學者的崇高理念。讀其書，見其人，但總不如親耳求教令我爽心。

　　　　　　　　　　　　　　　　──劉建明[31]

2001 年 6 月 26 日，中國人民大學「新聞與社會發展研究中心」[32]宣告正式成立，本著「國際一流，國內唯一」的原則邀請李瞻、鄭貞銘（台灣），李金銓（美國），朱立、陳韜文（香港），方漢奇、童兵、趙玉明、羅以澄及郭慶光（大陸）共十人擔任委員，鄭貞銘與台灣政治大學李瞻教授一道，被敦聘為僅有的兩位來自台灣的學術委員。

> 第一次跟鄭老師見面是在 2005 年 11 月 17 日，學習繪畫的我跟幾個友人正在上海交通大學圖書館前寫生，那時鄭老師正參加一個國際學術會議，經過我們畫畫的地方，便饒有興趣地駐足觀看，就這樣聊起來了。不久，我所在的江西美術專修學院創辦廬山藝術特訓營，當年第一次正式招生，經余靜贛創辦人同意，我試著邀請鄭老師到廬山講學，沒想到他竟一口答應，隆冬時節欣然前往。
>
> ——汪雨（士倫）[33]

2006 年初，鄭貞銘應邀赴廬山江西美術專修學院（江西省九江國際藝術學院前身）寒訓班講學，為該校五百多名師生作了三場演講，並在冰天雪地裡同大家一起包餃子過除夕，歡度春節，成為很多青年學子的美好回憶。後在創辦人余靜贛的提議下，該校將校內的一方佔地萬畝的湖泊命名為「貞銘湖」，並舉行隆重的命名儀式，以推崇他對華人教育事業作出的傑出貢獻。而鄭貞銘與汪雨（士倫）更是由相識到相知，後結為義父子，近年來汪雨（士倫）參與「百年系列」叢書的繪畫與設計工作，發揮了重要的作用。

上圖：鄭貞銘於「貞銘湖」
旁留影。
下圖：江西藝術學院以萬畝
湖泊定名為「貞銘湖」，媒
體競相報導。

Art college names lake after educator Cheng

The China Post staff

The Fengliang (international) Art College in Jiangxi Province, southern China, recently christened the large lake on its campus as the Jim-ming Lake in honor of Prof. Cheng Jim-ming, a journalism and communications educator, widely respected in Taiwan, China and overseas Chinese communities.

Cheng, professor at the Chinese Culture University and chairman of the ROC Communications Development Association in Taiwan, was a visiting professor and gave a series of lectures at the art college at the invitation of its founder Yu Jinggan.

Yu named the lake after Cheng in recognition of his contributions as well as insights into the international perspectives of artists and the humanitarian orientation of artists.

respect from both faculty and students at the higher-learning institution set up in Jinjiang City, Jiangxi Province.

Yu, a native of Jiangxi, is one of the most authoritative designers and architects as well as a successful entrepreneur in China.

After establishing a business conglomerate with about 5,000 employees worldwide, Yu set up the Fengliang (international) Art College to cultivate new talent in fields such as art, sculpture, art designs, decorations, civil engineering, accounting, image design, English language and business administration.

While charging only minimum tuition and boarding fees to groom a new generation of talent in China, Yu invited masters in related fields from China, Taiwan, and foreign

Chinese Culture University professor Cheng Jim-ming, also the chairman of the ROC Communications Development Association in Taiwan, poses along the shore of the lake that was named after him on the campus of the Fengliang Art College in Jiangxi Province, China.

Courtesy of Cheng Jim-m

and experiences with the students at the college.

In addition to creating numerous job opportunities, Yu's enterprises, including Xingyi Art Co., have also established overseas branches in several major international cities like Paris, Berlin, London, and Toronto.

Yu earned his MBA from the prestigious Tsinghua University and conducted advanced research at the

Ph.D. program at the Beijing Norm University.

Among his many positions, Yu presently vice president of the Chi chapter of the International Furnis ings & Design Association (IFDA).

In addition to lecturing in Xiang Prof. Cheng also visited Fuj Province during his most recent v to China and accepted an invitat from Fuzhou University to be a v

The China Post

The journalistic ideals and practices of Professor Cheng Jen-ming, second from left, are the main themes at a symposium attended by scholars from both sides of the Taiwan Strait. Hu Jianmiao, third from left and vice president of Zhejiang University, presents a paper on Cheng's achievements and contributions.

China forum discusses contributions of Taiwan journalist

Professor Cheng celebrated for 40 years of journalism, teaching

The China Post staff

A special symposium discussing the ideals and contributions of veteran journalist and venerable journalism educator Cheng Jen-ming was recently held at Zhejiang University, in Zhejiang Province, eastern China.

This was the first such academic seminar held in China about any outstanding journalist and mass communications educator from Taiwan.

Cheng presently teaches journalism and mass communications at Taipei-based Chinese Culture University after serving many years as director of the Department of Journalism and dean of the institute's College of Mass Communications.

The academic conference, entitled "Symposium on Professor Cheng's Perspectives on Journalism Education and Practice," was attended by scholars and researchers from both sides of the Taiwan Strait.

Hu Jianmiao, vice president of Zhejiang University, cited Cheng's dedication over the span of 40 years to the information service profession and education, cultivating a young generation of professionals in the field, and offering invaluable enlightenment to career journalists and scholars, both in Taiwan and China.

Cheng stressed that the quintessential value of journalism and mass communications education lies in cultivating professionals who uphold key ideals such as providing an unbiased service to the public.

Other participants from Taiwan at the seminar, held in Hangzhou City, included Wang Ying-chi, former resident supervisor of Central News Agency, and Lai Hsiang-wei, a professor at Chinese Culture University.

Representatives from China included journalism and mass communications scholars from Zhejiang University, Fudan University, Chiaotung University, Shanghai University, Nanjing University, Fujian Normal University, and the Chinese Academy of Social Sciences.

《中國郵報》報導，於浙大召開「鄭貞銘先生新聞教育實踐研討會」。

梦追草百

浙大召開「鄭貞銘先生新聞教育實
踐研討會」，與主辦者張夢新教授
（左）合影。

　　2007 年 4 月 9 日，「新聞傳播教育改革暨鄭貞銘先生
新聞教育實踐研討會」在浙江大學傳媒與國際文化學院召
開，這是大陸新聞傳播學界首次專為一位台灣新聞傳播學者
舉辦的學術會議，來自復旦大學、浙江大學、中國文化大
學、上海交通大學、上海大學、南京大學等校的三十多位兩
岸資深新聞傳播學者，用專場研討會這種最隆重的方式，表
達了他們對一位來自台灣的資深新聞傳播學人的崇高敬意。

　　此次研討會收到很多論文，資訊多、含量高，一定程度
上代表了學界對中國新聞傳播教育現狀的關注和期待[34]，推
動著正在到來的網路化時代兩岸新聞傳播教育的改革進程。
除了鄭貞銘深刻的新聞教育理念與豐富的新聞教育實踐，與
會者們尤其認同他所強調與踐行的新聞傳播教育的使命，「新
聞教育基本任務，就是要讓學生徹底瞭解新聞到底是什麼，
新聞事業肩負的任務是什麼，及作為一個新聞工作者應堅持
的專業理念是什麼？如不作此圖，而使發展方向產生偏頗，
則『新聞教育』恐徒具虛名」[35]，空谷足音，發人深思。

我們雖然身處小小的教室，可事實上我們所傳授、討論和研究的，是人類數千年智慧的結晶。教室內探討的內容如此豐碩，教室裡坐滿具有無限可能性的青年，這豈不是大大的世界？

教師應從自我學習開始，培養學生在本土觀念之外的國際觀。教師應把大大的世界當作教材，使學生脫離時空局限，成為新時代的現代人。

——鄭貞銘㊱

「小小的教室，是大大的世界；大大的世界，是小小的教室。」鄭貞銘在大陸奔波演講中常提及這句話，也是他印在名片上的一句座右銘，為很多新聞界同仁所熟知。這是鄭貞銘在深耕教育工作的領悟，包孕著一顆師者的智慧與深情，也常引發有志從教或正在從教的有心人的共鳴。

新聞界永遠的老師

1999 年 10 月 6 日，台灣傳播界聞人李濤、李豔秋伉儷倡議的新生代基金會所組織的台灣研究生大陸訪問團抵達北京，開始了為期十天的訪京之旅。作為新生代基金會的常務董事，鄭貞銘擔任了訪問團領隊，同行的有來自台灣大學、輔仁大學、中興大學、成功大學、政治大學、文化大學等台灣知名學府的研究生共十八人。參加這次活動的大陸學子則來自北大、清華、人民大學、北師大等北京高校。

在鄭貞銘等師長的帶領下，他們與海峽對岸的同齡人討論了經濟全球化、傳統文化與現代化、科技發展與人類未

來、二十一世紀的研究生教育等共同關心的話題。為增進兩岸學子的進一步瞭解，鄭貞銘在白天主持正式討論會之餘，還在 10 月 12 日訪問團赴承德參觀時用心籌畫了一場別開生面的夜談會，並在會上對學子們表達了「愛要培養，愛要表達，愛要灌溉，愛要及時」的殷切期待。

白天正式討論會中略顯拘束的學子們，在輕鬆活潑的夜談中敞開了心扉，動情處竟紛紛熱淚盈眶。大陸學生李伯溫甚至在夜談會上公開向台灣學生吳柏增發出邀請，提議二人結為終身好友，後者自然欣然接受。

短短三天後，10 月 15 日的惜別晚會，更是成為一場動人心弦，令很多人永難忘懷的交心大會。鄭貞銘對在場的兩岸青年才俊們深情地說道：「這是一場生命的感動。價值是無限的；我們交流之所以成功，就是因為我們每個人都體會到：欣賞別人，就是莊嚴自己；原諒別人，就是寬待自己。」而大家的肺腑之言，則被細心的他一一記下：

> 每位師生的話都深刻留在我的腦海中，溫宏說：
> 「情到深處人孤獨。」俘獲了我的心。鄭博文則以
> 我的「忍耐、信任、包容、盼望」四點做發揮，才
> 華無限。于風政教授希望這次的經驗是兩岸交流友
> 誼的種子；馮俊教授說這次交流使他終生受益；馬
> 琰女士願意終生做「橋」，為兩岸的瞭解鋪路。
>
> ——鄭貞銘[37]

十天的相處時間雖短，卻已足夠讓這些青年人感受到鄭貞銘這位老一輩華人教育家對他們春天般的關愛了。他們把

對鄭貞銘的敬慕，傾注在數年之後給他一封封情深意切的來信裡：

> 我難以相信，在我二十五歲的轉折性的時刻，怎麼會與台灣結下這麼可貴的不解之緣，怎麼會在那麼短暫的時間裡，找尋到如此多的良師益友與兄弟姊妹，生命中最大的感動讓我激動不已……鄭老師，您的為人和您的學識以及愛心，每一次都讓我深受教育，我肯定，您已成為我們這次所有團員們的前進方向。
>
> ——中國人民大學學生金慶花

> 我不喜用「大師」的眼光來看老師，那其中包含了太多的狂熱的孺慕、尊崇，甚至是距離。我只希望老師就是當初我所知道的鄭老師，在學、業兩界享譽一時，對學生永遠有無盡的愛，充滿人文關懷和教育理想，這樣就好，這樣就是我心中最好的「鄭老師」。
>
> ——政治大學學生謝佩瑩

> 早在幾天前，我就收到了幾經輾轉的您託人捎來的信件和書籍。您可以想像，在我收到這些真摯的問候和關愛時的激動與感動，彷彿我又置身於您那慈祥的目光的注視中，這是一種永遠催人奮進的力量。
>
> ——北京師範大學學生任國群

此次行程中，印象最深刻的，莫過於承德一晚的談心時間，老師您那一段話：「多少年來，我們該說的話還沒有說；多少年來，我們該做的事還沒有做；多少年來，我們該愛的人還沒有愛……」讓我感觸頗深，深思許久……謝謝老師，喚起了我重新省思一些問題。

——輔仁大學學生張淑綺

如果我沒有猜錯的話，把國家、民族和社會的希望寄身於青年，也正是您熱愛青年、關心青年和愛護青年的原由所在。我以先生為師，便是為您以國家、民族大業為重和您對青年的關心和諄諄誘導所感動。

——北京師範大學學生王長君[38]

北京師範大學于風政教授是此次活動中來自大陸高校的導師之一，他談到了鄭貞銘作為兩岸學術交流、學生交流的先行者、開拓者和推動者的角色，並以親歷者身分做出了中肯評價：「海峽兩岸從政治對峙、民眾隔絕到逐步發展到和平共處、民眾友好往來的正常局面，主要不是政治家們的功勞，而是像鄭先生這樣一些有寬廣胸懷和遠見卓識的人的推動。」

2005 年 10 月，鄭貞銘再率來自銘傳大學、文化大學、中央大學、東吳大學、大葉大學、台灣師大的二十四名台灣學子奔赴長沙，參加中南大學 2005 年兩岸學子學術交流活動。作為訪問團團長的他在活動中發表了分別以「哈佛教

鄭貞銘率台灣學子與湖南長沙中南大學交流，師生歡樂一片。圖為鄭貞銘與兩岸學子們共遊萬里長城。

育」和「現代化國民」為題的兩場報告，還與中南大學優秀學子李偉龍、王海銘、褚恆、安劍奇、田士勇等人結為忘年之交。

臨別之際，李偉龍送給鄭貞銘一件他自己親自設計的印有中南大學圖案的襯衣，王海銘則親筆寫了一張卡片：「一日為師，終身為父，您是我永遠的老師。」鄭貞銘日後還親臨昆明褚恆家中過年和作客，而他每次到大陸時，田士勇若聽聞消息，總是不辭辛勞前往與之相聚。2016 年的最後一天，田士勇橫遭車禍，遽然離世，鄭貞銘痛失摯友，連夜寫信寄送給逝者家人，並委託好友前往悼念，並致以慰問。

南京大學資深新聞學者裴顯生教授說過：「貞銘教授是著名的新聞傳播學者，被譽為『新聞界永遠的老師』。他走的是一條『讀書、教書、寫書』的『三書』之路。」這應該是對鄭貞銘大半生傳奇人生最恰當的評價了。他卻始終自稱，自己大半生所做的，只是在謹行先師王洪鈞師的教誨而已——「隨時隨地讀書，而不為書卷所困；隨時隨地報國，而不為峨冠所炫。」

像孔子，周遊列國

鄭貞銘的足跡遍布兩岸三地的新聞學府：從文化大學、台師大、政戰學校、世新大學、淡江大學、輔仁大學、銘傳大學等台灣各大新聞傳播院系的課堂，到人民大學新聞學院、復旦大學新聞學院、武漢大學新聞與傳播學院、中國傳媒大學、南京大學新聞系、浙大新聞系、北大新聞與傳播學院、上海交大新聞系、暨南大學新聞與傳播學院、福建師大傳播學院等大陸新聞傳播學府，還在歷史悠久的香港珠海書

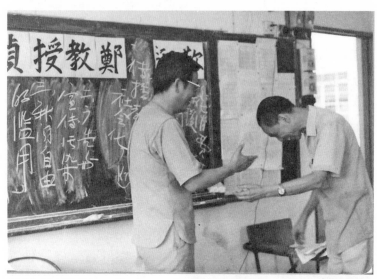

上圖：鄭貞銘應邀訪香港珠海大學，新聞系主任陳錫餘邀請講學。

下圖：鄭貞銘曾任香港珠海大學講座教授兼新聞研究所所長，圖為與梁永燊（珠海大學前校長）、程之行教授合影。

院播下了新聞學術種子。

因為曾出任《香港時報》董事長的關係，鄭貞銘與港澳新聞傳播學界也頗有淵源，在香港珠海書院新聞與傳播系前主任陳錫餘的再三邀請下，他曾兼任珠海書院新聞研究所所長，並親自指導了該系碩士研究生的多篇畢業論文。珠海書院新聞與傳播系成立於 1968 年，是香港地區最早提供新聞傳播教育的機構之一，他在珠海書院兼任所長任內促成了該系與文化大學新聞系的姊妹系之誼，還將王洪鈞、徐佳士、李瞻、皇甫河旺等台灣新聞學界名家請到該系講學，每年該系學生赴台灣媒體實習事宜，也在他的斡旋之下獲得了不少便利。

> 為青年下一代、為傳播教育與事業，他總是不辭辛勞，奔波各地。細數今天新聞傳播教育界，能夠同時貢獻並影響兩岸三地華人世界的，鄭教授可說是鳳毛麟角中的一個。
>
> ——《東方日報》[39]

1999 年和 2000 年，由鄭貞銘主編的《香港大眾傳播的過去、現在與未來》與《澳門大眾傳播的過去、現在與未來》相繼在台北出版，二者至今仍是台灣地區為數不多的研究港澳新聞事業的代表作。2005 年，鄭貞銘領銜編著的《20 世紀中國新聞學與傳播學‧台灣新聞傳播事業卷》由復旦大學出版社出版，是大陸第一本由台灣學者撰著，全面介紹台灣新聞傳播事業的著作，成為許多大陸新聞學子瞭解台灣新聞傳播事業的啟蒙之作。

《20 世紀中國新聞學與傳播學》中的《台灣新聞
傳播事業卷》正是聯繫兩地的橋樑，借橫亙於 20
至 21 世紀新舊之間，取舊文化的精華，去蕪存
菁，承先啟後，共同開創 21 世紀更美好的新聞傳
播新境界。

作者構思縝密，視野開闊，既在縱向上探討台灣各
時代背景、政策變遷與新聞傳播生態演進的相互關
係及影響，又在橫向上分門別類地論述報紙、雜
誌、廣播、電視、電影、網路、廣告及公共關係諸
業的歷史發展與現狀。全書搜集彙聚了大量第一手
翔實可靠的史料，是暸解我國台灣新聞傳播事業、
新聞傳播理論及新聞傳播教育發展歷程的權威讀
本。

——《20 世紀中國新聞學與傳播學‧
台灣新聞傳播事業卷》⑩

2010 年，經年逾古稀的鄭貞銘牽線，大陸的復旦大學
出版社與台灣的揚智文化出版公司連袂推出了「新世紀華文
新聞傳播大系」叢書。他和復旦大學丁淦林教授擔任主編，
分別用繁體字和簡體字在兩岸同時陸續推出陳國明主編的
《傳播研究方法》、秦俐俐主編的《口語傳播》和鄭貞銘主
編的《新聞採訪與寫作》，這成為一套適合全世界華人新聞
傳播學子共用的叢書，「學術無疆界」的夢想在鄭貞銘等人
的努力下成真。

鄭貞銘對華人世界新聞傳播學術交流的另一重要貢獻，

上圖：鄭貞銘於香港訪星島報系胡仙女士。

下圖：報人訪馬來西亞出席「世界中文報協年會」，圖為王洪鈞（左三）、余範
　　　英（左二）、徐佳士（左一）、葉建麗（左四）與鄭貞銘（右四）等。

鄭貞銘出席上海「世界中文報協」年會演講。同時應邀者有余秋雨、南方朔、程曼麗與朱立。

是對世界中文報業協會活動的長期推動。世界中文報協於
1968 年由《星島日報》名報人胡仙等人在香港發起成立，
港澳台、東南亞、北美、南美、非洲等地的多家主要華文報
紙都曾是該協會成員。1983 年 3 月，由他出任秘書長的中
華民國大眾傳播教育協會與世界中文報業協會合作，在台北
成功舉辦了「新聞採編研習會」。研習會涵蓋了文教新聞、
科學新聞、財經新聞等多場主題培訓，課程結束後還組織了
旨在增進師生感情的台灣環島遊，他是這些活動的主要操辦
人之一。

　　2004 年，來自中國大陸的六家報紙正式成為世界中文
報業協會會員，報協第三十八屆年會亦於次年 11 月 18 日至
20 日移師上海召開。上海年會是世界中文報協自成立以來
首度在大陸召開的年會，鄭貞銘與北京大學教授程曼麗、香
港浸會大學教授朱立、名作家余秋雨、南方朔（王杏慶）以
及德國貝塔斯曼亞洲發展公司主席霍爾姆‧基勒一起，成為
僅有的獲邀在會上做主題報告的文教界人士。[41]2008 年 11
月，世界中文報業協會第四十一屆年會在台北召開，鄭貞銘
作為報協成長的見證者，應邀做了唯一的一場主題報告——
〈世界中文報協四十年〉。

　　早年期許鄭貞銘能夠安心回歸教育與學術的恩師謝然
之，對愛徒在兩岸交流與文化傳播領域所取得的成績讚許有
加，認為他「一切作為，均有開風氣之先的貢獻」，「培育
人才無數」，「作歷史性記錄」[42]，曾稱其為「文化大使」
[43]。《中央日報》稱他是「孝子記者」，《立報》稱他是
「記者老師」，《新新聞》和《中華日報》則稱他為台灣
「傳播教父」[44]，無不推崇其為大師型的學者。而鄭貞銘的

美國「萬人傑基金會」頒給鄭貞銘「新聞文化獎」。

付出和成就，也得到了華人新聞傳播教育界的充分肯定，被讚譽為「杏壇的長青樹」、「華人世界新聞教育家」、「台灣新聞教父」。

1986 年 11 月 28 日，銘傳大學發行的《銘報》公布了就傳播界名人所作調查的結果，第一名是徐佳士，鄭貞銘獲列第二名，第四名是曾虛白，第十名是歐陽醇。1987 年 6 月 16 日，台北北區扶輪社公開表揚「獻身新聞教育事業傑出學者」，他作為公認的對當代台灣新聞傳播教育最有貢獻的五位學者之一入選，其他四位入選學者是曾虛白、成舍我、馬星野和徐佳士，時任行政院新聞局局長邵玉銘為他們頒發「新聞教育貢獻獎」獎牌及獎金。

同年 12 月 25 日，他出席紐約全球中文新聞傳媒學術會議，以〈傳播・傳承・傳統〉為題發表專題演講，並被授予「新聞教育終身成就金牌獎」[45]。2000 年，香港文教傳播聯合會頒發「文化交流貢獻獎」給海內外華人有功人員，台灣方面得獎人是著名電影導演李行、李瞻教授與鄭貞銘，香港方面則有著名影星成龍等人。2002 年，美國萬人傑新聞文化基金會評選「新聞文化獎」，鄭貞銘也名列僅有的三名獲獎者之中。

2005 年 8 月 27 日，鄭貞銘出席北加州資深新聞從業人員聯誼會，以〈傳媒的文化傳統與文化使命〉為題發表專題演講，並由會長徐隆德頒發「終身成就獎」。《世界日報》舊金山分社社長宋晶宜推崇鄭貞銘是一位有愛心、用心、專心的好老師，使學生為從事新聞工作而感到至高無上的尊嚴，因為心中有愛所以永遠不老[46]。同年 9 月 24 日，鄭貞銘又被美國中文傳媒協會頒贈「卓越服務獎」。同年，鄭貞

銘還被教育部授予「資深優良教師」稱號。

2011 年 1 月 30 日，美國紐約聖若望大學首度頒出「傑出新聞貢獻獎」，鄭貞銘因對華人新聞教育的貢獻而獲獎，另一位獲獎者是台灣資深新聞人、時任美國《世界日報》副董事長馬克任，以表彰他們「以長期的服務、傑出的貢獻，為培植人才、樹立專業、促進兩岸交流而努力，影響遍及台灣、美國，為華人世界作出卓越貢獻」[47]。

最初聽聞自己獲獎的消息時，鄭貞銘很納悶，「我跟這所學校完全沒有過聯繫呀?!」後來有朋友告訴他緣由——《世界日報》在美國華人圈影響最大，而鄭貞銘的四位學生宋晶宜、夏訓夷、林國泰、郭俊良曾分別出任了聯合報系旗下的舊金山、溫哥華、洛杉磯三地的社長。

其中，宋晶宜於 2000 年擔任《世界日報》舊金山分社社長，當時她十分注重中美文化藝術交流，主動與當地社團合作，組織了很多慈善公益和文化活動，在當地的華人圈產生了很大的影響，曾被美國美華協會票選為「全美傑出亞裔人士」。2008 年，當宋晶宜辭去報社職務時，舊金山市長主動為她舉辦「驚喜派對」，並宣布同年 12 月 17 日是「宋晶宜日」，以肯定她的貢獻。

2008 年 8 月，鄭貞銘曾應紐約華僑文教服務中心華文作家協會之邀演講「傳播與文學」，在場的當代著名散文作家王鼎鈞評論說，鄭貞銘先生「在全球各地演講傳播文化知識」是「孔子精神的當代踐行者」。當年，這位知名作家在其回憶錄中，曾不點名地質疑鄭貞銘從政時的一些表現，如今則對其從事的學術與教育事業充分地肯定與讚賞。

鄭貞銘出席北加州資深新聞從業人員聯誼會發表專題演講，獲北美記者協會頒「新聞教育終身成就獎」，與學生宋晶宜（右）、資深電視主播李文中（左）合影。

> 鄭教授像孔子，周遊列國，不斷講學，不斷寫作，
> 而終成大師。他見證七八十年代，奮鬥苦學而成，
> 影響與光環正日益擴大到華人世界。
>
> ——王鼎鈞[48]

「經師易得，人師難求」，救國團主任葛永光推崇鄭貞銘為「經師與人師的典型」[49]，北京師範大學于風政教授更是慨歎，「先生成為新聞與教育界的大師，更成為青年摯友、兩岸交流之大使，所到之處，無論中外老幼，人皆敬之、仰之，理所當然」[50]。擺脫了政治的紛擾與泥淖，全身心回歸新聞、教育與學術的鄭貞銘，鉛華洗盡，返璞歸真，學者的本色更加至純至真，師者的初心愈發至誠至善。

美國萬人傑基金會稱譽鄭貞銘「門生遍天下」，誠然，

總計他半個多世紀的教育歷史，教過二十多所大學，在海內外遍布他的門生，人數在兩三萬人以上[51]。正如他自稱最喜歡的稱謂還是一聲「鄭老師」，剝離種種閃著光環的頭銜，鄭貞銘以「新聞界永遠的老師」的身分與形象，成為台灣、兩岸乃至華人世界新聞教育家的一個標竿和典範。

註釋

① 鄭貞銘著，《無愛不成師》，台北：三民書局，2010 年初版，第 479 頁。

② 鄭貞銘著，《無愛不成師》，台北：三民書局，2010 年初版，第 494-496 頁。

③ 李永得、徐璐著，《歷史性大陸行》，台北：《自立晚報》社，1987 年 11 月初版。

④ 王洪鈞著，《我篤信新聞教育》，台北：正中書局，1995 年，第 286 頁；李瞻著，〈兩岸新聞傳播學術交流 20 年回顧（1989-2009）〉，香港：《中國傳媒報告》，2010 年第 1 期，第 110 頁。

⑤ 程道才、黃磊著，〈海峽兩岸新聞交流初探〉，上海：《新聞大學》，1996 年第 4 期，第 17 頁。

⑥ 秦亞萍著，〈從汪辜會晤觀兩岸新聞交流〉，上海：《新聞記者》，1996 年第 6 期，第 8 頁。

⑦ 鄭貞銘著，《無愛不成師》，台北：三民書局，2010 年初版，第 153 頁。

⑧ 鄭貞銘著，《無愛不成師》，台北：三民書局，2010 年初版，

第 479 頁。

⑨ 鄭貞銘著，〈我的新聞教育大夢〉，載於劉兢編著《台灣新聞教育家鄭貞銘》，杭州：浙江大學出版社，2012 年 9 月第一版，第 152 頁。

⑩ 李壽福、張夢新著，〈貞銘先生和浙江大學新聞與傳播學院二三事〉，載林秋山、王應機等著《無愛不成師：天涯存知己》，台北：遠流，2005 年 9 月，第 51 頁。

⑪ 裴顯生著，〈向鄭貞銘教授學習〉，載林秋山、王應機等著《無愛不成師：天涯存知己》，台北：遠流，2005 年 9 月，第 44 頁。

⑫ 單波著，〈仁智同運的鄭先生〉，載鄭貞銘著《鄭貞銘學思錄 II：橋》，台北：三民書局，2010 年，第 143 頁。

⑬ 程道才著，〈研究華文報刊 辦好華文報刊——'95 世界華文報刊與中華文化傳播國際學術研討會綜述〉，北京：《新聞與傳播研究》，1995 年第 4 期，第 91 頁。

⑭ 載於台北：《中國時報》，2004 年 11 月 16 日，「北市新聞」第 C2 版；鄭貞銘著，〈我的新聞教育大夢〉，載於劉兢編著《台灣新聞教育家鄭貞銘》，杭州：浙江大學出版社，2012 年 9 月第一版，第 152 頁；鄭貞銘著，《無愛不成師》，台北：三民書局，2010 年初版，第 498 頁。

⑮ 鄭貞銘著，《無愛不成師》，台北：三民書局，2010 年初版，第 485 頁。

⑯ 根據 2017 年 6 月 26 日筆者對雷躍捷教授的採訪錄音整理。

⑰ 後來，針對新聞教育功利化傾向，鄭貞銘在此基礎上又增加了「新聞教育不是功利教育」的觀點。

⑱ 劉兢編著，《台灣新聞教育家鄭貞銘》，杭州：浙江大學出版社，2012 年 9 月第一版，第 110 頁。

⑲ 鄭貞銘著，〈新聞教育的基本理念〉，上海：復旦大學《新聞大學》，1994 年第 3 期，第 54、55 頁。

⑳ 姚曉玉、胡蓓蓓著，〈新聞傳播教育改革研討會綜述〉，載於《中國傳媒報告》，2007 年 5 月，第 124 頁。

㉑ 載於丁淦林於 2005 年 3 月 3 日寫給鄭貞銘的信件。

㉒ 劉兢編著，《台灣新聞教育家鄭貞銘》，杭州：浙江大學出版社，2012 年 9 月第一版，第 110 頁。

㉓ 根據 2017 年 6 月 26 日筆者對雷躍捷教授的採訪錄音整理。

㉔ 鄭貞銘著，〈新聞傳播教育的六個「是」〉，載於鄭貞銘著《鄭貞銘學思錄 II：橋》，台北：三民書局，2010 年 7 月 1 日出版，第 326 頁。

㉕ 鄭貞銘著，《無愛不成師》，台北：三民書局，2010 年初版，第 487 頁。

㉖ 鄭貞銘著，〈新聞教育的基本理念〉，上海：復旦大學《新聞大學》，1994 年第 3 期，第 55 頁。

㉗ 鄭貞銘編著，《中外新聞傳播教育》，台北：遠流出版事業股份有限公司，1999 年 7 月初版。

㉘ 賀明華著，〈論美國新聞教育模式的形成及價值〉，北京：《國際新聞界》，2011 年第 8 期，第 25 頁。

㉙ 鄭貞銘將台灣新聞教育劃分為三個時期：奠基時期（1949-1970年）、發展時期（1971-1990 年）、蓬勃時期（1991 年至今）；載於鄭貞銘編著：《中外新聞傳播教育》，台北：遠流出版事業股份有限公司，1999 年 7 月初版，第 265-308 頁。

㉚ 鄭貞銘著，《新聞採訪與編輯》，台北：三民書局股份有限公司，1978 年 9 月初版。

㉛ 劉建明著，〈大師印象〉，載林秋山、王應機等著《無愛不成師：天涯存知己》，台北：遠流，2005 年，第 47 頁。

㉜ 中心前身為 1986 年 10 月成立的中國人民大學輿論研究所，及此後相繼成立的現代廣告研究中心、媒介經營管理研究所、港澳台新聞研究所和視聽傳播研究中心。1999 年 11 月，以現名重新組建，2000 年 9 月被批准為大陸教育部人文社會科學重點

研究基地。

㉝ 據 2017 年 12 月 31 日筆者採訪汪雨（士倫）整理。

㉞ 鄭貞銘著，《無愛不成師》，台北：三民書局，2010 年初版，第 509 頁。

㉟ 鄭貞銘著，〈新聞教育新境界〉，載於鄭貞銘著《資訊‧知識‧智慧 II：愛是緣續的憑據》，基隆：莘莘出版事業有限公司，2004 年 5 月，第 284 頁；慶正編，《鄭貞銘教授的新聞教育理念與實踐》，杭州：浙江大學傳播與國際文化學院，2007 年 4 月，第 47 頁。

㊱ 鄭貞銘著，〈人類的兩大主軸：教育與傳播〉，未刊稿，2009 年。

㊲ 鄭貞銘著，《無愛不成師》，台北：三民書局，2010 年初版，第 493 頁。

㊳ 鄭貞銘著，《資訊‧知識‧智慧：e 世紀贏的策略》，基隆：莘莘出版事業有限公司，2001 年 2 月初版，第 147-156 頁；劉兢編著，《台灣新聞教育家鄭貞銘》，杭州：浙江大學出版社，2012 年 9 月第一版，第 125-127 頁。

㊴ 〈華人世界新聞教育家——鄭貞銘〉，香港：《東方日報》，2004 年 2 月 20 日，載於鄭貞銘著《資訊‧知識‧智慧 II：愛是緣續的憑據》，基隆：莘莘出版事業有限公司，2004 年 5 月初版，第 358 頁。

㊵ 鄭貞銘編著，《20 世紀中國新聞學與傳播學‧台灣新聞傳播事業卷》，上海：復旦大學出版社，2005 年 4 月第一版，序言、內容摘要。

㊶ 載於台北：《中央日報》，2005 年 11 月 16 日，「教育‧藝文」第 14 版。

㊷ 慶正編，《鄭貞銘教授的新聞教育理念與實踐》，杭州：浙江大學傳播與國際文化學院，2007 年 4 月，第 4 頁。

㊸ 吳章鎔著，〈也談鄭老師〉，載於鄭貞銘著《資訊‧知識‧智

慧 II：愛是緣續的憑據》，基隆：莘莘出版事業有限公司，2004 年 5 月初版，第 352 頁。

㊹ 潘健行、呂傑華、邱民才著，〈堅守新聞教育的百年磐石——鄭貞銘的心志與卓見〉，載於鄭貞銘著《世界百年報人》，上海：復旦大學出版社，2006 年 6 月第一版，第 258—278 頁。

㊺ 載於台北：《聯合報》，1998 年 12 月 29 日，「文化」第 14 版。

㊻ 載於台北：《中央日報》，2005 年 9 月 1 日，「教育‧藝文」第 14 版。

㊼ 載於台北：《中國時報》，2011 年 1 月 27 日，「台北市新聞」第 C2 版。

㊽ 載於劉兢編著《台灣新聞教育家鄭貞銘》，杭州：浙江大學出版社，2012 年 9 月第一版，第 127 頁。

㊾ 葛永光著，〈經師與人師〉，載於鄭貞銘著《資訊‧知識‧智慧：e 世紀贏的策略》，基隆：莘莘出版事業有限公司，2001 年 2 月初版，第 161、162 頁。

㊿ 鄭貞銘著，《資訊‧知識‧智慧：e 世紀贏的策略》，基隆：莘莘出版事業有限公司，2001 年 2 月初版，第 156 頁；

51 慶正編，《鄭貞銘教授的新聞教育理念與實踐》，杭州：浙江大學傳播與國際文化學院，2007 年 4 月，第 18 頁。

第十二章

追夢「百年」

　　傳承是中國知識分子極為重視的文化。我領受到恩師的教誨，領受到人類最大的安慰是有人能夠繼續著他的追求，讓他的理想與信念永不熄滅。「傳承」像燃燒的火，越燒愈旺，越熾愈烈。①

新聞事業是我一生的最愛，新聞研究是我終生不渝的信念，無論理論多麼艱難，無論世局多麼變動，中外報人所給予我的啟示，給予我的信心，已然成為我堅定不移的人格。②

社會的發展是快速的，在變化的過程中，若干價值已瀕臨崩潰的邊緣。在許多人的徬徨、無奈與浩歎聲中，我卻秉持如胡適般的自由主義者性格，只有暫時的悲觀，不曾長久的喪志，因為真正的自由主義，在性格上具有無可救藥的樂觀。我也曾如許多

朋友一樣，在受了重大的挫折與失望後，經過療傷止痛的過程，又重振精神，再度出發。③

——鄭貞銘

偉大的老師啟發

1996 年 12 月，圓神出版社有限公司出版了鄭貞銘的最新著作《熱情老師 天才學生》，已從事新聞教育三十多年的他，用真情寫出了大學裡師生間的許多感人故事，以及畢業學生踏入社會成為社會知名人士仍對師生之情永遠維繫的流露④。歐陽醇、李濤、宋晶宜、李傳偉、周彥文等紛紛參加新書發表會，共同回憶師生溫馨時光。此書一經推出，即引起轟動，並很快躋身當時台灣金石堂年度暢銷書排行榜前列。直至十一年後，2007 年 4 月，大陸福建教育出版社還

《熱情老師　天才學生》新書發表，歐陽醇教授（左）致辭。該書出版後登金石堂暢銷書榜。

出版了此書的簡體版⑤，再一次引發熱議。

此書最動人之處，除闡述他教育理念的若干文字之外，就是鄭貞銘親撰的那五十五篇華岡新聞系畢業生的小傳了。試問有多少老師會那麼深刻地瞭解那麼多門生？甚至在其著作中為門生作傳，樂此不疲地向世人介紹他們的點點滴滴呢？無疑，他是真正將那些門生視為自己最大的驕傲與安慰的。而自己的故事能被恩師寫成小傳，華岡新聞系的學子們無疑是世界上最幸福、最被溺愛的一群學生了。

邱師儀讀後，無限感慨道：「平庸的老師敘述，好的老師講解，優異的老師示範，偉大的老師啟發。」⑥李豔秋是曾獲台灣金鐘獎最佳新聞節目主持人獎的 TVBS 電視台著名製作人，也是鄭貞銘的得意門生李濤的夫人，她的概括相當中肯：「三十多年作育英才，鄭老師桃李滿天下，要記得每個學生談何容易，但是鄭老師卻能歷歷數來，哪位學生是什麼個性、有什麼專長、後來從事什麼工作，都在老師的檔案中，甚至連學生的眷屬他都熟識，由此可見鄭老師對學生的用心與關注。」⑦

兩年後，1998 年 9 月 24 日下午，金池塘咖啡館，遠流出版公司舉辦鄭貞銘的另一本著作《老師的另類情書》新書發表會⑧。昔日同窗、時任行政院長蕭萬長，時任外交部政務次長李大維，名教授趙寧，名電視主持人李豔秋傾情作引薦。新書發表會現場，很多鄭貞銘教過的華岡學子齊聚一堂，師生共同回憶往昔時光，政大同窗、監委林秋山也到場祝賀。沒有奢華場地，沒有明星人物，但場面親切如校友會，溫馨動人。

鄭貞銘曾稱，寫作是「我的第二生命」，半個多世紀以

遠流出版社王榮文先生（左二）祝賀鄭貞銘出版新書，李濤（左）等亦參加新書發表會，右為趙自強。該書曾獲「五四文藝散文獎」。

來，他一直筆耕不輟，始終與時間賽跑。1999 年 5 月 4 日，五四運動八十週年之際，中國文藝協會揭曉第四十屆文藝獎章名單。憑藉著深情講述師生情的動人筆觸，鄭貞銘榮獲「散文創作獎」文藝獎章，與他同時獲獎的，還有獲榮譽文藝獎章的余光中、郭嗣汾、廖俊穆、徐天榮、李天民等人 ⑨。這是對他堅持寫作和文學創作的肯定，更是對那段深情厚誼的讚賞。

　　2005 年 9 月 28 日，教師節之際，年屆七十的鄭貞銘推出了自傳體回憶錄《無愛不成師》，由台灣遠流出版社發行。已定居美國洛杉磯、經營旅館業的系友吳章鎔自大洋彼岸寄來兩張美金支票。一張支票面額為千元，以賀恩師七十壽辰；另一張支票面額為萬元，用來購買《無愛不成師》送給台灣各大學圖書館。他說道：「期待台灣每所大學的學子都能讀到鄭貞銘這位好老師的事蹟。哪怕每所大學只有一位

中國文藝協會文藝獎章證書

（八八）文獎字第〇〇七號

鄭貞銘先生從事散文創作，成績斐然，經推薦評審通過，榮獲本會第四十屆文藝獎章「散文創作獎」獎章壹座。此證

中華民國　年五月四日

中國文藝協會　全國文藝節慶祝大會

鄭貞銘曾榮獲中國文藝協會第四十屆「五四散文創作獎」，作品為《熱情老師　天才學生》與《老師的另類情書》。

鄭貞銘代表文大、政大在洛杉磯校友會，向謝師然之獻上九秩華誕祝壽文集。謝師感動落淚道：「這簡直是天上掉下來的禮物。」

學子能從中受益，我也覺得是值得的。」五年後，2010 年 12 月 1 日，鄭貞銘將《無愛不成師》增加兩百多頁形成增訂版，並將自己近十年在美國及兩岸四地發表的重要演講輯成著作《橋》，兩書一併由三民書局發行。[10]

師承，是一種生命的感動

鄭貞銘曾說，「師承，是一種生命的感動」[11]，他將恩師們視作終生的貴人，終生感念。1984 年，曾虛白師八十華誕，鄭貞銘集合文大新聞系師生，發起為恩師出版祝壽文集《老兵憶往》，並收入恩師自敘的經歷及政大師友撰寫的賀文十五篇。他還獨自操刀，在親筆寫就的賀文中，稱恩師為「一位令人景仰的新聞界全才」。[12]

2000 年 8 月，懷揣著一本三民書局剛剛出版的新書，鄭貞銘匆匆登上了前往美國洛杉磯的航班。書名為《新聞與教育生涯──謝然之教授九秩華誕文集》，十餘萬字，這是他為報答恩師的教育與提攜，主動擔綱執行工作，由姚朋、

李瞻、荊溪人、石永貴共同編輯出的一本文集。鄭貞銘及時趕到，在政大、文大同學為謝然之舉行的九秩華誕紀念餐會中親自將此書獻上，令謝師感動不已，稱這是天上掉下來的禮物。

2002年初，曾將鄭貞銘拉拔進新聞界的錢震，病逝美國。年中，錢師母與愛女與鄭貞銘聚敘於台北，他表示要為恩師做點什麼。在徵得錢師母同意後，鄭貞銘主動肩負起恩師生前著作《新聞論》增訂版責任。1967年，時任政大新聞系教授、《中央日報》總編輯的錢震嘔心瀝血，完成著作《新聞論》。這是一本台灣光復初期極為重要的新聞著作，也是台灣新聞學啟蒙之作，鄭貞銘不敢絲毫怠慢。

他邀請資深媒體工作者張世民、呂傑華共同參與，一方面要忠於錢師的立論精神，使原作的精髓得以延續，一方面還要適應新聞學新潮流的演變，補遺時空的闕漏。第二年3

感恩錢震師，將其大作《新聞論》增添改版為《新聞新論》，使錢師思想永恆流傳。鄭貞銘（右二）與合作者張世民（左二）、呂傑華（中）等合影於《新聞新論》新書發表會。

月，《新聞新論》由五南圖書出版公司推出，這本完備且符合時代潮流的新聞學理論著作，同錢師的原作一樣，一經出版即成為經典之作，這是鄭貞銘認為「作為學生所唯一能報答恩師的地方」[13]。

2004 年 4 月 7 日，鄭貞銘的另一位恩師王洪鈞病逝美國，聽聞消息後，鄭貞銘立即摒擋一切，從台北專程飛往舊金山，堅持送王師最後一程。此外，他先後在洛杉磯《世界日報》、台北《自由時報》、《中華日報》、《台灣新生報》、《人間福報》上，撰寫關於王師的紀念文章，以追念恩師的貢獻，並闡揚恩師的思想。

> 洪鈞師生長在一個艱難的大時代，對於一個生於憂患的讀書人來說，總是肩有千鈞重擔。從我受教洪鈞師以來，總感受到他對國家社會與青年學生的無限責任。他說，「我們這一代一定要樹立個榜樣讓年輕人學步，學會了起步，再由他們去衝刺、去奔跑」。
>
> ——鄭貞銘[14]

2009 年 5 月 27 日，謝然之在美國洛杉磯逝世，享年九十七歲。事出突然，鄭貞銘原想親往弔祭，但因數位指導的研究生正進行論文考試，實在無法抽身，成為永遠的遺憾。華岡新聞系第三屆學生王達民曾在紀念謝然之的文章中，如此總結謝然之與鄭貞銘之間的「師承」深意：

> 漢代的古諺：「善教者使人繼其志」。我想，炳文

主任是一位「善教者」，他身教、言教，為人經師、人師，我們正鳴恩師正是「繼其志」者，由這兩位師尊的薰陶傳承與眾不同的可貴處，更是師生親如家人，看今日我們新聞系由第一屆到四十五屆的同學親愛精誠，四海之內長相憶，不就是這樣的「繼其志」嗎？

沒有謝主任的締造華岡新聞系，就無從有鄭老師的發揚光大，也就沒有同學們各領風騷燦爛的新聞事業表現；更可以說，那就是華文新聞界最大的損失；又可以說，謝、鄭兩位師尊也造成了中華民國新聞史的多采多姿的豐富頁面。

—— 王達民[15]

永生不渝的師生情

隨著時光的流逝，昔日的恩師們漸漸凋零，成為鄭貞銘心中無盡的追憶；然而歲月總是那樣無情，一些才華橫溢、風頭正健的往日學生，竟也倏忽離世，令他猝不及防，成為生命裡永遠的痛惜。1996 年 12 月，在《熱情老師 天才學生》新書發表會現場，鄭貞銘曾深情講述了幾段動情的師生故事，其中提及兩年前英年早逝的女學生翁淑媛。

她曾經是非常成功的廣告人，一次，國民黨籍民意代表候選人李慶華找到鄭貞銘，請他推薦一位人選幫他做競選文宣，鄭貞銘就推薦了她。結果，李慶華在淑媛三個月的悉心幫助下順利當選，為表感激，他拿出兩百萬元台幣給她作酬勞。淑媛委婉拒絕了，只說了一句話：「鄭老師交代的事，不收錢。」

永遠懷念的好學生翁淑媛，
英年早逝，圖為她生前自己
設計的訃聞。

　　後來，淑媛病重住院，鄭貞銘去看她。她對老師說了最
後這番話：「鄭老師，每次您來看我，我都告訴您沒有問
題。但是這一次，我恐怕不行了。我希望老師不要難過，好
好照顧自己，為教育再貢獻。」最終，淑媛因乳腺癌離世，
鄭貞銘收到了她生前親自設計好的訃聞——「翁淑媛和您的
最後一場約會。希望在這場約會中，您能夠不缺席……」每
當提及這位好學生，他便深感痛惜、惦念。

　　白髮人送黑髮人，無疑是人間的至痛。然而，在鄭貞銘
此後的漫漫人生歲月裡，此種心痛還在不斷地上演。2006
年春，與他有著四十三年師生情誼的潘健行因病遽然離世。
在病榻上，他仍堅持在為一部講述鄭貞銘新聞教育生涯的電
視紀錄片趕寫腳本，並再三叮囑妻兒，要用不亞於美國哥倫
比亞電視台（CBS）的著名新聞節目《60 Minutes》的水準，
來製作這部片子。這是他在準備用自己的方式，向恩師道

鄭貞銘與潘健行（左）在芝加哥合影，兩人有著四十三年師生情誼。

別。他要前來看望自己的鄭貞銘老師過目，鄭貞銘強忍著淚水，久久不能撫平激盪的心情。

彌留之際，在加護病房，潘健行打了針，安穩地睡著了，神態十分安詳。鄭貞銘握著他仍熾熱的手，俯身在他耳旁，輕聲說「我來了」。他嘴角微微張開，腿也輕輕抽動。兒子潘欣說：「爸爸知道太老師來了。他高興而又激動。」看著他仍然紅潤的皮膚，細想著他們的一生師生情誼，鄭貞銘悲痛的心情多了些許安慰，「我相信他永遠不會離開我們，他永遠活在我們心中」[16]。最終，潘健行優雅地離去，火化後立即海葬，瀟灑一生。他的病房裡曾懸掛著一幅對聯——「室內無日月，窗外天地長」，這場四十餘年的師生情，如同天地一般，永生不渝，長存心間。

2008 年 2 月 26 日，春節剛過不久，時任大愛電視台新聞總監湯健明告知鄭貞銘老師：「高信疆住院了！」鄭貞銘

心頭一驚，第二天即趕到和信醫院探視，見到了病榻上的愛徒。此時，高信疆剛被診斷為「末期大腸癌，癌細胞已擴散到肝」，醫生說其只能活三個月。師生兩人促膝長談，兩個小時裡，他們從華岡求學一直談到縱橫新聞界。高信疆眼睛閃耀著光芒，充滿著欣慰，反而勸老師堅強。很快，他開始了同病魔的艱難爭鬥，每次前往問候，大家總能聽到他邊笑邊說「治療故事」。

> 作為一個文人，高信疆是一個韜才雄略、有堅毅的戰鬥力及精力充沛、一天當成兩天用的紙上風雲人物第一人，但是他秉持善良，本質敦厚溫和，他傳承歷史的自覺，使他成為歷史上不可或缺的人物。
>
> ——鄭貞銘[17]

兩位文大新聞系第一屆傑出學生潘健行（右）、高信疆（左），英年早逝，令鄭貞銘懷念不已。

第二年 5 月 5 日晚 9 時 24 分，高信疆終還是沒有迎來奇蹟，這位開創台灣副刊新格局、大力推動「報導文學」，被文壇譽為「紙上風雲第一人」的「才子」黯然病逝，享年六十五歲。他走後，《中國時報》刊寫紀念他的文字長達三個半月，《聯合報》也刊登系列文章，緬懷這位曾經的對手。鄭貞銘連續兩天在《中國時報》上登載文章，悼念這位華岡新聞教育的標竿和老師心中永遠的驕傲。

身體突發緊急狀況

逝者已矣，生者如斯。一向被大家稱作「工作狂」的鄭貞銘，愈加珍惜生命和時間，他曾不止一次地告訴筆者，自己「從不忍心浪費任何一天的美妙時光」。新聞、教育、學術、文化、青年、學生，成為他生命裡的關鍵詞，他總是如陀螺般忙得團團轉，奔波不歇，但樂在其中。

隨著兩岸交流愈加頻繁，鄭貞銘每年穿梭往返於海峽兩岸多達一二十次，2006 年，他索性直接在上海購置了一處房產，成為在大陸訪問交流期間的固定落腳點。鄭貞銘似乎始終是年輕的，無論是身體還是精神，他總是容光煥發，樂觀開朗。

然而，畢竟歲月不饒人，他的身體漸漸起了變化，直至 2010 年的那個夏天，一場突如其來的危機，給已是七十四歲的鄭貞銘敲響了警鐘。

那是上海世博會期間，兩位大陸的學生與義子汪雨（士倫）、孟濤，前去看望他。白天，鄭貞銘精神狀態尚可，當晚，剛躺下不久，他開始覺得憋悶，呼吸急促起來，根本無法入睡。反覆坐立之後，他乾脆起來在房間裡來回踱步，一

宿未眠。

第二天，鄭貞銘一如往常一樣，開始寫作和處理日常事務，還安慰學生說不要緊。大家不敢怠慢，趕緊聯繫醫院，經過一番周折，直至第三天，終於將已兩夜幾乎未眠的鄭貞銘送到上海華山醫院就診。

當主治醫生診斷時，鄭貞銘要一旁的學生幫忙記下醫生的話，結果，那位女教授醫生變得嚴肅起來，一字一頓地說：「鄭教授，是你自己要記住，你知道有多嚴重嗎？所有檢查指標嚴重超標，到了極限值，心臟的主血管已經堵塞得很嚴重了，趕緊回台北做心臟手術！」鄭貞銘這才意識到問題的嚴重性，趕緊讓學生們訂購明天的航班機票。

> 到了夜裡，鄭老師病症越來越嚴重，一夜未眠。時間一分一秒地過去，天終於亮了，鄭老師又開始寫作，處理日常事務。在潘陽兄的幫助下，我們順利到了浦東機場，找了輪椅，我推著輪椅，送鄭老師去安檢通道。在機場工作人員的幫助下，鄭老師順利登機，最終安全抵台。
>
> 接到鄭老師後，家人立即安排他就醫，準備在台北榮民總醫院進行心臟搭橋手術。手術難度很大，時長近八個小時，且因老師已高齡，手術結果始終存在不確定性。手術前，他甚至安排好了後續事宜。最終，手術非常成功，吉人天相，老師一生勤勉無私，博愛之心天亦憐之。
>
> ——汪雨（士倫）[18]

鄭貞銘闖過此道難關，後經過慢慢調理，身體漸漸恢復了。但畢竟傷了元氣，消瘦了很多，原先少見白髮，幾乎一夜之間變得白髮蒼蒼了。然而，他的精神一如往常，依舊是那樣積極樂觀，充滿年輕活力。

鄭貞銘曾與筆者分享，手術期間，他似乎有過一種「瀕死」體驗，「前方有一個白色的亮光，我緩步向前走去，沒有任何恐懼與痛苦，反倒是一種異常平靜的喜悅……」經此一役，他對生命有了更多的體會和理解，對「死亡」這個沉重的話題，看得更加豁達與坦率。

2011 年 6 月 17 日，過完七十五歲生日的第二天，鄭貞銘做了一個重要的決定。他仿梁啟超收徒授課的方式，挑選了海峽兩岸各十二位有潛力的優質青年，成立「廿四賢社」，親手輔導他們，定期聽取聽他們對許多事物的看法，以期他們能夠出類拔萃，將來為國家社會作最大服務。

> 過去，我年輕、有體力，所以有許多時間與我的學生相處，鼓勵他們、教育他們，使他們走向成功的彼岸。如今體力不如從前，但愛孩子的心情未曾稍減，所以選拔這廿四位青年，希望能以餘生繼續貢獻我生命的光輝。
>
> ——鄭貞銘[19]

這年夏天，鄭貞銘再一次作為師長代表，在中國文化大學畢業典禮上致辭，送走了又一批華岡學子。此後，他便正式從文大新聞系所專任教授崗位上退休。此時，距離他當年懷揣著創業的興奮心情，滿腔激情協助謝然之師創辦華岡新

2011 年，鄭貞銘再一次送走了又一批華岡學子，此後正式從文大新聞系所專任教授崗位上退休。

聞系，已經過去了整整四十八年。在近半個世紀的漫長歲月裡，鄭貞銘的生命與華岡學園緊緊融合在了一起，注定難以分離。

作為華岡教授，榮退後的鄭貞銘被返聘，仍以兼任教授名義在廣告系開一門課——「數位化溝通與敘事能力」。每週至少一次，他獨自從基隆，一路搭轉巴士、捷運、公車上陽明山，風雨無阻，繼續書寫著他與這所學校的一世情緣。

「鄭老師，你是一個『傻瓜』！」

「再怎麼忙，也要與大師在一起」，闡揚大師典範，推動全人教育，提升人文素養，是鄭貞銘一生的理想。他認為，「向前方行走的大師們，他們雖不盡同於凡人，但他們通達人情，留下了一些言語，留住了一些故事，他們對青年有無限的愛，對國家社會有無限的期待」[20]。榮退後，他開始投入更多的精力和心血，不遺餘力地策劃推進這項工程。

2001 年 9 月 1 日，新世紀的第一個記者節，鄭貞銘編著的《百年報人》六冊套書由遠流正式出版發行，成為傳播學術經典之作。

　　2012 年初，鄭貞銘與筆者、汪雨（士倫）聊天時，感慨社會變遷雖日新月異，但越來越多的年輕人抱怨，常感到困惑和迷茫，理想缺失。我們共同商議，可以選取百年來一百位大師級人物，以濃縮精煉的四千字文字勾勒出每一位大師的人生軌跡，期待可以讓當下的年輕人重新思索人生價值，並從中找到人生的指引和行為的典範。此時，距鄭貞銘推出《百年報人》套書已經十一年了，此次接續推進「榜樣教育」，無疑是他念念不忘的心願。

　　道路既定，風雨兼程。我們一拍即合，隨即展開了漫長而艱辛的編著歷程，討論名單，彙集資料，研究寫作方法，一點一滴，直至連綴成篇。一方面，我們堅持「深入淺出」，大量閱讀和整理傳主們的傳記、報導、著作等相關材料，梳理出清晰的人生軌跡和精神脈絡；另一方面，我們追

2013 年底，鄭貞銘決心在文大設置大師講座，邀集社會知名人士主講，強調人文教育的重要性。圖為李鍾桂女士（左）與鄭貞銘合影。

求「精采可讀」，著力發掘傳主們趣味橫生、充滿人生滋味的精采內容，力圖讓每一位大師形象鮮明、個性彰顯，讓年輕人輕鬆閱讀，引為榜樣。

因要對每一位傳主的歷史進行嚴謹查證，而幾乎每位大師涉及到的相關資料都超過數十萬字，可謂是千頭萬緒，工程浩大。但我們心意堅決，勉力而為，筆者因忙於平日的工作，每每到了晚上才是寫作的好時光，多少個夜晚挑燈夜戰，與鄭貞銘反覆討論至深夜。寫作是艱辛的，而過程卻是愉悅的，我們常被傳主們精采紛呈的生命故事深深吸引，也常因他們曲折坎坷的人生際遇生發無限感慨。

2013 年底，鄭貞銘又決心在文大設置「新聞傳播與人文」、「新聞傳播與社會」兩項大師講座，預定每學期至少舉辦一次，邀請國內外大師級學者作專題演講，以期莘莘學子們從中獲得啟發，並提升新聞教育水準。社會知名人士和他的門生故舊，如許水德、戴瑞明、莊松旺、李天任、葛永

優秀藝術家、義子汪雨（士倫）為鄭貞銘畫像。「百年系列」三百幅以上的人物畫像，均出自他的手筆，足見其有恆、堅毅。

光、周俊吉、李濤、劉心遠、姜必寧、劉振強、洪煌景、劉安立、馮定國、許世煜等，紛紛慷慨解囊，襄助他完成這個心願。很快，籌備基金便達一百萬元新台幣。鄭貞銘急忙喊停，笑稱：「這些錢已足夠支撐講座持續舉辦幾十年啦！」

鄭貞銘將此基金捐贈給文大新聞暨傳播學院，作為華岡新聞教育五十週年的賀禮。成立大會上，他特別強調，「大師引領人生、瞻仰前程，新聞傳播教育的核心基礎是人文素養與社會科學知識，有大師引領人生，才能使新聞人發揮更積極貢獻」[21]。

12 月 31 日，這一年的最後一天，下午三時，文大體育館八樓柏英廳，首場大師講座如期舉行。實踐大學董事長謝孟雄教授打頭陣，受邀開講「全人教育」，特別強調人文教育的重要性，引發熱烈反響，一炮而紅。至今，該講座已先後邀請錢復、李鍾桂、翟宗泉、楊永斌、戴金泉等主講，備

《百年大師》新書發表會，七十九歲的鄭貞銘全程站著主持，思路嚴謹清晰，情緒熱情飽滿，感染了在場的許多人。

受師生歡迎，已然成為文大新聞暨傳播學院的一大品牌。

2015 年 1 月 11 日，歷時三年，鄭貞銘與筆者編著、汪雨（士倫）繪製的《百年大師》（上下冊）正式面世，「一百個人物，一百種典範；一百個故事，一百種感動」。下午一時三十分，台北市長榮桂冠酒店，新書發表會貴賓雲集，監察院前院長錢復、實踐大學董事長謝孟雄、國民黨前副主席林澄枝和總統府前資政趙守博等人到場剪綵祝賀，鄭貞銘的學生們更是濟濟一堂，他的得意門生何戎、湯健明、宋晶宜和歐陽元美擔任主持人，更有文大新聞系「四大天王」上台致辭，表達對師恩的感謝。

中國文化大學校長李天任推崇其為「許多成功的媒體風雲人物背後，擔當絕無旁貸的最重要推手」，民視總經理陳剛信評價其「深耕教育界極具權威，在教育人才方面不遺餘

上圖:《百年大師》新
書發表會現場,貴賓雲
集,錢復、謝孟雄、林
澄枝、趙守博等,以及
鄭貞銘的學生們皆到場
祝賀。
下圖:監察院前院長錢
復蒞臨致辭。

上圖：鄭貞銘特別邀請高
信疆遺孀、昔日學生柯元
馨及其子高英軒出席《百
年大師》新書發表會，共
緬故人。
下圖：新書發表會上，貴
賓致贈珍貴墨寶祝賀。

力、著作等身」，圓山大飯店董事長李建榮感性地說，「有鄭老師在的地方就是課堂」，TVBS 基金會董事長、名節目主持人李濤語出驚人，一開口便激動地說道：「鄭老師，你是一個『傻瓜』！沒有比你更傻的傻瓜，但全台灣就是透過這些努力不懈的傻瓜支撐。鄭老師從事教育志業超過一甲子仍兩袖清風，窮盡一生挖掘人礦人才，此次更費盡心思出版《百年大師》，是一本適合全台青年學子的好書。」

發表會進行了四個小時，已是七十九歲的鄭貞銘全程站著主持，思路嚴謹清晰，情緒熱情飽滿，感染了在場的許多人。他感性地說道：「為什麼會出這本書？因為我自己深受大師之惠，就連寫作時也受他們的人生啟發，常常感動落淚。」《百年大師》還專門收錄了他的愛徒高信疆的人生故事，鄭貞銘特別邀請了高信疆遺孀、昔日學生柯元馨及其兒子高英軒到場，共同緬懷故人。音樂家簡文秀、呂麗莉、鄭仁榮分別在會中演唱〈月琴〉、〈教我如何不想她〉等名曲，使會場別開生面，溫馨動人。

《百年大師》一經推出，廣受好評，初版很快銷售一空，短短半年內便到九刷，這在紙本書籍不斷式微的台灣，可謂難得。2017 年，此書還榮獲紐約北美中文傳媒學會頒發「傳記文學獎」。

追夢「百年」

監察院前院長錢復評價鄭貞銘是「教育界傳奇」，考試院前院長關中則稱譽其「功在國家，本身便是大師」。[②]2015 年，經他們二人推薦，並經中國文化大學名譽博士學位審查委員會審議，決定授予鄭貞銘名譽文學博士學位，以

中國文化大學授予名譽文學博士學位，以表彰鄭貞銘在文學、新聞傳播領域的卓越成就。

肯定他於文大服務超越半世紀，為該校新傳學院最重要的推動與守護者，才德堪欽，貢獻卓著，並表彰其在文學、新聞傳播領域的卓越成就。這是文大建校以來，第一次將此殊榮頒給本校的在教教授，前所未有，極為難得。

2015 年 6 月 2 日下午，頒授儀式極為隆重，考試院前院長許水德、監察院前副院長鍾榮吉、旺旺中時媒體集團副總裁吳根成、公視總經理丘岳、大愛電視台總監湯健明等人出席。典禮中，鄭貞銘表示，「自己只是做好每天的教育工作，得到這個榮譽，很高興，但覺得受之有愧」[23]，將榮譽獻給健在和已故的老師及廣大媒體人。他回顧了自己從事新聞傳播學教育與實踐以來的心路歷程，並作了題為「尋找人生的智慧」的演講。他呼籲，執政者要重視人才培養與經驗傳承，社會要重視報恩與分享愛，而青年人要經得起時代考驗，才能創造幸福下一代[24]。

上圖：鄭貞銘於江西美院舉辦「大師講座」，單場聽眾達四千餘人。
下圖：「大師講座」會後，聽眾們排隊購買《百年大師》並爭相請鄭貞銘簽名。

推出《百年大師》後，鄭貞銘未曾停歇，繼續奔忙於兩岸，舉辦「大師講座」交流，三年來大小場次近百場，直接受眾數萬人，包括小學生、中學生、大學生、碩士生、博士生、教師、社會青年、企事業單位領導員工等。所到之處，鄭貞銘無不被聽課的學生熱情包圍，其中有一場是在江西美院，單場受眾人數達四千餘人。講座結束後，學生們排隊購買《百年大師》，索要鄭貞銘的簽名，有的乾脆把漂亮的衣角拉到面前請其簽名，有的沒排上隊就乾脆堵在洗手間門口等他。

與此同時，鄭貞銘又緊鑼密鼓地組建「銘軒工作室」，搭建「大師工程」，策劃「百年系列」叢書，將闡揚大師典範作為一項長期而系統的事業和工程，繼續砥礪推進。他不顧心臟手術引發的後遺症和愈來愈嚴重的眼疾，長時期伏案寫作，熱忱於剖析時事，犀利的文字活躍在各大報紙版面上。

鄭貞銘七十歲生日時，李煥曾給他寄來一封信，其中有兩句話──「夕陽無限好，彩霞尚滿天」，令他深受啟發，「不要以為自己年紀大，就停止貢獻，我要繼續盡教育工作者的責任！」[25]而對已八十二歲的鄭貞銘來說，年輕依舊是一種心境，仍自覺肩負著一種歷史使命感，要盡力為兩岸青年學子們做出自己的貢獻。

曾經有人問他：「您已經到了人生暮年，也算得上是功成名就了，為何還要到處奔波？」鄭貞銘感性地回答道：「我曾將我的一本專著的書名定為《橋》，開篇語便是『在分歧、匆忙的社會中，我無視疲乏與奚落，承受著歡笑與淚水，我希冀搭一座橋，鉤搭著不相連的兩岸』。雖然我不知

道兩岸的『橋』何時『竣工』，但只要一直搭建著，我便總在收穫。」

鄭貞銘生前特別喜歡民俗家林衡道的一句話，「我像垂死的天鵝，要舞動到最後一刻」，也常引用戲劇家曹禺曾說過的，「作家應該死在書桌上」。無疑，他是在以自己的耄耋之軀，不斷追尋著「百年」歲月潮汐裡，那些珍貴的精神啟迪與閃光的人生夢想。在這段似乎永不停歇的追夢道路上，鄭貞銘的身軀已然成為一座溝通的「橋」，勾連起青春與歷史，花香瀰漫，彩霞滿天，給更多後來追夢者以堅固的支撐與前行的力量。

2017 年入冬以來，已是耄耋之年的鄭貞銘開始頻繁出現氣喘、心塞、胃口不佳、血糖升高等狀況，反覆住院治療，但身體每況愈下。盤桓病榻之際，鄭貞銘仍堅持審看「百年」系列叢書文稿。

12 月 16 日，《百年風雲》新書發表會如期舉行，他堅持從加護病房出院，坐著輪椅出現在發表會現場，並以「不容青史盡成灰」為題作了長達兩個多小時的演講。

第二天，顧不得休息的他，即又召集編輯們開會，商量《百年追夢》的編輯事宜，部署《百年風華》、《百年風骨》的後續計畫。向來說到做到的鄭貞銘，此時的心情無疑是焦慮的，他是在搶時間，在與生命爭奪最後的寶貴時間，以完成他未竟的志業。

2018 年 2 月 13 日，農曆臘月二十八，原本回到家中準備過年的鄭貞銘，示意身邊的家人抱他起來，艱難地坐在了熟悉的日夜伏案的書桌前。此時，他有氣無力地舉起筆，劇烈抖動著寫下一些潦草字跡，可惜已無人可以辨認。緊接

耄耋之年的鄭貞銘身體每況愈下，盤桓病榻之際，仍堅持審看「百年」系列叢書文稿。

著，已是骨瘦如柴的他，癱倒在書桌上，家人緊急叫救護車將他再次送進醫院。

2 月 19 日，農曆正月初四，鄭貞銘的消化、血壓、血糖、腎臟等系統功能已全面告急，當天下午，醫生展開急救，他的生命開始進入倒數計時。16 時 56 分，因心力衰竭，鄭貞銘帶著病痛、帶著對美好生命的留戀，飄然離去，享年 82 歲。永不知疲倦的鄭貞銘，最終倒在了不曾停歇的追夢「百年」的生命征途上，化身為《百年追夢》的一個句點。

泰山其頹，哲人其萎。消息傳來，世界各地的故舊、門生悲痛傳告，紛紛舉辦追思活動，並發起成立公益組織以承繼其未竟的志業。3 月 10 日上午 8 時 30 分，鄭貞銘公祭在台北市第一殯儀館景行廳舉行，治喪委員會榮譽主任委員、前總統馬英九親臨致祭，前國民黨主席吳伯雄講述鄭貞銘生平行誼。鄭貞銘，這位忠實的國民黨員，最終獲國民黨黨旗

《百年風雲》新書發表會如期舉行，鄭貞銘堅持從加護病房出院，坐著輪椅出現在發表會現場，並以「不容青史盡成灰」為題作了長達兩個多小時的演講。

覆棺，前監察院長錢復主祭，前台灣省主席趙守博、前國安會秘書長胡為真、實踐大學董事長謝孟雄、前行政院新聞局長趙怡四人代表覆蓋黨旗。中國文化大學、國防大學復興崗政戰學院、世新大學、銘傳大學等校及中央社、中央日報等單位，均派代表致祭，文化新聞系第一屆至第五十六屆系友，也到場執禮，送鄭老師人生最後一程。鄭貞銘靈骨安厝台北慈恩園，與慈母團圓。

　　當天下午 13 時 30 分，中國文化大學、校友總會暨新聞系所校友會在陽明山文大曉峰紀念圖書館音樂廳，共同舉辦「吾愛吾師百年追夢——從華岡到世界永遠的鄭老師」追思音樂會。3 月 2 日下午，美國台灣旅美鄉親聯誼會、南加州傳播記者聯誼會以及鄭老師的師生代表等，在洛杉磯華僑文

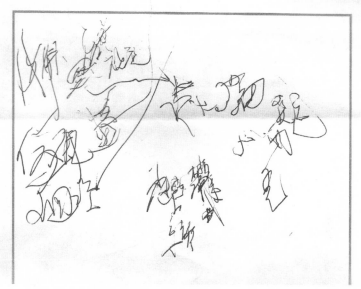

鄭貞銘最後手書。當天，他於書桌前劇烈抖動著寫下一些潦草字跡後，癱倒在書桌上，由家人緊急送醫。

教服務中心舉辦座談會。

　　3 月 18 日上午 9 時，文化大學、政治大學上海校友會以及來自大陸高校的朋友、師友們，在上海舉辦「百年追夢　大愛無涯」追思會，陳昌鳳、孟建、李彩英、陳先元、戴元光、黃瑚、張國良、張明新、林念生、蔣宏、宮蔚國等眾多知名學者、教授親臨現場，對這位「學界的前輩和楷模」、「兩岸新聞傳播學界的一座豐碑」，致以崇高敬意與深切哀思。

2018 年 3 月 10 日，鄭貞銘先生公祭於台北市第一殯儀館景行廳舉行。馬英九、連戰、吳敦義等親臨致祭，由中國國民黨前主席吳伯雄介紹鄭貞銘生平。

上圖：鄭貞銘一生忠黨愛國，最終棺覆國民黨黨旗。

下圖：追思音樂會現場，由門生李濤主持，帶領大家向老師行禮告別。

註釋

① 鄭貞銘著，《無愛不成師》，台北：三民書局，2010 年初版，第 138 頁。

② 鄭貞銘著，《中外新聞傳播教育》，台北：遠流出版事業股份有限公司，1999 年，第 497 頁。

③ 鄭貞銘著，《資訊‧知識‧智慧 II：愛是綿續的憑據》，基隆：莘莘出版事業有限公司，2004 年 5 月初版，第 366 頁。

④ 載於台北：《經濟日報》，1996 年 12 月 3 日，「證券商受託進出表」第 17 版。

⑤ 鄭貞銘著，《熱情老師　天才學生》，福州：福建教育出版社，2007 年 4 月第一版。

⑥ 鄭貞銘著，《無愛不成師》，台北：三民書局，2010 年初版，第 477 頁。

⑦ 李豔秋著，〈恩師，經師，人師〉，載鄭貞銘著《老師的另類情書》序，台北：遠流出版事業股份有限公司，1998 年。

⑧ 載於台北：《聯合報》，1998 年 9 月 25 日，「文化」第 14 版。

⑨ 載於台北：《聯合報》，1999 年 5 月 4 日，「文化」第 14 版。

⑩ 載於台北：《中國時報》，2010 年 12 月 1 日，「大台北新聞」第 C2 版。

⑪ 潘健行、呂傑華、邱民才著，〈堅守新聞教育的百年磐石——鄭貞銘的心志與卓見〉，載於鄭貞銘著《世界百年報人》，上海：復旦大學出版社，2006 年 6 月第一版，第 258-278 頁。

⑫ 鄭貞銘編，《老兵憶往》，台北：莘莘出版公司，1974 年，第 253 頁。

⑬ 鄭貞銘著，〈新聞學的啟蒙範構——懷念恩師一代報人錢震先生〉，載於錢震原著，鄭貞銘、張世民、呂傑華增修《新聞新

論》，台北：五南圖書出版公司，2003 年 3 月初版，序言。

⑭ 鄭貞銘著，〈大時代知識分子——敬悼王洪鈞教授〉，載於台北：《中央日報》，2004 年 4 月 26 日，「全民論壇」第 9 版。

⑮ 載於鄭貞銘著《無愛不成師》，台北：三民書局，2010 年初版，第 146 頁。

⑯ 鄭貞銘著，〈見證一場永生不渝的師生情〉，載於台北：《中央日報》，2006 年 4 月 15 日，「中央副刊」第 17 版。

⑰ 鄭貞銘著，〈永遠的華岡才子（下）〉，載於台北：《中國時報》，2009 年 5 月 22 日，「人間副刊」第 E4 版。

⑱ 根據 2018 年 1 月 7 日，筆者通過電子郵件採訪汪雨（士倫）整理；刁洪智、孟濤對此段回憶文字作了補充、修改。

⑲ 鄭貞銘著，〈人生十帖——致『兩岸二十四賢』諸君子〉，載於劉兢編著《台灣新聞教育家鄭貞銘》，杭州：浙江大學出版社，2012 年 9 月第一版，第 159 頁。

⑳ 鄭貞銘著，〈大師的言與行〉，載於台北：《中國時報》，2014 年 5 月 12 日，「時論廣場」第 A15 版。

㉑ 載於台北：《華夏導報》，2014 年 1 月 2 日。

㉒ 載於台北：《聯合晚報》，2015 年 6 月 3 日，「新聞」第 A8 版。

㉓ 載於台北：《中國時報》，2015 年 6 月 3 日，「生活新聞」第 A9 版。

㉔ 載於台北：《聯合報》，2015 年 6 月 3 日，「教育」B 版。

㉕ 載於台北：《聯合報》，2015 年 1 月 12 日。

「愛」之「橋」

「士軒吶，你應該寫一篇『鄭貞銘的人生觀』，好好總結一下我的人生理念……」

他看著我，帶著一貫的溫和的微笑，再一次提出了這個心願。

「老師，您的人生經歷那麼豐富，我難以望其項背，哪敢冒失地寫您的人生觀啊！」我半是認真半是恭維地搪塞著，遲遲未動筆，而其間複雜隱私的心情，也未曾跟他坦誠談起。

在鄭老師心目中，我來寫他的人生觀，應該算是夠格的。

我們二人雖然身處兩岸不同的政治文化環境，年齡上也相隔了半個多世紀，但自從七年前相識以來，可謂是一見如故。承蒙老師不嫌棄，我忝為他生命最後旅程中的門生、知己和家人。每每有新的體悟，他總是願意第一時間同我分享。而老師每次到大陸來，無論是在哪座城市，我基本上都會前去看望。多少個不忍入眠的夜晚，我們常常聊到兩三點鐘，總有聊不完的話。

2012 年起，我們一起策劃、編著《百年大師》，保持了每週至少一兩封書信、兩三通電話的溝通頻率，而每次通話常常會聊上一兩個小時。我們不僅聊書的寫作進展，更暢談生活的經歷與生命的感悟。

2015 年初，《百年大師》順利付梓，頗受好評。永遠不知疲倦的鄭老師備受鼓舞，當即以我倆的名字發起成立「銘軒工作室」，命我擔任特別助理，繼續協助他完成一生念茲在茲的追求與志業——共同搭建「大師工程」，策劃推出「百年系列」叢書，為大師們立傳，為年輕人「點燈」。這也是我的人生志趣所在，自然備感榮幸、勉力而為了。

　　此時，撰寫鄭老師人生觀的話題，再一次被提及。

　　這一次，我鄭重地對他說：「老師，在寫您的人生觀之前，讓我先好好梳理一下您的人生經歷，寫一部關於您的傳記吧！」於我而言，寫一部傳記固然辛苦，但比寫一篇鄭老師的人生觀的文章，可是「簡單」多了。

　　這種難以言說的心情，一方面來自於我對寫作的一種近乎偏執的期許——自己不熟悉、不瞭解的事情，斷不敢貿然動筆。儘管鄭老師在很多場合講過他所遵循的人生理念，如「愛」、「橋」、「立志」、「感恩」、「盡孝」、「傳承」、「求知」等等，尤其是他還專門寫過〈人生十帖〉，仔細地梳理總結了自己的人生智慧。但這些於我，依舊是停留在言語表達、尚待深入觀察和小心求證的事情。

　　另一方面，關於鄭老師其人其事，我尚有一些紛擾的思緒與疑惑，迫切需要得到認真地梳理與真誠地回答。例如，他一直提倡「無愛不成師」，我當然備感溫馨、深表認同，但有時心裡嘀咕，現實中真的可以做到嗎？還有，他所說的「有愛無恨」，難道「愛」與「恨」不常是相伴相生嗎？「自由啊，自由！多少罪惡假汝之名而行！」羅蘭夫人（Jeanne Marie Roland）斷頭台前的這句大聲疾呼，常令我不禁地想：「愛啊，愛！多少的自私、脅迫與不堪，假汝之名

而行！」

除此之外，鄭老師還曾有二十餘年的從政經歷，這與我服膺的學者應有的「獨立之精神，自由之思想」姿態，顯然是有些背離的。對於他的這段特殊經歷，應該怎樣給出盡可能公允的評價，同樣不得不讓我慎重考慮。還有，我曾直言不諱地向老師提出建議，不要為名聲所累，事情總是做不完的，請好好休息，保重身體才最重要。

諸如此類的閃念和妄言，並不妨害我對鄭老師的尊敬與欽佩，卻是我動筆時，必須真切面對的難以忽視的斷想和困頓。於是，我將這種執拗且不合時宜的自尋煩惱，從撰寫「鄭貞銘的人生觀」中解脫出來，試圖到梳理他人生傳記的漫長征途中，慢慢去纏鬥、去對決。

我相信，時間是公平而無私的。正所謂「聽其言，觀其行」，那好吧，讓我們在時間的天平和刻度上，細細地來審示一番鄭貞銘到底說過什麼、做過什麼，看看他說的那些人生理念，到底有沒有付諸實踐，能不能真正令人信服。

這，便是《百年追夢》的緣起。

「為尊者諱，為親者諱，為賢者諱」，向來是傳記寫作的傳統與原則，在很大程度上也是一種美德。但我認為，這何嘗不是對傳記本身的一種損害呢?! 經過了精心的遮掩甚至虛假的矯飾後，塗脂抹粉的傳記很難經受住時間和公眾的檢驗與注目。而一本站不穩腳跟的傳記，對傳主本人而言，終是一種遺憾。因為特別敬重鄭老師，我更需要遵循內心認同的真實與真誠，審視之、質詢之，盡力做到不溢美、不隱惡，期許能給大家和歷史呈現出一個相對真實的「鄭貞銘」。

這是一場持續了三年的「戰役」，它的困難程度，超出了我的想像。原本以為鄭老師著述如此豐富，只需要進行簡單的裁剪、拼接，即可連綴成篇、大功告成。然而，細細翻看鄭老師的著作、文章以及不同場合的言論，我發現，它們無不注入了鄭老師自己的修辭策略、個人情感乃至藝術想像，已然烙印上了鮮明的「鄭貞銘風格」。這些必然會在很大程度上箝制人們對他本人的認知和思維方式，我不得不努力逃離既有的語義場，保持距離，另闢蹊徑，試圖重新用另一套語言去構建屬於自己心目中的「鄭貞銘形象」。

　　首先，在通讀、選擇性細讀鄭老師的四五十種著作以及百餘篇公開發表的文章的基礎上，我針對性地列出問題清單，對鄭老師進行面對面訪談、錄音採訪或書面提問，累計有百餘份錄音檔、百餘份書信，盡可能對老師的人生軌跡有一個全面深入的瞭解和掌握。細心的讀者不難發現，我總是在傳記裡避免用「先生」、「教授」，甚至是「老師」身分稱呼他，一般直呼其名，以保持某種平視的視角和審視的距離。同時，關於他本人的言論及其他人的表述，我盡可能地作了相對詳細的標記和注釋，以便讀者們可以去證實或證偽。

　　其間，鄭老師給予了充分的理解、包容與信任，不僅接受了我很多顯得苛刻的要求和提問，而且翻出了從未示人的六十年來的日記本，讓我自由而充分地搜集任何想要得到的資料和素材。眾所周知，老師一直未結婚生子，外甥鈺麟過繼給了他，他另收兩岸六位優質青年作義子，而他的感情生活常引發人們好奇。老師曾跟我認真地講述過跟三名女孩子的戀愛經歷，只是最後均無緣走到一起。我經過再三考量，

最終決定不將這些內容放進傳記裡，暫且留個空白和遺憾吧。

其次，我對鄭老師身處的時代與領域，即 1930 年代以來台灣的歷史脈絡、社會變遷，以及新聞傳播事業的發展歷程，進行了大致的梳理，試圖從史學及新聞傳播史的全域立場，關照個體的生命歷程、人生選擇與價值參照，探索時代與個體的交光互影。可以說，鄭老師經歷和見證了 1946 年以來台灣所走過的曲折道路，特別是因他與蔣介石、蔣經國、李登輝、謝東閔、李煥、王昇、張其昀、連戰、吳伯雄、蕭萬長、吳敦義等眾多政要有著或深或淺的關係，且曾身處諸多黨務要職，鄭老師常常走在時代變遷的風口浪尖，無疑是重要的歷史見證者。

不僅如此，身為最早系統接受台灣新聞傳播教育的學子之一，鄭老師猶如一座溝通的「橋」，上承馬星野、曾虛白、謝然之、成舍我、曹聖芬、王洪鈞、余夢燕、錢震、徐佳士等新聞大家的教誨，下啟高信疆、陳剛信、李濤、王偉忠、戎撫天、湯健明、宋晶宜、李天任、葉明德、羅文坤、黃葳威等業界學界的新局，接續起不同代際間的知識筋脈與精神紐帶。因此，鄭老師的傳記本身，可以作為宏大歷史敘事的一個有益補充和佐證參考。

再次，我還特別留意挖掘鄭老師生命緊要處、人生抉擇時，傾聽和捕捉他靈魂深處徘徊的心曲與紛飛的思緒。在一個個典型場景與關鍵時刻，我盡可能地搜羅鄭老師的相關表述與點滴記憶，並不遺餘力地尋找相關歷史證人的吉光片羽般的講述。如偶然間找到著名作家王鼎鈞關於當年參與蔣孝武創建華欣文化事業中心的零星回憶，他曾不點名地批評當

時的「副主任」大搞人事更換，我如獲至寶，立刻去找鄭老師「興師問罪」；大陸曾出版過一本《李登輝弄權秘錄》，裡面靈光乍現般地出現了「鄭貞銘」三個字，結合鄭老師對此段經歷的講述，我仔細地梳理當年「二月政爭」的歷史記載與來龍去脈，小心探尋和反覆論證其中的真偽曲直，盡量留下一份歷史的底稿。

令人永遠感念的是，鄭老師自始至終給予了我充足的自由寫作空間。每寫完一個篇章，我都會傳給鄭老師閱看，他從未就我寫作的立場和表述的觀點做過干涉或提出過「抗議」，僅就一些尚欠完備的講述，提供更多的資訊供我參考。而面對我的每次追問與「討伐」，他不僅從不拒絕，而且總是「老實交代」——他本可以矢口否認王鼎鈞那句一筆帶過的批評，或是避而不談當年眾說紛紜的政爭秘史，但他還是坦誠以待、知無不言。

2017 年 6 月 21 日至 28 日，鄭老師隨中華團結自強協會訪問團，一路從天津到承德最後到北京，奔波輾轉於喜峰口、羅文峪、宛平城、盧溝橋等遺址，憑弔八十週年前那場事關中華民族生死存亡的大事件。這是他生前最後一次到大陸。此時，《百年追夢》已進入收尾階段，在鄭老師駐留北京的三天時間裡，深夜暢談的某個時刻，我終於道出了盤桓心間許久的問題：

「老師，我如果對您試著作一個歷史定位，可不可以把您稱作一位國民黨體制的忠實維護者？」

「當然可以啊，我本身就是在那個體制內嘛！」沒有任何遲疑，鄭老師當即給出了肯定的回答，帶著他那一貫的溫和的語調。

「您或許很難做到像王尚義那一類的人物，痛苦，悲情，用生命大聲控訴所處的時代？」緊接著，我迅速拋出下一個問題。

「老實說，我沒有這個資本去消極，只有跟著時代潮流，很努力地去用功，去做事。幸運的是，我所經歷的那個時代，剛好是蔣經國先生領導的那個勵精圖治、求才若渴的時期，那時我所做的事情，真的是為國為民。」

「那您也很難做到像李敖那一類的人物，叛逆，狂傲，放浪不羈，嬉笑怒罵？」我窮追不捨，繼續問道。

「做不到，做不到！憑良心講，我也從來沒有想要做到他那樣。」一如既往地，鄭老師從容坦然地回答了我提出的所有疑惑。這份溫文儒雅的儒者之風，有一種讓人安心的溫情與敬意。

隨著交流與寫作的逐漸深入，我如同一位朝拜的信徒，遲疑著、思索著，負重卻又堅定地走向那座「愛」之「橋」。那裡，有經歷歡笑與淚水後的善良與正直，有愛心指引與扶持後的感動與感恩，有走過千山萬水的胸襟與眼界，有孜孜不倦的堅持，有不忍落空的熱情。

原來，鄭老師的「愛」是有來處、有支撐的，鄭老師的「橋」是有根基、有姿態的。鄭貞銘骨子裡，始終是一位承續道統的儒家知識人，永遠建設，永遠追尋，永遠積極。

猶記得，那些寒冬裡的深夜，生命垂危的鄭貞銘先生，如一片行將飄落的樹葉，輕輕地躺在病床上。我的筆變得愈加慌亂、急促、沉重。困坐愁城，心痛如麻。冥冥之中，我總感覺老師就在身邊，帶著他那一貫的溫暖的微笑。

某一瞬間，我猛然照見自己心底的那個聲音——老師終

究是會離去的，而寫作此書，何嘗不是在練習失去！

當一切都已到來，唯以此書留作一份紀念。然後假裝鎮定，重新上路，與眾生一起，繼續直面這個溫暖與堅冷並置、希望與絕望同存的人世間。

愛過方知情濃，疼過方知義重。老師，您的一生用「愛」作「橋」，使待渡的青年踏步向前，讓分隔的兩岸緊緊相連。

善歌者使人繼其聲，善教者使人繼其志。這座「愛」之「橋」，已然存在於曾見到過它的人們的心間，並將一直存在，接力搭建。

人生是無數的奇緣。能夠成為鄭老師信賴的知音並為他作傳，何其榮幸，誠惶誠恐。我期許自己能向諸位讀者真誠地講述關於他的生命故事，但心胸、眼界、學識與筆力有限，同時囿於尚有藩籬的時代與環境，注定仍未能完整地呈現出「鄭貞銘形象」，也未能準確地讀懂「鄭貞銘的人生理念」，我願意誠懇地面對諸位方家的批評指正。

鄭老師的恩師王洪鈞在其重要的一本代表性著作《我篤信新聞教育》中，曾寫道：「我的良知告訴自己說：你已求仁得仁，還要奢求什麼呢？」對於鄭老師而言，他的人生可謂無憾，而他的生命，將在你我的點滴記憶中，延續，永存……

丁士軒

2018 年 4 月 5 日清明節於北京

鄭貞銘攝於家中，董翔飛教授題贈墨寶「銘軒雅舍」。

鄭貞銘重要大事記

1936 年

7 月 3 日（陰曆五月十五日），出生於福建省福州市閩侯縣（曾改名林森縣）。

1946 年

隨家人來台，住在台北市。

就讀台北國語實驗小學五年級。

1949 年

就讀台北商業職業學校夜間部（北商附中）。

1952 年

就讀台北師範大學附屬中學。

1953 年

父親去世。

遷家至基隆市。

就讀台灣省立基隆中學。

1955 年

以第一志願第二名考取政治大學新聞系。

1957 年

加入中國國民黨。

1958 年

正式轉正成為中國國民黨員。

入選陽明山革命實踐研究院，參加培訓一個月（蔣介石兼任院長）。

受錢震提攜，進入《中央日報》國際航空版擔任助理編輯。

1959 年

順利通過政治大學新聞系結業考試，獲法學學士學位。

以第一名成績考取政治大學新聞研究所。

1961 年

任《中央日報》外勤記者，報導文教、醫藥新聞。

受成舍我邀請，任世界新聞專科學校兼職教師，講授「新聞學」課程。

1962 年

順利通過政治大學新聞研究所學科考試。

成為《中央日報》社正式員工。

入營服兵役，成為首期三民主義巡迴教官。

1963 年

升任《中央日報》社採訪組副主任，負責軍事、政治新聞。

通過政治大學新聞研究所碩士論文考試。

受謝然之提攜，參與創辦中國文化學院新聞學系，擔任專任講師（至 1967 年）兼執行秘書（至 1969 年，主任為謝然之）。

擔任中國文化學院《中國一周》雜誌主編。

1964 年

獲政治大學新聞研究所文學碩士學位。

1965 年

調任《中央日報》國際新聞版副主編（至 1968 年）。

創辦中國文化學院新聞系實習報《文化一周》，並擔任發行人。

1967 年

由講師晉升為副教授（至 1975 年）。

獲張其昀創辦人頒發中國文化學院「模範導師」獎章。

當選中華民國新聞編輯人協會第五屆理事。

1968 年

調任《中央日報》社資料組副主任（至 1969 年）。

創辦中國文化學院校報《華夏日報》，並擔任首任社長。

當選中華民國新聞編輯人協會第六屆常務監事。

1969 年

受聘為《台灣新聞報》特約主筆，定期撰寫專欄文章。

出任中國文化學院新聞系主任，為當時全台最年輕的大學系主任（至 1976 年）。

辭去《中央日報》社工作，結束了服務該報十一年之久的工作。

出任行政院經濟合作委員會簡派專門委員，任公關處新聞組組長兼發言人（至 1973 年，主任委員為蔣經國）。

1970 年

同張靜濤、夏訓夷等助教一起創辦莘莘出版事業有限公司（至 1973 年）。

1972 年

兼任中國文化學院大學部夜間部新聞系主任（至 1976 年）。

應李鍾桂邀請，受聘為教育部國際文教處《海外學人》雜誌編輯委員。

應蔣孝武邀請，受聘為華欣文化事業中興獎學金管理委員會委員，後受聘為華欣顧問（至 1974 年，主任為蔣孝武）。

應鎮天錫邀請，受聘為行政院青年輔導委員會國家建設研究會資料組副組長。

受聘為中華文化復興運動推行委員會委員。

1973 年

應黃遹霈、余夢燕夫婦邀請，出任《中國郵報》社副社長兼總編輯（至 1974 年）。

擔任中國文化學院大眾傳播館（大忠館）館長。

1974 年

應蔣孝武邀請，出任華欣文化事業中心業務部總經理，不久提升為副主任（至 1976 年，主任為蔣孝武）。

1975 年

中國文化學院創辦人張其昀創華岡教授制度（終身制），受聘為其中最年輕的一位。

經蔣經國核定，擔任中華國劇團團長，率團赴歐洲演出；後擔任劇團顧問，赴中南美洲演出。

1977 年

受連戰提攜，出任中國國民黨中央青年工作會總幹事、專任委員（至 1988 年）。

1978 年

出任環宇文化基金會董事。

1979 年

出任中國人權協會首任秘書長（至 1982 年，理事長為杭立武）。

創辦《黃河雜誌》，出任社長兼總編輯（至 1989 年）。

創辦嵩山出版社，出任社長（至 1989 年）。

1980 年

榮獲中國國民黨中央黨部保舉特優人員，蔣經國主席親頒勳章與證書。

參與成立中華民國大眾傳播教育協會，擔任秘書長，後兼任副理事長（理事長為馬星野，另一副理事長為徐佳士）。

1981 年

出任《台灣新聞報》主筆。

出任《中華文藝月刊》發行人。

出任《自由青年》社長。

1982 年

出任團結自強協會監事、理事，海外工作委員會副召集人、首席顧問（至今）。

1983 年

出任「時報廣告金像獎」評審委員。

出任金鐘獎、金鼎獎、金馬獎評審委員。

1984 年

出任《中華日報》監察人（至 1989 年）。

出任《台灣新生報》董事。

受張鏡湖董事長邀請，出任中國文化大學新聞研究所首任所長（至 1989 年）。

1985 年

二度出任中國文化大學新聞系主任（至 1989 年）。

1986 年

出任中國文化大學社會科學院院長（至 1989 年）。

創辦中國文化大學廣告學系。

受聘空中大學顧問。

1988 年

受李煥提攜，出任中國國民黨中央文工會副主任。

出任甲等特考典試委員。

1989 年

推動創建中國文化大學新聞暨傳播學院。

辭去中國文化大學一切行政職務，保留專任教授。

出任《中央月刊》社長、發行人。

1991 年

出任《香港時報》董事長（至 1993 年）。

出任中華港澳之友協會理事。

1992 年

創立台灣傳播發展協會，出任理事長。

榮獲中興文藝獎。

1993 年

母親去世。

出任中央通訊社常駐監察人（至 1996 年）。

受葉明勳之邀，出任蕭同茲文化基金會董事。

1994 年

應大陸廣播電影電視部（國家新聞出版廣電總局前身之一）之邀，參訪北京、上海、福州等地，並參觀中央電視台、中央人民廣播電台、上海電影製片廠、上海電視台、福建電視台、北京廣播學院（中國傳媒大學前身）、復旦大學等。

受聘為北京廣播學院（中國傳媒大學前身）客座教授。

獲頒中央通訊社「敬業有恆」獎牌。

受李濤、李豔秋之邀，出任新生代基金會常務董事。

1995 年

應中國新聞史學會、武漢華中理工大學和新加坡南洋理工大學之邀，赴武漢參加「95' 世界華文報刊與中華文化傳播國際學術研討會」。

出任廣州「國際華語電視節目金龍獎」評審委員。

出任海華基金會董事。

1996 年

與台灣大學新聞研究所合作，邀請大陸與香港新聞教育學府
裴顯生、陳桂蘭、孟建等十二位重要人士來台，舉辦「兩岸
及香港新聞實務教育研討會」。

轉任中央通訊社常務監事（至 2002 年）。

1997 年

出席財團法人中華學術文教基金會主辦的「邁向二十一世紀
海峽兩岸交流研討會」。

出席杭州大學百年校慶活動，受聘為客座教授並發表有關大
學教育論文。

出席第六屆上海國際廣播音樂節，發表論文及演說。

1998 年

榮獲台北扶輪社頒「新聞教育特殊貢獻獎」（同時獲獎者有
曾虛白、成舍我、馬星野、徐佳士等共五人）。

榮獲紐約中文傳媒協會頒「新聞教育終身成就獎」。

受聘為浙江大學（原杭州大學）客座教授、南京大學高級研
究員。

1999 年

榮獲中國文藝協會頒第四十屆「五四散文創作獎」。

榮獲台北人文科學研究會頒「上進獎」。

2000 年

榮獲香港文教傳播聯合會「兩岸四地文化交流特殊貢獻獎」
（獲獎者有成龍、李行、李瞻等）。

受聘為中國國民黨中央評議委員（至 2010 年）。

2001 年

受蘭州大學、四川大學、汕頭大學之邀，參加傳播學術研討會。

受聘為北京中國人民大學「傳播與社會發展委員會」學術委員（另有方漢奇等十餘人）。

出任稻江管理技術學院諮議委員（另有黃大洲、楊朝祥等）。

2 月出版《資訊‧知識‧智慧：e世紀贏的策略》。

2002 年

榮獲美國萬人傑新聞文化基金會頒第十屆「新聞文化獎」。

受聘為上海交通大學客座教授。

2003 年

受聘為長沙中南大學、湖南大學客座教授。

榮獲美國夏威夷國際大學「帝舜文化獎」。

出任人文科學基金會副董事長。

2004 年

受聘為福州大學、福建師範大學客座教授。

5 月出版《愛是續緣的憑據：資訊‧知識‧智慧 II》。

2006 年

擔任中國文化大學新聞暨傳播學院報人研究中心首任主任（至 2011 年）。

出席上海大學新聞教育、廣告學學術研討會。

出席廈門大學新聞傳播學院成立典禮，並發表演講。

政治大學八十週年校慶，以傑出校友身分接受 TVBS 採訪。

應廣州社科院之邀，巡迴各大學、民間社團演講一週。

應邀參加廈門大學兩岸傳播研究中心成立典禮。

2007 年

出席浙江大學舉辦的「鄭貞銘教授新聞教育理念與實踐」學術研討會，並發表演講。

擔任福州兩岸大學生辯論比賽評審委員。

出席青海「促進現代化」學術研討會，並擔任總報告人（同行者有梅可望、謝孟雄等）。

出席深圳「中國南方電視論壇」，發表專題演講並受聘撰寫專欄。

出席武漢大學新聞學院學術研討會，發表論文《蔣經國先生政府公共關係理念與實踐》。

2008 年

參與教育部評鑑台灣大學研究所、交通大學傳播所、銘傳大學、國立藝術學院、佛光大學等校。

出席紐約美東華人學術年會，發表演講，並獲頒「專業成就獎」。

出席澳門「兩岸四地文化高峰論壇」。

應江西九江藝術學院之邀，出席「貞銘湖」命名典禮，並發表演講。

2009 年

應武漢大學羅以澄、單波教授之邀，講學一週，題目是「新聞教育的『六個是』」。

赴西安祭祖，在西北大學、陝西師範大學演講，並赴延安參訪（同行者有張豫生、高銘輝、歐豪年、戴瑞明等）。

出席廈門「海峽論壇」。

受上海文廣集團與上海交通大學之邀，出席「電視主持人高峰論壇」，並發表演說「電視主持人的道德羅盤」。

出席天津南開大學九十週年校慶活動。

應教育部之邀，評鑑南華大學、慈濟大學。

出席中國文化大學中山所「兩岸傳播高峰論壇」，發表主題
演講「匯流傳播時代新聞教育的變與不變」。

愛徒高信疆病逝，撰文懷思。

恩師謝然之病逝，撰文懷思。

2010 年

獲香港文教傳播聯會頒「傳記文學獎」。

促成中國文化大學新聞系所、廣告系先後舉辦謝然之教授追
思會、潘健行紀念會、高信疆紀念會。

訪問山東大學文學與新聞傳播學院，並簽交流協定。

再度應武漢大學、華南師範大學之邀巡迴演講。

續聘為中國國民黨中央評議委員（至今）。

心臟病發，做冠狀動脈繞道手術。

榮獲紐約聖若望大學頒「傑出新聞教育貢獻獎」。

2011 年

從中國文化大學榮退。

受聘為金門大學講座教授。

率團赴廣州出席粵台港澳文化交流會舉辦的「文化創意學術
研討會」（王應機任副團長、劉安立任秘書長）。

參加「辛亥百年足跡參訪團」，訪問澳門、中山縣、廣州、
武漢、南京與上海，並率一百多位海外僑領祭拜南京中山
陵。

應上海交通大學之邀，參加「傳播青年領袖營」講課（來自
全國八十多所大學的三百多位研究生聽講）。

受僑務委員會之邀，受聘為海華基金會董事。

成立海峽兩岸「廿四賢社」。

成立「希賢小聚」。

2012 年

擔任大愛電視台新聞倫理委員會主任委員。

2013 年

受聘為中國地質大學講座教授。

捐四千冊藏書給國立金門大學圖書館並設專櫃。

在中國文化大學新聞暨傳播學院創辦成立「大師講座」，該
講座至今已先後邀請錢復、謝孟雄、李鍾桂、翟宗泉、楊永
斌、戴金泉等主講，備受師生歡迎，已成文大新聞暨傳播學
院之一大品牌。

2014 年

開始巡迴兩岸舉辦講座，至今逾六十場，聽眾參與近萬人。

2015 年

創辦「銘軒工作室」，構建「大師工程」，策劃推進「百年
系列」叢書。

榮獲中國文化大學頒「名譽文學博士」，這是文大成立五十
四年來首次將該榮譽頒給本校教授。

以蕭同茲文教基金會董事身分參與創立蕭同茲網站，闡揚一
代新聞人精神。

2016 年

中國文化大學廣告學系成立三十年之際，受邀以創辦人身分
發表主題演講「廣告與教育教育之啟蒙」，細數中國第一個
大學廣告系成立經過。

榮獲中華人權協會頒「人權貢獻獎」（其他獲獎者有高育仁
等）。

受中華民國團結自強協會理事長翟宗泉之邀擔任該協會首席顧問，並應邀發表主題演講〈教師典範〉，以于右任、胡適之等為典範。

受聘為三民主義大同盟理事，參與學術研討、接待大陸學者來台訪問等活動。

受玄奘大學之邀參加學術研討會，並發表主題演講〈新聞教育的典範〉，以邵飄萍、成舍我、曾虛白、馬星野、謝然之、王洪鈞、徐佳士等典範勉勵新聞教育之後學見賢思齊。

2017 年

再捐三千冊藏書給國立金門大學圖書館。

獲北美中文傳媒學會（紐約）頒發《百年大師》一書「傳記文學獎」。

新居「銘軒雅舍」落成後，首次接待好友戴瑞明、葛永光、董翔飛；文大新聞、廣告、政戰新聞系師生等近四十人，陸續來訪並祝賀。

受文大新聞暨傳播學院之邀參加「歐陽醇與樂恕人教授百歲冥誕紀念」，並於《中國時報》人間副刊發表紀念文。

開始在「銘軒講堂」錄影直播，講「大師故事」，預計將講述百位大師故事。

以中國國民黨中央評議委員身分參加投票，選舉吳敦義為主席，並於《中國時報》發表〈吳敦義的十字架〉一文。

為紀念母親往生二十五年，發表〈母親的終生教誨〉於《中華日報》副刊。

應邀前往北京蘆溝橋事變八十週年紀念，參與學術活動，並由丁士軒、劉俊陪同訪晤北大、清華副院長程曼麗、陳昌鳳教授。

出版《百年風雲》。

2018 年

2 月 19 日（農曆正月初四）16 時 56 分，因器官衰竭去世，
享年八十二歲。

謝辭

　　本書今天能呈現在讀者面前，首先當然應該感謝傳主鄭貞銘先生。正是老師那凝聚了心血的虔誠熾熱的愛，連接起無數的生命善緣，刻畫出精采的人生軌跡，搭建成永恆的精神橋樑。他的信任、寬容與真誠，促成了此書的緣起、結胎，並使其不斷地生長、成熟，直至以決然的最後的生命背影，宣告了它的呱呱墜地。

　　此書的寫作過程，承蒙眾多師友的關心與指導。鄭琴女士、王仰聲先生、李克定先生、刁洪智先生、倪慈元女士等像對待家人一樣接納了我，他們的協助與鼓勵，讓我對老師的家族、家庭有了更深入的瞭解與更切身的體會；鄭琴女士、王仰聲先生同我溝通商議出版有關事宜，詢問關照我的意見建議；刁洪智先生以承續老師的遺願與未竟的事業為己任，一方面同倪慈元女士、李悅心女士、吳鍉誼女士、李月娥女士、劉心遠先生等一起不辭辛勞地籌辦老師的上海追思會，為大陸的眾多師友寄託哀思搭建了交流平台，另一方面勉力推進「百年」系列叢書，對此書的順利出版起到了重要作用；老師去世後，家屬與學生們成立了後事籌備小組，李天任先生擔任主席，成員有戒撫天先生、劉安立女士、許素美女士、趙俊邁先生、李建榮先生、葛樹人先生、慶正先生、陳剛信先生、李濤先生、呂麗莉女士、簡文秀女士、虞煥榮先生、胡幼偉先生、夏士芬女士、李克定先生、刁洪智先生、曹惟理先生等，大家共同為老師的公祭及追思音樂會集思廣益、出人出力，並為老師未竟的事業盡心盡力、分工

合作，「百年」系列叢書事業得以延續，此書得以順利出版。

　　通過老師的引薦，我得以與謝孟雄先生、林澄枝女士、趙怡先生、劉心遠先生、呂麗莉女士、洪煌景先生、李悅心女士等諸位師友結緣，他們與老師的點滴交往及關於老師的隻言片語，讓我可以拼湊出更加立體全面的「鄭貞銘形象」；吳章鎔先生曾多次向鄭老師提議，希望能在「百年」系列叢書中儘早看到此書，從而促成此書能於三年前不失時機地啟動；趙俊邁先生接受了我的多次面對面採訪，並保持著長期的郵件往來，他的很多論述對於我更加全面地瞭解老師所處的時代與環境有了更加準確的瞭解，而他在老師生命的最後時刻一直陪伴身邊，對「老鄭」的人生理念與理想追求有著刻骨銘心的理解與體會；劉安立女士對此書給予了莫大關注與行政支援，當她從老師那裡聽聞我遭逢人生變故時，即委託老師轉來問候與鼓勵，讓我備感溫暖；王毓莉教授則以台灣新聞傳播學者的身分，給予了很好的寫作建議和專業指導。

　　程曼麗教授、陳昌鳳教授、雷躍捷教授、孟建教授、陳先元教授等學者對此書給予了關注與指導；雷躍捷教授當面接受了我的採訪，深情講述了老師對大陸新聞傳播教育以及他本人的影響；陳昌鳳教授、孟建教授、李彩英女士、陳先元教授、戴元光教授、黃瑚教授、張國良教授、張明新教授、林念生教授、蔣宏教授、宮蔚國先生等眾多知名學者、教授親臨上海追思會現場，對老師致以崇高敬意與深切哀思，他們的真情講述讓我對老師的愛與付出有了更深刻的理解。

汪雨（士倫）先生、孟濤先生、劉俊先生、何桂華先生、安劍奇先生、田士勇先生、劉琨瑛女士等老師的眾義子及十二賢門生同我親如家人，他們的關心與協助使我備感親切；汪雨（士倫）先生是「銘軒工作室」的重要成員，此前我們一起完成了《百年大師》、《百年風雲》等編撰出版工作，他提供了此書的封面照片，並參與了封面等相關藝術設計；劉俊教授、劉兢教授對於此書的框架構思給予了有益的指導，劉兢教授編著的《台灣新聞教育家鄭貞銘》一書對我更是有很多的啟發；何桂華先生、褚恒先生、成升博士等耐心地做了我的第一批讀者，認真地提出了很多有益的建議；李青先生為「百年」系列叢書的簡體版出版牽線搭橋，奔走努力。

　　楊智閔先生、陳佳恩先生、馬聖宇先生、丘一廷女士、曹惟理先生等作為老師的助理，都給予了不同層面的協助；楊智閔先生、陳佳恩先生、馬聖宇先生寄送來的眾多書籍報刊資料，對我的寫作幫助很大；丘一廷女士接受了我的電話採訪，她以女性特有的細膩視角講述了在老師身邊工作、生活的點滴細節，給我很多啟發；曹惟理先生作為老師生命最後階段的助理，擔負起了協助、照顧老師的雙重重任，他不僅非常細緻地幫我收集整理了關於老師的幾乎全部的公開新聞報導資料，並承擔了此書的圖片整理與初步編輯工作，而且在老師住院期間給予了十分貼心的關照，正是在他的幫助下，我得以在除夕之夜與老師通上最後一次視頻聊天，完成與老師的匆匆一別；如今，曹惟理先生仍擔任著助理一職，繼續為「百年」系列叢書的事業奉獻著智慧與愛心，更是我所衷心感激。

吳伯雄先生、吳敦義先生、錢復先生、謝孟雄先生、林澄枝女士、胡為真先生、翟宗泉先生、葛永光先生等諸位政要對「百年」系列叢書給予了關注，並作重要推薦與評價，擴大了叢書的影響力；許水德先生、戴瑞明先生、李大維先生、李金振先生、李天任先生、翁重鈞先生、宋晶宜女士等諸位師友為本書推薦鼓勵，令人銘記在心；國畫大師歐豪年先生惠賜墨寶，為此書的封面題字，他寫下的「百年追夢」不僅是此書的書名，而且是老師一生追求夢想的注腳，成為老師公祭典禮和追思會上的重要元素之一；鍾惠民女士繼續擔任本書的編輯顧問，她在老師離去後特意與我取得聯繫，給予鼓勵與支持，並表示將「以寶愛之心珍視」本書，正是她的深情付出與專業指導，讓本書得以保持其品質；王怡之女士繼續作為本書的編輯，為本書奉獻心血；而遠流出版社大出版家王榮文先生繼續給予支持，代為發行，令我衷心感激。

　　這本書得以順利出版，其間有著太多親朋好友給予的莫大關注、關心與關愛，但掛一漏萬，無法面面俱到，未能提及的師友敬請諒解，在此深表歉意。此時此刻，我愈加深切地感悟到，這些溫暖與善緣，無不是老師生前播下的愛的種子，無不是他用一點一滴的心血傾情澆灌出來的，而諸位賢人大德的真情付出與溫暖支持，無疑延續了老師的記憶與生命，也使得他念茲在茲的「愛」之「橋」後繼有人，愈加堅固。衷心感恩我們能夠有緣相識，彼此溫暖，攜手同行。

丁士軒

2018 年 11 月 30 日於北京

國家圖書館出版品預行編目 (CIP) 資料

百年追夢. 二之一：新聞教育大師鄭貞銘傳 / 丁士軒著.
-- 初版 . -- 基隆市：銘軒工作室，民 108.02
　面；　公分
　ISBN 978-986-97396-0-3 (平裝)

1. 鄭貞銘 2. 訪談 3. 傳記

783.3886　　　　　　　　　　　　107023615

百年追夢‧二之一：新聞教育大師鄭貞銘傳

出版——銘軒工作室
總策劃兼總編輯——鄭貞銘
作者——丁士軒
助理——李克定　刁洪智　刁健原　刁健冉
編繪、封面設計——汪士倫（雨）
執行編輯——汪士倫（雨）　孟　濤　郭　毅　安劍奇　楊智閔　曹惟理　王怡之

發行人——鄭貞銘

編輯委員會
吳章鎔　鍾惠民　戎撫天　劉安立　趙俊邁　李天任　慶　正　王仰聲　邱民才

地址——基隆市 20652 麗景二街 24 號
電話—— (02) 2451-4539
Wechat —— wang17750889667
E-mail Addres —— cheng.jim@gmail.com
Facebook 粉絲專頁—— https://www.facebook.com/cheng.jim.ming/

總經銷——遠流出版事業股份有限公司
地址——台北市 100 南昌路二段 81 號 6 樓
電話—— (02) 2392-6899
傳真—— (02) 2392-6658
郵撥—— 0189456-1
遠流博識網—— http://www.ylib.com
E-mail —— ylib@ylib.com

排版——菩薩蠻數位文化有限公司
印刷——祥新印刷股份有限公司

分類號碼—— 783.3886
ISBN —— 978-986-97396-0-3
出版日期——中華民國 108 年 2 月初版 一刷

定價◎二之一 600 元 ◎二之二 600 元 ◎全套二冊 1,200 元
（若有缺頁破損，請寄回更換）